杨海峥 著

日本《史记》研究论稿

中华书局

图书在版编目(CIP)数据

日本《史记》研究论稿/杨海峥著. —北京:中华书局,2017.2
ISBN 978-7-101-12667-9

Ⅰ.日…　Ⅱ.杨…　Ⅲ.《史记》-研究-日本　Ⅳ.K204.2

中国版本图书馆 CIP 数据核字(2017)第 131869 号

书　　名	日本《史记》研究论稿
著　　者	杨海峥
责任编辑	王　勇
出版发行	中华书局
	(北京市丰台区太平桥西里38号　100073)
	http://www.zhbc.com.cn
	E-mail:zhbc@zhbc.com.cn
印　　刷	北京市白帆印务有限公司
版　　次	2017年2月北京第1版
	2017年2月北京第1次印刷
规　　格	开本/710×1000 毫米　1/16
	印张 20¾　插页6　字数 264 千字
印　　数	1-1500 册
国际书号	ISBN 978-7-101-12667-9
定　　价	88.00 元

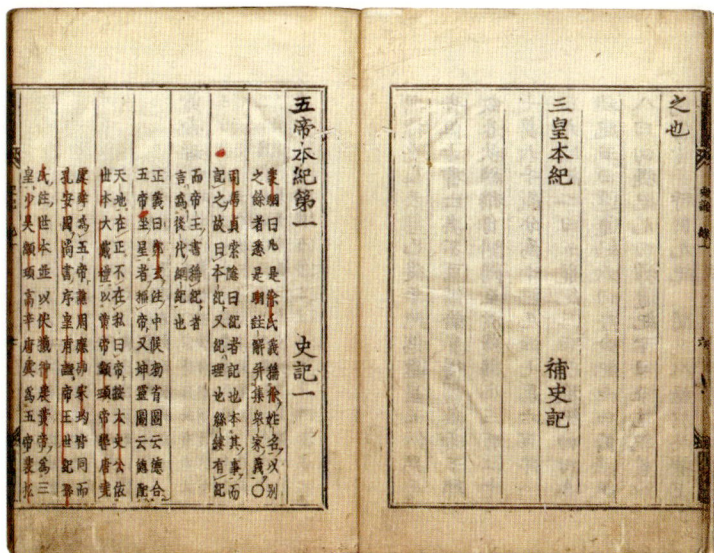

1. 日本庆长古活字本《史记》

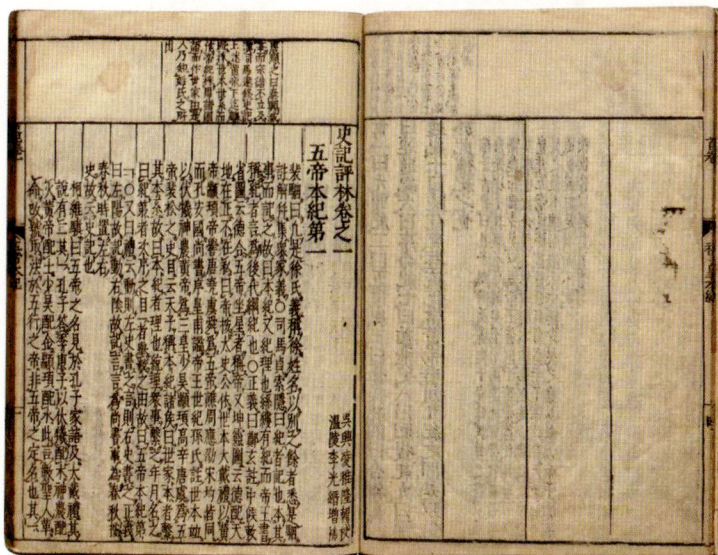

2. 日本宽文十三年（1673）刊《史记评林》

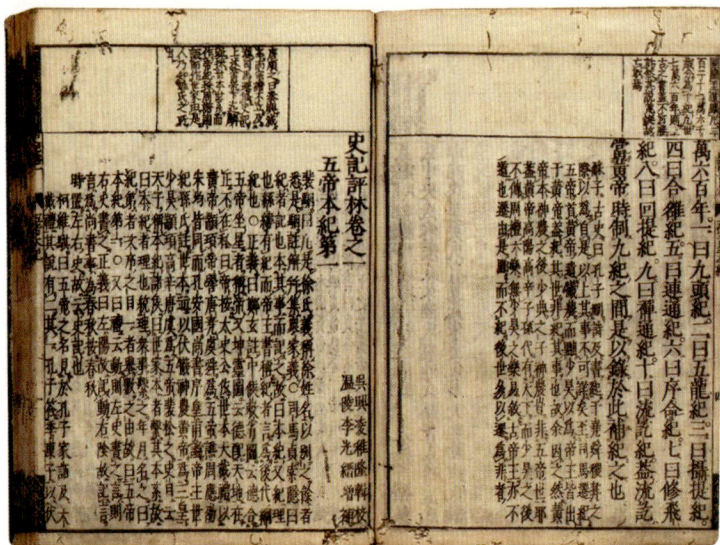

3. 日本天明六年（1786）刊《史记评林》

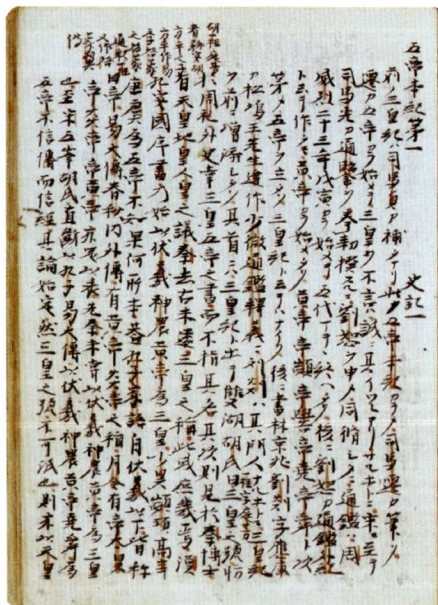

4. 桃源史记抄

5. 大岛挚川、大岛桃年《史记考异》

6. 冈白驹《史记觿》

遷史庚抾卷之上

皆川淇園先生著

男允校

伯夷列傳第一

按太史公有序云孔子脩舊起發又云論
先人所次舊聞不敢闕據此馬遷之作史記
主意專在以傳天下之舊聞附其書必先始
於列傳而本紀世家成於後者可知也而列
傳之始自此伯夷是以其文以論建篇羅
載之覺似書序也耳又按此傳叙伯夷行事
者寄意因以帶叙其羅世多不知馬遷此主意而
歷亦因以傳叙者世多不知馬遷此主意而
怪其雖他傳體不同者奚
遷史亦不深考之其文故闕奚

8. 中井积德《史记雕题》

（右頁）

始為秦以拾其所上以為高陽
在舜世者同也帝顓頊高辛少昊皆同
少昊顓頊高辛唐虞五帝之史不
均皆同孔安國亦為春秋左氏五帝本紀
行為五帝者也孔子家語大戴禮記
伏犧神農黃帝顓頊帝嚳為五帝
第一柯維騏曰此孔安國大戴禮
言天則四時地則五行人則五常
主秦博士伏犧神農黃帝為三皇
法祖黃帝作本紀夏殷周秦本紀
德此凡載自黃帝始載五帝之
以始為本紀以劉歆班固史志
以為德也漢書郊祀志

（左頁）

黃帝者，

德王面稱炎帝然也

徐廣曰號有熊

案有土德之瑞土色黃故稱黃帝

均亦然而孔安國皇甫謐帝王代紀

吳高陽然而孔安國皇甫謐五帝代

謚名也本紀亦因其五帝

本云影城黃帝初都涿鹿有熊也

謚左傳少昊金天氏又為金

黃帝有熊國君故號有熊

國是也與地志云涿鹿

耳其所采於此本紀略歷

之事面重即夫宗所自

有怪而史不敢言也

以統本幹地謂云本支

出且封浚王則項羽可

9. 泷川龟太郎《史记会注考证》

〔少典之子〕　瀧四、一　慶一左六　殿二右一　凌二左九

索　生黃帝炎帝然則炎帝亦少典之子　○各本生上有而字衍張文虎依國語刪　慶　中統　游　南化　柯

秦蕃　楓　無黃帝二字　三　黃帝二字作炎帝　彭　韓　嵯　無然則二字　楓　三　狩　校補然則

索　雖則相承如帝王代紀　○金陵同　各本相字如字竟無

索　大業婆少典氏後代之子孫　○金陵　彭　游　殿　栢

索　黃帝即少典氏後代之子孫　○即　殿　者

索　買逵亦謂然故左傳高陽氏有才子八人　○索　無人字

索　是其人所著古史考之說也　○索　同　各本代字作世

〔名曰軒轅〕　瀧四、五　慶二右二　殿二右八　凌三右六

野　中彭　軒　中韓　轅下有鄒曰作軒冕之服故曰軒轅十一字注　○評語　無曰字　南化　楓　梅　三　狩

索　居軒轅之丘　○居　中統　游　都

索　長居姬水　○水　慶　校記水

索　因改姓姬　○改　索　爲　南　索　姓姬互倒

〔弱而能言〕　瀧四、八　慶二右四　殿二右一　凌三右九

索　其子末七旬曰弱　○末　嵯　末　按末語　旬　嵯　歲

10. 水泽利忠《史记会注考证校补》

11. 池田芦洲《史记补注》

目 录

序

安平秋

　　这部《日本〈史记〉研究论稿》，是一部论述深切而又重点突出的
日本《史记》学史，对中国的《史记》研究的发展会起到有力的推进作
用。这部专著是杨海峥老师近年研究《史记》的新成果。

　　这部书的特点之一是它的开拓性。过去中国学者研究《史记》，不
是没有注意到日本学者的研究成果，不是没有吸收、利用他们的成果，
而是对日本学者的研究成果深入剖析不够，既缺乏对他们个案的逐一
解析，也少些对他们总体成就与缺点的辨别，因而缺乏站在日本学者
研究成果的肩上更上层楼的结果。杨海峥老师这部书，补了这种不
足，既有对《史记》自传入日本后，日本人对《史记》接受乃至研究的发
展脉络，又有对日人重点名著的逐一剖析。这可以说是这部书的创新
之处。

　　特点之二是它的坚实和深入。这部书是在仔细研读了数十部日
本学者的《史记》整理、研究著作之后写成的。书中第四章《泷川资言

与〈史记会注考证〉》是杨海峥老师从 2006 年到 2012 年用六年时间对《史记会注考证》从头至尾标点、校勘并通读三遍校样之后才着笔写出的。为了深入了解《史记会注考证》，还阅读、标点、校勘了水泽利忠的《史记会注考证校补》。书中第五章是《池田芦洲与〈史记补注〉》，池田芦洲这部书是在池田本人去世多年后才出版的，未经本人审订，杨海峥老师在日本用了半年时间多次去池田文库阅读池田芦洲的手稿，并对手稿和印本做了比较和考证，才写出这一章。可以说，杨海峥老师这部书体现出了做学问的坚实和深入。

特点之三是评价中肯、有度。杨海峥老师是在阅读了日本学者数十部著作之后选出目前的十余部作深入论述的。她在阅读、研究中，不抱盲目崇日心理，也不妄自尊崇国人，而只问客观内容。对日本学者研究成果的评价，不虚美，不隐恶，评价有度，有分寸。过去中日学者常常推重泷川资言的《史记会注考证》和水泽利忠的《史记会注考证校补》，认为是日本学者《史记》研究的集大成之作，有一家独重之势。杨海峥老师在论述中认为过去中日学界没有充分肯定池田芦洲《史记补注》的长处和价值，提出泷川资言的《史记会注考证》与池田芦洲的《史记补注》在日本《史记》学史上应是双峰并峙。这是十分中肯的评价。

应该说，杨海峥老师的这部书不仅仅是为了研究《史记》，不仅仅是为了推进《史记》研究的进一步发展，她还是为了教学的需要，为了使在北京大学中文系开设多年的《史记》、《汉书》专书课内容实在、有最新成果、有国际水平而做的工作。这种将科研与教学相结合，给学生前沿性的真东西的精神，也是值得提倡的。

杨海峥老师在北京大学中文系从事教学、科研工作已有 25 年。她在教学之外出版的《中华古典名著读本·〈史记〉〈汉书〉卷》；《汉唐〈史记〉研究论稿》；整理点校本《史记会注考证》和一批学术论文，得到了学术界同行的赞赏。她先后有两个研究课题获得国家社科基金项目立项。在本书出版之后，即将有整理点校本的《史记会注考证校补》（上海古籍出版社）和《钝吟杂录》（凤凰出版社）问世。这些都反映出她在学术上的勤奋与厚实。

愿杨海峥老师在《史记》的教学、科研领域里，在中国古文献学的教学、科研领域里，做出更加引人注目的坚实而又有开拓性的成绩。

2017 年 2 月 12 日晨于北京大学

前　言

　　《史记》传入日本后,对日本的政治、教育、史学、文学等方面都产生了很大影响。随着《史记》在日本的广泛传播,日本的《史记》研究也逐步细化和深入,并形成了自己的研究特色。历代日本学者前后相承,经过一千多年的发展到今天,已经形成了一支实力强大的《史记》研究队伍,在版本、校勘、注释、评论及专篇研究等方面取得了突出的成就。由于文化的相通及差异,中日两国学者对《史记》的研究既有共性,也有各自不同的角度和研究方法。

　　中国学者一直关注日本学者的《史记》研究状况。上世纪八九十年代出版的张新科、俞樟华所著《史记研究史略》,覃启勋所著《〈史记〉与日本文化》均涉及到了《史记》在日本的传播和影响,此后又出现了一些以日本所藏《史记》版本为研究对象的专著和论文。在日本,池田芦洲的《史记在我邦的价值》、水泽利忠的《史记之文献学研究》、池田英雄的《史记学50年——日中〈史记〉研究的动向》、藤田胜久的《〈史记〉、〈汉书〉研究文献目录(日本篇)》等专著和论文都为我们了解日本《史记》学史提供了宝贵的资料。

　　值得注意的是,历代日本学者留下的《史记》研究成果,特别是明治时期之前的研究著述,除极少数在日本有影印出版外,多数以稿本和抄本的形式存藏于日本各公私藏书机构中，即便是日本学者也不易见到，中国学者对此更是没有足够的了解和认识。这些研究资料数量庞大，全面搜集不易，日中两国学术界到目前为止尚未对此进行全面、深入、系统的总结和研究。

有鉴于此，本书在尽可能全面搜集、整理日本《史记》研究成果的基础上，重点研究其中的代表性成果，进而关注日本学者的《史记》研究方法，探究日本《史记》学发展的脉络，比较中日《史记》研究的差异及相互影响，对日本《史记》学的形成和发展进行细致深入的探讨和研究，以期对国内《史记》研究的进一步发展提供有益的参考和借鉴。对日本学者《史记》研究特点的关注也可成为我们考察日本学者通过汉籍接受汉文化的窗口，在审视其接受汉籍的观念和方法的同时，为我们进一步深入研究中国古代典籍在海外的流播提供新的思路。

由于学识及水平所限，本书错误疏漏在所难免，敬请方家指正。

第一章 《史记》在日本的传播和接受

第一节 《史记》传入日本

据相关史料记载,《史记》是在公元 600 年至公元 604 年之间由第一批遣隋使带回日本的,至今已 1400 多年。《史记》的名称最早见于日本文献,是在日本文武天皇大宝元年(701 年)颁布的《大宝律令》中。《大宝律令》对大学的体制有明确规定,《史记》与《汉书》、《后汉书》、《文选》、《尔雅》等被列入大学的课程中。日本朝廷培养传生,专攻《史记》、《汉书》、《后汉书》"三史",《史记》作为"三史"之首,是传生们重点研究的对象。这些传生大都成为日本政府较高层的官员,《史记》中有关治乱兴废的记载为他们处理政事提供了借鉴。在很多日本文献中,都有将《史记》下赐府库,供政府官员研习的记载。

进入日本平安朝(794—1185)后,《史记》在日本流传更广,成为天皇和朝廷大臣的学习用书。《日本三代实录》中有大量关于天皇阅读、学习《史记》的记载，如日本贞观①十七年（874）四月载"廿八日庚辰，卯时，白彗见东北……是日，帝始读《史记》，参议从三位行左卫门督兼近江权守大江朝臣音人侍读。"②日本天皇都如此重视《史记》，《史记》在当时宫廷教育中所处地位之高也就不言而喻了。据《日本汉学年表》③，日本镰仓时代（1185—1333）在天皇御汤殿举行的天皇读书仪式上，讲读《史记》共十四次，讲读的篇目包括《五帝本纪》、《夏本纪》等篇。很多朝廷官员也研读《史记》，《孝文本纪》、《秦始皇本纪》、《留侯世家》、《孔子世家》等是供朝廷大臣讲读和研习的篇目。这一传统一直延续到江户时代。《史记》对日本的政治、教育、史学、文学等方面都产生了很大影响。

在印刷术发明之前，中国隋唐时期的汉籍抄本通过各种渠道传到日本。这些汉籍古抄本在中国保存下来的很少，在日本却得到了较好的保存。海保元备在《经籍访古志序》中讲："盖我邦所传古抄本，具存隋唐之旧，真为宋元人所不能睹，而岿然独为灵光之存，此为绝佳之种，皆出宋元诸本之上。而向之诸老先生者，亦皆竭力搜讨，能获之于兵火风霜之余，盖不下数十百种。他至于宋元板及朝鲜刊本，亦往往为明清诸家所不及睹。"④

日本所藏《史记》古钞本残卷共计十四种：其中中国六朝抄本两种：石山寺藏《张丞相列传》第三十六，《郦生陆贾列传》第三十七；中国唐代抄本六种：高山寺旧藏东洋文库藏《夏本纪》第二，高山寺藏《殷本纪》第三，高山寺藏《周本纪》第四，高山寺旧藏东洋文库藏《秦本纪》第五，神田文库藏《河渠书》第七，宫内厅书陵部藏《高祖本纪》第八；另有日本平安、镰仓时代日人抄本残卷六种：宫内厅书陵部藏清原家点本《五帝本纪》第一；宫内厅书陵部藏《范雎蔡泽列传》第十九；毛利家藏延久抄本《吕后本纪》第九；东北大学图书

---

① 贞观为日本第五十六代天皇清和天皇的年号，其在位时间是公元859年—876年。

② 《新订增补国史大系·日本三代实录》后篇，日本吉川弘文馆昭和四十九年（1974）刊行，第361页。

③ 斯文会编《日本汉学年表》，日本大修馆书店昭和五十二年（1977）刊行。

④ 〔日〕涩江全善、森立之等撰，杜泽逊、班龙门点校《经籍访古志》，上海古籍出版社2014年。

馆藏延久抄本《孝文本纪》第十；野村氏久原文库旧藏大东急记念文库藏延久抄本《孝景本纪》第十一；山岸德平氏藏大治抄本《孝景本纪》第十一。

和刻本《史记》出现得较晚，中国的《史记》刻本传入日本后，日本学者以这些宋元刻本为底本抄写《史记》，在保存至今的室町时代以来的《史记》抄本中，最著名的是室町时代三条西实隆亲笔摹写的元彭寅翁本《史记》130卷。

三条西实隆原为朝廷大臣，也是当时的和歌巨擘。永正十二年（1515）辞官回家专心教授生徒，要求子弟誊写六经及《史记》、《汉书》等汉籍经典。他本人从永正七年（1510）开始摹写元彭寅翁本《史记》，至永正十五年（1518）全部摹写完成之后，他将摹写的全书与《英房史记抄》及南宋黄善夫本《史记》做了对校，校正文字的同时补入了彭寅翁本删掉的《史记》三家注的内容，其中以对《史记正义》的补录最多。三条西实隆对全书的校勘和注释工作一直持续到天文元年（1532）。元彭寅翁本《史记》中国已无完本，在日本还有三个全本保存。此摹写本不仅保存了彭寅翁本原貌，还保存了丰富的校勘资料，十分珍贵。此本被大岛挚川称为"三条本"，四十三册全本（其中"十表"只有序）现藏日本宫内厅书陵部。

日本的南北朝和室町时代，主要靠五山僧侣来倡导和传播汉学①。当时日本学习中国南宋的官寺制度，五山僧侣得到当政者的大力支持，享受着优厚的待遇，他们通过禅宗接触到中国文化和文学，并开设讲堂传授汉学。他们以当时通行的日语口语来解释汉籍，这是以前没有过的新的注释形式，对日本人来说容易理解，利于汉学被日本人接受。记录讲课内容的口语体笔录，称为"俚谚抄"、"俚谚解"，后来逐步发展成"国字解"，成为日本人学习汉籍的一种主要形式。自南北朝至江户时代出现的这些汉学讲义或听课笔记中保存了大量日本学者汉籍研究的第一手资料。其内容有繁有简，有讲

————————

① 日本仿效中国宋代禅院的"五山十刹"，形成日本的"五山十刹"。日本五山的位次屡有变更，日本后小松天皇至德三年（1386）于京都定天龙寺、相国寺、建仁寺、东福寺、万寿寺五寺；于镰仓定建长寺、圆觉寺、寿福寺、净智寺、净妙寺五寺为五山，后世皆沿用之。

述者亲笔所写,也有听课人抄录的。书写者求快、求方便的书写方式容易造成字形的不易辨认及俗字、简笔字、错字较多的情况,而代代相传的过录及传抄,以及汉字与日文平假名容易混淆,使得其中形近而讹的错字较多,一些文字难以辨识的情况更加突出。日本南北朝至室町时代流传下来《史记》讲义主要有《英房史记抄》、《桃源史记抄》、《幻云史记抄》几种。

《英房史记抄》,日本南北朝时期藤原英房著,是现存最早的日本学者用汉文注解《史记》的本子。作者藤原英房生卒年不可确考,其祖先曾任遣唐使及朝廷重臣。水泽利忠先生推断其抄写时期大约在正平三年(1347)英房55岁时①。现存三册,藏于日本龙谷大学图书馆。

现存《英房史记抄》第一册先是分条介绍与《史记》相关的知识,如"六书"、"史"、"太史令"、"史记成文"、"司马迁"、"褚先生补欠"、"国语"、"史记所引用"等。其后梳理了《史记》传入日本后,自后醍醐天皇一直到日本镰仓末期和日本南北朝时期学者对《史记》的研读和学习的情况,从中可勾勒出《史记》传入日本并被日本社会接受的轨迹。第二册和第三册是对《史记》本纪及八书的详细注释。体例为抄录《史记》正文,正文下摘抄三家注,并征引他书文献及各家之说来疏解文意。对日本菅原家、大江家、藤原家、日野家等博士家旧说多有引用,并将此类内容以"师说"来标示,后代相延,使"师说"成为对博士家说的固定称谓。对苏东坡、吕祖谦等中国宋代学者的观点也频繁引用。最后为英房的按断,以"私云"、"私案"、"案"来标示。现存的三册中有五十余条英房的按语,其按语多为对三家注的补充和纠谬,对各家之说正误的判断,以及对元彭寅翁本与几种《史记》古钞本文字异同的比较。据此可了解英房注释《史记》的特点及其对《史记》的认识。

《英房史记抄》是日本学者用汉文注释《史记》的开端。他用汉文注解的方式,对他书文献的选择和抄录,对中日各家之说的广泛征引,对三家注的补充和纠谬,对各本文字异同的比较等都具有很高的学术价值。此书对日

---

① 〔日〕水泽利忠《史记之文献学的研究》,《史记会注考证校补》第八册,日本史记会注考证校补刊行会昭和三十六年(1961)刊行,第268页。

本《史记》研究发展的走向和方式方法都产生了很大影响。室町时代后期出现的《桃源史记抄》、《幻云史记抄》等都深受其影响。

《桃源史记抄》19 卷，日本室町时代僧瑞仙著。僧瑞仙（1431—1489），号桃源，室町时期京都相国寺名僧。此书用通俗的日语来解说《史记》，保存了室町时代丰富的语言资料。

卷首为《史记源流》、《集解序》、《补史记序》、《索隐序》、《正义序》、《三皇本纪》，其后为《史记》一百三十卷目录。正文中没有收录十表和八书。本书对《史记》的解释非常详细且通俗易懂，将《史记》与《左传》、《国语》、《战国策》、《汉书》、《资治通鉴》比较参照，考订《史记》史实，指出《索隐》的错误，揭示《史记》中所蕴含的思想。

《桃源史记抄》是在五山僧侣推广汉学的大背景下出现的，此书在注解中广泛征引禅林诸先哲及博士家说，在某种程度上体现了当时日本《史记》研究的最高成就。桃源瑞仙打破了此前日本《史记》与《汉书》的研究分为"史记家"和"汉书家"分别进行的模式，将《史记》、《汉书》相互对照参考，这一做法被后代学者继承。

《桃源史记抄》真迹二十册本原藏东京帝国大学图书馆，大正十二年（1923）关东大地震时被烧毁。现足利学校、京都大学等处藏有抄本。刻本原有宽永三年（1626）活字本，昭和十二年（1937）三ケ尻浩又以宽永三年的古活字本为底本，与抄本比对，订正文字后将其影印出版。

《幻云史记抄》20 卷，室町时代僧寿桂著。僧寿桂（1460—1523），字月舟、幻云。僧寿桂经常到桃源的讲堂听课并记录其讲义，在整理僧瑞仙讲义的基础上，加上自己的注解完成《幻云史记抄》。本书全部用汉文写成，重点参考了前代日本学者在"南化本"《史记》上所作的批注[①]，其中包括大量《史记正义》佚文，为泷川资言完成《史记会注考证》提供了重要参考。僧寿桂引用中日古医书三十余种对《扁鹊仓公列传》一篇作了非常详细的注解，开江

[①] 南宋黄善夫本《史记》在日本被称为"南化本"，这一叫法始于江户时代大岛贽川的《博士家本史记异字》，因此书原为京都相国寺住持南化和尚（名玄兴）所藏得名。

户时代医学考证派之先河。

五山僧侣对汉籍的注释和讲解对当时日本汉学的发展及后代汉学的传播和普及都产生了很大影响。正如明治时期东京大学教授重野成斋在论及日本汉学的特征时讲："五山时代前后的名僧,兼修佛书与汉籍,并以之授徒,且以口义体来解释汉籍,而形成国字解的汉籍。汉学遂同化于我国民之间。于德川时代,非但林罗山的《贞观政要谚解》,至于山崎闇斋、浅见纲斋、三宅尚斋、佐藤直方等人亦承袭此风,流行所谓的笔记体,而诸种的俚谚抄盛行。故汉学普及于国民,平民亦有汉学的兴趣。"①日本接受外来文化都有经过接受、反省、批判,最终转化为有本土特色的文化并流传后世的过程,日本汉学的流衍也是如此。五山僧侣对汉籍及汉文化的传播和推广,江户时代古文辞派回归经典本身的努力,以及后代汉籍国字解的大量出现,都是日本汉学本土文化意识自觉下的产物,这也是日本汉学的特征之所在。同样,《英房史记抄》、《桃源史记抄》、《幻云史记抄》也对日本《史记》学的形成、发展及其研究方法产生了重大影响。

第二节　和刻《史记》的出现

随着活字印刷技术传入日本,在江户初期的庆长、元和(1596—1623)年间,出现了最早的和刻木活字本汉籍,如《论语》、《春秋经传集解》、《汉书》、《六臣注文选》、《白氏文集》等,《史记》也是其中一种。宽永三年(1626),阴山的玄佐还用活字刊行了《桃源史记抄》。可见《桃源史记抄》在日本影响之大。其后,和刻本《史记》的主流转为雕版印刷。

目前传世的庆长古活字本《史记》根据版式不同分为八行有界本、八行无界本、九行有界本三种,三种版本内容无甚差异。东洋文库藏两种八行有

_____

① 〔日〕重野成斋撰《关于日本汉学》,《重野博士史学论文集》,日本雄山阁出版社昭和十三、十四年(1938—1939)刊。

界本《史记》,其中一种的第一册书皮上题"活字版史记伝嵯峨本一",后世学者据此考订其刊行者是居住在京都嵯峨的角仓素庵,故此和刻木活字本《史记》亦称为"嵯峨本"①。

庆长古活字本的具体刊行年月不可考,对现存三种版本之间的关系,各家也说法不一。日本学者川濑一马据日本成簣堂文库所藏"八行有界本"第三十二卷卷末识语"庆长十一丁未秋八月以东福善惠轩之本新加朱墨倭点者也"推断此和刻本出现在庆长十一年(1606)以前,水泽利忠也持同样观点②。阿部隆一认为"九行无界本"刊行于庆长、元和年间③;小泽贤二认为"八行无界本"刊行于元和、宽永间,九行无界本刊行于"宽永、正保间"④;小秋元段则指出"八行有界本"的刊行时间有庆长四年、庆长九年左右、庆长十一年以前三种说法,并分别给出了相关证据⑤。冈本保孝《史记传本考》认为此木活字本《史记》是以元彭寅翁本为底本,同时参考了朝鲜活字本《史记》而成⑥。森立之《经籍访古志》亦认为"朝鲜国刊本及今行活字版,俱原此本(彭寅翁本)"⑦。现藏日本国会图书馆的朝鲜活字《史记》三家注本版式与"八行有界本"酷似,大岛桃年《史记考异》对朝鲜活字本《史记》与二十余种《史记》古本的字句异同进行了考辨,从比对结果可看出日本庆长古活字本与朝鲜活字三家注本《史记》在文本上也高度一致⑧。

---

① 角仓素庵,名角仓与一光昌,号素庵,字玄之,亦号苏庵。自庆长中期到宽永年间刊行了大量活字本书籍。

② 〔日〕水泽利忠《史记之文献学的研究》,《史记会注考证校补》第九册,日本史记会注考证校补刊行会昭和三十六年(1961)刊行,第156—159页。

③ 〔日〕阿部隆一《增订中国访书志》,日本汲古书院1983年,第177页。

④ 〔日〕小泽贤二《史记正义佚存订补》,〔日〕水泽利忠《史记正义の研究》,日本汲古书院平成七年(1995),第663页。

⑤ 〔日〕小秋元段《嵯峨本〈史记〉の书志的考察》,《法政大学文学部纪要》第49号,2003年刊。

⑥ 〔日〕冈本保孝《史记传本考》,写本,日本国会图书馆藏。

⑦ 〔日〕涩江全善、森立之等撰,杜泽逊、班龙门点校《经籍访古志》,上海古籍出版社2014年,第95页。

⑧ 〔日〕大岛桃年《史记考异》,写本,日本尊经阁文库藏。

水泽利忠在论及朝鲜刊行的《史记》三家注本时指出："关于朝鲜的古活字本，夙以覆刻明万历凌稚隆《史记评林》的本子（刊行年代不明）为著名。然而和作为此本不同版的《史记》三家注本的确存在。1991 年庆应义塾大学图书馆获得此本，据现在小泽氏的调查，此本有永乐二十年的跋文，而且在板框外等处有以《史记正义》佚文为首的本邦近世初期所作的批注。想来此版是以元彭寅翁本为蓝本吧。因为在调查进行中，不便明言。此外，下面提到的日本古活字本有可能以该书为蓝本，尚待后究。"①即现存朝鲜活字《史记》三家注本，是以元彭寅翁本为底本的，而日本庆长古活字本《史记》很可能是以此朝鲜本为底本，同时参校各本而成。

在中国，傅增湘最早对日本古活字本《史记》有著录："《史记集解索隐正义》一百三十卷日本古活字本，八行十七字，注双行同。每卷大题在下，《索隐》已列入注中，是亦非从北宋本出矣。然《列传》首老子伯夷同为第一，与余所藏北宋本同，或从宋代别刻耶？俟再考之。（丁卯九月十日地安门外冷摊收得，九十六元）"②并没有明确指出此木活字本《史记》的版本来源。

尽管日本古活字本《史记》的底本问题至今尚未有定论，但可以肯定其与元代彭寅翁本关系密切。现存庆长古活字本《史记》正文多加训点，栏外有很多日本学者的批注，批注中最多的内容是比较各本文字的异同及注音。

随着雕版印刷术的成熟及学术风气的转变，明代出现大量的《史记》集评集注本，其中又以凌稚隆所辑《史记评林》影响最大。《史记评林》广泛征引前代各家之说，因辑录大量评论资料且校勘相对精审而广受好评，很快就有了李光缙的增补本，其后又出现了大量仿作。《史记》集评本的大量出现在一定程度上反映了明代学风，《史记评林》从某种意义上来讲可以说是《史记》的通俗本，进入清代后，评林类《史记》几乎消失，反映了明清两代学风的差异。

《史记评林》对《史记》原文全部加以句读，将司马迁作史时援引的

---

① 〔日〕水泽利忠《史记正义の研究》，日本汲古书院平成七年（1995），第 34 页。
② 傅增湘《藏园群书经眼录》卷三，中华书局 1983 年，第 175 页。

《诗》、《书》、《左传》、《国语》、《世本》、《战国策》、《吕氏春秋》等典籍中对于同一事件的记载抄录于上栏,同时还抄录汉代至明代各家学者对《史记》事件、人物的评论和对字句的解释。此外便是凌稚隆"以己意撮其胜而为之宣明"的按语,其内容主要有训释文字,分析句读,疏解文意,评论句法、文法,品评历史人物等。并用旁注的形式,提供了大量的异文资料,既包括《史记》各版本之间的文字异同,也包括与《汉书》、《左传》、《战国策》等典籍相对照的异文。这些异文资料为后代校勘《史记》提供了线索,有一定的参考价值。

《史记评林》不仅将《史记》看作是一本历史书,还将《史记》作为文学作品和文章的范本来看待,从文章学的角度分析篇章结构、纲领主意和叙事中的关键语句,品评语言运用和人物性格之间的关系,从而揭示出叙事者的态度。对读者更好地理解《史记》的文章特色,学习《史记》的文章写法很有帮助。

《史记评林》广收各家之说,重考证也重评论的特点,十分符合日本汉学家研究《史记》及向社会推广和普及《史记》的需要。江户中期,《史记评林》传入日本,成为了最重要的《史记》读本和汉学教材。为满足读者的需要,日本江户时代刊行了众多和刻本《史记评林》,因出版机构的不同分八尾版和红屋版两种。"八尾版"是因刊刻者为八尾助左卫门(又名八尾甚四郎,八尾友春)而得名。"红屋版"的得名则比较复杂,日本学者认为,最早的红屋版,也叫积德堂刊本,积德堂没落后,书版转到了红屋。红屋,也叫小红屋,可能又叫梁文堂。以上均为学者的猜测,虽没有充足的证据来解释红屋版《史记评林》的得名,但红屋是书肆的名称是不会错的。

八尾版《史记评林》主要有:

宽永十三年(1636)九月,京都八尾助左卫门发行初刻本《史记评林》,全50册。在众多和刻本《史记评林》中此本可称为善本,是对明代李光缙增补本《史记评林》的翻刻,版式、行格、字体等均与明本相同。

延宝二年(1647)八尾友春发行《新刻考正史记评林》(世称八尾再刻延宝本)。

天明六年(1786)须原屋茂兵卫以下五名发行《新刻校正史记评林》(世称天明本)。

以上两个版本版式、字体基本相同,与初刻本差异很大。

宽政四年(1792)广华堂藏版梓行《新刻校正史记评林》;文政七年(1811)又出补刻本。这两种刻本均以天明本为底本,版心上部都刻有"天明丙午再刻"的字样,世称天明再刻本。明治十三年(1880),浪华五书房再次刊刻八尾版《史记评林》,版式、行格、每半页字数等均与"天明再刻本"相同,世称天明三刻本。

红屋版《史记评林》主要有:

宽文十三年(1673)洛阳西御门前、书林积德堂梓行红屋初刻本《新刊校正史记评林》,全25册。

明和七年(1770)京都世裕堂据红屋初刻本重刊《校正再版史记评林》(世称红屋再刻本,明和本),全50册。

天明九年(1789)大阪浪华书林柳原喜兵卫等刊《校正再版史记评林》,全25册。为明和本的重印本。

在江户时代,"红屋版"比"八尾版"流传更广,社会上出现很多以"红屋版"为底本的《史记评林》翻刻本,正如冈本保孝在《影抄史记索隐校订凡例》中讲"用红屋板者,以人间流布俗本,而家家有此本之故也。"[1]据水泽利忠研究,从宽永十三年(1636)至明治十六年(1883),日本冠以"新刊"、"校正"、"增补"字样的《史记评林》有十四种之多[2],日本学者山城喜宪发表《史记评林诸版本志稿》对现在存世的51种《史记评林》版本进行了调查和比勘,梳理各本之间的异同和相互关系[3]。

和刻《史记评林》的普及推动了《史记》在日本的传播,对日本学者的《史记》研究产生了巨大影响。江户时代中期及以后出现的《史记》研究专著

---

① 〔日〕冈本保孝《影抄史记索隐校订凡例》写本,日本国立国会图书馆藏。

② 〔日〕水泽利忠《史记正义の研究》,第35页。

③ 此文收入《斯道文库论集》第20辑,日本庆应大学昭和五十九年(1984)刊行。

基本上都是以《史记评林》为底本,包括日本《史记》校勘的代表作,大岛挚川、大岛桃年父子的《史记考异》也是以《史记评林》为底本完成,《史记评林》的体例及评点方法被日本学者学习和接受,在日本学者的《史记》研究专著中得到体现。

各种和刻本《史记评林》大量出现,各本质量参差不齐,从而使和刻本《史记》正文及三家注的文字出现很多讹误。日本汉学者在注释研究《史记》时一般以和刻本《史记评林》为底本,日本学者有比较《史记》各本之间的文字差异,对《史记》正文及三家注进行校勘的传统,江户时代及其后的学者更是把校正文字作为注释《史记》的首要任务,这在某种程度上与和刻《史记评林》普遍流行及各本质量参差不齐有关。

《史记评林》在日本广泛流行也与日本学者在阅读《史记》时在边栏及正文旁作批注,并代代相承,辗转传抄的传统密切相关。

日本学者的《史记》研究讲究师徒相传的学统。传统的《史记》研习中历代的"师说"就是通过在《史记》各版本中作批注的形式保存并流传下来的。在《桃源史记抄》和《幻云史记抄》中就保存了大量的"师说"。这些批注主要在各页的天头,也有少部分在地脚和正文旁,也有另页加注的情况。日藏《史记》各版本中的批注是日本学者《史记》研究成果的重要保存方式。这种方式被日本学者代代相传,成为了一种传统。江户时代,和刻《史记评林》成为了通行的《史记》读本,日本学者以《史记评林》为底本,继承前代学者批注的形式,在吸收前代成果的同时,加入自己的新的注释,使这一传统进一步传承和发扬光大。

日本学者的批注内容非常丰富,也极为庞杂,后人可以从中获得很多重要的资料。水泽利忠《史记之文献学的研究》对日藏《史记》诸版本中日本学者的批注作了详细的调查和研究。他认为这些批注的内容大致可以分为两类:

一类是与《史记》文本异文相关的校勘学资料,水泽利忠将这一类批注称为"校记"。日本学者注意校订《史记》各版本文字的异同,有意识地使用了大量的版本资料,将其校勘成果融入到批注中。校记中有很多是对《史记》三家注的补充。三家注原本各自独立成篇,后来才逐步与《史记》正文合为一体,三家注合刻时对原有的三家注都有删节,以避免重复。日本学者常据古本将三家注被删节的内容以批注的形式补足。其中包括一些现在已经亡佚的《史记》古注,如邹诞生的《史记音》、刘伯庄《史记音义》、陆善经的《史记注》等,也包括三家注的佚文,其中又以《史记正义》的佚文最多。

这类校记是历代日本学者校勘《史记》成果的累积,很有价值。但这类校记有的并没有明确的版本依据,而是直接抄录前人已有的研究成果。有些是抄录前人对字词的解释,用"某作某"的形式标注出来,混淆了对字词的注释与对文本的校勘。为了帮助读者理解汉文,日本学者常在《史记》难以理解的地方增加单字以使《史记》原文通俗化,是为读者提供阅读便利和指导的一种方法,其中包含了日本学者对《史记》文义的理解。这种情况也常被误为校勘成果,以校记的形式标记出来。

另一类批注是与《史记》注释和评论相关的资料。其中包括日本平安朝以来的诸家博士的师说;《汉书》、《汉书》颜师古注以及《资治通鉴》等他书资料;内容包括注音释义,疏通文意,分析句读,评论文法及历史人物和事件等。《史记》各篇批注数量多少不同,"本纪"、"世家"、"列传"部分批注很多,"八书"批注较少,"表"的部分几乎没有批注。

日本学者《史记》批注的性质类似于学者的读书札记,为历代学者抄录前代成果并加以己见而成,是一个前后继承、不断扩展的过程,所以我们常看到不同的版本上标注同样的内容。各版本上的批注虽侧重点各不相同,但相互之间有继承性,是对前人研究成果的总汇,其中虽不乏失误及主观臆断之处,但其对字句的训释、对文本的句读以及对司马迁和《史记》的相关评论还是可以给我们很多启发。日本学者所引《汉书》颜师古注有些为今本所无,这部分内容对于《汉书》的注释和研究亦有价值。

随着中国《史记》刻本的传入及和刻本《史记》的出现,江户时期出现了对日藏《史记》版本全面校勘的专著,主要有大岛赟川父子的《博士家本史记异字》和《史记考异》，以及冈本保孝、安井息轩等人的著作。

大岛贽川(1762—1838)，名维直，字无害，号贽川。曾入昌平黉学习经学，后回加贺藩主持学政。日本文化年间(1804—1817)，加贺藩欲校刻中国的二十一史，大岛贽川任史局总裁，涉猎公私所藏史书，为刻书作准备，他以明刻本《史记评林》为底本，与南化本(他从米泽藩借来南宋黄善夫本《史记》，请人影写了全卷，此影写本现藏在尊经阁文库)、枫山本、三条本、中彭本、中韩本(朝鲜刊本)等进行校勘，编成《博士家史记异字》，但校刻未成，史局即告关闭。其后，其长子大岛桃年(1794—1853)继承父业，在《博士家本史记异字》的基础上完成《史记考异》十四册。

《史记考异》以日本宽永十三年(1636)八尾助左卫门刊《史记评林》本为底本，与日本幕府及各诸侯所藏二十余种《史记》版本进行比对和校勘，并参考了《群书治要》、元版《通志》、赵翼《廿二史札记》、钱大昕《廿二史考异》、王鸣盛《十七史商榷》等书中的资料。

《史记考异》大致和中国学者钱泰吉(1791—1863)的《史记》校勘记同时问世，但其所用以互校的《史记》版本则远远超过后者。清张文虎《校刊史记集解索隐正义札记》比《史记考异》晚十多年，张文虎用来校勘的《史记》旧本也少于《史记考异》。但因《史记考异》一直没有刊行，影响了人们对它的使用和对其价值的充分认识。

冈本保孝(1797—1878)，本姓若林，名保孝，通称缝殿助、勘右卫门，号况斋、麻志天乃屋、拙诚堂、岁计草堂、戒得居士。师从狩谷棭斋。冈本保孝整理编撰日本典籍一百五十多种，汉籍二百种，注释古籍约二百种。

冈本保孝对《史记》版本也做了较全面的研究，其研究成果主要有：

①《影抄史记索隐校订凡例》附《备考数条》。冈本保孝抄写昌平黉所藏明汲古阁刻《史记》索隐单注本时，与日本红屋本《史记评林》相比勘，指出误字、疑存、讹脱、衍文等，在相关文字旁以朱笔标示，并将其影抄时校订文字的原则分条记录，即成《凡例》。《备考数条》是将其所抄写的毛晋汲古阁《史记》索隐单注本与和刻红屋本《史记评林》相比较，主要涉及两本篇目卷

次的不同,《索隐》文字多少的差异等。冈本保孝怀疑此《史记》索隐单注本是宋代人从三家注合刻本中将《索隐》摘出而成。并举《刺客列传》及《货殖列传》中保存有《正义》和《集解》为例证明。

②《史记传本考》。此书全面梳理了日本所藏《史记》刻本的情况,其所列版本有:宋刻本、元彭寅翁本、明王延喆本、明柯维熊本、明嘉靖板、明万历板、朝鲜本(依元刻本)、活字板(依朝鲜本)、清康熙板(依万历板);和刻《史记评林》诸版本;《史记测议》;毛晋汲古阁刊《史记》集解本,索隐本,正义本。书中涉及的各版本均为其亲自目验,简要描述各本的版本特征,注明在日本的收藏地点,对各本的刊刻源流及各本之间的关系也有考证。

③《史记考文》不分卷。此书收录《三皇本纪》和十二本纪。逐篇比较各本文字的异同。

安井息轩(1799—1876),名衡,字仲平,号息轩。曾任昌平黉教官。专心钻研经史,考据精确。旁通算数之学,善写文章。其《史记校文补注》利用宋黄善夫本,元中统二年段子成刊本,明王延喆本、陈继儒本、嘉靖本、汲古阁索隐单注本等七个版本对《史记》原文及三家注进行校勘。与今日校勘学成就相比,显得简略。

《史记》自问世以来,经历了由写本到刻本的变化,唐代之前,《史记》的传写是在相对自然的状态下进行。宋代在将写本变为刻本的过程中,规范了《史记》的行款、格式、标题、及用字等。相对于刻本而言,写本更接近于《史记》原貌,现存写本可以用来订正宋以来《史记》刻本的文字讹误。日本学者利用日本所藏古抄本及刻本对《史记》所做的详细校勘,对探究《史记》原貌,揭示《史记》版本流传轨迹具有很高价值,为《史记》研究的深入发展奠定了基础。

第三节　作为教材的《史记》与日本汉学教育

《史记》传入日本后即被列入大学的课程之一。进入奈良朝、平安朝后,

《史记》流传更广,甚至成为天皇和朝廷大臣的学习用书。除宫廷教育外,《史记》在以汉学教育为主的学校中也有着重要的地位,通常被作为必读的课本。创建于室町时代,有日本最古老的综合大学之称的足利学校在校规中明确规定以三注、四书、六经、《列子》、《庄子》、《老子》、《史记》、《文选》为课本,禁止讲授其他书籍。足利学校最盛的时期在校学生的人数多达三千人,各地学子云集到这里来学习,再把学到的知识传播到各地去。这对《史记》等汉籍在日本广泛传播产生了深远的影响。

德川幕府建立后,抑制佛教,奖励学问,倡导儒学。德川家康喜欢读有关治国平天下的经史典籍,推崇儒家思想,大力倡导朱子学,使朱子学成为日本汉学的显学。到第五代将军德川纲吉(1646—1709)更为重视儒学,将江户孔子庙所在地改称昌平坂,将林罗山创立的私塾改为由幕府直辖的学校,这就是著名的昌平黉(又名昌平阪学问所)。作为官方学部场所,昌平黉广招鸿儒,成为天下学府的中心。昌平黉的教学内容包括经书、史书和诗文,其中史书必读的是《左传》、《国语》、《史记》、《前汉书》、《后汉书》、《资治通鉴》。诸藩纷纷仿效昌平黉的模式,在各地开设藩校,《史记》作为史科的必读经典被传授,不仅影响了为数众多的藩校学生,而且经过藩校直接传播到广大日本民众之中。

《史记》传入日本之初,印刷术尚未发明,学生们纷纷传抄《史记》,现在日本藏有平安朝以来流传下来的多个《史记》古抄本,这些古抄本可与今本《史记》比较,校定文字异同,是非常珍贵的资料。到江户初期,随着日本印刷术的发展,在庆长、元和时期,出现了最早的和刻活字本《史记》,刻本的出现使《史记》的阅读变得容易,促进了《史记》的传播。到江户中期,明代凌稚隆的《史记评林》传入日本,成为了最重要的《史记》读本和教材。

在中国,宋代学者始开评论《史记》的风气,到明代,越来越多的学者对《史记》进行评论和评点。明代万历年间出现了凌稚隆所作《史记评林》,成为《史记》辑评之作的代表。后明代学者李光缙又进行了增补,对凌稚隆搜罗不全之处予以补充,使该书更加完备,对后代学者大有裨益。如贺次君所言"凌氏博征古籍,一一撮而系之,后之学者参互审勘,不劳钩稽群册矣。"①
《史记评林》的出现,对于扩大《史记》影响起了重要作用,"《评林》行,而自
馆署以至郡邑学官,毋不治太史公者矣。"②《史记评林》不仅在编纂体例和资
料搜集上成为了后世典范,也为后人提供了良好的底本。凌稚隆作《史记评
林》时,对《史记》底本的选择也是非常慎重的,为后代《史记》研究者所认
可。清人钱泰吉讲:"《评林》本,吴兴凌稚隆刻,藏书家不以为重,今以乾隆
四年殿本校勘,乃知胜明监本多矣。"③梁玉绳作《史记志疑》时选择《史记评
林》本为底本,是因为"《史记》刻本甚众,颇有异同,世盛行明吴兴凌稚隆
《评林》,所谓湖本也,故据以为说。"④贺次君也认为《史记评林》"《史》文及
注,往往有胜于柯本及南宋、元、明诸刻者。"⑤

　　《史记》是史学名著,也是中国早期叙事文学的代表,它不仅为后世正史
提供了范本,而且对后世纪传文学的发展也产生了很大影响。明人将《史
记》视为文章典范,其评点不限于《史记》所涉及的历史人物和历史事实,《史
记》的遣词造句、叙事方式、文章风格等方面也是其点评重点,即重在点评
《史记》的"文章之法","叙事之法"。这与日本学者一方面将《史记》作为史
学经典,一方面又将《史记》作为为文典范,从欣赏文学作品和学习汉文写作
的角度来阅读《史记》的治学倾向十分吻合。

　　随着《史记评林》在日本的广泛流行,到宽政年间(1789—1800),出于对
过分相信评注的反省,出现了与《史记评林》相对抗的潮流,即将前代的《史
记》注释和评论全部删掉,以《史记》原文的面貌问世,让读者通过直接读原
文来学习和理解《史记》。这场排击《史记评林》运动的兴起是与当时日本学
术思潮密切相关的,与"古文辞派"的代表人物荻生徂徕、太宰春台、服部南

---

① 贺次君《史记书录》,商务印书馆1958年,第161页。
② (明)王世贞《史记纂序》,《弇州续稿》卷42,文渊阁《四库全书》本,第1282册,第560页。
③ (清)钱泰吉《校史记杂识》,《甘泉乡人稿》卷五,清同治十一年刻光绪十一年增修本。
④ (清)梁玉绳《史记志疑·自序》,《史记志疑》,中华书局1981年。
⑤ 贺次君《史记书录》,商务印书馆1958年,第164页。

郭等人的主张和倡导关系尤为密切。

江户时代是日本儒学发展的全盛期。随着日本儒学的发展,在朱子学派之外出现了不同的派别,如古学派、阳明学派、折衷学派等。各学派的儒学家大多在各级学校及民间私塾中任教,其思想也通过生徒广泛传播。十八世纪初,特别是享保元年(1716)以后,朱子之说开始衰落。宽政二年(1790),幕府颁布"异学之禁",在昌平黉独尊朱子之学,以其他学派为异端,不准教授。但仍有学者根据自己的治学兴趣进行私人的研究与传授。各学派之间的学术观点各异并展开了学术争鸣,使儒学研究得到了更加深入的发展。江户末期,考证学盛行,一些学者以清代考据学为学术研究的新方法,专注于精细的训诂考据研究。幕府官学为了顺应潮流,破格任用长于经传研究的安井息轩为昌平黉教授,这也充分反应了当时的学术潮流。

古学派以复古的面貌出现,实质上是提倡一种新学,成为朱子学的反对派。古学派学者原多为朱子学追随者,后怀疑朱子学与孔子、孟子的原意不同,转而提倡古学。呼吁不依赖后人的注疏,从孔孟的原著中直接探索儒学的真意。古学派学者的治学目的基本相同,但各人的思想体系有较大差别。

荻生徂徕(1666—1728)是古学派的主要代表人物,名双松,字茂卿,号徂徕、蘐园、赤城翁,江户人。早年奉行朱子学,后对朱子学产生疑问,形成自己的见解,创立"古文辞派"。古文辞派主张在从事汉诗文写作的过程中去理解和掌握古文辞的真义,强调理解经典的最好方法就是熟读经典,精通原书的字义及遣词造句的方法,摆脱前代注解的束缚,通过研读原文去探究经典的内涵。古文辞派认为解经必须通史,对《左传》、《国语》、《战国策》、《史记》、《汉书》等史书都应当深入研究并重新加以注释。他们对史书的重视也推动了社会上对《史记》的研读和学习。

荻生徂徕创办"蘐园塾",广收生徒,教授汉文学,提倡经史考证,在学术界和教育界都产生了很大的影响,他提出汉文直读法,反对一直以来的训读方式。他主张在沿袭已久的"俚谚抄"、"俚谚解"之外,应该用"国字"即日本语来解释中国的经传诸子,以普及教学,使汉学在日本扎根,成为日本化的汉学。荻生徂徕所倡导的用通俗的日文来解释和普及汉籍的"国字解"，后来在日本产生了很大影响，成为普及汉籍教育的重要形式。

太宰春台（1680—1747），名纯，字德夫，号春台，又号紫芝园，信浓人。成年后赴京都游学，听闻徂徕倡导古文辞学而入其门，但师生二人的观点时常相左。太宰春台一生致力于经史研究，不满宋儒的义理之说，作《朱氏诗传膏肓》，对朱子之说进行驳斥。他遵循孔子"述而不作"的原则，将朱熹对《诗经》的引申之说均称为"评语"，认为这些是脱离经典文本的无用之辞，应全部删掉。他遍注群经，有力地推动了反宋学空疏，提倡回归文本本身的潮流。但太宰春台因厌恶宋学的义理之说而走向极端，不允许有任何超越文本的评论。

太宰春台在《书史记评林后》中强烈表达了对《史记评林》的不满：

> 凌以栋著《史记评林》，旧注之外，增附《索隐》、《正义》则犹不恶，唯《索隐》述赞极无味，其评林则为无用。其载《三皇本纪》，则为马史之蛇足。其载弇州拟短长说，李沧溟拟秦王辞，则为戏谑。此三者，皆无益于史学，而徒烦读者。要之凌氏之为斯也，其用者仅十一二耳，余去之可也。李光缙何为者而增补之，吾悲其意云！……予尝得《史汉评林》而读之，见其讥评无用者，悉涂抹之，恶其劳目也。嗟乎！王元美、徐子与好古之士，而作序以扬抃凌氏之举，抑何意哉？予尝怪焉。①

太宰春台是从史学的角度强调"评林本"的无用及徒增烦乱，其《紫芝园漫笔》中也有多处对《史记评林》体例的严厉批评②。他反对附各家之说于《史记》正文的天头地脚，认为收录司马贞所补《三皇本纪》及"述赞"合刻是画蛇添足，在《史记》正文前收录王世贞的《短长说》和李攀龙的《拟秦王辞》更是荒诞不经。他认为《史记评林》中有价值的评论只有十分之一二，其余

---

① 〔日〕太宰春台《春台先生紫芝园后稿》卷之十，日本江户小林新兵卫宝历二年（1752）刊本。

② 参见太宰春台《紫芝园漫笔》，《崇文丛书》第一辑之四十四至四十八，日本东京崇文院昭和二年（1927）刊行。

应全部删去。他由《史记评林》推而广之,认为《汉书评林》及明刻六臣注《文选》都是明儒盲目尚古不加选择思想的反映,比《史记评林》更加无用。他的主张虽有些极端,但对排击《史记评林》,推动白文《史记》的出版起了重大的作用。

服部南郭(1683—1759),名元乔,字子迁,称小右卫门,又号芙蕖馆、同雪、观翁,京都人。古文辞派学者。他大力提倡回归文本本身,对当时流行的评注本《左传》非常厌恶,故去掉所有注释,刊刻白文本《左传》,白文句读《文选正文》十二卷,并作《唐诗选国字解》七卷。服部南郭曾告诉弟子,自己年轻时即专心反复研读杜甫诗,久而久之,烂熟于心,写诗也能得杜甫诗精髓。不依赖前代注解,通过熟读原文来理解和学习原典是其学术主张的概括①。

宽正年间排击《史记评林》运动的代表人物为越后村上藩儒服元宽,长门儒士多贺渐,大津儒士陆可彦。其间出现的白文本《史记》主要有以下三种:

宽政四年(1792)磐船木活字版《史记》一百三十卷,服元宽编修。

此本藏日本宫内厅书陵部。二十四册。此本卷首为服元宽序。其中提到:

> 盖缀文之学,莫不从左氏、司马氏始,而国读句乙蟛蟹盈简,苟随其读,或至使辞之所存茫乎不知也。呜呼! 读云,读云,国读云乎哉! 宽先人从事南郭先生,先生已厌其如此,乃拠左氏之正文,驱其蟛蟹,以授从游之士。先人亦以此大劝其道兮。宽欲效先人所资,复据司马氏之正文,驱其蟛蟹,用见文辞之所在焉。遂与僚友谋议活版之举。……课其众读手读此活字也,不复眼校,谬误焉然,犹庶几吾辈之士剖析字句,

① 参见〔日〕竹林贯一编《汉学者传记集成》,日本名著刊行会昭和四十四年(1969)刊,第164—168页。

沉思文辞,则缀文之道或得于斯。今八表存其序,除其谱牒及众家序论不载,主于正文也。若夫有倒字脱落待读者正补云。

服元宽为磐舟郡村上藩文学臣,其父亲跟随服部南郭学习并深受其影响,服元宽继承父志,从文学的角度对《史记评林》进行批判,认为《史记评林》过多罗列前代评点,割裂了《史记》原文,影响了读者对《史记》文章的欣赏和学习。为改变这一现状,他积极推动了无注本《史记》的刊刻,这对处于全盛期的《史记评林》的流行起了一定的冲击作用。

作为主掌文学之臣,服元宽对《史记》十分推崇,认为"缀文之学,莫不从左氏、司马氏始",而当时流行的《史记》刊本都加句读和训读,且多收录各家注解评论,这些附加到《史记》文本上的东西湮没了《史记》文字本身,使读者陷于训读和注解评论的包围之中,不知《史记》"文辞之所在焉"。所以服元宽此本删掉全部的句读、训读以及评论,只刊刻《史记》正文。其目录及篇章顺序全以《太史公自序》所列为准,十表仅存表序。《史记》正文或通篇不分段,或只在一人事迹结束另起一人时分段。目的是使读《史记》者"剖析字句,沉思文辞",从而体会"缀文之道",真正能体味到《史记》文辞之妙。

磐船木活字版《史记》的刊行,是当时日本学术界回归经典,探求本义的思潮的体现,也是对一直盛行的《史记评林》的反击。去掉注解、评论只保留《史记》正文,让读者通过阅读文本本身去体味和理解《史记》的精妙之处,其本意是恢复《史记》文本的本真,但其去掉全部句读和训读的做法,也会给读者带来不便。日本宫内厅书陵部所藏磐船木活字版《史记》,有后人用朱笔对全书作了点断并加训读,在相关句下添加了简单疏解,天头抄录"三家注"。可见,在白文本《史记》和评注本《史记》之间如何把握一个适当的度,既方便阅读理解又不过度注解割裂原文,是一个需要认真思考的问题。

宽政五年(1793)《史记正文》一百三十卷,多贺渐之仲音训。

此本日本无穷会图书馆及池田文库有藏。二十册。卷首为皆川愿亲笔书写的《史记正文序》。皆川愿在《序》中讲:

　　太史公以其命世之才,该博之识,网罗千古,囊括百家以作《史记》。而其文思规画之所构设、指示云物之所错列者,汪洋闳远,幽怪离奇,则庸学眩迷浅识敝罔矣。是以自晋徐广,作之训故,历代诸儒,往往继躅,或为之考覈,或为之评骘,后儒又蒐猎之,综会之,用以附之于其本文,则子长之所笔,不得不断裂析开,以容其诸解,不得不上戴旁带,以夹云诸评,乃遂致令其离疎越散,而读者生之烦惑焉。吁,彼安知其欲明之之物,反成致其闇蔽之具哉。

　　他认为注释的目的是为了使读者能更好地理解《史记》,但历代相传沿袭下来的这些注解,写满《史记》刻本的天头地脚,穿插在《史记》正文的字里行间,反而割裂了《史记》正文,妨碍了读者对《史记》思想及内容的理解。

　　余观夫诸儒之所说,一是一非,驳杂不纯,而其是者亦非皆必至要。其所评,一长一短,参差不齐,而其长者亦非皆必绝到。乃以子长名世之文,强作鲜事之语以附骥者,间亦有之。要之不佑于子长而累于子长矣。且《史记》之所载,虽其治乱兴废之大者,槩不过前代之陈迹。后人读之,足以取鉴戒则亦已矣。……且其所传多轶事遗闻,未必皆信也,何必深究其事实,而细核其名物乎?

　　皆川愿认为附在《史记》正文之外的诸家注解,参差不齐,是非间杂。因为《史记》是传世之作,诸家注解多以此为依托,强生新意以引人注目,而《史记》是要在叙事之中蕴含治乱兴废之大道,后人读《史记》的重点也应在此,过分纠结于细节于事无补,反而容易走入歧途。

　　皆川愿在《史记正文序》中表达的回归经典本身的观念与其所著《迁史戾柁》、《史记淇园评注》的主旨是一致的。

　　皆川愿《序》后为多贺渐之仲所作《史记正文序》:

　　余自少好读《史记》,初者并注评皆读之。或五六月尚未能毕其业,而其文则断裂,吾神则潜替。又时自省其所得者,杂然混错漫然离散,茫洋荒忽,都无统纪焉。于是并去注评而以读之,乃不阅月已得卒其业,而其文则透彻,吾神则精一。其物有秩,其事相贯,以滚滚乎以来上吾心,浸浸乎以成诵于吾口矣。于是乎始乃有正文之举矣。因留心求善本,或探诸山川之祠,或搜诸名家之藏,其探搜之劳无虑十数年而其所得凡十七种,而亦不过小司马裴张陈锺李冯诸氏,宋元明清诸刊。近得元刻之注本于铜驼相府之库吏,较之它本似近司马氏之旧。乃与彼十七本对校以纠谬讹。其义两通者,并皆标出,以便诵读。或难读者,亦必每字见之反切,聊以助后进云。

多贺渐之仲生平事迹不可考。从其自序可知其自幼喜读《史记》,深感掺杂在《史记》正文中的注评割裂了原文,使其头脑昏聩不能把握《史记》精髓。而在去掉注评只读《史记》正文之时却顿觉豁然开朗,于是开始有了刊刻《史记》正文的想法。他留意搜求《史记》善本,经过十几年的搜求找到十七种不同的《史记》刻本,但均不满意,后得到一元刻注本,较之它本似更接近《史记》原貌,于是以此本为底本,与其他十七种刻本对校,文字不同但其义两通之处均注明,难读之字用反切注音以方便读者阅读。

对其所刊刻的《史记正文》有人提出疑问:既然其刻本删去了全部的注评,力图恢复《史记》的本真,但为什么还保留褚少孙所补之作? 对此多贺渐之仲的回答是:

> 世以为《史记》残缺多矣。或云《史记》景武纪,礼乐书等十篇有录亡书,褚少孙补之者也。是以世或置而不读,或至于存其目删其书。如夫武帝纪乃以其触当时之忌讳故被删去,后人乃取《封禅书》而以补者,乃其删之,或未为不可矣。如其余则朱文公有言曰'《史记》未脱稿',此固透到之见,以余观之,其未成者亦数种不同。……今尽删之,则反为扰害矣。且余唯订其文而已,如删则非余之志也。

多贺渐之仲结合自己研读《史记》的体会,认为在《史记》流传的过程中,其残缺及增补是一个很难确定的复杂的过程。如果根据后人的说法就径直删掉《史记》中疑为后人增补的内容,这对恢复《史记》原貌有害无益。他强调其刊刻《史记正文》的目的在于恢复《史记》本真,以方便阅读,而不是对《史记》文本本身进行删削。

据长泽规矩也《和刻本汉籍分类目录》,多贺渐之仲的《史记正文》在宽政十二年(1800)再版,文久二年(1862)出修订本,明治期间又重印。可见其影响。

宽政十二年(1800)《史记》一百三十卷,陆可彦删定。

此本日本无穷会图书馆及池田文库有藏。十五册。书名题为"史记钟伯敬删定",没有序,目录后正文首卷篇名下署"长门陆可彦删定"。其中十表及《礼书》、《三王世家》、《五宗世家》、《日者传》、《龟策传》只有目录没有正文。

此本以钟伯敬辑评《史记集解索隐正义》为底本。据《中国古籍总目》,钟伯敬辑评《史记集解索隐正义》130卷,为明天启五年(1625)沈国元大来堂刻本。上海图书馆、天津图书馆、浙江图书馆藏此本。又有清康熙五十二年胡彬抄本,题名为《钟伯敬评史记》,南京图书馆藏。

据贺次君《史记书录》,钟伯敬辑评《史记集解索隐正义》对"三家注"删削很多,仅存十分之一二,错误很多,实不足道。但由于明代评点之风流行,此本迎合了时尚,再加上钟伯敬在文坛的影响,故得以流行:"此本即从凌稚隆《评林》本出,……但以《史记》十表无关文章大体,删除不载,但又自为年表图说,而错误零乱,毫无体例,读之将不知其所云。明人读《史记》喜评论,此本乃投其所好,故万历、崇祯间,如邹德沛、曹学佺辈,于钟伯敬推崇备至。邹氏世古斋本即依此刻。称其题评'能得史公精髓,如日月经天,江河行地'。……其实钟伯敬乃拾杨慎、李元阳、茅坤、凌稚隆所为论说,稍加编裁,或间出己意,亦不过如评时文,争论文句之长短,堆陈浮词而已。……明自杨慎、凌稚隆而后,评论之风日烈,钟伯敬辈其实无学,但好为高论,所以不惜重资以刻《史记》者,乃投合时尚,故求名之一関耳。杨慎、李元阳、凌稚隆等虽主题评,据文义以论得失,考群书而发微意,尤各有其专长,若如此本,则卑卑不足道矣。"①

钟伯敬(1574—1624),明文学家。名惺,字伯敬,号退谷,湖广竟陵人。作为竟陵派的创始者,钟伯敬在明代文学创作及文学评点中占有重要地位。其评点《史记》是以评时文的方法来评史,尽管在众多的明人评点中乏善可陈,但因其文学地位,此书刊行后亦受到明代文人的推崇,明代就已有邹德沛以钟伯敬本为底本刊刻的世古斋本《史记》,到清代康熙年间又有胡彬抄本,可见其影响。

陆可彦为大津郡儒士。其刊刻的删定本《史记》将原本上的三家注及钟伯敬评点全部删掉,在天头上有陆可彦对篇中重点字词的注音、释义以及对各本文字异同的校订。经核对可知陆可彦在刊刻《史记》时并未核对众本,其校勘只是对其所见前代校勘成果的摘录,其校勘内容很多引自徐广《史记集解》,多为"徐广曰一作","徐曰"等。

此本刊刻十分粗糙,有很多错字,在日本文教大学越谷图书馆藏有此本,很多页通篇都有池田芦洲对字句讹误的朱笔修订。池田文库所藏此本《史记》被重新装订过,池田芦洲除逐篇校订正文文字外,还对每篇中的重点人名、地名、典制等进行解释,写在白纸上,装订在每篇之后,作为补充。

尽管刻印粗糙,但其要恢复《史记》本真的目地确是显而易见的。陆可彦选定钟惺的《钟伯敬评史记》作为其刊刻《史记》正文的底本,也反映出明代评点之学对日本学术界的深刻影响以及日本学者对《史记》文学价值的重视。直至明治时期安藤定格作《史记读本》仍提到并重视"史记钟伯敬删定本"。

宽正年间出现的这三个白文《史记》刻本,倡导了对经典本身的回归,对《史记评林》有所冲击,一定程度上纠正了过分依赖旧注旧评的倾向,但排击运动并没有从根本上动摇《史记评林》全盛的势头,进入明治后,排击《史记评林》的运动趋于削弱。

---

① 贺次君《史记书录》,商务印书馆 1958 年,第 178—179 页。

　　明治维新是日本教育界、思想界的一大转机。在明治维新以后的近半个世纪中,日本的教育体制、教育内容发生了巨大的变化。明治维新在教育文化领域的一个重要成果,便是对幕府时代的学校体制的改革。江户时代的学校体制是以幕府官学、诸藩藩校、各乡乡校为主体,再加上私人兴办的私塾和家塾,形成了遍及全国的教育网络。这种教学体制在明治初年发生了变化。经过一系列的争论、变迁和改革,到明治十年(1877),全国最高学府东京大学正式成立。在其学科体系中,原来占日本教育主导地位的传统汉学基本上被排除在外。

　　由于当时日本社会还未稳定,学制改革也处在不断的变动中。到明治十年九月,东京大学文学部中增设了"和汉文"一科,和汉文的地位稍稍得以恢复。明治十四年(1881)在众多汉学者的共同努力争取下,东京大学文学部内又设立"古典讲习科",任教的有中村正直、三岛毅、岛田重礼等著名汉学家,这一学科后来也造就了许多日本近代汉学大师。在全国的最高学府中,儒学经历了被排挤的过程后,最终又取得了一席之地。

　　在中央学制变革的同时,地方的藩校也发生了变化。明治五年(1872)八月,发布使用大政官名称的学制,藩学校停办,各地的藩校受到了极大的冲击,而各藩校中占主导地位的各种儒学流派更是首当其冲。明治五年三月禁官费学生入私塾,传统汉学的根基被极大地削弱了。

　　明治十四年(1881),日本先后制定了《小学校教则纲领》和《中学校教则大纲》,规定了中小学汉文学习内容,其后又对中学生应达到的汉文阅读和写作能力做了规定。从小学到中学再到大学,都有着与汉文有关的教育和组织。这使汉文教育在社会基础教育中占有了确定的地位。

　　作为汉文教育的重要教材,《史记》在这一时期也备受重视,一方面它仍然是汉学家们研究和教授生徒的汉学经典,一方面也在大学乃至中学的汉文教育中被作为课本。不同的需求使得这一时期的《史记》刊刻十分兴盛,并有不同的形式。明治前半期仅二十余年间,就有大量的《史记评林》本的重刊以及各种增补标定《史记评林》本的刊刻。

由于此时的汉学研究与江户时代相比已有所不同,《史记》作为叙事经典和文章典范的作用被更加强调,列传是《史记》中写得最精彩的篇章,此时应运而生了《史记》列传"评林"一类的著作,如明治二十六年(1893)东京同盟出版书房出版的栗本长实《评林史记列传》七十卷,明治四十四年(1911)东京富山房出版的重野安绎《评林史记列传》七十卷等,成为汉学家们讲解为文之道的重要依据。

明治时期的教育改革使得平民也有了接受教育的权利,与江户时期汉学家专门的汉学研究相比,明治时期,包括《史记》在内的汉学经典成为了普及汉文学习的教材。在主要的大学和中学,汉文教育需要简明易懂的注释书。在明治时期国立的教育体制中,汉文教育只是基础教育中的一部分内容,对于汉文基础不太深厚的大学生乃至中学生而言,《史记评林》显然超过了他们的理解和阅读能力,如何删繁就简,对《史记》进行简明扼要,通俗易懂的注解成为当时汉学教育的需要,随之出现了一批作为教材的《史记读本》。其中较有代表性且影响较大的有以下几种:

安藤定格《史记读本》,明治十二年(1879)东京松井方景等刊。

安藤定格在《史记读本·凡例》中讲:"凌稚隆《史记评林》行于我邦久矣。其评注无虑数百种,非无裨益,然博而要寡,塗塗相附,使读者趋彼舍此,认左作右,遂不得窥龙门之闳奥。钟伯敬有慨于斯,尽删之,特于栏外施一二音义,是亦失于太简。未见有烦简得中,而便诵读者。余常以为憾焉。尝讲习之际,窃不自揣,荟萃众说,采择其极简明妥当者,约其要,补其意,题曰《史记读本》。……庶几乎使读者勉迷岐之叹。"

安藤定格此处所说"钟伯敬有慨于斯,尽删之……",应是指陆可彦删定钟伯敬本刊刻的《史记》正文。其作《史记读本》"句读一依钟本参酌之,而如傍训,务从其雅驯者"。安藤定格认为完全没有对文意的疏通,只是注释字音字义,也不能使读者准确把握《史记》的本义,"亦失于太简"。故其《史记读本》对《史记》全书都进行了训读,只保留简单的注释,一般是在一句或一段下集中注释字词和疏通文意,其后出现的《史记》讲义基本是沿袭这一做法。

此本对于《史记》各篇"篇名次第一依《太史公自序》,以故如司马贞所补《三皇本纪》,斥而不载"。对于班固所说的"有录无书"的十篇,尽管前代各家说法不同,"今不敢问其说之当否,姑存一百三十卷之原数","十表特揭其叙论而略其表者,让之评林本,为初学者省烦,其有表无叙者固不载"。不载司马贞所补《三皇本纪》,篇名及篇章次序的排列完全依照《史记·太史公自序》,保存《史记》一百三十卷的原貌,其原则是尽量恢复《史记》的本来面目。

安藤定格明确指出此书的宗旨在于方便读者诵读,故以简捷为原则,引用注释也不再注明出处:"此著特以便诵读为主,非敢供考证。故务从简捷,注间皆不标名氏以识别之,览者幸勿以剽窃儳入罪之。"

对于地理方面的内容的注释也是力求减省,方便阅读:"凌本注间必揭水路山脉及郡邑之所在,然诸说纷纷无所措信,况山河形势岁变月迁,郡邑亦随沿革,在今日无由知其所在,不知亦于我邦人不为有害,故今特标示地名水名或山名等字,不敢揭其所在。"

落合济三纂解《史记正本》,明治十五年(1882)翠香堂版。

落合济三在《史记正本凡例》中明确表示:"今古评注《史记》者,无虑数十百家,硕儒巨匠莫不读《史记》,读《史记》,又莫不评之。而近世坊间所行凌氏评林本,概蒐罗而出之,可谓备矣。然惟求其备,故芜杂烦碎。或每一二句插注,或分裂本文,嵌训诂于句中。评隲论断,彼蹈此袭,悉载而不洩。加如《索隐》《正义》,多是险怪迂谬,使神理灭裂,全无精彩。余故曰:读《史记》者,先披此五里雾,而后光采灿烂矣。是余所以不自揣而敢于此著也。"

他认为《史记评林》的烦琐割裂了《史记》原文,芜杂的注文遮住了《史记》原来的光采。所以在《史记正本》中他采用了全新的体例:"《史记》本之于《诗》、《书》、《左传》、《战国策》、《楚汉春秋》诸书,文字古奥恢奇,往往多难解处。余时插先贤注释最易解者，又交鄙见而折衷之。勉贵简明，使易通晓。余希人读《史记》，不希人读训诂也。若欲钩深探赜，彼此求备，则世不乏其本，当就而索之，余所不敢。"即《史记正本》的宗旨在于"希人读《史记》，不希人读训诂也"，所以注释贵在简明，使读者能够借此通晓文意。

> 《史记》诸本，《孝景本纪》、《孝武本纪》、《汉兴以来将相名臣年表》、《律书》、《历书》、《三王世家》、《傅靳蒯成列传》、《龟策列传》，采褚少孙所补；《礼书》采《荀子·礼论》；《乐书》采《乐记》，颇杂驳不纯，今悉删之，独存其标题，非敢以似而非却之，欲使《史记》复史公之旧耳。他日当别辑此类，作《补史记》。

落合济三将前代学者提到的《史记》中"有录无书"疑为后人所补的十篇正文全部删掉，只在目录中保留十篇篇题，在篇题下，注明"阙"。这种处理方式的目的是要恢复司马迁所作《史记》的原貌。这也是贯穿《史记》流传始终的"求真"传统的反映，而与此相对的就是以评林本为代表的"求全"的倾向。落合济三这种"求真"的思想明显受到了中国学者的影响，而其《史记正本》的编纂方式在日本也产生了很大影响。明治后期以来出现的大批《史记》国字解和《史记》教材，也大多将《史记》"有录无书"的十篇删掉正文，只保留篇题。

对于前代学者附加到《史记》上的很多微言大义，他也不苟同。他同意朱熹关于《史记》是草创未成之作，所以记载存在矛盾舛误之处的观点，剥去前代学者加在《史记》上的光环，将《史记》还原为一部草创未就，有很多粗糙痕迹的史书来看待，这也是其力求恢复《史记》本真思想的又一体现。

落合济三只针对《史记》原文进行评注，不去关注《史记》与其所援引之书在文字的不同。他在《凡例》里明确表示："太史公作《史记》，集《诗》、《书》以下百家之书，以己权度出之。每用古书，或少改字句，或特用虚字为点缀，故余于其间亦唯为之评注，不必本于原书。盖余眼中独观史迁之文，不观《诗》《书》百家之文也。"

东汉时班彪班固父子就已关注司马迁作《史记》时所征引之书,其后历代学者继续深入探讨。在《史记》研究史上,很多学者将《史记》所引各家之说的原书原文抄录下来,与《史记》逐字比较,据此指出《史记》的错误或探究挖掘蕴含其中的太史公深意。中国明代的《史记评林》以及日本昭和时期出现的《史记》注释集大成之作《史记会注考证》和《史记补注》都大量抄录《史记》所引之书的原文。而落合济三《史记正本》只关注和疏解《史记》原文,不去过分追根溯源,这种处理方法也是有其合理之处的。司马迁融合各家说法,又自成一家之言,过度关注《史记》对原书的改动和加工,特别是关注一些对于文意和史实记述并没有太大影响的差异,如增加虚词,改写翻译等,对准确理解《史记》及把握司马迁的思想并无益处。

对于《史记正本》的体例,落合济三还做了以下说明:

> 读史之法,须先晰文理,文理晰矣,一篇大意,明如观火。余于此书,首截大段,次分小段,看章法句法,示照应接续,欲使读者晰他文理。若夫逐字逐句而解之,或有所不通,余不任其咎。

> 本纪备体记事,"岁大饥","彗星见东方"类,段落极短,或一二句,七八字,不堪划断,故特省之。

可见,其对《史记》文义的疏解重在阐明文理,而所谓文理即整篇文章的篇章结构,章法句法,把握住这些,文章的内容自然也就容易明了。所以此书重在分段串讲,不重在做逐字逐句的训释解读。落合济三这里提到的读史之法,其实还是从文章赏析的角度来读《史记》。江户时多贺渐之仲作《史记正文》也是强调学习《史记》"文辞",可见无论在日本还是在中国,《史记》一方面是被看作史书,一方面也是被作为文章的典范来学习,其文学价值与史学价值都备受关注。

与考据学者专注于训诂考证不同,落合济三《史记正本》仍是学习明代学者评点文章的方法,可以说在这方面与《评林》有相通之处。包括其具体的评点方式也可看出明代学者评点《史记》的痕迹:"此书字边施黑白圈点,若批若画,以示大旨所在。及照应段落,但黑白圈点,于一大段若一篇中,相为照映,非终始据一例也。要在读者了解。"

清代吴见思的《史记论文》是日本学者非常重视的《史记》评论之作,在日本有很多翻刻本。明治时期出现的续刊补注《史记评林》中,大多补入其评论。对此书,落合济三也有准确的定位和评价:

> 吴氏《论文》,以文论文则可矣,然时有近穿凿附会、粉饰夸耀处。殆使人疑片言只字无不出于作意者,古人用意,恐不当如此。大约古之人出言为文,自然节族,为照应,为抑扬,为开阖斡旋,为波澜顿挫。犹辞令言语,自有首尾次第,始达其意,非如后生据古人法门,视题拟体类也。故论文之说,余多不取,独于其示照应关键及评语简明,足以启发吾人者,取其一二耳。

他认为,吴见思对《史记》文章的照应关键之处的点评以及一些对文意的简单概括是可取的,而吴见思多用后代学者的论文之法去评点《史记》,而不知在司马迁写作《史记》时,这些后代人精心总结的为文之法并不存在,更多的是一种感情自然流露直抒胸臆的表达,即"出言为文",用后代既成的为文之法去解读《史记》是穿凿附会。这一见解是十分精到的,并适用于包括《史记》在内的整个古代文学和史学的研究范畴。

落合济三最后在《凡例》中说明:"此书係于十二三年前之著。时为塾生讲读,随读随批之,殆致卒业。其后东西奔走,藏之行李,今春从官在东京,退食之暇,再出而考检之,又补其阙。"

据此可知此书是落合济三在明治初年为学生讲课的讲义,十二三年后才最终整理成书。这种教材方式,既是其学术思想的概括,也是当时学者为适应新的教育模式而对教授《史记》做的顺应时势的调整。

《史记正本》的体例是将包括"三家注"直至清吴见思《史记论文》在内的前代各家注释择其要附于《史记》相关句下,其后以"济按"的形式标明自己的见解。"济按"主要是指出前代各家注音释义的不同,总结段意及司马迁为文之法。以《五帝本纪》为例,重点字句均用圈点标出,提醒读者注意。相关句下所保留的前代注释,基本都是对字词音义的注释。在可以作为一段的地方会注明并段意。如："一段。叙黄帝克神农,禽蚩尤,为天子";"一段。叙尧顺天授时,正岁,兴农功"等。

此外还多有对《史记》叙事风格和文笔特色的评点。如"尧乃试舜五典百官皆治"一句字旁均用墨点标出,句下"济按":"一句起下文",揭示此句的重要性。再如"与上黄帝纪一样叙法,详略互见,潜心照读,思过半矣",点评叙事之法。

此本所收前代注释及落合济三自己的按语都非常简明,以疏通文意和提示文章重点为目的,十分适合作为阅读《史记》的教材使用。是同类"读本"中影响较大的一种。

广部鸟道《标注史记读本》一百三十卷,明治十五年(1882),广济堂藏版。

与落合济三《史记正本》同一年出版的还有广部鸟道《标注史记读本》一百三十卷。此本在一百三十卷《史记》正文之外,还有《附录》两卷,上卷是逐篇抄录重点语句进行疏解,下卷是对重点字词进行注音。这种将正文与注音释义分开刊刻的方式与《史记评林》将各家注释及评论穿插抄写在正文之间的做法很不相同。随着社会教育环境及汉学地位变化,过分繁复的注解和评论已不适合学生阅读和学习《史记》的需要,甚至影响了正常的阅读和对文义的理解。以《附录》的形式标示重点语句并注音释义,是一种有益的尝试,也是此本特色。

池田芦洲《校注史记读本》,明治二十六年(1893)益友社版。

池田芦洲在明治二十四年(1891)二十八岁时开始了校注订补《史记》的工作。《校注史记读本》卷末的识语中讲:"余校《史记》,起于明治廿四年首夏,终廿六年抄秋。唯《天官》、《河渠》、《平准》三书则未及也。计应记年之十二月而全竣工。若夫润色参订之,至白首,未得完也。"

《校注史记读本》以和刻《史记评林》为底本,以其所藏明毛晋汲古阁《史记索隐》单刻本、明嘉靖九年、万历二十六年两个三家注合刻本参校。在相关句下注出文字异同。

全书之首为《例言》，叙述此书的缘起及体例。主要包括几个方面：

1.不收录明凌稚隆《史记评林》和清吴见思《史记论文》中的评论

池田芦洲在其《史记研究书目解题》中对明凌稚隆《史记评林》和清吴见思《史记论文》都给予了极高的评价。但在其《校注史记读本》中并不重点收录此二家的说法：

> 凌以栋《评林》主论事，吴齐贤《论文》主评文。夫《史记》起轩辕讫汉武上下二千余年之事。其事与文并千古奇观也。二氏之著岂可已焉乎？然今此编于二者不概及者，著各有所主也。

这一方面可以看出当时池田芦洲已有作全面的《史记》集注本即《史记补注》的想法，另一方面也是反映了此本注释力求简要的宗旨。

2.对"三家注"不是全部收录，只是择其要而录之：

> 考群史经籍艺文志所载，古来注史记者不下十数家，而存于今者寥寥司马、裴、张三家耳。故今之读史者不得不据之。然其说时不免有谬误。此编初欲备举三家注，别录诸儒异说以驳正之。以其涉浩瀚止，今于三家注独择其醇者录之。

3.对《史记》内容的考辨一般只关注重大记载的失误，至于像各篇具体年月记载的误差不在其考辨范围之内：

> 年月差误，累见叠出，指不堪偻，今不暇复辨。因独订其大者不及细者，好事之士取各篇相照，自当辨其误，亦攻史之一端也。

4.对地名的注释较为简略，准备做专书考证《史记》地理方面的内容：

> 地理之学读史者第一紧要，然亦非卒卒可毕。今独注某为地名某为山名为水名为泽名耳，余一从略。他日将著《史记地理考》一书以补其阙。

5.对《史记》中律历、天官、医方、龟策只是对字义词义的注释，不涉及专门知识的疏解。

> 在史中若律历、天官、医方、龟策，皆为专门之术，固非余辈儒生所尽辨。且诸术至后世加精，若欲穷之，世自有专书，何必于此？是此编所以于诸术独训解其文义，不及其术也。

6.对于他家之说，备举姓名，不埋没他人之功。自己的见解以"胤案"标明。

> 凡引禹域人，必备举姓名，……至引我邦先辈，则每卷首出列其姓与号，已下略姓，其无号者书名。

> 凡句首不书"某曰"者，俱系生平所闻及管窥。其至若厕于前人诸说间辨其是非，必书"胤案"二字以别之。

池田芦洲《校注史记读本》对三家注及旧注保留很少，只是在相关句下保留最重要的注解，注解内容主要是注音释义，注释人名、地名、官名，校勘文字，间有对文意的疏解。其中池田芦洲自己的注解很少，偶有"芦洲曰"阐述己见。并不如其《例言》中以"胤案"二字以别之。

与前面几种《史记读本》相比，池田芦洲《校注史记读本》又有不同的特色，其变化体现出在明治后期直至大正、昭和时期，在大量用作教材的《史记》读本出版的同时，总结前人研究成果，对《史记》进一步深入研究，专供研究者使用的《史记》研究专著也开始出现。

明治时期各种《史记》读本的出现和流行反映当时汉学教育发展的需要，这些《史记》读本的出现又促进了汉学教育的发展及《史记》的进一步普及。随着时代的发展，作为教材的《史记》读本也不断改进。明治以来，日本大学生及中学生的汉文基础不可与前代同日而语，在这种背景下，由通俗易懂的"口语体笔录"发展而成的"国字解"重新开始流行。自明治二十五年、二十六年开始，为适应当时汉学教育读者群的需要，一批讲义体形式的《史记》教材相继刊行，用口语的、平易的解释帮助研究汉文的学生阅读和学习《史记》。明治末年起在日本出现了和译本《史记》，大正时期（1912—1926）

出现了《史记》全书的通俗译本，昭和后期开始出现了完全独立于原文的口语译本和面向大众的《史记》普及读物，《史记》的读者群更进一步扩大。池田芦洲在《史记在我邦的价值》中对明治以来《史记》在日本的传播有准确的描述：

> 　　明治、昭和时代，从大学到中学，往往以《史记》为课本，教材的需求与日俱增。德川时代《评林》的翻刻几乎仅限于"八尾"、"红尾"两种，然而，到了明治时代，很快就见到了十多种开雕本，此绝非偶然之事。大正、昭和以至今日，或是新刊，或是旧版复刻，或是国译，或是国字解，或是抄本。这些书籍的出现，实为可喜之现象，迅速在我国汉籍领域占据了重要位置。①

日本学者唐泽富太郎曾提到教科书对日本教育的重要性："教科书创造了日本人，教科书不只是造就了一部分国民，而且给广大民众以极大的影响。因以往的日本教育是以教科书为中心的教育，故其影响极大。"②《史记》作为日本汉学教育中重要的教科书，对日本的教育乃至日本的文化都产生了重大的影响，《史记》在日本的传播和接受就像一面镜子，折射出不同时期日本汉学教育的特点。

---

① 〔日〕池田芦洲《史记在我邦的价值》，池田英雄《前编"史记解题"·后编"史记研究解题书目稿本"新编》，日本长年堂昭和五十六年（1981），第356页。

② 〔日〕唐泽富太郎《教科书之历史·序》，日本创文社昭和五十五年（1980）。

第二章　日本江户时代的《史记》研究

日本的江户时代(1603—1867)相当于中国的明万历至清同治时期。江户时代对日本近世文化的构建发挥了重要作用。江户时代的社会政治经济背景为汉学的空前发展提供了可能,中国文化对当时的日本社会产生了多方面的影响。

汉籍是汉学发达的必要条件。日本人以书籍为中心接受中国文化有着悠久的历史。从隋唐起到宋代,日本频繁派遣留学生和学问僧到中国,将大量的汉籍带回日本。江户时代大量汉籍作为商品进入日本,幕府将军、藩国大名和汉学者通过贸易手段从中国以及邻国朝鲜获得大量汉籍。这一时期汉籍传入日本的数量和传播速度都是前所未有的,从而使十七世纪至十九世纪江户文化与中国明末及清代文化的会合具备了可能性。大量汉籍流入,不仅为日本汉学研究提供了可鉴之资,而且带去了新的学术思潮,影响了学风。

随着商品经济的发达以及活字印刷和雕版印刷技术的成熟,日本江户时代以盈利为目的的出版业也开始繁荣,京都、大阪、江户等地出现大量的出版坊肆,出版物的种类开始增多,价格趋向低廉,出版物进入了民众的日常生活。社会上流通的出版物不仅要满足社会上层和精英知识分子的需要,也要迎合一般百姓的阅读兴趣和需要,而江户幕府也要利用书籍的传播来教化民众,灌输官方的意识形态。大量和刻本汉籍的出现扩大了汉籍的读者群,为汉学传播提供了可能,汉籍的社会作用也得到了极大发挥。

江户时代的学校体制是以幕府官学、诸藩藩校、各乡乡校为主体,再加上前代延续下来的由寺院主办的世俗教育学校寺子屋,以及私人兴办的私塾和家塾,形成自上而下遍及全国的教育网络。各种层次汉学教育的开展,使汉学研究的参与者遍布社会各阶层,汉学研究有了更大的发展空间。江户时代日本的汉学水平达到了空前的高度和相当的普及程度。据日本大修馆 1977 年再版的《日本汉学年表》记载,江户时代的汉学家人数大概有 1300 余人。这一时期,"汉学"的范围也有所扩大,不仅包括对汉籍经典的研究,也包括了汉诗文的写作,以写作汉诗文见长的文学家亦可称之为"汉学家"。汉学家在儒学、史学、文学、医学等方面都取得了令人瞩目的成果。

江户时代初期仍沿袭镰仓、室町时代的学术风尚,崇尚朱子之学。德川幕府于宽政元年(1789)实施"异学之禁",独尊朱子之学,视古学、阳明学等等为异端,从而形成了官学和私学的对立。民间学者专注于传统的儒学研究,对程朱理学及中国古典注疏产生怀疑,对中国的学术采取批判地接受的态度,有自己独立性的见解和意识,并形成了诸多流派。因民间私塾数量多,而且不受幕府学令制约,学术风尚颇为自由,民间学者取得了很高成就。受清代考据学派影响,在各藩藩校及私塾里出现了一批专注于训诂考据的学者。

享保元年(1716)以后古学派兴起,在古学派的基础上又一步衍生出以荻生徂徕为代表的古文辞派。荻生徂徕强调"学问之道不在文章之外",他认为:"故治学问,必先精通文字,否则难以体会圣人之道。而欲精通文字,则需身临古人著述之心境。故不学作诗文,文字无由精通。只诵经书而不事诗文者,文字慌慢生疏,其理亦粗疏生硬。是以诗文之于日本学者,至为重要。"①由于古文辞派的巨大影响,使日本学者形成了研究汉籍从对字词音义的训释入手的传统。于细微处亦推敲再三,精密有加而格局不大是日本汉学留给世人的印象,这也与古学派的治学方法及特点有关。这一时期日本汉学家的优秀成果也传入中国,受到清代学者的关注。如荻生徂徕的《论语征》传入中国后,吴英《经句说》论其是非,刘宝楠《论语正义》中也引用其观点。

日本学者的汉文写作也深受中国影响并具有鲜明的时代特征。奈良、平安时期,所谓"文章"即指汉文,当时的汉学者关注文章形式的精致和工整,对文章内容和整体构思反而不太重视,当时流行的作文技巧指南一类的书也重在讲对偶的形式及作法等为文技巧问题。到了镰仓、室町时代,作为汉文化的传承和传播者的禅宗僧侣们受宋代学者影响,学写古文,骈文渐渐被限定在特殊的场合才使用。日本学者冈田正之《日本汉文学史》中记载圣德太子在推古十二年(604 年)制定《宪法十七条》时,其文辞还要参考《史记》等中国经典,已做到字句精炼,用语简古②。到江户时代初期,受明代文学复古思潮的影响,汉文写作从骈文转向古文。江户时代的儒学家大多热心于汉诗文的创作,在藤原惺窝、林罗山等人的影响下,把汉学研究和汉诗文写作相结合,将写古文看作是将儒家思想内在化的过程。这对后代日本汉学的发展产生了很大影响。

江户中期以来日本汉学界的考证学著作是在清代考据学兴盛的大背景下产生的。清代考据学家推崇实学,不尚虚言,将礼制、史实、地理等作为经史研究的重点对象,这为日本学者的汉学研究提供了考镜之资。日本学者

---

① 〔日〕荻生徂徕《徂徕先生答问书》卷中,《荻生徂徕全集》第一卷,日本东京みすず书房昭和四十八年(1973),第 460—461 页。

② 〔日〕冈田正之《日本汉文学史》:"修辞方面,进行蠡测。无需六朝弊习和骈俪浮华之态,务求字句精炼,用语简古。取《诗》、《书》、《论》、《孟》、《孝经》、《左传》、《礼记》、《管子》、《墨子》、《荀子》、《韩非子》、《史记》、《文选》以及其他佛学书籍中的辞的材料,务避踏袭,对原文略事变化而用之。"日本吉川弘文馆平成八年(1996)。

十分重视字、词的训诂,注重辨析文字的形体、音义之异同,揭示文字古今、通假、或体、正讹等关系,归纳字、词、句法的义例,考索事物名实之异同,辨清名物。对《尔雅》、《说文解字》及段注、《释名》、《方言》等小学著作应用的颇为频繁。大量清代学者考据学研究成果的涌入,极大地促进了日本传统的版本、校勘、书志学(即目录学)的发展。日本学者对日本所藏汉籍古本、孤本的介绍也使清儒大开眼界。

日本的汉学家就其主流而言,非常注重汉语言能力的培养,强调在熟读原著基础上的研究和解读。由于中日两国同属汉字文化圈,在这方面日本汉学家与欧美汉学家相比,具有优势。日本汉学家还特别注意利用日本所独有的汉籍资料进行研究,这是其他国家汉学家甚至在某些领域中国学者也不能企及的优势。日本汉学家,能充分地收集相关资料对具体问题进行细致深入的研究,并取得出色的研究成果,但有时也有过分拘泥于具体问题而缺乏宏观把握的弱点。日本学者重视资料的收集和整理,大量目录、索引的编订及对珍贵文献资料的复制影印和刊行,为日本及世界的汉学研究提供了极大便利。

江户时代的《史记》研究表现为评论与考证并重的特点。日本的《史记》研究者对中国学者的研究成果广征博引,在评论《史记》的同时,亦以考释字词音义,阐释典章制度,叙事考史,记述山川形胜,辨证地理作为研究的重要内容。出现了冈白驹的《史记觿》;重野葆光的《史记节解》;皆川愿的《迁史牋栬》;中井积德的《史记雕题》等一大批疏解考证和评论《史记》的著作。在这些著作中既可看出中国学者的影响,又体现了日本学者细致深入的研究特色。

江户时代日本学者的《史记》研究成果除少数在日本有影印出版外,多数以稿本的形式存藏于日本各公私藏书机构中,即便是日本学者也不易见到,所以很久以来中国学者对这些成果并没有充分的了解和认识。对江户时代日本学者《史记》研究成果进行全面整理和研究,可拓宽《史记》研究的领域和视野,对促进未来中日两国《史记》研究的交流和发展具有极其重要的意义。

第一节 冈白驹《史记觿》

冈白驹(1692—1767),字千里,小字太仲,号龙洲。少时学习医学,后改修儒学,晚年应莲池侯之征,为肥前莲池藩儒,掌管文教。其汉学研究著述主要有《周易解》十卷、《尚书解》一卷、《书经二典解》二卷、《诗经毛传补义》十二卷、《论语征批》一卷、《孟子解》十四卷、《孔子家语补注》十卷、《笺注蒙求》三卷、《世说新语补觿》二卷、《左传觿》十卷、《荀子觿》二卷、《史记觿》十卷等。

冈白驹汉学功底深厚,善写文章,精通小说俗语,在当时很有名气。他自视甚高,不屑于当时流行的古文辞派。太宰春台刊刻《增注孔子家语》,冈白驹立即着手作《孔子家语补注》以纠其谬;服部南郭重新校刻《蒙求》且盛行于世,冈白驹立即作《笺注蒙求》,要取而代之。《世说新语》也是江户时代热门的汉学教材,服部南郭刊行《世说新语》,据刘义庆《世说新语注》对旧本进行删改,冈白驹要重新作注以恢复旧本原貌。其所著《世说新语补觿》是当时日本《世说新语》研究的代表作之一,有力地推动了日本江户时代诸多《世说新语》仿作的问世,如《大东世语》、《假名世说》、《世说新语茶》、《近世丛话》、《新世语》等①。

冈白驹在文学方面的成就主要体现在翻译汉文小说上。当时明朝的"三言"、"二拍"在日本影响很大,冈白驹和弟子泽田一斋从"三言"、"二拍"中选出十四篇加以句读、训点,刊行了《小说精言》四卷、《小说奇言》四卷和《小说粹言》五卷,由京都风月堂出版,称为"合刻三言"。冈白驹也成为了江户时代翻译汉文白话小说的先锋和代表人物。享保十六年(1731),冈白驹

---

① 参见〔日〕竹林贯一编《汉学者传记集成》,日本名著刊行会昭和四十四年(1969)刊,第185页。

据尚古堂木活字本整理刊行了句读本《文心雕龙》，这是在中国以外刊刻最早的《文心雕龙》版本。

冈白驹最初潜心研究《诗经》，其《诗经毛传补义》在当时影响很大。他认为《左传》、《国语》、《史记》、《汉书》、《世说新语》等是人人诵读之作，应有准确的注释，故放弃最初的《诗经》学研究，转而为各汉籍经典作"觿"，其所著《左传觿》、《荀子觿》、《史记觿》等引证精当，重在纠正各书中存在的谬妄异说，对前人臆说勇于质疑和批驳，在当时产生了很大的影响。

冈白驹的《史记蠡》是日本江户中期出现的《史记》研究的代表性著作，也是江户时代刊刻较早的《史记》研究专著。其注文大多言简意赅，纠正前代注家错误的同时，力图为读者提供阅读和学习《史记》的指导。对推动《史记》在日本的传播和普及发挥了较大作用。

《史记觿》的体例是不列《史记》原文，依《史记》的篇章顺序逐篇抄录要出注的字句，句下以双行小字出注，页眉处偶有批注。如《周本纪》"乃贬戎狄之俗"条下注："先是'陶复陶穴，未有家室'，至此始贬其俗，曰止曰时，筑室于兹是也。"注文中"陶复陶穴，未有家室"出自《诗经·大雅·绵篇》，本页页眉处批注"大雅绵篇"四字以补充提示。再如《秦本纪》"古之人云云"条下注："古之贤君，必谋于老成人。"同时在页眉补充他说以备参考："一说时蹇叔百里奚既死，故称古之人。"已在他篇中详细注释过的内容不再重复出注，以"又见于某某篇"或"另见于某某篇"等字样提示读者，如《周本纪》"文身断发"条下注："解见于《吴太伯世家》。"又"所谓周公葬我毕"条下注："事见于《鲁世家》。"再如《商君列传》"冀阙"条下注："解见于《秦本纪》。"

对《史记》正文中影响到文意理解的重要字词，即便在不同篇章中或一篇的不同位置反复出现，每一处都不厌其烦地出注，以使读者加深印象，准确理解《史记》。以《周本纪》为例："东观兵"条下注："观，示也。""不观兵"条下又注："观，示也。"又如"以存亡国宜告"条下注："'宜'与'义'通，言以所以存国亡国之义告之也。""非其宜与"条下又注："'宜'与'义'通。"

　　注文中引用他人之说，多注明出处，不掠他人之美，如《周本纪》"号曰
共和"条下注："共和为共国伯，其说本出鲁连子，罗泌极称之①。孚远云：
'共既小国，以德摄政，使周召皆下之，其后宣王立，未闻有以褒显之，何
也？如鲁连子所言，则本是卫侯，而别之为共矣。当以《史记》为允。'②子
龙云：'王以得罪于民，不敢入国，共和为政，王号固在也，故王崩而后太子
立也。'"③

　　书中也偶有引用前人之说时并未注明出处的情况，如《周本纪》"宾服者
享"条下注："享，献也。《周礼》：甸圻，二岁而见；男圻，三岁而见；采圻，四岁
而见；卫圻，五岁而见。其见也，皆以所贡助祭于庙。"全部来自于韦昭《国语
解》卷一"宾服者享"条下注文④。但这种情况较少。

　　注文中也有注明参见冈白驹其他著作的情况，如《封禅书》"泮宫"条下
注："注非是，说见于《毛诗补义》。"《吴太伯世家》"其周公之东乎"条下注：
"王歌《豳·七月》居《豳》之首，季札所闻者，即《七月篇》也。按周公遭二叔
之变，出居于东，作《七月》诗，即是也。故季札听之曰：其周公之东乎？居于
东与东征本别，杜注混之，谬矣。说见《鸱鸮篇补义》。"

　　《史记觹》中对字音的考释占了很大比重，其注音大都精炼简省。注音
有多种方式，以直音和反切为主，并常用声训法释义。如《吴太伯世家》"能
辛苦"句下"能读曰耐"。《齐太公世家》"愈一小快耳"句下"愈读曰偷，苟
也"等。也偶有对字音详加考释的条目，如：《秦始皇本纪》"郡置守、尉、监"
条下注："胡三省云：'守、尉、监，并官名，从去声。若监郡之监，则从平声'。

---

　　①　罗泌(1131—1189)，字长源，号归愚，南宋吉州庐陵人。生于史学世家，喜好读书，积数十年
之功，于宋孝宗乾道年间撰成《路史》四十七卷，记述上古迄两汉事。

　　②　徐孚远(1599—1665)，字闇公，明末松江华亭人，崇祯时举人。与陈子龙合编《史记测议》一
百三十卷。

　　③　陈子龙(1608—1647)，字卧子，号大樽，松江华亭人。崇祯时进士。

　　④　韦昭注为："供时，享也。享，献也。《周礼》：甸圻，二岁而见；男圻，三岁而见；采圻，四岁而
见；卫圻，五岁而见。其见也，必以所贡助祭于庙。《孝经》所谓'四海之内，各以其职来祭'者也。"
(吴)韦昭注，《国语(附校刊札记)》，《丛书集成初编》本，商务印书馆1937年，第2页。

《礼·王制》'三监监于方伯',陆氏《音义》'从去声'。"

《说文》:"监,临下也,从卧䘓省声,古衔切。"①"监"读平声,为监视、监察之意。《周本纪》"王怒,得卫巫,使监谤者"即为此意②。《秦始皇本纪》此条中的"监"读去声,意为官署之名或官职之名。冈白驹在注文中引胡三省之说将两种情况都详细列明,供读者参考。

对于《史记》原文中的通假字,无论常见与否,均详细注明。以《周本纪》为例:

"昏弃其家国"条下注:"'昏'与'昏'同,昏,乱也。"

"以振贫弱萌隶"条下注:"'萌'与'氓'通,流民也。氓隶,贫佣耕者。"

"不显亦不宾"条下注:"'宾'与'摈'通,言天初建殷国也,亦进名贤三百六十夫,是以定天下,及其衰也,不显用贤者,不摈灭佞恶,是以丧天下。"

"顾詹有河"条下注:"'詹'与'瞻'通。"

"以存亡国宜告"条下注:"'宜'与'义'通,言以所以存国亡国之义告之也。"

"非其宜与"条下注:"'宜'与'义'通。"

三页之中六处注明通假,前面注文中已经出现过的通假也不避重复,一一注明。注音时亦充分考虑到日本读者的水平和需要,如:

《周本纪》"秦必无辞而令周不受"条下注:"'而'读曰'能'。《易·屯挂》释文郑氏读'而'曰'能'。"

在秦汉古籍中"而""能"二字通假很常见,不仅《史记》中如此,刘向《说苑》中"能"字也皆作"而"。清代学者惠栋在《九经古义》卷十一《礼记古义

---

① (汉)许慎撰,(宋)徐铉等校订《说文解字》,《丛书集成初编》本,商务印书馆1935年,第269页。

② (汉)司马迁撰,(宋)裴骃集解,(唐)司马贞索隐、张守节正义《史记》,中华书局2013年,第142页。

上》"故圣人耐以天下为一家"注文中对此作了详细梳理和考证①。在明清典籍中"而"通"能"并不常见,日本读者可能对此比较陌生,因此,冈白驹引用郑玄对《周易》的注文来说明②,提醒读者注意。

冈白驹对通假字的考释也有尚待斟酌之处,如:

《范雎蔡泽列传》"恩先生"条下注:"'恩'与'涽'通,谓涽渎之也。《汉·陆贾》曰'毋久涽公',即此义。"

《史记》原文作:"夫秦国辟远,寡人愚不肖,先生乃幸辱至于此,是天以寡人恩先生而存先王之宗庙也。"

《集解》引徐广曰:"乱先生也。音涽。"

《索隐》:"'恩'及注'涽'字并胡困反,恩犹汩乱之意。"③

均提及"恩"与"涽"音同。

《汉书·陆贾传》"毋久涽女为也",颜师古注:"涽,乱也,言我至之时,汝宜数数击杀牲牢,与我鲜食,我不久住,乱累汝也。"④

《史记·郦生陆贾列传》作"无久恩公为也"。

---

① 惠栋《九经古义·礼记古义》"故圣人耐以天下为一家"注云:"耐,古'能'字,传书世异,古字时有存者,则亦有今误者。"《乐记》注云:"耐,古书'能'字也,后世变之,此独存焉。古以能为三台字。"《王莽传》云:"三能文马是也。"栋案:"古三台字作'能',古'能'字作'耐',又作'而'。古'耐'字作'耏',《说文》云:'耏罪不至髡,从而从彡,或作耏从寸,诸法度字从寸。'应劭《汉书》注云:'轻罪不至髡,完其耏鬓。'《说文》曰:'而,颊毛也,象毛形。'《周礼》曰:'作其鳞之而。故曰耏古耐字,从彡发肤之意也。'杜林以为法度之字皆从寸,后改如耐,音若能。孔颖达曰:'不亏形体,犹堪其事,故谓之耐。'郑云则亦有今误者。《正义》云:今书虽存古字为'耐',亦有误,不安寸,直作'而'字,则《易·屯·象》云:'利建侯而不宁'。及刘向《说苑》'能'字皆为'而'也。《吕览·正月纪》云:'晋平公问于祁黄羊曰:南阳无令,其谁可而为之?'高诱注云:'而,能为治'。又《士容论》云:'柔而坚,虚而实',注:'而,能也。'《淮南子》曰:'转化推移得之道,而以少胜多',高诱:'而,能也,能以寡统众'。是秦汉之书,皆以'而'为'能'。"《丛书集成初编》本《九经古义》,商务印书馆1937年,第126—127页。

② 《周易·屯》象辞中有"利建侯而不宁",郑玄读"而"为"能",以为"能,犹安也"。(魏)王弼、韩康伯注,(唐)孔颖达等正义《周易正义》,中华书局1980年,第19页。

③ (汉)司马迁撰,(宋)裴骃集解,(唐)司马贞索隐、张守节正义《史记》,中华书局2013年,第2407页。

④ (汉)班固撰,(唐)颜师古注《汉书》,中华书局1962年,第2114页。

《索隐》:"恩,患也。公贾自谓也,言汝诸子无久厌患公也。"

《左传·昭公六年》"舍不为暴,主不恩宾",杜预注:"恩,患也。"①

均未言及"恩"与"溷"通假。

对于"溷"与"圂"通假,王念孙《广雅疏证》卷七上"圊圂屏厕也"条有详细的考证:"溷,与'圂'通,《说文》'圂,厕也',《淮南子·说山训》云'譬犹沐浴而抒溷',《开元占经·甘氏外官占》引甘氏云'天溷七星在外屏南,外屏七星在奎南'注云'天溷,厕也,外屏所以障天溷也',又引甘氏赞云'天溷伏作,抒厕粪土,屏蔽拥障,宴溷莫睹。'宴亦厕也……"②清朱骏声《说文通训定声》卷十五也有详细考证:"溷,乱也……《陆贾传》'无久溷公为也'服注'辱也'……【叚借】为圂,《释名·释宫》室厕或曰溷,言溷浊也,《后汉·李鹰传》'郡舍溷轩有奇巧'注:'厕屋也'……"③

可知,"溷"与"圂"通假,而非"恩"与"溷"通假。冈白驹对"恩"的意义理解正确,而其认为"恩"与"溷"通假却未有充足的证据。

作为古学派学者,冈白驹注重对《史记》字词意义的考释,并注重从儒家经典中追溯词意产生的源头。如:

《周本纪》"五过之疵"条下注:"疵,弊也。狱吏故出人入于罪,应刑不刑,应罚不罚,皆致之五过,是弊也。《尚书》此下有'惟官、惟反、惟内、惟货、惟来'十字,盖言弊之所由来也。"

《史记》原文作:"五罚不服,正于五过。五过之疵,官狱内狱,阅实其罪,惟钧其过。"④三家注对于"五过之疵"并无考释。《尚书·吕行》载"五过之疵,惟官、惟反、惟内、惟货、惟来。"孔安国注:"五过之所病,或尝同官位,或诈反因辞,或内亲用事,或行货枉法,或旧相往来,皆病所在。"⑤冈白驹以此

---

① (晋)杜预注,(唐)孔颖达等正义《春秋左传正义》,中华书局1980年,第2045页。

② (清)王念孙撰《广雅疏证》,《丛书集成初编》本,商务印书馆1939年,第817页。

③ (清)朱骏声撰《说文通训定声》,中华书局1984年,第812页。

④ (汉)司马迁撰,(宋)裴骃集解,(唐)司马贞索隐、张守节正义《史记》,中华书局2013年,第138页。

⑤ (汉)孔安国传,(唐)孔颖达正义《尚书正义》,中华书局1980年,第249页。

为据,对《史记》中的句子进行疏通,以帮助读者更好的理解这段文字。

再如《五帝本记》"五流有度"条下注:"度,当从《尚书》,言其五刑之不忍加者,当以流宥之,五刑之流,各有所居,故曰有宅。"

《史记》"五流有度,五度三居",《尚书》作"五流有宅,五宅三居",孔安国注:"谓不忍加刑则流放之。……五刑之流,各有所居。"①冈白驹赞同孔安国之说,认为"度"当从《尚书》作"宅"。

先秦及秦汉典籍中"宅"与"度"常通用。王先谦《诗三家义集疏》卷二十一"宅是镐京"注云"《尚书》古文'宅'者今文皆作'度'。《皇矣》'此惟与宅',《论衡·初禀篇》引作'度',亦今古文之别也。"②《汉书·韦玄成传》"先后兹度",颜师古注引臣瓒亦曰:"案古文'宅'、'度'同。"③王念孙《读书杂志》余编下"阙也"条对此有系统总结:"《大雅·皇矣篇》'此维与宅',《论衡·初禀篇》引作'度';《文王有声篇》'宅是镐京',《坊记》引作'度';又《尧典》'宅西',《周官·缝人》注引作'度';'五流有宅',《史记·五帝纪》作'度';'禹贡是降邱宅土',《风俗通义》引作'度';'三危既宅',《夏本纪》作'度';《立政》'文王惟克厥宅心',汉石经作'度':凡古文《尚书》例作'宅',今文《尚书》例作'度'……"④

据此,冈白驹的解释正确。

冈白驹对前代经典文献及其注释并不盲从,而是认真分析,并作出自己的按断。如:

《范雎蔡泽列传》"或欲大投"条下注:"《战国策》注:大言全胜也。愚按:孤注也。"

《史记》原文作:"君独不观夫博者乎? 或欲大投,或欲分功,此皆君之所明知也。"

---

① （汉）孔安国传,（唐）孔颖达正义《尚书正义》,中华书局 1980 年,第 130 页。
② （清）王先谦《诗三家义集疏》,中华书局 1987 年,第 873 页。
③ （汉）班固撰,（唐）颜师古注《汉书》,中华书局 1962 年,第 3114 页。
④ （清）王念孙撰《读书杂志》,中华书局 1991 年,第 1069—1070 页。

《集解》："班固《弈指》曰：'博县于投，不必在行'。骃谓：投，投琼也。"

《索隐》："言夫博弈，或欲大投其琼以致胜，或欲分功者，谓观其势弱，则投地而分功以远救也。"①

《集解》和《索隐》关注的重点在于"投"字，而忽略了"大"字。冈白驹引《战国策》注来补充，并进一步将"大投"解为"孤注"。其后的日本学者又做了更详细的解读。如中井积德认为："大投，盖孤注之类。'大'字系财，不系琼。分功，小胜，不求大胜也。大投，每在输者，气急也。分功，常在赢者，气泰也。盖输者，非大投不足偿，如小胜不济用，故不欲之。赢者已盈，又得寸吾之寸，得尺亦吾之尺。若大投一蹶，并前功丧之。又曰：如白起之举鄢郢并蜀汉，是大投也；其他之蚕食者，可谓分功。"安井朝衡对此亦有简洁通俗的总结："赀本万金，一投尽之，谓之大投也，即后世所谓孤注；分万为十，一投千金，谓之分功。"②

对于《史记》中出现的名物典制，冈白驹多旁征博引以说明，力求使读者能有清晰准确的认识，如：

《周本纪》"赐晋文公珪鬯弓矢为伯"条下注："珪与圭同。鬯，香酒也，所以降神也，用黑黍酿酒，和鬯草以芬香，裸以降神。或云用珪为裸具，盖赐之使祭其宗庙，告其先祖也。诸侯赐弓矢，然后得奉王命征伐。"

《史记》原文作"襄王乃赐晋文公圭鬯弓矢，为伯，以河内地与晋。"

《正义》引贾逵云："晋有功，赏之以地，杨樊、温、原、攒茅之田也。"③说明襄王赐晋文公的原因，而未论及"鬯"为何物。

---

① （汉）司马迁撰，（宋）裴骃集解，（唐）司马贞索隐、张守节正义《史记》，中华书局 2013 年，第 2423 页。

② （汉）司马迁撰，〔日〕泷川资言考证、杨海峥整理《史记会注考证》，上海古籍出版社 2015 年，第 3152—3153 页。

③ （汉）司马迁撰，（宋）裴骃集解，（唐）司马贞索隐、张守节正义《史记》，中华书局 2013 年，第 154 页。

《说文》卷五："鬯，以秬酿郁草，芬芳攸服，以降神也。"①

《礼记·王质》"则资鬯于天子"。孔颖达《正义》云："鬯者，酿秬黍为酒，和以郁金之草谓之郁鬯，不以郁和，直谓之鬯"②。

《礼记·曲礼下》"凡挚，天子鬯"，孔颖达《正义》云："鬯者，酿黑黍为酒，其气芬芳调畅，故因谓为鬯也。天子吊临，适诸侯必舍其祖庙，以鬯礼于庙神，以表天子之至。……诸侯谓公侯伯也，公侯伯用圭，子男则用璧以朝王。……"③

《诗·大雅·江汉》"秬鬯一卣"，孔颖达《正义》云："鬯是酒名，以黑黍和一秬二米作之，芬芳条鬯，故名曰鬯"④。

《国语》卷四"文仲以鬯圭与玉磬如齐告籴"，韦昭注云："鬯圭，裸鬯之圭，长尺二寸，有瓒，以礼庙。"⑤

冈白驹糅合诸家之说对"鬯"的含义及具体礼节仪式的规定作了准确而简要的说明，更适合日本读者的需要。

冈白驹对名物的考释也有正误参半、不够准确的情况，如：

《文帝本纪》"直百金"条下注："《通鉴》注：古金重一斤为一金，宋程大昌《演繁露》云二十两为一金，亦为一镒，称一金，古今不同。此当是一斤一金，至明时，百金为六斤，见《西湖佳话》，古今不同如此。"

《公羊传·隐公五年》"百金之鱼"，何休注："古者，以金重一斤。"⑥冈白驹之说当源于此。

①　（汉）许慎撰，（宋）徐铉等校订《说文解字》，《丛书集成初编》本，商务印书馆 1935 年，第162 页。

②　（汉）郑玄注，（唐）孔颖达等正义《礼记正义》，中华书局 1980 年，第 1332 页。

③　（汉）郑玄注，（唐）孔颖达等正义《礼记正义》，中华书局 1980 年，第 1270 页。

④　（汉）毛亨传、郑玄笺，（唐）孔颖达等正义《毛诗正义》，中华书局 1980 年，第 574 页。

⑤　（吴）韦昭注《国语（附校刊记）》，《丛书集成初编》本，商务印书馆 1937 年，第 53 页。

⑥　（汉）何休注，（唐）徐彦疏《春秋公羊传注疏》，中华书局 1980 年，第 2207 页。

《史记·平准书》载"汉兴……为秦钱重难用,更令民铸钱,一黄金一斤。"①

清赵翼《陔余丛考》卷三十"一金"条也有明确的考释:"今人行文以白金一两为一金,盖随世俗用银以两计,古人一金则非一两也。《汉书》注"瓒曰:秦以一镒为一金,汉以一斤为一金",然则古之一金乃一斤耳。"②

据此,文帝时一金确为一斤,冈白驹解释正确,并对"一金"在后世的演变作了说明,然其引程大昌之说以证古今之不同,实为不妥。

考程大昌《演繁露》卷十一"一金"条载:"公孙闬使人操十金卜于市。注:二十两为一金。"③

《战国策·齐策一》:"田忌三战三胜,邹忌以告公孙闬,公孙闬乃使人操十金而往卜于市。"高诱注云:"二十两为一金。"④故《演繁露》所言"二十两为一金"实际是指秦统一货币之前齐国的货币换算标准,冈白驹却将其误解为宋代货币换算标准。

对历代学者关注及评论较多的问题,冈白驹多在参考众家之说的基础上择取有代表的说法,供读者参考。如:

《补三皇本纪》"女娲氏亦风姓"条下注:"罗泌《路史》以女娲为伏羲之女弟,又以为颛顼之母,皆因女字以为妇人与?盖从汉吕后,唐则天而成其说耳。宋俞琰云:名之女娲,犹国名女真,左氏所谓女艾,庄子所谓女偊、女商,孟子所谓冯妇,果皆妇人乎?记止称蛇身人首,有神圣德,代宓羲立,一号女希氏也,是必非妇人矣。"

对于女娲性别的争论,古已有之。冈白驹列举南宋罗泌及俞琰的两种完全不同的观点,并不论断孰是孰非。

---

① (汉)司马迁撰,(宋)裴骃集解,(唐)司马贞索隐、张守节正义《史记》,中华书局 2013 年,第 1417 页。

② (清)赵翼撰《陔余丛考》,世界书局 1960 年,卷三十,第 8 页。

③ (宋)程大昌撰《演繁露》,《丛书集成初编》本,中华书局 1991 年,第 129 页。

④ (汉)刘向编、高诱注《战国策》,《丛书集成初编》本,商务印书馆 1937 年,第 72 页。

《五帝本纪》"齐七政"条下注："七政，孔安国以为日月五星。《尚书大传》以为春秋冬夏，天文，地理，人道，《大传》为是。"列举各家之说并断定是非。

普及基本的汉学知识，减少读者阅读过程中的障碍，是《史记觹》的重要内容。如在《三皇本纪》"图纬所载，不可全弃"条下注文对纬书的产生及谶纬之学的发展做了极其详尽的介绍。对《史记》所涉及的古代汉语及中国古代文化常识随时出注。如：

《补三皇本纪》"曰流讫纪"条下注："流当作疏，讫当作仡，此纪自黄帝氏而纪，疏以知远，仡以审断，仁义道德之所用也。故曰疏仡。此皆纬书之说，虽不足信，亦往往人之所传也，故作之解以释其义。然其事荒唐，若有若无，太史公作《史记》，自黄帝始，其见卓哉。"

冈白驹认为司马贞所补《三皇本纪》大多采用纬书中的记载，不足信，但因"三皇"的传说流传很广，故对其字词详作疏解，并疏通文意，以免以讹传讹。

《管晏列传》"九合诸侯"句下注："古书凡言九者，皆指其极而言也，此不止九次。《楚辞·九歌》乃十一篇，可以见已。"解释"九"在古代汉语中的用法及意义。

《老庄申韩列传》"而史记"句下注："六国时史记也。"指出"史记"最初是六国时各国史书的通称。

为读者提供简明易懂的《史记》注本，普及和推广《史记》，是冈白驹作《史记觹》的重要目的，注释字词，疏解文义以及普及汉学基本知识是《史记觹》中很重要的一部分内容。这一传统在日本学者的《史记》注释中一脉相承，至大正时期泷川资言的《史记会注考证》及池田芦洲的《史记补注》仍然如此。

司马迁写作《史记》时参考了大量典籍文献，冈白驹常在注文中一一列出《史记》与其所参考的文献在记事及文字上的差异。这也是日本学者代代相传的《史记》研读方法。如：

《乐书》"级兆舒疾"条下注："级，《礼记》作'缀'。缀，舞者之位列也。"

《范睢蔡泽列传》"政适伐国"条下注："《战国策》作'征敌伐国'。"

《鲁仲连邹阳列传》"子安取礼而来吾君"条下注："《战国策》'吾'上有'待'字。"

《张仪列传》"赵服必四分其地"条下注："《战国策》'赵服'作'破赵'。"

《刺客列传》"乃装为遣荆卿"条下注："《战国策》作'为装'。"

《礼书》"相待而长"条下注："《荀子》'待'作'持'，言欲与物相扶持，故长久也。"

《屈原贾生列传》"穷不得余所示"条下注："《楚辞》作'穷不知所示'。"

《李斯列传》"求丕豹公孙支于晋"条下注："《文选》'求'作'来'，据《索隐》似亦作'来'。"

由于《史记》、《汉书》两书的记事有重合的部分，这部分内容《汉书》多因袭《史记》而在文辞上又有所改动，所以对马班异同的研究最初都是从比较两书的文字入手的。其代表性著作是宋代的《班马异同》（旧本或题宋倪思撰，或题刘辰翁撰），此书体例是《史记》原文用大字，《汉书》增加的文字用细笔小字写在旁边，《汉书》删去的文字在旁边划一条墨线，《汉书》前后移动《史记》文字的地方注明"《汉书》上连某文，下连某文"，《汉书》移入其他篇章的注明"《汉书》见某传"。倪思、刘辰翁的评语列在眉端，十分醒目。在比对两书文字差异之后，比较两书在体例及叙事方面的优劣。如《汉书》中多收诏书、奏议及各种文章，《高祖本纪》栏上的评语为："《汉书》精神全在收拾诸诏，不知子长何故放佚？又不知班氏何从得之？"再如《淮阴侯列传》中插入武涉、蒯通等人的事迹，含有深意。而《汉书》将这部分内容移到他篇，倪思评论认为《史记》"此岂可以常法拘？而《汉书》移此于彼，儿童之见也"。

《班马异同》对《史记》、《汉书》比较研究的方法及其评论角度都对后人深有启发。明代许相卿著《史汉方驾》在《班马异同》的基础上进一步调整了体例。《史汉方驾》传到日本后影响很大。日本学者一直重视对《史记》、《汉书》的比较。《英房史记抄》及其后的《桃源史记抄》《幻云史记抄》以及江户时代大量的《史记》研究专著直至泷川资言《史记会注考证》及池田芦洲《史记补注》均是如此。但日本学者的《史记》、《汉书》比较大多只限于记事和文字的异同比较，某种程度上只是作为校勘《史记》文字的一个重要参考，而较少从史法、文法的角度论其异同。

冈白驹注意比较《史记》与《汉书》的不同，如：

《项羽本纪》"繇使屯戍"条下注："《汉书》作'繇役屯戍'。"

《吕后本纪》"出言曰"条下注："《汉书》作'出怨言'。""治为万民命者"条下注："为，亦治也。《汉书》作'治万民者'。"

《孝文本纪》"乃循从代来功臣"条下注："循，抚循也，谓慰安之也。《汉书》作'修'。""历日县长"条下注："县，绝也，《汉书》作'弥长'。"

《袁盎晁错列传》"不以存亡为辞"条下注："存犹'在'也，或是'在'字误。《汉书》作'在'，师古云：或实在家，而辞云不在。"

《鲁仲连邹阳列传》"故有人先谈"条下注："《汉书》'谈'作'游'，师古云：谓进纳之也。按《史记》避'谈'字，此恐字误。或曰：当作'先容'。"

对《汉书》与《史记》记载不同之处，冈白驹能够根据文义与语境进行具体分析，如：

《屈原贾生列传》"诵诗属书"条下注："《汉书》作'诵诗书属文'，一本作'诵诗善属文'。师古云：属，谓缀辑之也，言其能为文也。今《史记》云'属书'，盖谓能缀辑其文义以通之也。"

《史记》原文作："贾生名谊，洛阳人也。年十八，以能诵诗属书闻于郡中。"[①]三家注对此并无解说。《汉书》作"诵诗书属文"，这里的"书"是指《尚书》等儒家经典，"属文"是指其擅写文章。冈白驹认为《史记》"诵诗属书"的"属书"意为钻研诗书之文字以通其义，是要突出贾谊对儒家经典的熟练

---

① （汉）司马迁撰，（宋）裴骃集解，（唐）司马贞索隐、张守节正义《史记》，中华书局 2013 年，第 2491 页。

掌握,而不同于《汉书》强调其"善属文"的写作能力。《史记·屈原贾生列传》后文还有"廷尉乃言贾生年少,颇通诸子百家之书,文帝召以为博士"。联系上下文,冈白驹的说法有一定道理,且辨析了《史记》《汉书》文字上细微的差别。泷川资言《史记会注考证》也取其说①。

《刺客列传》"箕倨以骂"句下"坐展两足为箕倨。或云:轲既被断左股,何得展两足。愚按:古人文章,何琐琐于此?况其展双足亦可以称箕倨。"

冈白驹认为读《史记》文章时不能过分纠缠于细节。司马迁《史记》肆情为文,过分推敲与史实并无太多关系的细枝末节会影响对《史记》的准确理解和把握。关注《史记》与《汉书》文字的不同,也应关注其中史实记载有差异以及能反映出司马迁和班固史学思想及文学思想不同的内容,并可据此校订《史记》的文字。如:

《袁盎晁错列传》"骋六骓"句下"按:《汉书》作'六飞',故如淳注'疾如飞'。《史记》作'骓',与如注无干涉,此凌生妄入也。"

此句下《集解》"如淳曰:六马之疾若飞"。

因《汉书》此句作"骋六飞",颜师古引"如淳曰六马之疾若飞也"。冈白驹认为如淳是注《汉书》,与《史记》"骋六骓"不符,此条《集解》是凌稚隆刻《史记评林》时将旁注窜入正文。池田芦洲《史记补注》吸收了冈白驹的意见:"如淳注云云,今引以解'骓'字,不当。"

对《史记》《汉书》记事重合的部分,冈白驹注意利用《汉书》及颜注来疏解《史记》文字。如:

《项羽本纪》"诸侯罢戏下"条下注:"师古曰:戏谓军之旌麾也,亦读曰麾,先是诸侯从羽入关者,各率其军听命于羽,今既受封爵,各使就国,故总言罢戏下也。"

颜师古以通假解之,认为'戏'与'麾'相通,意为大将之旗,《史记》中这种用法出现多次,如《史记·淮阴侯列传》就有两处:"不至十日,而两将之头

---

① (汉)司马迁撰,〔日〕泷川资言考证,杨海峥整理《史记会注考证》,第3240—3241页。

可置于戏下"；"及项梁渡淮，信仗剑从之，居戏下，无所知名"。

也有《史记》中用"麾"而《汉书》用"戏"的情形，如：

《史记·灌夫传》"独二人及从奴十数骑，驰入吴军，至吴将麾下，所杀伤数十人。……魏其侯去，麾灌夫出。……武安（侯）乃麾骑绑置传舍。"①

《汉书·灌夫传》作："独两人及从奴十余骑，驰入吴军，至戏下，所杀伤数十人。……（窦）婴去，戏（灌）夫。……（田）蚡乃戏骑绑夫置传舍。"②

《索隐》不同意颜师古假借之说，认为："戏音'羲'，水名也。言'下'者，如许下、洛下然也。按：上文云项羽入至戏西鸿门，沛公还军坝上，是羽初停军于戏水之下。后虽引兵西屠咸阳，烧秦宫室，则亦还戏下。今言'诸侯罢戏下'，是各受封邑号令讫，自戏下各就国。何须假借文字，以为旌麾之下乎？颜师古、刘柏庄之说皆非。"③

《索隐》释"戏"为水名，但项羽既已西行，为何还要还军戏下？于上下文义不合。泷川资言《史记会注考证》也指出："上文遂至戏西，乃指戏水而言。此时军既过戏，固不当仍训戏水。……愚谓颜师古读'戏'谓'麾'可从。"④

考订《史记》各版本文字的异同是《史记觿》的重要内容。冈白驹以和刻《史记评林》为底本，广核众本，指出各本文字的差异。

如《周本纪》"其予尔身有戮"条下注："'予'字从宋本作'于'为是，言尔若所不免，则于尔身有戮矣。"

冈白驹据其所见宋本，并结合分析文义来判断各本文字的正误。《史记》这段文字是化用《尚书·牧誓》"尔所弗勖，其于尔躬有戮"⑤，冈白驹的

---

① （汉）司马迁撰，（宋）裴骃集解，（唐）司马贞索隐、张守节正义《史记》，中华书局 2013 年，第2846 页。

② （汉）班固撰，（唐）颜师古注《汉书》，中华书局 1962 年，第 2382 页。

③ （汉）司马迁撰，（宋）裴骃集解，（唐）司马贞索隐、张守节正义《史记》，中华书局 2013 年，第320 页。

④ （汉）司马迁撰，〔日〕泷川资言考证，杨海峥整理《史记会注考证》，第 447 页。

⑤ （汉）孔安国传，（唐）孔颖达正义《尚书正义》，中华书局 1980 年，第 183 页。

判断是正确的。

冈白驹常据《汉书》、《资治通鉴》校订《史记》文字。如：

《始皇本纪》"明德意"条下注："《通鉴》作'得意'为是。"

《刘敬叔孙通列传》"使群臣习隶"条下注："按'隶'无'习'义，当作'肄'，字之误也。《汉书》作'肄'。"

对没有版本依据之处，冈白驹不轻下断语，常以"疑误"、"疑衍"等字样加以说明，如：

《吕后本纪》"诸吕皆入宫"条下注："'宫'疑'官'字误。"

《汉兴以来诸侯年表》"管蔡康叔曹郑，或过或损"条下注："总计之封地不大，'康叔'二字疑误。"

《季布栾布列传》"吴军反"条下注："军，疑当作'楚'。"

《史记觹》对《史记》异文的校勘意见有些是来自《史记》三家注，如：

《周本纪》"展九鼎保玉"条下注："'保'当作'葆'，与'宝'通，《史记》'珍宝'字皆作'宝'。"

《史记》原文作："（周武王）命南宫括、史佚展九鼎保玉。"

《集解》："徐广曰：保，一作'宝'。"①

《史记·留侯世家》："从高帝过济北，果见穀城山下，取而葆祠之。"

《集解》："徐广曰：《史记》'珍宝'字皆作'宝'。"②

从这两条《集解》来看，徐广已将《史记》中"葆"、"宝"、"保"三字的用法及异文情况作了说明，冈白驹在此基础上作了总结，讲得更加明晰。

再如：《夏本纪》"来始滑"条下注："当从《古文尚书》作'在治忽'，在，察也，谓察天下能治及忽殆。"

《史记》原文作："予欲闻六律五声八音，来始滑，以出入五言，女听。予

---

① （汉）司马迁撰，（宋）裴骃集解，（唐）司马贞索隐、张守节正义《史记》，中华书局 2013 年，第 126 页。

② 同上，第 2048 页。

即辟，女匡拂予。"①

《集解》："《尚书》'滑'字作'曶'，音忽。郑玄曰：'曶者，臣见君所秉，书思对命者也。君亦有焉，以出内政教于五官。'"②

《索隐》："《古文尚书》作'在治忽'，今文作'采政忽'，先儒各随字解之。今此云'来始滑'，于义无所通。盖'来'、'采'字相近，'滑'、'忽'声相乱，'始'又与'治'相似，因误为'来始滑'，今依今文音'采政忽'三字。刘伯庄云'听诸侯能为政及怠忽者'，是也。五言谓仁、义、礼、智、信五德之言，郑玄以为'出纳政教五官'，非也。"③

冈白驹吸收了《集解》、《索隐》的意见并用更简洁、更便于日本学习者理解的方式表达出来。

冈白驹对前代学者错误的校勘意见也予以纠正，如：

《樊郦滕灌列传》"汉王赐商爵信成君"条下注："孚远云：再言赐爵信成君，衍文也。愚按：《汉书》亦再言，是非衍文矣。上言'赐爵封信成君'，盖爵未及于君号也，至此赐爵而称于君号，故曰'赐爵信成君'。"同时在页眉补充："班固，善解《史记》者也，取《史记》作《汉书》，此传云沛公略地六月余云云，考文势自然，孚远非也。"

《史记》在记述郦商事迹时，接连两次提到"赐爵封信成君"，"汉王赐商爵信成君"，徐孚远认为此为衍文。而《汉书》也同样是在行文中连续两次提到赐郦商爵信成君。对此前代学者多有考证。如：

刘奉世曰："'君'（按：指后一处"君"字）当作'侯'，高祖为汉王，绛、灌诸将皆赐侯爵，因故号封之也。商先以从攻长社先登，封信成君。"④清梁玉

————————

① （汉）司马迁撰，（宋）裴骃集解，（唐）司马贞索隐、张守节正义《史记》，中华书局2013年，第79页。

② 同上，第80页。

③ 同上，第80页。

④ 转引自李慈铭《越缦堂读史札记·汉书札记》卷四。（清）李慈铭撰《越缦堂读史札记》，北京图书馆出版社2003年，第158—159页。

绳赞同刘奉世之说①。

清何焯《义门读书记》卷十七认为："复云'赐爵信成君'，当即《樊哙传》所谓'赐重封'也。"②

《史记·樊哙传》："破南阳守齮于阳城。东攻宛城，先登。西至郦，以却敌，斩首二十四级，捕虏四十人，赐重封。"

《集解》："张晏曰：'益禄也。'如淳曰：'正爵名也。'瓒曰：'增封也'。"③

《汉书》颜师古注引各家注解后认为："诸家之说皆非也。重封者，加二号也。"④

王先谦《汉书补注》对此进一步详加阐释："以此为重封，于义不通，刘说是也。或疑下文赐爵列侯，此不得为信成侯。但汉初先赐名号侯，如樊哙、临武、傅宽、通德之类甚多，'信成'乃名号，后赐爵列侯则实封耳。《灌婴传》由'昌文君'赐号'昌文侯'即其例也。"⑤

冈白驹不轻信徐孚远"衍文"之说，用简明的语言指出《史记》看似重复的记述，前句为赐名号，后句为实封。分别表意，并非衍文。

在注释和考订《史记》正文的同时，《史记觯》对三家注等旧注也多有考证和纠谬。或简要论断其是非，或进一步补充说明。如《五帝本纪》：

"辩于群神"句下："《尚书》辩作徧。《正义》得之。"

"惟刑之静哉"句下："《尚书》静作恤，其义明畅。《索隐》以为今文是伏生口诵，恤谧声近，得之。"

"书缺有间矣"句下："古典残缺有年岁矣。《索隐》是，《正义》非。"

《夏本纪》"诸众云云皆清矣"句下："《索隐》句读为是。人君明德诚施，

---

① （清）梁玉绳撰《史记志疑》，中华书局 1981 年，第 1341 页。

② （清）何焯撰《义门读书记》，上海古籍出版社 1992 年，第 219 页。

③ （汉）司马迁撰，（宋）裴骃集解，（唐）司马贞索隐、张守节正义《史记》，中华书局 2013 年，第 2652 页。

④ （汉）班固撰，（唐）颜师古注《汉书》，中华书局 1962 年，第 2068 页。

⑤ （清）王先谦撰《汉书补注》，中华书局 1983 年，第 1001—1002 页。

则谗嬖自清矣。"

《周本纪》"使者已行矣"句下："孚远云:使者已行矣,言既已发使,故虽善代之言而不可止。代因言宜与周高都也。《索隐》'已'训'止'非。"

《秦本纪》"昔我先骊山之女"句下："……《正义》愦愦乎弗通。"

《秦始皇本纪》"作宫阿房"句下："大陵曰阿,房犹旁也。阿房之义,本文可征。《正义》、《索隐》并非。"

"不称始皇帝其于久远也"句下："十字连作一句读。……言不称始皇帝,独著成功于久远之意也。《正义》愦愦。"

《商君列传》"岂其微哉"句下："微,少也,言岂少,盖谓太子与其师傅将挟怨而杀之也。《索隐》非也。"

《苏秦列传》"见臣于人也"句下："《正义》为是,《索隐》谬矣。"

《张仪列传》"与王何异也"句下："言不敢先于楚而后于秦也。《索隐》言秦楚俱宜待二国之弊,此说非也。"

《孟子荀卿列传》"始也滥耳"句下："滥,延漫失实也。言其归虽止乎仁义节俭,然推而远之,至窈冥不可考而原也。是其始初所原失实,所谓闳大不经是也。《索隐》以'滥'为'初',不成义。"

"有牛鼎之意乎"句下："牛鼎,谓伊尹百里奚之所为也。《索隐》引《吕氏春秋》谬矣。"

《孟尝君列传》"欲以遗所不知何人"句下："不知何人,上文所问玄孙之孙也。《索隐》非是。"

《鲁仲连邹阳列传》"生则不得事养,死则不得赙襚"句下："言邹鲁国小而贫,不能备生死之礼也。《索隐》解非也。"

《田儋列传》"莫能图何哉"句下："杨慎为是。《索隐》愦愦可笑。"

《樊郦滕灌列传》"臣恐天下解心疑大王"句下："解与懈通。《正义》'解'字绝句。非也。"

《刘敬叔孙通列传》"附离而云云"句下："离,丽也。亦附著之义。《索隐》非。"

《穰侯列传》"陶邑必亡"句下："《索隐》非,《正义》为是。《战国策》注云:穰侯别邑。"

《乐毅列传》"义之所不敢出也"句下："今得罪于燕而去燕,是临不测之罪也。又幸燕之弊,使赵伐之以为利。非义甚矣。《索隐》非。"

《田单列传》"奇正还相生"句下："或奇或正,临机应变,使敌不测所谓诡道。下文'如环之无端'是也。故曰'奇正还相生'。《正义》解不的切。"

《李将军列传》"蔡为人在中下"句下："师古云:在下辈之中。《索隐》穿矣。"

《刺客列传》"是无如我"句下："杜预云:犹言我无如是何。倒语也。《索隐》不达,驳杜注非也。"

"皆持长铍"句下："铍云长,则非小刀矣。《索隐》非。"

"王负剑负剑"句下："此左右重言以喻王也。《索隐》引王劭以上'负剑'为左右之言,以下'负剑'为王乃为之。凿矣。"

三家注中,冈白驹对《索隐》的纠谬最多,其意见并不一定正确,但可为研究者及读者提供参考。在指出旧注错误之后,有时冈白驹会以"愚按"的形式简明扼要地说明自己的观点。如:《秦始皇本纪》"将军壁死"条下注:"孚远云:上言成蟜死屯留矣,此又言将军壁死,注作壁垒,恐非是。壁者,疑是成蟜副将名壁,蟜死,壁不归,及戮军吏,壁亦自杀。"

《史记》原文作："八年,王弟长安君成蟜将军击赵,反,死屯留,军吏皆斩死,迁其民于临洮。将军壁死,卒屯留,蒲鶮反,戮其尸。"

《索隐》："谓成蟜为将军而反,秦兵击之,而蟜壁于屯留而死,屯留、蒲鶮二邑之反卒虽死,犹皆戮其尸。"

《正义》："言成蟜自杀壁垒之内。"①

冈白驹引徐孚远之说质疑《索隐》、《正义》语焉不详之处:上文既已言成蟜死,此处何故又言其壁死? 据此冈白驹认为"壁"实为成蟜副将之名。

---

① (汉)司马迁撰,(宋)裴骃集解,(唐)司马贞索隐、张守节正义《史记》,中华书局 2013 年,第225 页。

各家对于"壁"解释不同。清钱大昕《三史拾遗》卷一有："'壁'者将军之名，盖别是一人，与上文成蟜初不相蒙。注家牵合为一，故愈不能了。……'蒲鹖'当是人姓名，为将军部下卒。壁死而鹖反，故加以戮尸之刑。旧注牵合上文，不足取。"①

钱大昕也以"壁"为人名，但非成蟜副将，而是征讨成蟜之将军，且认为"蒲鹖"亦为人名。

梁玉绳《史记志疑》也认为"壁"是将领之名："案此节文义最难解，注亦欠明。……许周生云：始皇八年，'王弟长安君成蟜将军击赵，反，死屯留，军吏皆斩。'衍'死'字，《汉志》无。'迁其民于临洮'，此为一事。据《汉书·五行志》所引，止此可证。以下另为一事。'将军壁死'，'壁'当是将兵在外者。'卒屯留蒲鹖反'，前所衍'死'字，疑在此。戮其尸"盖蒲鹖以屯留人闻迁屯留民，惧祸及已，故因将军之死而反，反亦即死，故戮其尸也。……"②

综上，虽然"壁"的具体身份待考，但从文义上看，将"壁"解为人之姓名更为合理，三家注解释不当。

再如《孔子世家》"野合而生孔子"句下注："野合，《索隐》以为不合礼义，《正义》以为过期，皆未尽说。愚按：此谓虽行礼而不悉备其礼，是野也。故为野合。合与'合二姓之好'之'合'同。"

历来各家对"野合"众说纷纭，冈白驹不同意《索隐》和《正义》的观点，其"愚按"简要而能自圆其说，可备参考。

《史记觿》对三家注的考辨，常涉及到《史记》对《尚书》、《诗经》、《左传》、《战国策》等文献资料的加工改造的问题。如：

《夏本纪》"是谓乱天事"条下注："天命之为君，治天下民，故古有天吏称，故百官从职，皆奉天事也。若官非其人，则是乱天事也。《索隐》不知之，驳《史记》，妄耳。"

---

① （清）钱大昕撰《廿二史考异·附三史拾遗·诸史拾遗》，上海古籍出版社 2004 年，第 1374—1375 页。

② （清）梁玉绳撰《史记志疑》，中华书局 1981 年，第 170 页。

《史记》原文作:"皋陶曰:'……翕受普施,九德咸事,俊乂在官,百吏肃谨。毋教淫邪奇谋。非其人居其官,是谓乱天事。'"

《索隐》:"此取《尚书·皋陶谟》为文,断绝殊无次序,即班固所谓'疏略抵捂'是也,今亦不能深考。"

《尚书·皋陶谟》:"无教逸欲有邦,兢兢业业,一日二日,万几,无旷无官,天工人其代之。"①

司马迁在引用《尚书》时进行了今译等整理工作,冈白驹疏解《史记》文义之后指出《索隐》之妄。泷川资言《史记会注考证》也认为这段文字"史公以十七字,约说经意,天事即天工。"②

又如:《周本纪》"惟讯有稽"条下注:"询,问也。问以言谓之讯,惟察其言也。《尚书》'讯'作'貌',故孔注以'貌'释之。《史记》作'讯',其义自别,何必音'貌'?《索隐》非。"

《史记》原文作:"简信有众,惟讯有稽。"

《集解》引孔安国注:"简核诚信,有合众心,惟察其貌,有所考合,重之至也。"

《索隐》:"讯,依《尚书》音貌也。"

《尚书·吕行》作"简孚有众,惟貌有稽。"③《史记》以"讯"替代了《尚书》"貌"字,《索隐》仍依《尚书》注"讯"音"貌"是错误的。

又如:《卫康叔世家》"召护驾乘车"条下注:"召子路使护驾乘车也。按《左传》'护'作'获',服虔、杜预皆云:召获,卫大夫名。若以为大夫名,则中间突然厕卫大夫,文义烦碎。盖《史记》据《左传》作《世家》,则子迁所见古本作'护',非大夫名矣。杜预、服虔仍其误字释之,当从《史记》为正。"

《史记》"召护",《左传》作"召获",《仪礼·大射仪》注有"古文'获'皆作'护'"。《礼记·曲礼》释文有"获,一音护,古文作'护'",据此,二字可通

---

① （汉）孔安国传,（唐）孔颖达正义《尚书正义》,中华书局1980年,第139页。

② （汉）司马迁撰,〔日〕泷川资言考证,杨海峥整理《史记会注考证》,第100页。

③ （汉）孔安国传,（唐）孔颖达正义《尚书正义》,中华书局1980年,第249页。

用。服虔、杜预的解读不确。

对"三家注"训释字词不确之处，冈白驹也会广引文献加以纠正。如：

《淮阴侯列传》"守儋石之禄者"条下注："儋，通作'担'，师古云：一人之所负担也。"

《史记》原文作："夫随厮养之役者，失万乘之权。守儋石之禄者，阙卿相之位。"

《集解》：晋灼曰："扬雄《方言》'海岱之间名罂为儋'。石，斗石也。"苏林曰："齐人名小罂为儋。石，如今受鲐鱼石罂，不过一二石耳。一说，一儋与一斛之余。"①

冈白驹不同意《集解》释"儋"为计量单位，引《汉书·蒯通传》颜注认为"儋"与"担"通②。

荀悦《汉纪》卷三作："夫随厮养之役，失万乘之权。守担石之禄，阙卿相之位。"③亦可证"儋"与"担"可以互通。

"担石"在汉魏之际已经逐渐成为一个固定词语，意为一担之量，引申为微少。《汉纪》卷二十九有"沉思居贫，或无担石之储，晏如也。"④《后汉书·郭丹传》有"在位四年薨，家无担石焉。"⑤《三国志·魏·华歆传》也有"歆素清贫，禄赐以振施亲戚故人，家无担石之储。"⑥

日本学者中井积德对此也有考证："古收田租以禾束，束不可量者，必以权衡。儋、担通，担，谓一人所担也，因谓两石为担。"⑦

再如：《孙子吴起列传》"批亢捣虚"条下注："《通鉴集览正误》云：批，反

---

① （汉）司马迁撰，（宋）裴骃集解，（唐）司马贞索隐、张守节正义《史记》，中华书局 2013 年，第 2625 页。

② （汉）班固撰，（唐）颜师古注《汉书》，中华书局 1962 年，第 2165 页。

③ （汉）荀悦撰《汉纪》，台湾商务印书馆 1973 年，卷三第 4 页。

④ （汉）荀悦撰《汉纪》，台湾商务印书馆 1973 年，卷二十九第 12—13 页。

⑤ （宋）范晔撰，（唐）李贤等注《后汉书》，中华书局 1965 年，第 941 页。

⑥ （晋）陈寿撰，（宋）裴松之注《三国志》，中华书局 1959 年，第 403 页。

⑦ （汉）司马迁撰，〔日〕泷川资言考证，杨海峥整理《史记会注考证》，第 3412 页。

击也。亢，本喉肮字，衿要之处也。《汉书》娄敬云：'与人斗，不搤其亢，拊其背，未能全其胜也'。音义皆同。此言批亢，谓击其要处也，《索隐》非是。"

对于"批亢捣虚"，《索隐》解释为："批者，相排批也。……亢者，敌人相亢拒也。捣者，击也，冲也。虚者，空也。按：谓前人相亢，必须批之。彼兵若虚，则冲捣之。欲令击梁之虚也。此当是古语，故孙子以言之也。"①

《汉书·娄敬传》"夫与人斗，不搤其亢，拊其背，未能全胜。今陛下入关而都，按秦之故，此亦搤天下之亢而抚其背也。"

张晏曰："亢，喉咙也。"

师古曰："亢音刚，又音下郎反。"②

张文虎《校刊史记集解索隐正义札记》卷五："《御览》三百六十八引此文，有注云：'亢音刚，又音抗，人喉也'，疑是《集解》文，今本缺。"③

泷川资言《史记会注考证》引中井积德之说："亢，吭也，批亢，击其要处也。击亢冲虚，并喻走大梁之便。"

各家均释"亢"为咽喉。

《史记会注考证》又引明人谈允厚之说："批之为言撇也，谓撇而避亢满之处，捣其虚空无备之所。"即"批亢捣虚"为避实就虚，则"亢"为充实、完备之义。泷川资言赞同其观点，认为："若解'亢'为咽喉，则不与'虚'字对，谈说为长。"④但谈说中"亢"仍可看做是"咽喉"之义的引申。

综上，《索隐》释"亢"为"敌人相亢拒"不确。冈白驹引《通鉴集览正误》及《汉书》用例纠正其错误。

又如：《伍子胥列传》"刚戾忍訽"条下注："訽与诟同，辱也。《左传》'宋元公曰：余不忍其訽'、《后汉书》'冒訽以干进'可证。训骂非也。"

---

① （汉）司马迁撰，（宋）裴骃集解，（唐）司马贞索隐、张守节正义《史记》，中华书局2013年，第2163页。

② （汉）班固撰，（唐）颜师古注《汉书》，中华书局1962年，第2120—2121页。

③ （清）张文虎撰《校刊史记集解索隐正义札记》，中华书局1977年，第498页。

④ （汉）司马迁撰，〔日〕泷川资言考证，杨海峥整理《史记会注考证》，第2786—2787页。

《索隐》：“邹氏云：‘一作“诟”，骂也，音逅。’刘氏音火候反。”①

冈白驹不同意《索隐》将“詢”训作“骂”，认为当训“詢”为“辱”。

事实上在典籍中，“詢”、“诟”作动词“骂”与作名词“辱”都很常见。如：

《左传·襄公十七年》：“卫孙蒯田于曹隧，饮马于重丘，毁其瓶，重丘人闭门而詢之。”注曰：“詢，骂也。”②

《左传·昭公十三年》：“（楚灵王）投龟诟天而呼曰：‘是区区者而不余畀，余必自取之！’”③

二句中的“詢（诟）”均为动词“骂”之义。

《左传·昭公二十年》：“子死亡有命，余不忍其詢。”注曰：“詢，耻也。”④

《文选》卷四十一所录司马迁《报任少卿书》：“行莫丑于辱先，诟莫大于宫刑。”注云：诟音垢，应劭曰：诟，耻也。《说文》‘诟’或作‘詢’，火逅切。《礼记·儒行》曰：妄常以儒相诟病。《左氏传》宋元公曰：余不忍其诟。寻此二书，其训颇同。”⑤

二句中的“詢（诟）”均作名词“耻辱”之义。

此处《史记》原文作“刚戾忍詢”，“忍”为动词，从语法的角度来讲此处“詢”当作名词“耻辱”解，冈白驹之说为确，泷川资言《史记会注考证》亦注：“詢，辱也。”⑥

《史记觿》经常引《汉书》颜师古注和《资治通鉴》胡三省注来疏解《史记》，对二注中的错误也多有指出和纠正，如：

《万石张叔列传》“常蒙其罪”条下注：“师古云：蒙谓覆蔽之。愚按：师古非也，‘蒙其罪’谓引以为己之罪也，不尔，不与下文‘有功常让他将’相应。”

①　（汉）司马迁撰，（宋）裴骃集解，（唐）司马贞索隐、张守节正义《史记》，中华书局 2013 年，第 2381 页。

②　（晋）杜预注，（唐）孔颖达等正义《春秋左传正义》，中华书局 1980 年，第 1963 页。

③　同上，第 2070 页。

④　同上，第 2092 页。

⑤　（梁）萧统编，（唐）李善注《文选》，中华书局 1977 年，第 577 页。

⑥　（汉）司马迁撰，〔日〕泷川资言考证，杨海峥整理《史记会注考证》，第 2799 页。

《史记》原文作："郎官有谴,常蒙其罪,不与他将争。有功,常让他将。上以为廉,忠实无他肠,乃拜绾为河间王太傅。"①《汉书》中的记载大致相同②。

《史记》中这两句话是称赞卫绾的为人,如果将"蒙"解释为"覆蔽",则指为下属遮盖掩饰错误,这是"欺上"的行为,称不上"忠实无他肠";而如将"蒙其罪"解释为"引以为己之罪",对下属的过错并未隐瞒而是自己全部承担,从语义上看与下文的"忠实无他肠"更为一致。冈白驹之解有一定的合理性,可供参考。

又如:《白起王翦列传》"方投石超距"条下注:"胡三省云:投石,以石投人也,齐高国桀石,以投人是也。超距,距跃也,晋魏犫距跃三百是也。问其戏以观气力有余也。"

《史记》原文作:"王翦至,坚壁而守之,不肯战。荆兵数出挑战,终不出。王翦日休士洗沐,而善饮食抚循之,亲与士卒同食。久之,王翦使人问军中戏乎? 对曰:'方投石超距。'于是王翦曰:'士卒可用矣'。"

对于"投石超距",三家注都进行了注释,但解释繁复难懂。冈白驹引胡三省注对"投石"的解释较简明,并且点明了这种游戏的用意,有助于日本读者理解原文。其后中井积德的解释更为通俗易懂:"投石,力戏也,手投重石,兢远近为输赢也。超距亦力戏也,跳跃踊越,兢其远近高下为输赢也。"③

再如:《张耳陈馀列传》"岂以臣为重去将哉"条下注:"《通鉴注》:岂,疑辞,重,难也,言岂以去将印为难也。"

《史记》原文作:"陈馀怒曰:'不意君之望臣深也。岂以臣为重去将哉?'乃脱解印绶,推予张耳。"

---

① (汉)司马迁撰,(宋)裴骃集解,(唐)司马贞索隐、张守节正义《史记》,中华书局 2013 年,第2770 页。

② (汉)班固撰,(唐)颜师古注《汉书》,中华书局 1962 年,第 2201 页。

③ (汉)司马迁撰,〔日〕泷川资言考证,杨海峥整理《史记会注考证》,第 3033 页。

《索隐》:"重训难也。或云重,惜也。"①

三家注并未论及"岂"字,且陈馀这句话单纯从字面上理解存在困难,因此,冈白驹援引胡三省注以疏通文意。泷川资言《史记会注考证》亦取胡三省说②。

《史记觿》对《史记》原文的断句非常重视,如《高祖本纪》一页之内便有三处标明断句:

"道旧故为笑乐"条下注:"六字连作一句读。道旧故,说故旧时事也。"

"高祖复留止"条下注:"句。'张'字当属下句。"

"非尽族是"条下注:"句。族谓族诛之,是此也。"

其断句有对旧说的纠谬,体现了其对文本的理解,有一定的参考价值。如:

《夏本纪》"俊乂在官。百吏肃谨"条下注:"此二句,相联为一事,旧说下属,非也。乂,贤才之称。"

此段《史记》原文作:"翕受普施,九德咸事,俊乂在官,百吏肃谨。毋教邪淫奇谋。非其人居其官,是谓乱天事。"③取材于《尚书·皋陶谟》中皋陶为禹阐释"九德"的一段话"翕受敷施,九德咸事,俊乂在官。百僚师师,百工惟时,抚于五辰,庶绩其凝。无教逸欲,有邦。……"④

冈白驹所谓"旧说"是指《评林》本在"俊乂在官"句下有一条《集解》,故冈白驹理解为旧注认为至此文意告一段落,下句"百吏肃谨"与下文相连表意。冈白驹认为这样理解不妥。

《史记》这段话中的"翕受普施,九德咸事,俊乂在官,百吏肃谨"是从正

---

① （汉）司马迁撰,（宋）裴骃集解,（唐）司马贞索隐、张守节正义《史记》,中华书局2013年,第2580页。

② （汉）司马迁撰,〔日〕泷川资言考证,杨海峥整理《史记会注考证》,第3354页。

③ （汉）司马迁撰,（宋）裴骃集解,（唐）司马贞索隐、张守节正义《史记》,中华书局2013年,第77页。

④ （汉）孔安国传,（唐）孔颖达正义《尚书正义》,中华书局1980年,第139页。

面论述为君者当如何治国，"毋教邪淫奇谋"则从反面论述为君者所不当为，最后以"非其人居其官，是谓乱天事"作结。"俊乂在官，百吏肃谨"文意相连，冈白驹的理解是正确的。

再如：《汲郑列传》"诚有味其言之也"句下："师古云：有味，其言甚美也。非是。按：此一句，承上文而连及于下文也。杨慎云：有味言之，正在'之'字。谓常引以为贤于己之言。此说深得其旨。"

冈白驹不同意颜师古将"有味"释为"其言甚美"，而是认为此句是承上启下，"有味"是指下文的"常引以为贤于己"而言。

中华书局点校本《史记》原文作"其推毂士及官属丞史，诚有味其言之也，常引以为贤于己。"与冈白驹意见相同。

泷川资言《史记会注考证》断句为："其推毂士及官属丞史。诚有味。其言之也。常引以为贤于己。"

此句下泷川辑佚了两条《正义》，一条为"推毂，谓荐举人如车毂转运无穷也。有味者，言其推荐之辞甚美也"。一条为"'其言之也'四字属下句"。显然泷川吸收了《正义》对文意的注释及点断意见。池田芦洲《史记补注》断句与《考证》相同。

结合上下文分析，《补注》和《考证》在"诚有味"后点断，是描写郑当时竭力推荐贤人，言辞甚美。将"其言之也"属下句，是说郑当时常常称赞被举荐人比自己还贤能。如将"诚有味其言之也"连读，则可理解为"其言之也诚有味"的倒装句。二者皆可，但前者意义更加通顺。

又如：《张仪列传》"不得待异日"条下注："句。《索隐》'异日'属下句，非也。"

此段《史记》原文作："轸曰：'吾为事来，公不见轸，轸将行，不得待异日。'犀首见之。"是陈轸求见犀首时说的一段话。《索隐》单注本及《评林》本均在"不得待"下有《索隐》"轸语犀首言我故来，欲有教汝之事，何不相见"。

依《索隐》，则应断句为"轸曰：'吾为事来，公不见轸，轸将行，不得待。'

异日犀首见之。"结合上下文意,《索隐》断句不确,《史记补注》,《史记会注考证》及中华书局点校本均以"不得待异日"为句。《史记》三家注合刻时,常将三家注集中合刻在相关句下,因三家注位置的改变,其中所包含的断句意见也往往被忽略。

冈白驹断句也有错误之处,如:《周本纪》"宣王使执而戮之。逃。"条下注:"一字一句"。

中华书局点校本《史记》这段文字作:"宣王闻之,有夫妇卖是器者,宣王使执而戮之。逃于道,而见乡者后宫童妾所弃妖子……"

冈白驹将"逃"单独成句,则后句为"于道而见乡者后宫童妾所弃妖子",连词"而"在句中便成多余且不通顺,故其断句不可取。

再如:《刘敬叔孙通列传》"为绵蕞野外"条下注:"句。'蕞'字绝句,非也。'蕞'与'蕝'同,韦昭、贾逵为是。"

中华书局点校本《史记》作:"遂与所征三十人西,及上左右为学者与其弟子百余人为绵蕞野外。习之月余,叔孙通曰……"①

对这段文字,三家注集中于解说"蕞"的读音、意义,且注文内容较长:

《集解》:"徐广曰:'表位标准,音子外反。'骃案:如淳曰:置设绵索,为习肄处,蕞谓以茅剪树地为纂位。《春秋传》曰'置茅蕝'也。"

《索隐》:"徐音子外反。如淳云:翦茅树地,为纂位尊卑之次。苏林音纂。韦昭云:'引绳为绵,立表为蕞。音兹会反。'按:贾逵云:'束茅以表位为蕝'。又《篹文》云:"蕝,今之'纂'字。包恺音即悦反,又音纂。"

尽管对"蕞"字释义有所不同,但"为绵蕞野外"后断句是没有疑义的。因《史记评林》将三家注注文以及各种考释文字置于"蕞"字之下,冈白驹误认为应在"蕞"字后断句。

---

① (汉)司马迁撰,(宋)裴骃集解,(唐)司马贞索隐、张守节正义《史记》,中华书局 2013 年,第 2723 页。

又如:《吴太伯世家》"君侈而多良大夫"条下注:"句。良大夫指韩、赵、魏三子,旧说'良'字句,非矣。"

此段《史记》原文作:"(季札)将去,谓叔向曰:吾子勉之。君侈而多良,大夫皆富,政将在三家。吾子直,必思自免于难。"①

《史记评林》断句为"君侈。而多良大夫。皆富。政将在三家。"

《史记会注考证》与中华书局本相同,均在"良"后断句②。

池田芦洲《史记补注》断句与《史记觿》相同,且在"君侈而多良大夫"下引佪莘曰:"此良大夫,特从当时所目而呼之,非信能良。指六卿之属。"

这两种断句方式相比较,意义上并没有明显差异,从语义通顺的角度来看,先讲"君侈而多良",其后讲"大夫皆富",语义连贯。如断句为"君侈而多良大夫,皆富",则"皆富"的主语可以理解为"君"与"良大夫",意义容易产生混淆。故"良"后断句语义上更为通顺一些。

《史记觿》也有对司马迁思想及《史记》行文笔法的评论,大多言简意赅,但多能切中肯綮。如:

《游侠列传》"於戏惜哉"句下注:"解之义侠而见族,此太史公之所以痛惜。"提醒读者注意《史记》中所蕴含的司马迁的个人感情。

《太史公自序》"陈涉世家第十八"句下注:"三代已来,从无以匹夫起兵者,自陈涉创之。太史公比之汤武春秋,虽非伦乎,著所始则一也。"冈白驹虽不认可司马迁将陈涉与汤武相提并论,但认同司马迁的历史观,肯定陈涉以匹夫起兵揭开灭秦序幕的创始之功。

再如《封禅书》"帝纣淫乱,武王伐之"条下注:"纣亦慢神,武王数之曰:牺牲既于凶盗。太史公虽不著明,文法断续可见。"

《史记》原文作:"帝武丁得傅说为相,殷复兴焉,称高宗。有雉登鼎耳

---

① (汉)司马迁撰,(宋)裴骃集解,(唐)司马贞索隐、张守节正义《史记》,中华书局 2013 年,第 1459 页。

② (汉)司马迁撰,〔日〕泷川资言考证,杨海峥整理《史记会注考证》,第 1725 页。

雉,武丁惧。祖己曰:'修德。'武丁从之,位以永宁。后五世,帝武乙慢神而震死。后三世,帝纣淫乱,武王伐之。由此观之,始未尝不肃祗第,后稍怠慢也。"①

武丁修德兴商,武乙却因射天"慢神"而"震死",其后商纣又因"淫乱"而被周武王讨伐。但冈白驹以为武王伐纣不仅仅因为纣王"淫乱",纣王同样也有"慢神"之举,只不过司马迁承续上文,没有将其点明而已。事实上,从这段文字最后一句"始未尝不肃祗第,后稍怠慢也",不难推断"肃祗第"者即武丁,而"怠慢"者即武乙和纣王,并且"怠慢"程度在不断加深。考《尚书·泰誓》,周武王痛斥纣王:"乃夷居弗事上帝神祗,遗厥先宗庙弗祀,牺牲粢盛,既于凶盗。"②

冈白驹以此为据,将太史公的笔法详细阐明,帮助读者了解司马迁字里行间未直接表达出来的深意。

又如:《韩王信卢绾列传》"数称将军"条下注:"先称横海将军,后太初中,为游击将军,屯五原,还掘蛊太子官,为太子所杀,此皆在武帝时,故司马迁略之云。"

《史记》原文作:"其弟说,再封,数称将军,卒为案道侯。"③韩说为汉代开国功臣韩王信曾孙,一生两度封侯拜将,将其生平附于其曾祖父韩王信本传之后再合理不过,然而此处却寥寥数字一笔带过,在《卫将军骠骑列传》文末却有详细的叙述:"将军韩说,弓高侯庶孙也。以校尉从大将军有功,为龙额侯,坐酎金失侯。元鼎六年,以待诏为横海将军,击东越有功,为按道侯。以太初三年为游击将军,屯于五原外列城。为光禄勋,掘蛊太子宫,卫太子杀之。"④

---

① （汉）司马迁撰,（宋）裴骃集解,（唐）司马贞索隐、张守节正义《史记》,中华书局 2013 年,第 1356 页。

② （汉）孔安国传,（唐）孔颖达正义《尚书正义》,中华书局 1980 年,第 180 页。

③ （汉）司马迁撰,（宋）裴骃集解,（唐）司马贞索隐、张守节正义《史记》,中华书局 2013 年,第 2636 页。

④ 同上,第 2944 页。

汉武帝晚年笃信神仙丹药，追求长生之术，卫皇后年老色衰失宠，卫氏家族的势力在霍去病、卫青相继去世后也大不如前，卫太子刘据的地位受到威胁。与太子有隙的江充利用汉武帝病重多疑的机会，以巫蛊构陷卫皇后与卫太子，卫太子被逼无奈杀掉江充起兵造反，韩说也因为参与江充"巫蛊之祸"事件而被卫太子杀掉。因为势单力薄加之准备不足，卫太子很快兵败自杀。其后，汉武帝逐渐醒悟，意识到卫太子是被陷害，追悔莫及。这无疑是汉武帝心底不愿被触及的痛处。

司马迁作为史家，秉笔直书是他的职责所在，《史记》自问世以来也一直被誉为"其文直，其事核，不虚美，不隐恶"的"实录"。自《春秋》微言大义形成"春秋笔法"的史学传统，后世史家在撰著史书的过程中多有运用，因直言进谏为李陵辩护而遭受宫刑折磨的司马迁，能够最真切的体会到皇权的力量。面对年老多疑的汉武帝，司马迁会有所保留，在记事时常常用互见法，将一些要回避的事情在本篇中一带而过，转而在他篇中加以说明。冈白驹对此有准确的把握。

但冈白驹对司马迁笔法的把握也有不够准确之处，如：

《吴太伯世家》"母老子弱"条下注："母老子弱，服虔、杜预为是。大氐司马迁文错综叙事。此自两公子将兵，至无骨鲠之臣，言王僚可杀，而光可立也。是无奈我何，却承母老子弱而言，故光对曰：我身子之身也，不尔，下文铍交于匈，是奈我何也。"

《史记》原文"十三年春，吴欲因楚丧而伐之……楚发兵绝吴兵后，吴兵不得还。于是吴公子光曰：'此时不可失也。'告专诸曰：'不索何获！我真王嗣，当立，吾欲求之。……'专诸曰：'王僚可杀也。母老子弱，而两公子将兵攻楚，楚绝其路。方今吴外困于楚，而内空无骨鲠之臣，是无奈我何。'光曰：'我身，子之身也。'……公子光竟代立为王，是为吴王阖闾。阖闾乃以专诸子为卿。"①

----

① （汉）司马迁撰，（宋）裴骃集解，（唐）司马贞索隐、张守节正义《史记》，中华书局2013年，第1463—1464页。

服虔以为"母老子弱，专诸托其母子于光也"。杜预《左传》注根据下文阖闾"我身，子之身也"之言及最后以专诸子为卿之举，以为"欲以老弱托光"。而王肃以为"专诸言王母老子弱也"。《索隐》以为"依王肃解，与《史记》同，于理无失"。冈白驹赞同服虔、杜预之说。《刺客列传》"母老子弱"条下冈白驹亦注："此专诸欲以其老弱托光也。"

从情理上讲，专诸为公子光刺杀吴王僚必死无疑，临行前肯定要向公子光托付一家老小，公子光"我身，子之身也"也是对专诸的一种承诺，并且最后确实履行了诺言。但在专诸"王僚可杀也。母老子弱，而两公子将兵攻楚"这句话中，"母老子弱"的主语显然应是"王僚"，这样前后语义才通，否则前一句说自己"母老子弱"，后一句说"（王僚）两公子将兵攻楚"，并不能充分表达出专诸"王僚可杀也"之意。对此，冈白驹虽然赞同服虔、杜预之说，但面对这种语义分歧，只能以"大氏司马迁文错综叙事"作解。

对《史记》中的历史人物与历史事件，《史记觿》也多有评论。如：

《高祖本纪》"有一范增而不能用"条下注："此高祖推功于诸将辞耳。后读史者，以范增决项氏兴亡。愚谓弗然。即项羽能用范增，不能得天下矣。自古成王业者，必先收天下之豪杰，而范增无知人识鉴，汉良将谋士，皆尝在羽旗下者，而增不识，故未尝荐一人。比于萧何、张良知韩信，盖远甚矣。且自言汉王有天子气，必欲教羽杀之，果天子气耶？羽之所能杀哉？"

宋代随着大量《史记》刻本的出现，评论《史记》形成风气，宋人评论内容广泛，不仅评论《史记》文章风格，也评论《史记》中的人物，开拓了《史记》研究的新领域。其中有不少评论人物的专篇在当时及后世都很有影响，如苏洵的《高帝论》、《项籍论》、《管仲论》；苏轼的《秦始皇帝论》、《贾谊论》、《晁错论》等十余篇；苏辙的《尧舜论》、《汉武帝论》等六篇；司马光的《贾生论》等近十篇；王安石的《读孟尝君传》、《书刺客传后》等九篇；秦观、张耒也有多篇对《史记》人物的评论。这些评论虽未必准确恰当，但往往能突破成见，敢于创立新说。如管仲作为辅佐齐桓公成就霸业的杰出政治家，历来倍受称颂，而苏洵却在《管仲论》中对管仲临终前不能举贤自代提出责难，认为日后齐国大乱,管仲负有不可推卸的责任。王安石的《读孟尝君传》则以凌厉的语气批驳了"孟尝君能得士"的传统说法。对同一个历史人物,由于时代不同或立场不同,不同的人有不同的评价。宋人这些与传统观点相悖的意见启发读者思考。此后对《史记》人物的评论成为《史记》评论的重要内容,到明清两代,这方面的评论更加丰富多彩。

日本学者也非常重视对《史记》人物的评论,他们一方面吸收中国学者的观点,一方面也由于其所处的环境,所受的教育及出发点和立足点的不同,有着与中国学者不同的见解。从日本学者的评论中,可以了解中日文化的不同及日本学者对汉文化的解读。

范增是后世读史者关注较多的人物。早期对其正面评价较多,认为项羽如能采纳范增的计策则能夺取天下,《晋书》卷四八的一段评论同样很有代表性:"秦失其鹿,豪杰竞逐,项羽既得而失之,其咎在烹韩生,而范增之谋不用。假令羽既距项伯之邪说,斩沛公于鸿门,都咸阳以号令诸侯,则天下无敌矣。"①北宋时期,苏轼作《论范增》,也认为"增劝羽杀沛公,羽不听,终以此失天下"②。

宋代开始,对范增的批评开始增多。如南宋洪迈认为:"世谓范增为人杰,予以为不然。夷考平生,盖出战国从横之余,见利而不知义者也。始劝项氏立怀王,及羽夺王之地,迁王于郴,已而弑之,增不能引君臣大谊,争之以死。怀王与诸将约,先入关中者王之,沛公既先定关中,则当如约,增乃劝羽杀之,又徙之蜀汉。羽之伐赵,杀上将宋义,增为末将,坐而视之。坑秦降卒,杀秦降王,烧秦宫室,增皆亲见之,未尝闻一言也……"③清人王鸣盛《十七史商榷》卷二"项氏谬计四"条更加详细说明范增计谋的失误之处,同样以

---

① (唐)房玄龄等撰《晋书》,中华书局1974年,第1345页。

② (宋)苏轼撰《东坡志林》,《丛书集成初编》本,商务印书馆1939年,第77—78页。

③ 《容斋随笔》卷九"范增非人杰"条,(宋)洪迈撰,孔凡礼点校《容斋随笔》,中华书局2005年,第122—123页。

为"范增谬计既误项氏,亦误怀王"①。

冈白驹同样不赞同"范增决项氏兴亡"之说,他通过具体史实说明范增既无发现人才的识人之智,也不具备帮助项羽得天下的过人之识。其主张既是对前人观点的继承,也是其在熟读文本的基础上对人物的准确理解和把握。

又如:《秦始皇本纪》"皆坑之咸阳"条下注:"世传始皇坑儒,愚谓此肤浅诸生耳。当无道世,出而售者,岂有道儒者哉?《汉书·儒林传》注,师古云:今新丰县温汤之处,号愍儒乡,温汤西南三里有马谷,谷之西岸有坑,古老相传以为秦坑儒处也。卫宏《诏定古文尚书序》云:秦既焚书,恐天下不从所改更法,而诸生到者拜为郎,前后七百人,乃密令冬种瓜于骊山坑谷中温处。瓜实成,诏博士诸生说之。人人不同,乃命就视之,为伏机,诸生贤儒皆至焉。方相难不决,因发机,从上填之以土,皆压于乃无声。据此说,则坑者谓设为陷阱而杀之也。敖氏《杂言》云:始皇坑儒,说者谓设为陷阱而杀之,余谓是不然,只是掩其不知,而加害也。非真掘土为坑也,今民间讼牒,亦有坑害之词,即是此意。'坑'字当作虚活字看,如古言声色溺人,非真溺于水也。不尔,白起坑赵降卒四十万于长平,设使掘土为坑,若是其广大,彼降卒宁不知之,又宁肯帖然束手而就死乎?愚按:敖氏之说得之,古盖有其法,而谓之坑,但属兵家秘术,后世不得传耳。"

关于秦始皇"坑儒"一事,《秦始皇本纪》记载:"始皇闻(侯生、卢生)亡,

---

① (清)王鸣盛《十七史商榷》卷二"项氏谬计四"条:"项氏谬计凡四:方项梁起江东,渡江而西,并诸军连战胜。及陈涉死,召诸别将会薛计事,此时天下之望已系于项梁,若不立楚怀王孙心,即其后破死于章邯之手,而项羽收其余烬,大可以制天下。范增首唱议立怀王,其后步步为其掣肘,使沛公入关,羽得负约名,杀之江中,得弑主名。增计最拙,大误项氏,谬一。……六国亡久矣,起兵诛暴秦,不患无名,何必立楚后,制人者变为制于人。而怀王者公然主约,既约先入关者王之,而不使项羽入关,是明明不欲羽成功也。独不思己本牧羊儿,谁所乎平?既不能杀羽,而显与为难,且不但不使羽入关而已,并救赵亦仅使为次将。所使上将则妄人宋义也。羽即帐中斩其头,如探囊取物,迨至羽屠咸阳,杀子婴后,怀王曰'如约'。'如约'者,欲令沛公王关中也,兵在其颈,犹为大言,牧羊儿愚至此。范增谬计,既误项氏,亦误怀王。"详见《丛书集成初编》本《十七史商榷》,商务印书馆1937年,第15—16页。

乃大怒曰：'吾前收天下书不中用者尽去之。悉召文学方术士甚众，欲以兴太平，方士欲练以求奇药。今闻韩众去不报，徐市等费以巨万计，终不得药，徒奸利相告日闻。卢生等吾尊赐之甚厚，今乃诽谤我，以重吾不德也。诸生在咸阳者，吾使人廉问，或为訞言以乱黔首。'于是使御史悉案问诸生，诸生传相告引，乃自除犯禁者四百六十余人，皆坑之咸阳，使天下知之，以惩后。益发谪徙边。"①

　　司马迁并没有明确说秦始皇"坑儒"，侯生、卢生等人只是"方术士"而非儒生。《儒林列传》的说法也是"秦之季世，焚诗书，坑术士，六艺从此缺焉"②。自西汉末刘向《战国策叙录》言"（秦始皇）遂燔烧诗书，坑杀儒士"③，"坑儒"取代"坑术士"流传开来。其后，学者对于"坑"之对象便争论不休：或以为当从《史记》，秦始皇所"坑"侯生、卢生等人为"术士"，如南宋郑樵以为"始皇所坑者，盖一时议论不合者耳，非实儒也"④，清代梁玉绳也认为"其所坑者，大抵方伎之流，与诸生一时议论不合者耳"⑤；或以为秦始皇所"坑"者确实为儒生，"术"与"述"通，孔子主张"述而不作"，"述士"即儒生；不过，即使持"坑儒"论者，也看法不一，如清朱彝尊以为"彼之所坑者乱道之儒，而非圣人之徒也"⑥。

　　对于秦始皇所"坑"的具体人数，司马迁在《史记》中没有明确说明，其后也出现了不同的说法：东汉王充《论衡·语增篇》以为"犯禁者四百六十七人"⑦，《文选·西征赋》李善注引《史记》则作"诸生犯禁者，四百六十四人，皆坑之咸阳"⑧，唐代李冗《独异志》又载"秦于骊山之下，坑儒士二百四十

① （汉）司马迁撰，（宋）裴骃集解，（唐）司马贞索隐、张守节正义《史记》，中华书局 2013 年，第 258—259 页。

② 同上，第 3116 页。

③ （汉）刘向编、高诱注《战国策》，《丛书集成初编》本，商务印书馆 1937 年，卷首第 2 页。

④ （宋）郑樵撰《通志》，中华书局 1987 年，第 831 页。

⑤ （清）梁玉绳撰《史记志疑》，中华书局 1981 年，第 181 页。

⑥ （清）朱彝尊撰《曝书亭集》，《万有文库》本，商务印书馆 1935 年，第 948—949 页。

⑦ （汉）王充撰《论衡》，《丛书集成初编》本，商务印书馆 1939 年，第 83 页。

⑧ （梁）萧统编，（唐）李善注《文选》，中华书局 1977 年，第 157 页。

人,焚《诗》《书》皆用李斯之计……"①

冈白驹注文所引卫宏之说,被《史记》三家注等后世注家广泛称引和沿袭。然而,早在宋代就有学者提出质疑,程大昌《雍录》云:"议瓜之说,似太诡巧,始皇刚暴自是,其有违己非今者,直自坑之,不待设诡也。"②

我们通常理解的"坑儒"即将儒生活埋,然而考古发现,长平之战埋葬赵国亡卒尸骨的 1 号坑中,130 多具尸骨纵横相迭,葬式杂乱无章,且约有一半尸骨头骨与躯干分离,死者当是被杀后乱葬入坑而非被活埋③。据此,《史记》记载的白起"尽坑"赵国四十万降卒,"坑"字的具体意义当是集中杀害后再集中埋葬。推而广之,秦始皇"坑儒"当与此类似,冈白驹"'坑'字当作虚活字看"、"非真掘土为坑"之说有其合理之处。

冈白驹广引文献,从词义、语法角度对"坑儒"事件作出全新解读,并未落入前人集中于探究秦始皇所"坑"之对象、人数、地点等细节问题的窠臼,另辟蹊径,关注"坑儒"事件本身的"坑"字。从方法和结论上都有其独到之处。

与此类似的还有其对项羽弑义帝的解读:

《项羽本纪》"尊怀王为义帝"条下注:"义帝犹假帝也,谓假父曰义父,假子曰义子义女,弹筝假甲曰义甲,笛孔上别安嘴曰义嘴,其义皆同。项羽尊怀王为义帝,阳取义于仁义之义,实以为假帝,放弑之计,已定于此矣。"

对于义帝之死,历代学者多认为是其在刘邦入关后坚持履行"先入关者王之"的盟约,最终激怒项羽而招致杀身之祸。而"义帝"之名的含义,前代学者主要有两种意见:

一是"义帝"为尊称,如南宋洪迈《容斋随笔》卷八"人物以义为名"条:

人物以义为名者,其别最多:仗正道曰义,义师、义战是也;众所尊戴者曰义,义帝是也。与众共之曰义,义仓、义社、义田、义学、义役、义井之类是

---

① (唐)李冗撰《独异志》,《丛书集成初编》本,商务印书馆 1937 年,第 48 页。

② (宋)程大昌撰,黄永年点校《雍录》,中华书局 2002 年,第 158 页。

③ 孙继民撰《考古证实"坑杀"并非活埋》,《中国语文》1997 年 9 月。

也;至行过人曰义,义士、义侠、义姑、义夫、义妇之类是也;自外入而非正者曰义,义父、义儿、义兄弟、义服之类是也。衣裳器物亦然①。

二是"义帝"即"假帝",如明代谢肇淛《文海披沙》卷八"义"字条:

今人谓假父曰义父,假子曰义男、义女,故项羽尊怀王为义帝,犹假帝也。乐器笛孔上别安嘴曰义嘴,衣外别安襕曰义襕,唐人谓假髻为义髻,弹筝假甲曰义甲。汉张鲁以左道惑民来学者,众置义舍及义米义肉,今世尚有义田、义塚,则义之为说,皆似外置而合宜者……②

冈白驹综合这两种观点,从"义"字的意义出发,认为项羽拥立"义帝",表面上是尊其仁义及王室正统地位以获得大众支持,实际上只是以其为"假帝",待自己的目的达到之后便会将其放逐、弑杀。即项羽在拥立义帝之时便已确定好放逐、弑杀义帝之计。

作为古学派学者,冈白驹对史事的考索注意追根溯源,如:

《五帝本纪》"瞽叟与象共下土实井"条下注:"按此事虽出乎子舆氏,而不近于人情焉,为齐东俗说审矣。虽宋儒之尊信《孟子》,徒护其短,云不必深辩其事有无。上古虽质朴也,无势威何以治天下哉? 夫天子妻其二女,友其九男,其势虽父母兄弟,谁敢令之完廪浚井乎? 因俗说,以舜为畎亩野夫,而传此说耳。又《书序》虞舜侧微,孔安国误注为庶人微贱,故后儒并据《孟子》无间然者,殊不知《书序》侧微,谓偏侧微国,非庶人微贱之谓矣。独明张濂辩舜非匹夫,其说甚有理,曰舜本黄帝之后,父瞽叟实继虞氏之封,太史伯颂虞幕云,幕能协风听乐而生物,自幕至于叟无违命,则瞽叟未尝失国,舜则国之冢嗣也。舜所居,成聚成邑成都,盖国人化而归之,而牛羊仓廪,则国储所固有。瞽叟惑于后妻,而爱其少子,意以舜居嫡长,而终有国,故与象共欲

---

① 洪迈《容斋随笔》卷九"楚怀王"条:"……项梁之死,(楚怀)王并吕臣、项羽军自将之,羽不敢争;见宋义论兵事,即以为上将军,而羽乃为次将。择诸将入关,羽怨秦,奋势愿与沛公西,王以羽慓悍祸贼不许,独遣沛公,羽不敢违。及秦既亡,羽使人还报王,王曰:'如约',令沛公王关中。此数者皆能自制命,非碌碌庸主受令于强臣者,故终不能全于项氏。"(宋)洪迈撰,孔凡礼点校《容斋随笔》,中华书局 2005 年,第 106—107 页。

② (明)谢肇淛撰《文海披沙》,大达图书供应社 1935 年,第 101—102 页。

杀之，斯盖夺嫡之计。即天子妻其女，窃谋百计欲害之，理或有之。若果舜一穷微之人，乃父乃弟，亦何缘而必欲害之也哉？匹夫而遽尚二女，与九男处，其势必非瞽叟与象之所谋矣。象之称舜曰谟盖都君，则舜是时已为君长可知。而舜亦知象之意在于争国也，遂举以让之曰：惟兹臣庶，汝其于予治。是时舜未即天子位，安得以惟兹臣庶，私与象哉？观此则舜非畎亩之野夫明矣。"

舜得到尧的赏识，被作为接班人培养，其父亲、兄弟却千方百计欲置他于死地。《史记》原文作："舜年二十以孝闻。三十而帝尧问可用者，四岳咸荐虞舜，曰可。于是尧乃以二女妻舜以观其内，使九男与处以观其外。……瞽叟尚复欲杀之，使舜上涂廪，瞽叟从下纵火焚廪。舜乃以两笠自捍而下，去，得不死。后瞽叟又使舜穿井，舜穿井为匿空旁出。舜既入深，瞽叟与象共下土实井，舜从匿空出，去。瞽叟、象喜，以舜为已死。"[1]并没有交待其中原因。

瞽叟与象反复欲谋杀舜之事，最早见于《孟子·万章》，学者对其真实性一直都有质疑，清代梁玉绳对此总结道："焚廪、掩井之事，有无未可知，疑战国人妄造也。即果有之，亦非在妻二女之后。《新序·杂事》第一篇以耕稼陶渔及井廪事在未为天子时；《论衡·吉验篇》谓事在舜未逢尧时，盖近之矣。不然，四岳荐舜，何以言'格义'；伯益赞禹，何以称'允若'乎？此《万章》随俗之误，《孟子》未及辨，而史公相承不察耳。宋司马光《史刭》、程子《遗书》，宋洪迈《容斋三笔》及《古史》、《大纪》、《路史发挥》、《通鉴前编》俱纠其谬……"[2]

冈白驹也认为《孟子》记载不实，在页眉补充说明自己的观点：

"或曰使舜完廪浚井，不近于人情，子舆氏之贤，何以思之不至于此？驹窃谓孟子幼丧父者也，孟子四五岁时，孟母之爱育也，临卧必语之以故事，止

---

① （汉）司马迁撰，（宋）裴骃集解，（唐）司马贞索隐、张守节正义《史记》，中华书局 2013 年，第33 页。

② （清）梁玉绳撰《史记志疑》，中华书局 1981 年，第 18 页。

啼助眠,唯必择古昔孝友故事。孟母虽贤乎,妇人之智,安及择真伪哉? 孟子早慧,牢记终身不能忘,泛然对万章之问,随为之解,不自觉其伪说耳。若年长始闻此事,必弗信也。"

冈白驹认为由于孔安国对《书序》等文献的解读存在误解,再加上《孟子》的不实记载,使得舜被其父兄追杀的说法代代相传,又无法作出合乎情理的解释。他赞同明代张濂之说,认为舜的父亲瞽叟继虞氏之封,舜作为嫡长子拥有继承权,其弟象试图夺取舜的继承权,蛊惑其父瞽叟对舜痛下杀手。

《史记觽》注文大多简洁明了,像这种大段的评论比较少见。冈白驹常从推敲字词意义入手,探讨文献记载的真实性,在参考他人之说的基础上,全面阐述自己的观点,对读者很有启发。

如"战于涿鹿之野"条下注:"阪泉、涿鹿之战,黄帝先已行,则征诛非刱自汤武矣。然《书》删圣笔,匪儒者所当据也。"

关于阪泉、涿鹿之战,《史记·五帝本纪》载:"轩辕之时……炎帝欲侵陵诸侯,诸侯咸归轩辕。轩辕乃修德振兵,治五气,蓺五种,抚万民,度四方,教熊罴貔貅貙虎,以与炎帝战于阪泉之野。三战,然后得其志。蚩尤作乱,不用帝命。于是黄帝乃征师诸侯,与蚩尤战于涿鹿之野,遂禽杀蚩尤。"①

从《史记》这段文字看,阪泉之战、涿鹿之战的起因在于炎帝、蚩尤的侵陵、作乱,《尚书·吕行》记载:"王曰:若古有训,蚩尤惟始作乱,延及于平民,罔不寇贼。"②同样是蚩尤作乱在先,而黄帝征讨在后。

对此事文献有不同记载,如《逸周书·尝麦》作:"昔天之初,[诞]作二后,乃设建典。命赤帝分正二卿,命蚩尤宇于少昊,以临四方,司□□上天未成之庆。蚩尤乃逐帝,争于涿鹿之(河)[阿],九隅无遗。赤帝大慑,乃说于黄帝,执蚩尤杀之于中冀,以甲兵释怒。用大正顺天思序,纪于大帝;用名之

---

① (汉)司马迁撰,(宋)裴骃集解,(唐)司马贞索隐、张守节正义《史记》,中华书局 2013 年,第 4 页。

② (汉)孔安国传,(唐)孔颖达正义《尚书正义》,中华书局 1980 年,第 247 页。

曰绝辔之野。乃命少昊(请)[清]司马鸟师,以正五帝之官,故名曰质。天用大成,至于今不乱。"①。

　　这段文字是周成王即位之初对群臣的讲话,周成王明确说明是炎帝不敌蚩尤,求助于黄帝,共同征伐蚩尤。按此处记载的阪泉之战、涿鹿之战的起因与《尚书》及《史记·五帝本纪》截然不同。

　　山东银雀山汉墓出土的《孙子兵法·黄帝伐赤帝》残简记载:"孙子曰:[黄帝南伐赤帝,至于口口],战于反山之原,右阴,顺术,倍(背)冲,大威(灭)有之。……东伐口帝,……北伐黑帝,……西伐白帝,……已胜四帝,大有天下,暴者……以利天下,天下四面归之。"②

　　此段文字不仅有黄帝伐赤帝"战于反山之原"的记述,而且还有黄帝征伐其他三帝的记载。

　　《战国策·秦策一》所载苏秦言论也有"昔者神农伐补遂,黄帝伐涿鹿而禽蚩尤,尧伐骧兜,舜伐三苗,禹伐共工,汤伐有夏,……由此观之,恶有不战者乎?"③

　　《史记觿》对《史记》取材多有评论。

　　如:《周本纪》"诸侯复宗周"条下注:"宣王中兴之业,备载《毛诗》;其失德则见《国语》。《史记》专取《国语》而不详于《毛诗》。"

　　《史记》原文作:"宣王即位,二相辅之,修政,法文、武、成、康之遗风,诸侯复宗周。"④

　　对宣王中兴,《史记》仅以简短一句话概述,而对其失德之处则详加描述,冈白驹认为《史记》只取《国语》不取《毛诗》,在史料选择上有失偏颇。《诗经·小雅》的《六月》、《出车》两篇所咏周宣王征讨西北猃狁之事;《诗

---

① 黄怀信撰《逸周书校补注译》,西北大学出版社1996年,第315—316页。
② 银雀山汉墓竹简整理小组编《孙子兵法》,文物出版社1976年,第101页。
③ (汉)刘向编、高诱注《战国策》,《丛书集成初编》本,商务印书馆1937年,第16页。
④ (汉)司马迁撰,(宋)裴骃集解,(唐)司马贞索隐、张守节正义《史记》,中华书局2013年,第144页。

经·大雅》中《崧高》、《烝民》、《韩奕》三篇所咏周宣王经略中原之事;《诗经·小雅》的《采芑》与《大雅》中《江汉》、《常武》两篇所咏周宣王经略东南之事。这就是冈白驹所说的"宣王中兴之业,备载《毛诗》"。泷川资言也认为"《史记》叙宣王,不及南北经略事"①,并以崔述《考信录》内容加以补充。

对于选择史料,司马迁有其标准和考虑。张文虎《舒艺室随笔》卷四对此解释道:"《史》叙宣王中兴,止此十八字,凡《诗》所称北逐猃狁、南征荆蛮,及吉甫、方叔之伦,概不书。盖宣王不终,《史》祇依《国语》作纪,故多阙略。"②

周宣王南征北战固然巩固了西周王朝的统治,但穷兵黩武同样也是一种暴政,并且宣王中兴只是昙花一现,并没有延续下去,即所谓"不终"。而周宣王的文治武功与汉武帝的雄才大略有着诸多相似之处,司马迁如此取材蕴含警醒当世帝王莫要重蹈覆辙的深意。

冈白驹对司马迁选择及加工史料的合理之处也多有肯定,如:

《老庄申韩列传》"罪当而加疏"条下注:"《韩子》作'智不当,见罪而加疏',今《史记》改作'罪当而加疏',文义尤胜矣。"

《韩非子》原文作:"罪者,爱憎之变也,故有爱于主,则智当而加亲,有憎于主,则智不当,见罪而加疏。"③司马迁化用改写为"故有爱于主,则知当而加亲。见憎于主,则罪当而加疏。"意义不变,而句式更加整齐,对比之义更为强烈,表达效果也更好,冈白驹对其加以肯定,以为"文义尤胜"。

冈白驹偶尔也会在页眉批注文字中补充评论司马迁的取材,如:

《卫康叔世家》"欲以怒孙文子报卫献公"条下注:"欲报公之辱己。"页眉有"司马迁删裁左氏文,反冗烦。"

《史记》各篇对于同一事件的记载往往存在差异,对此冈白驹一般都指出各篇记事的不同及其材料依据,并加以简要评论。如:

---

① (汉)司马迁撰,〔日〕泷川资言考证,杨海峥整理《史记会注考证》,第 200 页。
② (清)张文虎撰《舒艺室随笔》,辽宁教育出版社 2003 年,第 87 页。
③ (清)王先慎撰,钟哲点校《韩非子集解》,中华书局 1998 年,第 94 页。

《仲尼弟子列传》"君焉用孔悝请得而杀之"条下注：

"此语与《左传》异。按子路云：'食其食者不辟其难'，是本为救孔悝而来，且子路之于孔悝，君臣也。子路岂应出此语，当以《左传》为正。《卫世家》与《左传》同，《左传》曰：'太子焉用孔悝，虽杀之，必或继之。'又曰：'若燔台半，必舍孔悝，是子路志在救孔悝也。'"

关于这次叛乱事件，《仲尼弟子列传》作："子路为卫大夫孔悝之邑宰……方孔悝作乱，子路在外，闻之而驰往。遇子羔出卫城门，谓子路曰：'出公去矣，而门已闭，子可还矣，毋空受其祸。'子路曰：'食其食者不避其难'。子羔卒去。有使者入城，城门开，子路随而入。造蒉聩，蒉聩与孔悝登台。子路曰：'君焉用孔悝？请得而杀之。'蒉聩弗听。于是子路欲燔台。蒉聩惧，乃下石乞、壶黡攻子路，击断子路之缨。子路曰：'君子死而冠不免。'遂结缨而死。"①

《卫世家》作："伯姬劫悝于厕，强盟之，遂劫以登台。栾宁将饮酒，炙未熟，闻乱，使告仲由（子路）。"②

《左传·哀公十五年》作："迫孔悝于厕，强盟之，遂劫以登台。栾宁将饮酒，炙未熟，闻乱，使告季子（子路）。季子将入，遇子羔将出，曰：'门已闭矣。'季子曰：'吾姑至焉。'子羔曰：'弗反，不践其难。'季子曰：'食焉，不辟其难。'子羔遂出。子路入及门，公孙敢门焉，曰：'无人为也。'季子曰：'是公孙也，求利焉而逃其难，由不然。利其禄必救其患。'有使者出乃入。曰：'大子焉，用孔悝，虽杀之必或继之。'且曰：'大子无勇，若燔台半，必舍孔叔。'大子闻之惧，下石乞、孟黡敌子路。以戈击之断缨。子路曰：'君子死，冠不免。'结缨而死。"③

两篇文字中关键的不同是孔悝在这场叛乱中所起的作用：《仲尼弟子列传》中孔悝是叛乱的领导者，而《卫世家》中孔悝被迫卷入这场叛乱。《索

---

① （汉）司马迁撰，（宋）裴骃集解，（唐）司马贞索隐、张守节正义《史记》，中华书局 2013 年，第 2193—2194 页。

② 同上，第 1600 页。

③ （晋）杜预注，（唐）孔颖达等正义《春秋左传正义》，中华书局 1980 年，第 2175 页。

隐》已经意识到这个问题："按《左传》蒯聩入孔悝家，悝母伯姬劫悝于厕，强与之盟而立蒯聩，非悝本心自作乱也。"①指出按照《左传》记载，孔悝是被动卷入叛乱，泷川资言《史记会注考证》也认为："言杀之者权词，燔台阳示杀之，而阴救之也，史文不晰。"②冈白驹指出《仲尼弟子列传》与《左传》记载不合，并通过具体分析相关语句的意义来证明《仲尼弟子列传》的说法不确。司马迁杂采各家之说入史并有所加工和改动，从而导致各篇记载的不同。关注其差异，分析产生的原因，指出其材料来源，并分析司马迁作《史记》时对他书的改动，对正确理解和把握《史记》内容十分重要。

再如《伍子胥列传》"胜如卵耳"条下注："此喻小弱不济事也。按《左传》子西曰：'胜如卵，余翼而长之'，喻抚育之，如鸟孚卵而至生翼也。《左传》以为本子西召胜，故与此义殊。"

《史记》原文作："（白公）胜自砺剑，人问曰：'何以为？'胜曰：'欲以杀子西。'子西闻之，笑曰：'胜如卵耳，何能为也'。"③对此，三家注并无注释，冈白驹补之"此喻小弱不济事也"。

此事《左传》记载为："胜自厉剑，子期之子平见之，曰：'王孙何自厉也？'曰：'胜以直闻，不告女，庸为直乎？将以杀尔父'。平以告子西，子西曰：'胜如卵，余翼而长之。'"④

杜预注："林言胜如鸟之卵，我如鸟覆翼而长育之。"

《史记》"（子西）笑曰：'胜如卵耳，何能为也'"明显是轻蔑嘲讽的语气；而《左传》"子西曰：'胜如卵，余翼而长之。'"则是宽厚大气的长者气度。冈白驹结合具体语境来分析《史记》、《左传》看似大致相同的记载，由于个别字句的改变而带来的感情色彩的"殊异"，并不论断是非，只是提醒读者注意。

---

① （汉）司马迁撰，（宋）裴骃集解，（唐）司马贞索隐、张守节正义《史记》，中华书局 2013 年，第 2193 页。

② （汉）司马迁撰，〔日〕泷川资言考证，杨海峥整理《史记会注考证》，第 2829 页。

③ （汉）司马迁撰，（宋）裴骃集解，（唐）司马贞索隐、张守节正义《史记》，中华书局 2013 年，第 2182 页。

④ （晋）杜预注，（唐）孔颖达等正义《春秋左传正义》，中华书局 1980 年，第 2178 页。

《史记觿》也有拘泥于原始文献记述,误判《史记》记载有误的情况,如:

《五帝本纪》"舜饬下二女于妫汭"条下注:"'舜'字疑'尧'字误欤?据《尚书》云'厘降二女于妫汭于虞,帝曰钦哉!'是尧敕一女,降于妫汭也。若'舜'字作'尧'字,与《尚书》合,文理亦顺。"

冈白驹的论断看似合理,但司马迁的"饬下"和《尚书》的"厘降"并非同一概念。

《正义》已指出"饬下"言"舜能整齐二女,以义理下二女之心于妫汭,使行妇道于虞氏也"。而《尚书·尧典》"厘降二女于妫汭,嫔于虞"孔安国传云:"降下嫔妇也,舜为匹夫,能以义理下帝女之心于所居妫水之汭,使行妇道于虞氏。"①据此,"饬下"的主语是舜,而"厘降"的主语是尧。冈白驹解读有误。

司马迁在写作《史记》的过程中大量参考了《左传》、《战国策》、《国语》等先秦文献。冈白驹在疏解《史记》时也注意通过上溯司马迁的史料来源,藉以更好的理解《史记》文本的意义,如:

《周本纪》"犯请后可而复之"条下注:"从《战国策》,'甚'当作'愈'解,《索隐》为是。唯'复'字不说破,'复'如复命之'复',言报入鼎之约也。"

《周本纪》原文作:"秦果出兵。(马犯)又谓梁王曰:周王病甚矣,犯请后可而复之。今王使卒之周,诸侯皆生心,后举事且不信。不若令卒为周城,以匿事端。"

《索隐》:"按:《战国策》'甚'作'瘉'。犯请后可而复之者,言王病愈,所图不遂,请得在后有可之时以鼎入梁也。"

《正义》:"复,重也。秦既破华阳军,今又出兵境上,是周国病秦久矣。犯前请卒戍周,诸侯皆心疑梁取周,后可更重请益卒守周乎?"②

---

① (汉)孔安国传,(唐)孔颖达正义《尚书正义》,中华书局 1980 年,第 123 页。

② (汉)司马迁撰,(宋)裴骃集解,(唐)司马贞索隐、张守节正义《史记》,中华书局 2013 年,第 166 页。

《索隐》所引《战国策》文字在今本中已不存①,冈白驹赞同《索隐》依《战国策》解"甚"作"愈",并将"复"当释为"复命",即对入鼎之约有个交待,从文意通顺的角度比《正义》释"复"为"重"准确。泷川资言《史记会注考证》采纳了冈白驹的说法。

对于《史记》中一些难解字词的意义,冈白驹也会通过《左传》、《战国策》等书中的用例加以解说,便于读者理解。如:

《苏秦列传》"韩魏之规"条下注:"规,谋也,谓谋于己也。《战国策》云:齐无天下之规,谓天下无谋齐者也。"

《史记》原文作:"秦之攻韩、魏也,无有名山大川之限,稍蚕食之,傅国都而止。韩、魏不能支秦,必入臣于秦。秦无韩、魏之规,则祸必中于赵矣。"②

关于"规"字,三家注并无解释,冈白驹通过《战国策》中的相似用例,将"规"解释为"谋",意为"谋于己也"。

冈白驹不仅注意将《史记》与《战国策》等书的原文对比,还注意利用《战国策》等书的古注来对三家注进行补充,帮助读者准确把握《史记》意义,如:

《张仪列传》"而齐让又至"条下注:"《战国策》注云:仪尝曰:仪之所甚憎,无大于齐王。则仪亦齐所恶也,而秦任之,故齐以此责秦,此盖齐闻仪有郄武王,乘之以责之。"

《史记》原文作:"秦武王元年,群臣日夜恶张仪未已,而齐让又至。张仪惧诛,乃因谓秦武王曰:'仪有愚计,愿效之'。"③

张仪处境艰难,秦武王不喜欢他,群臣厌恶他,此时"齐让又至"。齐王

---

① 姚宏《题战国策》:"余萃诸本,校定离次之,总四百八十余条。……正文遗逸,如司马贞引'马犯谓周君'、徐广引'韩兵入西周'、李善引'吕不韦言周三十七王'、欧阳询引'苏秦谓元戎以铁为矢'、《史记正义》'竭石九门本有宫室以居'、《春秋后语》'武灵王游大陵梦处女鼓瑟'之类,略可见者如此,今本所无也。"详见《战国策》,上海古籍出版社1985年,第1203页。

② (汉)司马迁撰,(宋)裴骃集解,(唐)司马贞索隐、张守节正义《史记》,中华书局2013年,第2247页。

③ 同上,第2299页。

为何"让"秦？为何称"又至"？三家注没有说明，读者不甚了了，冈白驹通过《战国策》注文中的内容，说明张仪与齐王之间的恩怨，以及由此引发的齐秦两国之间的矛盾。

再如：《苏秦列传》"至公子延"条下注："至，《国策》作'质'，注云：元作'至'，盖子长袭其误也。延，魏公子也，秦既收魏质子而后攻赵也。"

《史记》原文作："兵困于林中，重燕、赵，以胶东委于燕，以济西委于赵。已得讲于魏，至公子延，因犀首属行而攻赵。"①《索隐》已指出："至当为'质'，谓以公子延为质也。"但并未作进一步解释。《战国策·燕策二》载："兵困于林中，重燕、赵，以胶东委于燕，以济西委于赵。已得讲于魏，质公子延，因犀首属行而攻赵。"②与《史记》记载基本相同，当是司马迁的史料依据。

冈白驹根据《战国策》的记载和宋代鲍彪注，为读者解释清楚《史记》此处是沿袭《战国策》古本文字致误。

《史记觿》通过将《史记》文字与先秦史籍文献加以对比，一是探求《史记》文本的准确意义，二是考订《史记》文字的正误。但冈白驹有时混淆了训释文义与校勘文本之间的界限。如：

《樗里子甘茂列传》"不廉闻于世"条下注："《战国策》'不廉'作'苛廉'为是。注云：苛，小节也。"

此处《史记》原文作："夫史举，下蔡之监门也，大不为事君，小不为家室，以苛贱不廉闻于世，甘茂事之顺焉。"③

《战国策·楚策一》则作："夫史举，上蔡之监门也，大不知事君，小不知处室，目苛廉闻于世，甘茂事之顺焉。"④

比较《史记》与《战国策》的记载，可发现司马迁行文中作了改动，"上

---

①　（汉）司马迁撰，（宋）裴骃集解，（唐）司马贞索隐、张守节正义《史记》，中华书局2013年，第2275页。

②　（汉）刘向集录《战国策》，上海古籍出版社1985年，第1082页。

③　（汉）司马迁撰，（宋）裴骃集解，（唐）司马贞索隐、张守节正义《史记》，中华书局2013年，第2317页。

④　（汉）刘向编、高诱注《战国策》，《丛书集成初编》本，商务印书馆1937年，第19页。

蔡"改为"下蔡","处室"改为"家室","苟廉"改为"苟贱不廉"。不应简单判断"不廉"为误字。

日本江户时代中后期兴起的古学派在学术上与朱子学派相对立,主张摒弃宋人解经之说,回归先秦经典本身去理解经典的本义。冈白驹作为古学派学者,对宋人之说多有批驳,但也能客观对待。

如:《五帝本纪》"殛鲧于羽山"条下注:"殛,斥死也。殛说,诸家纷纷。苏轼以为殛非杀之,为远国君也。近是而非本义。《路史》徒论之,不解殛果为何义也。斥死之说得之,斥死者,斥之远恶边裔,不伏其水土,使之至死也。"

此页页眉有:"流、放、窜、殛,轻重之序也,流者,屏之远也,放者,弃之不齿也,窜者,编管也,惟殛为重,斥极恶边裔。《禹本纪》云:殛鲧于羽山以死,可见殛为斥死义也。"

冈白驹所谓《禹本纪》即《夏本纪》。据《夏本纪》:"舜登用,摄行天子之政,巡狩。行视鲧之治水无状,乃殛鲧于羽山以死。"[1]"殛"只是流放之意,虽然在程度上比较严重,但并非直接处死。冈白驹指出苏轼的解释已十分接近"殛"的本意。对《路史》语焉不详的议论也做了批评。

冈白驹《史记觿》也大量引用明代学者的成果,其中引用最多的就是明徐孚远、陈子龙合著的《史记测议》[2]。对《史记评林》中所收各家之说,冈白驹注意甄别和吸收,并据以纠正三家注等旧注的错误。其中又以引用杨慎观点最多,如:

---

① (汉)司马迁撰,(宋)裴骃集解,(唐)司马贞索隐,张守节正义《史记》,中华书局 2013 年,第 64 页。

② 《史记测议》二百三十卷,上海师范大学图书馆藏清三畏堂刊本。该书扉页有《评林》原本"、"陈子龙测议"字样,并于左上方印有广告词:"《评林》原板久失行世,近假名杂淆真本。卧子先生富史学,自任千古,于龙门精神精研积岁,悉遵《评林》,一字不易,间附论识。同郡闇公先生,互相参核,无复遗憾。读者勿以鱼目涸珠,庶不没两先生苦志云。"这造成此书为名人陈子龙编著的错觉,其实,该书正文每卷卷首署名是"华亭徐孚远、陈子龙测议",徐在前而陈在后。不仅该书凡例为徐孚远所撰,书中所增补的简短评语,徐孚远也远比陈子龙多。该书最早刊刻于明万历四年(1576),是在《史记评林》的基础上,删繁裁重,增补徐孚远、陈子龙二人见解评论,加以整理补充而成。

《文帝本纪》"诸侯皆同姓"条下注："杨慎说为是，天子当以贵族为后，宜娶于异姓诸侯，然今诸侯皆汉同姓，而无异姓之可娶，则当以太子母为后。"

《史记》原文作："三月，有司请立皇后。薄太后曰：'诸侯皆同姓，立太子母为皇后'"。

《索隐》："谓帝之子为诸侯王，皆同姓。姓，生也。言皆同母生，故立太子母也。"①

《史记评林》载杨慎曰："文帝八男，景帝与梁孝王同窦后出，代孝王参梁怀王揖诸姬出也，岂得为同姓哉？度其意谓天子当以贵族为后，宜娶于诸侯之异姓者，如周之齐姜。今诸侯皆同姓，无异姓而王者，则立后当以太子母为正。"②

顾炎武与杨慎观点相同："文帝前后死，窦氏妾也，诸侯皆同姓，谓无甥舅之国可娶，《索隐》解非。"③

何焯《义门读书记》对此也有详细的考订："先建太子后立皇后者，时代王王后先卒，窦姬乃以子贵也。立皇后称皇太后命，得著代之意。'立太子母'上，《史记》有'诸侯皆同姓'五字，盖周之天子逆后于妫姜之国，今诸侯皆同姓，则不可拘以旧制，必贵姓也。然自此景立王、武立卫，安于立贱矣，此等皆汉事，与三代始判分处……"④

据此可知《索隐》注释不确。

又如：《魏豹彭越列传》"欲有所会其度"条下注："会，凑合也。度，去声，计度也。欲有所凑合其计度，即所谓云蒸龙变是也。度字，从智略中来，杨慎以'其度'二字属下句，好异耳。"

---

① （汉）司马迁撰，（宋）裴骃集解，（唐）司马贞索隐、张守节正义《史记》，中华书局 2013 年，第 420 页。

② （明）凌稚隆辑校，李光缙增补《史记评林》，天津古籍出版社 1998 年，第 2 册 200 页。

③ （清）顾炎武撰《日知录集释》，《万有文库》本，商务印书馆 1929 年，第 9 册第 20 页。

④ （清）何焯撰《义门读书记》，上海古籍出版社 1992 年，第 191 页。

《史记》原文作:"(彭越)得摄尺寸之柄,其云蒸龙变,欲有所会其度,以故幽囚而不辞云。"①

三家注对此并无注文,《史记评林》载杨慎之说:"此赞曲折意甚奇……又怪'其度'二字不可解,意云度其故亮以此也"②,并将"其度"二字属下句。

明代焦竑《焦氏笔乘·续集》卷五"句读"条对此有较详细的分析:《魏豹彭越传》'其云蒸龙变,欲有所会其度'句绝,言欲遭时行志,与所蕴适相际也,如云此足下度内耳,可证,而用修其度以故为句。"③

泷川资言《史记会注考证》与焦竑观点相同,并引日本学者恩田仲任曰:"按此言彭越得摄尺寸之柄,待天下云蒸龙变之时,欲以其度量投机会耳。"④

冈白驹在疏解文义的基础上参考众家之说指出杨慎断句之误,对学习者有很好的指导作用。

冈白驹常据明代学者的成果纠正三家注的错误,或补充三家注之不足。如:

《曹世家》"祀忽诸"条下注:"柯维骐解得之。言假令公孙强不修其政,叔铎之祀忽然绝矣。此言德之不建,民之无援也。《正义》非。"

《史记》原文作:"及振铎之梦,岂不欲引曹之祀者哉?如公孙强不修厥政,叔铎之祀忽诸。"

《正义》:"至如公孙强不修霸道之政,而伯阳之子立,叔铎犹尚飨祭祀,岂合忽绝之哉。"⑤

《史记评林》载柯维骐之说:"按:《左氏传·文公五年》臧文仲闻六与蓼灭,曰:'皋陶、庭坚不祀忽诸。德之不建,民之无援,哀哉。'太史公之语本

① (汉)司马迁撰,(宋)裴骃集解,(唐)司马贞索隐、张守节正义《史记》,中华书局 2013 年,第 2595 页。

② (明)凌稚隆辑校,李光缙增补《史记评林》,天津古籍出版社 1998 年,第 5 册 729 页。

③ (明)焦竑撰《焦氏笔乘》,《丛书集成初编》本,商务印书馆 1935 年,第 242 页。

④ (汉)司马迁撰,〔日〕泷川资言考证,杨海峥整理《史记会注考证》,第 3372 页。

⑤ (汉)司马迁撰,(宋)裴骃集解,(唐)司马贞索隐、张守节正义《史记》,中华书局 2013 年,第 1574 页。

此。杜预注谓'忽诸'者,忽然而绝也。《正义》乃谓'岂合忽绝之哉',是盖未读《左氏传》也。"①

柯维骐征引文字出自《左传·文公五年》,杜预注:"蓼与六皆皋陶后也,伤二国之君不能建德结援大国,忽然而亡。"②

对《史记》中此句的意义,清人王念孙《读书杂志三·史记第三》也有解释:

念孙案:"如"读为"而",言叔铎非不欲引曹之祀,而无若公孙强之不修国政以致绝祀何也? 五年《左传》臧文仲闻六与蓼灭,曰:"皋陶、庭坚不祀忽诸? 德之不建,民之无援,哀哉!"此云"知德之不建",又云"叔铎之祀忽诸",皆用臧文仲语③。

不过,王念孙的解释也存在问题,王叔岷《史记斠证》卷三十五指出:

王氏读"如"为"而",于"而"下增"无若"二字以足其义,亦嫌迂曲。"如"犹"奈"也,言"叔铎非不欲引曹之祀,奈公孙强之不修国政,以致绝祀何也"。《公羊·昭十二年》传:"如尔所不知何",何休注:"如犹奈也",即"如"、"奈"同义之证④。

尽管各家说法略有差异,但均将《史记》中"叔铎之祀忽诸"一句结合上下文释为"叔铎之祀忽然绝矣",冈白驹的判断正确。

再如《孙子吴起列传》"知而心与左右手背乎?"条下注:"而,汝也。汝知汝心与左右手与背乎?"页眉有:"戚继光云:行军之晓方位难于骤明,即视左右心背,晓然可晓。"

《史记》原文作:"孙子分为二队,以王之宠姬二人各为队长,皆令持戟。令之曰:'汝知而心与左右手背乎?' 妇人曰:'知之。' 孙子曰:'前,则视心。

①　(明)凌稚隆辑校,李光缙增补《史记评林》,天津古籍出版社1998年,第3册879—880页。

②　(晋)杜预注,(唐)孔颖达等正义《春秋左传正义》,中华书局1980年,第1843页。

③　(清)王念孙撰《读书杂志》,中华书局1991年,第100页。

④　王叔岷撰《史记斠证》,中华书局2007年,第3册1399页。

左,视左手。右,视右手。后,即视背'。"①

孙子奉吴王之命训练宫中女子,这是训练之前的一段对话,对话内容并不难理解,三家注也未出注,冈白驹担心日本读者不理解"而"作"汝"讲,特意在注文中加以点明。冈白驹又在页眉中补充戚继光对孙子作法的分析。戚继光是明代著名将领,对于训练和统帅士兵的诸多经验和心得尤为可靠,冈白驹在这里征引他的说法来解说孙子此举的用意再合适不过。

冈白驹对旧注的判断也有失误之处。如:

《田叔列传》"仁发兵云云上变仁"条下注:"董份曰:既云下吏诛死,又云发兵,恐有误。愚按:初仁为太子发兵,车千秋后得此事,上变事也。孚远云:既诛仁矣,又以上变事致族诛,是也。"

《史记》原文作:"时左丞相自将兵,令司直田仁主闭守城门,坐纵太子,下吏诛死。仁发兵,长陵令车千秋上变仁,仁族死。"②

巫蛊之祸中,卫太子起兵杀掉陷害他的江充,汉武帝得知后派遣左丞相将兵讨伐太子,同时令时任丞相司直的田仁关闭城门以防止太子趁乱逃走,田仁同情太子放走了他,汉武帝一怒之下下令"诛死"田仁。然而,其后却又有"仁发兵",既已被杀,田仁又怎能"发兵"?董份以为其中"恐有误"。

金人王若虚《滹南遗老集》已对此有疑问:"《田仁传》……始但言坐太子事,而复言坐纵太子诛死,又言因千秋上变族死,语意重叠昏晦甚矣,迁之叙事此类尤多。"③

顾炎武《日知录》卷二十六以为"此亦古人附注备考之文。古人著书,有疑则阙之以待考,如《越绝书》记吴地传曰'湖,王湖当问之','丹湖当问之'是也。"④

赵翼《廿二史札记》卷一"史记自相岐互处"条认为这段文字"文既繁复,且不可解"①。

梁玉绳也认为:"句颇不类,当是注也。"②

冈白驹不赞同董份等认为此处有讹误的观点,而是赞同徐孚远之说,认为田仁"发兵"是在其被"诛死"之前,汉武帝得知此事后将田氏灭族。徐孚远之说是只是一种猜想,并没有史料依据,不能据此否认其他各家的之说。

第二节　重野葆光《史记节解》

重野葆光(1804—1857),字子润,号栎轩,摄津东成郡人,江户中期著名汉学家。师承片山兼山③,后在家乡开办私塾教授生徒。西岛醇《儒林源流》将其归入古注学派中。著作有《韩非子笺》、《周书标考》、《战国策考》、《庄子笺》、《列子解》、《老子解》、《史记节解》、《史记考》等④。池田芦洲对其《史记节解》评价很高,认为其成就可以和中井履轩《史记雕题》并列,在《史记补注》中引此书二百余条。

《史记节解》,写本,日本九州大学和文教大学池田文库有藏,但均有残缺。九州大学藏为八卷本,四册,缺《酷吏列传》至《太史公自序》七篇;池田文库所藏为七卷本,三册,缺《郑世家》至《三王世家》及《张释之冯唐列传》至《儒林列传》共三十九篇。池田文库藏本有池田芦洲的朱笔批注和对错误

---

① (清)赵翼撰《廿二史札记》,《丛书集成初编》本,商务印书馆1937年,第13—14页。

② 〔清〕梁玉绳撰《史记志疑》,中华书局1985年,第1365页。

③ 片山兼山(1730—1782):名世璠,字叔瑟,号兼山,通称东造,片山氏。上野人。十七岁起师从服部南郭的门人鹈士宁,深得蘐园学派精髓。后潜心研究考证之学,博览汉宋诸家著作,折衷众家之说,成为日本折衷学派的创始人。片山兼山以研究先秦儒家经典为主,旁及诸子,常能成一家之言。有《古文互证》二十四卷,按韵编排,对先秦两汉的古书深入研究,互相对照,比较异同。

④ 〔日〕小川贯通编《汉学者传记及著述集览》,日本名著刊行会昭和五十二年(1977)刊行,第247—248页。

的订正。

《史记节解》的体例为不录《史记》全文，按《史记》篇章顺序摘录重点字句进行注释和评论。主要参考"三家注"及王鏊、柯维骐、归有光、董份、陈霆、杨慎、余有丁、凌稚隆、赵恒、李光缙等明代学者的评点成果。其中对陈明卿的《史记考》引用最多。书中引用其师片山兼山的说法共八处，冠之以"山子曰"或"山子考"。

《史记节解》以和刻《史记评林》为底本，以"一本"，"俗本"，"坊本"等标注各版本的文字异同。其校勘有些是直接抄录前代学者的成果。如《张耳传》"长城之域"下注："域，当作'役'，音之误也。宋本作'役'。《汉书》同。"同样的校记在陈明卿的《史记考》中也有。

在指出《史记》各本文字异同的同时，《史记节解》注重对《史记》字词的训释，对文句的疏解和对句法的分析，并对司马迁的著史思想、编纂意图等进行阐发。如《五帝本纪》篇题下注：

> 按：帝皇之世，悠远荒昧。自周秦之际传者论议不一。如存如亡，孰得定知其是否焉？加之以图纬之记，怪迁之篇，其妄诞不经，愈滋乱其真，抑亦不愍矣。汉儒辈亦随而传倡，而后虚伪诬妄之语牢而不解，遂令后生失其真，愈久而愈湒。唐宋以至明氏，而记述稍多。然要其归趣，一得一失，是非相轧，竟无能断然取决者，何则？生数千载之下，而谈数千岁之上，虽究神悉虑，而不可得其详，势之所不能也。况乃古记之纷淆，有彼此抵牾，冰炭相反者乎？欲总而辩之，固不可得，假虽得之，亦未免妄谈臆像，梦语幻想者耳。夫孔子讨论先（生）[王]之文，断诸唐虞三王之隆，而不及尚世鸿冥之世，可见圣人慎传事业。《太史公书》讬始于五帝，而不论三皇以上，其识亦卓矣。况乃黄帝氏者，诸帝之所由出，取之于帝系之记，亦于古书中最可因证者乎？如后人诸作，或依孔安国，或主秦博士，其他颇众。要皆臆说，虽辩无益焉。凡此等事，《戴记》、《家语》、《帝系》诸记，各循本篇所述而通之。不采此害彼者，可谓能裁焉耳。

《五帝本纪》作为《史记》全书之首,有发凡起例的作用。司马迁在《五帝本纪》的"太史公曰"中明确提到:"《书》缺有间矣,其轶乃时时见于他说。非好学深思,心知其意,固难为浅见寡闻道也。余并论次,择其言尤雅者,故著为本纪书首。"

"择其言尤雅者"是司马迁在《史记》取材中始终贯穿的原则,其含义有两个方面:一是文献记载要经得起实地调查的考核,二是对重大历史事件,要征引多种史料进行排比、考核,然后谨慎地取舍、综合。《五帝本纪》就是贯穿这一原则的典型例证。

司马迁作《史记》多阅广载,在选材时也有自己的标准。如《伯夷列传》中讲:"夫学者载籍极博,犹考信于六艺。"以孔子的言论作为褒贬人物的重要标准,以六艺经传为重要的史料来源。"厥协六经异传,整齐百家杂语"可以说是司马迁取材原则的概括。司马迁敢于突破经典的束缚,立一己之见。对原始材料进行改造加工,融会贯通形成《史记》独有的叙事风格,这是司马迁的一大创造,也是《史记》的突出成就之一。

重野葆光从上古史料缺乏且传说纷杂难辨真伪的情况谈起,认为司马迁《史记》不记三皇而以《五帝本纪》为开端恰恰是其见识卓越和取材谨慎的体现,《五帝本纪》裁断和处理史料的标准和方法对后人著史取材很有启发。重野葆光对后代人著史中往往不加辨别地收录妄谈臆说的现象作了批评。其对《史记》取材的评论已不局限于《史记》本身,而是推广到史书写作的层面。

《五帝本纪》"能明驯德"句下注:"按:凡《史记》采用诸书,不必与见传本文同,以其传受自别也。不必取彼改作可矣。"

"阿衡欲于汤至或曰伊尹云云"句下注:"太史公善传事。如此一节,并举古说异同,令看者去就焉,不必自作是否之解说。卓哉!"

重野葆光盛赞司马迁并存各家之说不作按断,留待读者自作裁断的远见卓识。他认为因司马迁当时所见古书版本与今本不同,所以《史记》中所引与今本诸书存在文字差异。后人不能据《史记》而擅改传世古书。

《三代世表》篇题下注:"按:《世表》特记帝王系统之由,姓氏之所分派耳。如其世数违错,年纪乖谬,所不得而详,虽太史公无奈之何,故疏略如此。明柯氏维骐讥其不伦,酷哉!"

《史记评林》在《三代世表》篇题下引柯维骐大段考证文字,认为司马迁《三代世表》是据《帝系》以序三代之世,在世系上有很多错乱之处,不足为据。

远古社会的记载很少,各种传说也相互矛盾且无法考证,司马迁游历各地遍访长老,在实地考察的基础上对前代传说记载择善而从,《大戴礼记》所收《五帝德》、《帝系姓》两篇,司马迁认为是孔子所传,故作为撰写《五帝本纪》及《三代世表》的材料依据,并与《左传》、《国语》等书中的记载相印证,将其中不可信的部分删而去之。

东汉王充就曾对《史记》有关上古的记载有所质疑,他认为司马迁在《三代世表》中"言五帝三王皆黄帝子孙,自黄帝转相生,不更禀气于天"。而在《殷本纪》、《周本纪》中则叙述契为其母吞玄鸟之卵而生,后稷为其母履大人之迹而生,不仅互相矛盾,而且广采异闻,是"违尊贵之节,误是非之言"①。

司马迁在《三代世表》序中已明确表达了慎重选择文献,疑则传疑的观点:"太史公曰:五帝、三代之记,尚矣。自殷以前诸侯不可得而谱,周以来乃颇可著。孔子因史文次春秋,纪元年,正时日月,盖其详哉。至于序尚书则略,无年月;或颇有,然多阙,不可录。故疑则传疑,盖其慎也。"但由于文献的不足使《史记》记载仍存在错乱之处,这是在所难免的,不应过分苛责。与前代学者过多的责难和质疑相比,重野葆光的观点很通达。

自《汉书·艺文志》提出《史记》"十篇有录无书"之后,对《史记》的残缺和增补历代研究者众多且众说纷纭。对此重野葆光也有系统的评论。

如《孝景本纪》篇题下注:"按:凌以栋云此纪元成间褚先生取班书补之。今考班书成东汉,岂褚氏得取之乎哉?观《史记》中褚所补者,皆与班书同异

---

① 黄晖《论衡校释》卷二十九,《新编诸子集成》第一辑,中华书局 1990 年,第 1169 页。

相半，或有班书所无，褚记即有之。盖有别所见。备之异闻，存而取之可矣。"

重野葆光所引凌以栋之说来自《史记评林》的《孝景本纪》首页上栏按语："按卫宏《汉书旧仪注》云太史公作《景帝本纪》极言其短及武帝过，武帝怒而削去。后坐举李陵，陵降匈奴，故下太史公蚕室，有怨言，下狱死。此纪乃元、成间褚先生取班书补之，非太史公本书也。"

褚少孙是西汉元、成之际人，班固《汉书》成于东汉章帝建初年间，褚少孙不可能采《汉书》以补《史记》之残缺。凌以栋的观点实际上是对司马贞《史记索隐·太史公自序》中提到"《景纪》取班书补之"的继承和发挥。但这一明显的错误长期以来被学者们忽略。

《孝景本纪》"晦雷"句下注："按：此纪比《孝文本纪》繁简异体。特举大纲，至若诏令行事，缺而不录。今考太史志本纪详高、文，略于景帝，于武帝则录而不书。是虽日不暇给，亦微意所在，而后人曰极诋《景》、《武》二纪，而《武》削去者，非也。如武帝篇，盖求访不得，本自所无，故以《封禅书》充之。

《孝武本纪》篇题下注："是篇《自序》传有序赞，而所以无本文者，太史本不有此篇也。太史公褒讥汉帝者，时时于他书、表、列传间发之，是记者之慎也。夫孔子作《春秋》，文微于定哀者，是实述作之法。太史公则之，岂作武纪而放恣极诋之乎？是不解事者之言耳。故曰《史记》本无《武帝纪》，纵令有之，其讥刺不必如后人所言也。班固传《太史公》十篇有录无书，其后或出或不出，故与今书不同篇数，或疑十篇不知为何篇，卫宏'武帝削之'之说出，后人和应，不知反之，何哉？是纪全取《封禅书》，说出本篇，此不录。又按：褚氏记武帝篇，不得全集其事编年，是不必才之劣，盖访求不复得其事故耳。"

自东汉卫宏提出《史记》为"谤书"的观点后，学者大多认为《孝景本纪》、《孝武本纪》因有太多刺讥之辞而被删削，现存篇章为后人补作。重野葆光则认为《孝景本纪》是出自司马迁之手而不是后人所补。《孝景本纪》一篇略写，正是要与《孝文本纪》详写相对比以蕴含褒贬。重野葆光认为《孝武本纪》原本就只有篇题而没有正文，正是司马迁学习孔子作《春秋》蕴含微言大义的所在。司马迁对记载武帝一朝的史事非常慎重,故不作《武帝本纪》,而是在相关的书、表、列传中表达对其行事的刺讥和褒贬。今传《孝武本纪》是后人抄录《封禅书》的内容而成,武帝因《孝武本纪》极言其短怒而削之是后人的主观猜测。

又如《礼书》篇名下注:"按:《礼》、《乐》、《律》、《历》四篇,说者以为失亡已久,此篇出褚氏。今按:首叙是太史笔,观其文字简俊,意脉流通,决非褚生所能及也。是本短篇,与《天官》、《封禅》篇详略异方,后人不察,欲必长文详悉其事者,彼不知凫鹤长短胫,皆自便者而已。"

《礼书》"太史公曰"下注:"是褚氏妄加入三字,以下亦《荀子》之文。茅坤评可谓腐谈。"

对于《礼书》是否为司马迁所作历代学者多有争论。重野葆光认为《礼书》序是出自司马迁之手,后半部分为后人取《荀子》妄补。茅坤认为《礼书》"太史公曰"以下内容"简古"①,而这部分内容恰是后人辑录《荀子》相关篇章补入的,不能代表司马迁的风格,所以重野葆光认为"茅坤评可谓腐谈"。泷川资言《史记会注考证》亦认为"'礼由人起'以下,后人妄增,但未可必定为褚少孙。"②

重野葆光认为《乐书》与《礼书》相同,亦是后人在司马迁原文基础上,以《礼记·乐记》补入而成③。其在《乐书》篇名下有注:"按:此篇与《礼书》同,

---

① 茅坤《史记钞》卷九:"太史公于礼乐之旨原不十分见透,故述荀卿论礼之言而作《礼书》,述《乐记》之言而作《乐书》,其所发明处多揣摩影响而成文,然其深者亦微眇矣。……'礼由人起'以下采荀卿之言而成文,于汉朝礼仪不相及矣。……'太史公'以下,文多类子书中来,而太史公所自为文往往跌宕遒逸,而此独简古,岂太史公之才本变幻百出,采荀卿言为《礼书》辄摹画之耶!"(汉)司马迁撰,(明)茅坤编纂,王晓红整理《史记钞》,商务印书馆2016年,第68—70页。

② (汉)司马迁撰,〔日〕泷川资言考证,杨海峥整理《史记会注考证》,第1315页。

③ 清张照亦持此说:"按《乐书》谓褚先生补者,亦出张守节《正义》。今考'太史公曰'以下叙《虞书》以至秦二世,见古乐之失传;自'高祖过沛'至'天马来',志汉乐之梗概;后载汲黯正直之言,公孙诡谀之语以结之,以明汉乐之所以不兴。当马迁之时,所应作《乐书》,如是止矣。然则《乐书》未尝不竟也,后人复以《乐记》全文写入公孙弘语之下,又取晋平公事不经之谈以附益之,而马迁之义始晦矣。"(汉)司马迁撰,泷川资言考证,杨海峥整理《史记会注考证》,第1340页。

简短意具结。终以汲黯、公孙之议,讥刺微存于言表。善读沈玩,自知篇内寓意所在焉。犹若《平准书》末曰'烹弘羊天乃雨'之意。"

重野葆光对前代学者观点仔细考辨,结合司马迁的著史思想及语言风格,对《史记》"有录无书"的各篇进行具体分析,其观点明确且有自己的独特视角。

重野葆光对《史记》五体体例及《史记》篇章排列顺序等也有总结和归纳。如:释"世家"为:"世言子孙相嗣绩也。家言其统系所域也。传曰'家以传子'是也。";释"列传"为:"山子曰:列犹列侯之列,以众言。"在《酷吏列传》篇名下注:"《循吏列传》不载汉人,而次之以《汲郑》,《酷吏传》特列汉人,不及三代,太史公微意可见矣。"

《史记节解》对"三家注"及前代各家注解多有纠谬,在没有充足的材料依据的情况下对旧注择善而从,不强为之解。如:

《鲁周公世家》"不义惟王"条下注:"未详其说,姑从马融解。"

"洙泗之间断断"条下注:"'断断'未详,杨升庵说依徐氏,义优于小司马。"

《刺客列传》"专诸曰王僚可杀"至"无如我何"条下注:"此文与《左氏》不同,《索隐》所解是也。然信此文,遂排服、杜注《左氏》说,非也。按《左氏》文可知。"

《史记》原文作"专诸曰:'王僚可杀也。母老子弱,而两弟将兵伐楚,楚绝其后。方今吴外困于楚,而内空无骨鲠之臣,是无如我何。'公子光顿首曰:'光之身,子之身也。'"是专诸在强调王僚无人相助,可借此时机刺杀。

《左传·昭公二十七年》作:"专诸曰:'王可弑也。母老子弱,是无若我何。'光曰:'我,尔身也。'"是讲专诸在准备刺杀王僚之前将老母弱子托付给公子光①。

重野葆光在肯定《索隐》疏解《史记》文义准确的同时,指出服虔、杜预针

---

① 参见(清)洪亮吉撰《春秋左传诂》,中华书局1987年,第24页。

对《左传》原文的注释也是正确的。不能以《史记》记述作为判断旧注是非的标准。中井积德将这一观点讲得更清楚①。

《太史公自序》"太史公"条下注："《索隐》及师古说可从，《百官表》及《志》可考。"对"太史公"的含义，众说纷纭。重野葆光不罗列众说，而是简明扼要地明确取舍，择善而从。

"遭李陵之祸"条下注："语婉而有意。《汉书》传可考，董评所言可从。"对李陵之祸，司马迁在《太史公自序》中以"遭李陵之祸"一句带过，而在《报任安书》中详细叙述了事件的过程及自己的苦衷。重野葆光指出此处司马迁所蕴含的深意，并提示可参考《汉书·司马迁传》以更好地理解司马迁的经历和思想。

《史记节解》在注重分析《史记》体例、取材及著史思想等方面的同时，对难解字词及文句也多有注释和疏解。如：

《齐太公世家》"庸职"条下注："《索隐》依《左氏》'庸'作'阎'，因云'庸非姓，谓受雇织之妻。史意不同，字亦异耳。'可谓拘强矣。'庸'、'阎'皆姓，太史公采异传，故不得凡夏必同之《左传》、《国语》诸书，诸强合之解，皆非也。"

《齐太公世家》："庸职之妻好，公内之宫，使庸职骖乘。"《左传·文公十八年》、《国语·楚语下》"庸职"均作"阎职"，《索隐》认为"阎"为姓，"职"为名，《史记》改"阎"为"庸"是取其受雇佣之意。重野葆光则认为"庸"、"阎"皆姓，古书记载不同，司马迁广采众家之说，《索隐》以《左传》、《国语》作为标准对《史记》强为之解的做法是错误的。其对《史记》取材的认识及对旧注错误的纠正非常有价值的。清钱大昕明确指出"庸、阎声相近"是音近通假②。

---

① 中井积德曰："太史公谬解《左传》耳。杜注非，谬在《史记》。如《索隐》解可也。但'光之身，子之身也'之语，无所应也已。"(汉)司马迁撰，泷川资言考证，杨海峥整理《史记会注考证》，第3273页。

② (清)钱大昕撰，方诗铭、周殿杰点校《廿二史考异》卷四，上海古籍出版社2004年，第47页。

《刺客列传》"幾是乎"条下注:"'幾'、'岂'古通用。"

《集解》、《索隐》及王念孙《读书杂志》均注明"幾"、"岂"二字古声同通用,并举他书为证。重野葆光只简单注明二字古通用,是考虑到日本学者的需要,简明扼要,通俗易懂。

又,《十二诸侯年表》"为成学治古文者要删焉"句下注:"按:此句措辞颇艰。今考'为成'犹言'作为'也;学治古文者,汎指当世学者;要删,取要删定也。此言太史著此篇,盖欲为学者作为要略删定焉,亦删诗叙书之意耳。"

对"为成学治古文者要删焉"一句,前代学者多有注释,重点集中在辨析"古文"及"要删"之义。如:

《索隐》:"为成学治古文者要删焉,言表见《春秋》、《国语》,本为成学之人欲览其要,故删为此篇焉。"

汤谐《史记半解·十二诸侯年表》:"'要删'二字,乃一部《史记》缵绍《春秋》大指,故诸表无赞,而于此特加'太史公曰'四字以发之。"①

王国维《观堂集林》卷七《史记所谓古文说》:"太史公作《十二诸侯年表》,实为《春秋》、《国语》作目录,故云'为成学治古文者要删'。"②

陈懋德《史学方法大纲》:"《史记十二诸侯年表序》称孔子作《春秋》'约其文词,去其繁重,以制义法',在此处提出'义法'二字,此当言史法者之祖。"③

日本学者中井积德也简明注释:"要删,谓删烦取要也。"④

结合《史记》上下文分析,前代学者将此处"古文"理解为《春秋》、《国语》等司马迁据以完成此表的先秦文献典籍是较准确的。重野葆光对此句的断句及理解与前代学者完全不同。将"为成"理解为"作为",将"学治古

①　转引自张大可、安平秋、俞樟华主编《史记研究集成》第六卷,华文出版社2005年,第316页。

②　王国维撰,彭林整理《观堂集林》,河北教育出版社2001年,第153页。

③　陈懋德《史学方法大纲》,《民国丛书》第三编,上海书店影印独立出版社1945年,第11页。

④　(汉)司马迁撰,〔日〕泷川资言考证,杨海峥整理《史记会注考证》,上海古籍出版社2015,第719页。

文者"理解为泛指当世学者,虽不很恰当,但反映了日本学者对汉语的语感及理解方式,可供参考。

《史记节解》对《史记》断句也很重视,对前代学者断句意见多有辨析。如:

《燕召公世家》"禹荐益己而以启人为吏"条下注:"'己'属下读,凌评可从。"

《屈原贾生列传》"死而不容自疏"条下注:"'自疏'或连下句读,非是。"

《史记节解》多抄录《大戴礼记》、《战国策》、《孟子》、《墨子》、《庄子》等书中的文字与《史记》相比对,并注意比较《史记》各篇中对同一件事记载的异同。对各本文字异同如没有确凿依据则仅列异同,而不论定是非。如:

《鲁周公世家》"以礼历阶"条下注:"'历阶'衍文,因《孔子世家》文相涉而误。"

《燕召公世家》"悼公曰:隐太子有。隐太子有者,灵侯之太子"条下注:"俗本无'隐太子有'四字。非是。"

《刺客列传》"歌曰"条下注:"汲古本'歌'上有'为'字。"

重野葆光注意利用《汉书》来校正《史记》文字。如《宋微子世家》"居边"条下注:"'居'当作'举',音之误也。《汉》传作'举'。"

此处《史记》原文作:"匈奴素闻郅都节,居边,为引兵去,竟郅都死不近雁门。"《汉书》将"居边"改为"举边",意义虽有所不同,但两者文义皆通。中井积德亦认为"居,班史作'举'似长,此恐误写"。

受到《史记评林》的影响,《史记节解》对《史记》的文法句法多有点评和分析。如:

《晋世家》"献公怒二子不辞而去果有谋矣"条下注:"'怒'下带'曰'字看,管下十字。"

《齐太公世家》"堂堂谁有此乎"条下注:"言齐之盛大也。然语简短,颇难读。"

《吕不韦列传》"不以此时早自结于诸子贤孝者举立以为嫡而子之"条

下注:"一'不'字管二十一字,长句法。按:此'不'字犹'盖'也,宜带'何'字看之,或'不'上当补'何'字。《索隐》分句读,大失太史公措舜之体,非甚矣。"

以上几条在疏解文意的同时,评点《史记》的语言风格,指点读者把握《史记》文章精髓。

《屈原贾生列传》"令尹子兰闻之大怒"条下注:"按:前文无屈原之语,令尹怒由有所闻,文势突出,似如有错误。今按:此传全篇议论叙事相间成文,不与诸传同。今推之:自发首至'王怒疏屈平'一段,评论作《骚》之旨意;自屈平既绌至入秦而不反一段,叙平虽疏绌而不忘其主之事。……故读此传,当以叙事比叙事,以论议比论议,分别看过,犹经传相错见之义也。"

《屈原贾生列传》夹叙夹议的文章风格与《史记》其他篇章不同,重野葆光具体分析此传的写法,并提示读者阅读此传的方法。

第三节　皆川愿《迁史尮柁》

皆川愿(1735—1807),字伯恭,号淇园,别号筼斋,笫斋,有斐斋,吞海子。通称文藏,私谥弘道先生。京都人。

皆川愿自幼聪颖过人,涉猎经史百家之书,擅长汉诗文写作。自幼注意收集古人用字之例,成年后潜心研究文字及音韵,认为字义通则文理明,文理明则篇章大意主旨了然于心。主张通过对文字的疏解来探求经典的本义,对汉语的虚词多有探究。在京都开办弘道馆讲古学,学生有三千余人,在当时很有影响。其注释汉籍的著作主要有:《医案类语》五卷,《虚字详解》十一卷,《仪礼绎解》八卷,《庄子绎解》,《周易绎解》十卷,《诗经绎解》十五卷,《书经绎解》六卷,《大学绎解》一卷,《中庸绎解》一卷,《孟子绎解》十四卷,《老子绎解》二卷,《列子绎解》,《论语绎解》十卷。《左传助字法》三卷,《诗经助字法》二卷等。其中与《史记》相关的著作有《迁史尮柁》三卷,《史记淇园评注》一卷,《太史公助字法》二卷①。

皆川愿对《史记》极为推崇,认为两汉著作中只有司马迁《史记》称得上是绝代妙文,潜心研读《史记》,则必得为文之道。皆川愿少时嗜读金圣叹批《水浒传》,对金圣叹的评语爱不释手。其年少时,中国明朝以李攀龙、王世贞为代表的古文辞派在日本有很大影响,皆川愿亦学习和模仿其文体写作汉文。成年后,转而认为韩愈、柳宗元的文风才是醇厚近古,他认为精通小学,多读古书,则古书之法自在其中,后世所讲的"文法",只是皮毛之见,不足采纳。在宋代文人中他最推崇欧阳修、苏轼二家,并重新校订刊刻了《欧阳修集》。

《迁史庋栌》全书分为上中下三卷,体例为不录《史记》原文,只是摘抄《史记》各篇中的重点字句,在相关句下以双行小注的形式进行注释和疏解。注解内容多为疏通句意段意,分析文章风格及写法特色,侧重对《史记》文学特色的评论,对字词音义的训释较少。前两卷为列传,后一卷为本纪、世家、书、表。十表中只收了《三代世表》、《六国年表》、《高祖功臣年表》,每篇只有一条注释。对本纪和世家的注释也十分简略,对八书的疏解较为详细。对列传则是按《史记》篇章顺序逐篇详细注解。

皆川愿对《史记》的点评可明显看出其深受明清学者文学评点风格的影响。经常可见"暗伏"、"伏线"、"作地"、"此二字眼目"、"张本"之类的字眼。其评点手法也日益成熟,主要表现为能抓住文本的关键,从字里行间发现问题,以小见大,从最基本的字词入手,挖掘作品的深意。使用对比的手法。在评点时比较《史记》不同篇章写法的不同,并与其他典籍的记载相比较,引导读者从更开阔的角度来理解和欣赏《史记》。多用设问句和反问句,看似是疑问,实则观点鲜明,启发读者思考。评点语言生动活泼,简明精炼,具有感染力。评点内容丰富,不仅评人物,评史事,而且重在评论文章风格、语言艺术、人物描写、叙事手法等文学方面的特色及成就。

---

① 〔日〕小川贯道编《汉学者传记及著述集览》,日本名著刊行会昭和四十五年（1970）刊,第490页。

皆川愿在《伯夷列传》篇题下有注："按:《太史公自序》云:'孔子修旧起废',又云:'悉论先人所次旧闻,不敢阙'。据此马迁之作《史记》,主意专在以传天下之旧闻,则其书必先始于列传,而本纪、世家成于后者可知也。而列传之始自此伯夷,是以其文以论起端,其体裁竟似书序也耳。又按此传叙伯夷行事者,专亦为欲传其轶诗而作之者。其行事履历亦因以带叙者。世多不知马迁此主意,而怪其与他传体不同者,要之亦不深考之其文故尔。"

明代学者已认识到司马迁《史记》写人做到了人、情、文的统一。陈仁锡在评《伯夷列传》时反复强调"颇似论,不似传,是太史公极得意之文,亦极变体之文"。对司马迁将《伯夷列传》作为七十列传之首的用意,清代学者已有明确的总结,如何焯《义门读书记·史记》认为:"(《伯夷列传》)此七十列传之凡例也。本纪、世家,事迹显著,若列传则无所不录。然大旨有二:一曰征信,不经圣人表章,虽遗冢可疑,而无征不信,如由、光是矣;一曰阐幽,积行洁行,虽穷饿岩穴,困顿生前,而名施后世者,如伯夷、颜渊是已。"[1]至章学诚《丙辰劄记》更是明确指出:"太史《伯夷传》,盖为七十列传作叙例。"[2]

可见,《伯夷列传》一篇为七十列传发凡起例,是学者的共识。而皆川愿则认为司马迁作《史记》目的是"以传天下之旧闻",《史记》全书始于列传,《伯夷列传》作为《史记》全书之首,起到"书序"的作用,故其体例与其他篇章不同,以论代叙,阐明全书宗旨。《史记》全书始于列传的论法是皆川愿的首创。

在"其上盖有许由冢云"条下注:"举其有冢以实其人,即亦说者之所称似不必皆妄也。"

皆川愿认为司马迁记伯夷冢的目的是要证明伯夷其人的存在,以证前代关于伯夷的传说和记述不虚,对司马迁行文深意已有明确认识。池田芦洲《史记补注》"既有冢,则似实有其人。然六艺所不载,未可遽信,故言'盖',言'云',语有斟酌。'孔子见老子云',亦同"的阐释正是在皆川愿批

注基础上的进一步深入①。

对前代学者关注且存在争议的字句皆川愿也作进一步注释。如《伯夷列传》"肝人之肉"条下注："按:《礼》腥肉细切为脍,片切为轩,此'肝'字盖'轩'字之讹也。"

《索隐》:刘氏云:"谓取人肉为生肝",非也。按:《庄子》云:"跖方休卒太山之阳,脍人肝而铺之。"

后代学者或从刘伯庄之说,或从司马贞《索隐》之说,或另为新解,众说纷纭。日本学者也各抒己见。如重野葆光、泷川资言同意司马贞《索隐》的观点,认为"肝"当作"脍"。中井积德则存疑,认为"'肝人之肉'句不可晓,盖字讹也"。池田芦洲《史记补注》认为"是乃古人倒字法,犹云'肉人之肝'。谓以人肝当肉吃耳"。

皆川愿以"肝"字盖"轩"字之讹,虽未做详细阐释,但可备一说。

《管晏列传》篇题下注："按:管仲事仇而以兴之霸业者,自孔门诸贤已疑之,而太史公则知管仲之人物卓越固非寻常之可程也。当书其传专欲明其义。是以其起笔叙事皆以其概略书之,而结之以管仲言鲍叔知己之一语,然后管仲生平之心迹皆得明显,而管仲事仇之事亦以得当无疑焉。此太史公为管仲欧心尽力之处。"

管仲在齐国变法图强,佐齐桓公"九合诸侯",其对周王室的卫护功不可没。然而孔门师生对其不报齐桓公杀公子纠之仇,反而助齐桓公成就霸业这段经历褒贬不一。孔子与子路、子贡等对管仲的评价是对立的,对立的焦点在于管仲是仁还是非仁。到孟子更对管仲止于助桓公称霸,而不能助其"王天下"颇有微词,认为其"功烈如彼其卑"。

皆川愿认为司马迁作此传的目的就是要表达对管仲的赞赏肯定,消除世人对管仲的误解。《管晏列传》不详叙管仲平生言行,通过记叙其与鲍叔患难相知之谊,联想到自己遭刑不能自赎之际,交游莫救的境遇,对管仲的

---

① 〔日〕池田芦洲《史记补注》(下),日本明德出版社昭和五十年(1975),第4页。

敬佩之情油然而生。此篇与《伯夷列传》一样，都堪称为传之变体。寄托了司马迁的深情。正如李晚芳所言"寥寥轶事，遂令两人全身，活见于尺幅间，虽不详其平生言行，而平生言行无不毕见，是变仍不失其正者也"①。所以本篇对管仲的事迹都只概括述之，而独详记鲍叔知管仲之贤，以此展示管仲的生平心迹，为管仲张本。此篇是司马迁为颂扬管仲之卓越，表明其心迹的呕心沥血之作。

司马迁在《管晏列传》的"太史公曰"中也明确说明了自己作此传选材的标准和原因："吾读管氏《牧民》、《山高》、《乘马》、《轻重》、《九府》，及《晏子春秋》，详哉其言之也。既见其著书，欲观其行事，故次其传。至其书，世多有之，是以不论，论其轶事。"《史记》以五十二万余言记三千年史事，必须字字精炼，要言不烦。因管仲、晏婴的著述已在世上广泛流传，其政治主张也为人多熟知，故只在传中记载其轶事。这也体现了司马迁裁剪和选择史料的原则。皆川愿的评点综合分析了司马迁著史思想及写作手法，帮助读者从史学和文学两个方面去理解和学习《史记》。

皆川愿要重新刊刻适合当时日本汉学塾生徒研读《史记》的读本，故以当时通行的和刻本《史记评林》为底本，在评点疏解《史记》的同时，将他认为错误、重复或不必要的旧注删掉，要为《史记》学习者提供一个全新的《史记》评点本。如：

《管晏列传》"志念深矣常有以自下者"条下注："此十字加佳点。"

"贵轻重"条下注："轻者譬如曹沫屈者是也，立信天下是重也。管仲善知是轻重权衡，故能因祸而为福，转败而为功。○此注《索隐》云云十四字删。"

此处皆川愿指出当删的《索隐》是指"轻重，谓钱也。《管子》有《轻重篇》"一句。

《商君列传》"令民为什伍而相收连坐"条下注："其什伍中为之长者得

---

① （清）李晚芳撰，凌朝栋、赵前明整理《读史管见》，商务印书馆2016年，第98页。

相收司其众,而什伍皆有罪则与之连坐也。〇此注"收司谓相纠发也"七字删。"

"此注"是指《索隐》:"牧司,谓相纠发也。一家有罪,而九家连举。发若不纠举,则十家连坐。恐变令不行,故设重禁。"

《索隐》单刻本"收司"作"牧司"。泷川资言《史记会注考证》及中华书局点校本《史记》均从《索隐》本作"牧司"。王引之引《方言》"监牧,察也"。及郑玄《周礼》注"司犹察也,凡相禁察谓之牧司"。来证明此处"收"当作"牧"①。《史记·酷吏列传》中也有"置伯格长以牧司奸盗贼"的用法。

皆川愿所据《史记评林》本《索隐》作"收司",他将"收司"理解为收容管理之意,并据此断定《索隐》有误当删。中井积德以《史记评林》为底本作《史记雕题》,亦认为《索隐》有误:"收司连坐,亦变令中之一条矣,非为令不行而为之。《索隐》谬。"

《张仪列传》"缮兵不伤众"条下注:"缮,缮兵甲也。〇此注皆删。""此注"是指《正义》:"缮,音膳,同'饍',具食也。"凌稚隆已经指出《正义》之误:"缮,与《左传》'缮甲兵'之'缮'同,治也。《正义》非是。"

《孟子荀卿列传》"有牛鼎之意"条下注:"牛百里鼎伊尹〇此注自'《吕氏春秋》'已下至'牛鼎也'二十字删。""此注"是指《索隐》:"按:《吕氏春秋》云'函牛之鼎,不可以烹鸡'。是牛鼎言衍之术迂大,倘若大用之,是有牛鼎之意。而谯周亦云'观太史公此论,是其爱奇之甚。'"

此句下《正义》为:"太史公见邹衍之说怪迂诡辩而合时君,疑衍若伊尹、百里奚先作牛鼎之意。"《索隐》引《吕氏春秋》及谯周之说认为司马迁喜欢邹衍闳大不经的言论,是其"爱奇"思想的表现。《正义》认为司马迁将邹衍与伊尹、百里奚相比,是说邹衍要先用怪迂诡辩之说来迎合并获得国君信任,之后再推行自己的主张。皆川愿赞同《正义》之说,故要删掉与其理解不同的《索隐》。

---

① (清)王念孙《读书杂志》第二册《史记四》,中国书店 1985 年,第 85 页。

《信陵君列传》"徧赞宾客"条下注："以宾客告也。○此注'谓以'已下八字删。""此注"指《索隐》："赞者,告也。谓以候生徧告宾客。"皆川愿认为此句的意思是向侯生一一介绍宾客。《索隐》释为信陵君把侯生一一介绍给宾客。两种解释只是主语不同但均能说通。

《樗里子甘茂列传》"而公必亡之"条下注："按:亡,无也。言为楚明其无变也。○《正义》'向寿必亡败'五字删。"

皆川愿将"亡"理解为"无",而《正义》将"亡"释为"亡败",二者对文意的理解不同。姑且不去判断二者是非,这种删去旧注,只保留其一家之说的做法,会使读者失去比较并择善而从的机会,并不可取。

《范雎蔡泽列传》"当椹质"条下注："椹以为受斧之质,故曰椹质。○此注'质,剉刃也'四字删。""此注"是指《索隐》："质者,剉刃也"。《汉书》"椹"作"锧",颜师古注："锧,谓质也。古人斩人加于锧上而斫之也。"皆川愿同意颜师古说,认为椹质是指古代斩人时垫在下面的木板。故要将意见不同的《索隐》删去。

皆川愿要删掉的"注"大多是指三家注,其中又以《索隐》为多。"三家注"之外,《史记评林》所引各家之说也在其删削之列。如:

《张耳陈馀列传》"为请决"句下注："为女请决绝于夫。○此注'女请父客'四字删。此上余有丁评云云'为之'二字删。"

《淮阴侯列传》"诸母漂"条下注："此上评光缙云云十四字删。诸母何解,光缙说可谓失之眉睫矣。""百里之内牛酒日至云云"条下注："按:醳,释也。盖示敌以不好战之意。即亦遣辨士之意。○余有丁评皆删。"

《酷吏列传》"未敢恣治"条下注："温舒惮义纵○此上王(熬)〔鳌〕评当删。"

《仲尼弟子列传》"以徼其志"条下注："按:徼、邀同,王注当删。"

此处《史记》原文作"今王诚发士卒佐之以徼其志"。《集解》："王肃曰:激射其志。"是指王肃是将"徼"释为"激",即激励、激发之意。皆川愿认为"徼"、"邀"同,即为"求"、"取"之意。王肃与皆川愿的讲法在古书中均有例可循。结合上下文而言,王肃的说法更为准确贴切。

《迁史庋柁》对《史记》断句也十分重视,如:

《老庄申韩列传》"告子句若是而已"在句中以小字"句"来标明断句。

《伍子胥列传》"至于吴"条下注:"按'至于吴'当连上'乞食'读,是极状其艰苦处,与他传书既至吴者不同也。"断句兼疏解文义。

皆川愿用专门术语来标注《史记》的材料来源。如《老庄申韩列传》:

"走者云云为缯"条下注:"'走者'已下至'缯'十八字补添。""'上天'之下盖略折'之所以尔也'五字。"

此段《史记》原文为:"孔子去,谓弟子曰:"鸟,吾知其能飞;鱼,吾知其能游;兽,吾知其能走。走者可以为罔,游者可以为纶,飞者可以为缯。至于龙,吾不能知其乘风云而上天。吾今日见老子,其犹龙邪!"

梁玉绳已指出《史记》此段文字本于《庄子·天运篇》,并认为:"老子之言非至言也,安得遽叹其犹龙哉! 此本《庄子·天运》,然《庄子》多寓言,而据为实录可乎? 前贤辨其妄矣。"据《庄子·天运篇》,孔子拜见老聃,在听其论道之后感叹:"吾乃今于是乎见龙。龙,合而成体,散而成章,乘乎云气而养乎阴阳。予口张而不能嗋,予又何规老聃哉?"

皆川愿此处所谓"补添",是指司马迁在据《庄子·天运篇》成文时对原文所作的补充和发挥。所谓"略折"是联系上下文指出《史记》行文省略之处。"暮而果大亡其财"条下注"'果'下略折'有盗'二字"亦同。

"伊尹为庖,百里奚为虏,皆所由干其上也。故此二子者,皆圣人也,犹不能无役身而涉世如此其污也,则非能仕之所设也"条下注:"'故此'已下二十三字插。"此段是司马迁征引《韩非子·说难》,所谓"插"是指《韩非子·说难》在叙事之中插入的议论。皆川愿对文章的评论已不局限于司马迁之文,《史记》中的引文亦在其点评之列。其后的"其家"条下注:"'家'字以见其众";"昔者"条下注:"此一段言人主有阴阳而难说"都是对《韩非子·说难》的疏解。"今王不用"条下注:"'不用'妙。下文'留而归之'句全从此出"则是指出上下文之间的相互照应和关联。

再如《屈原贾生列传》:"然终无可奈何云云岂足福哉"条下注:"'然'已下百六十一字补添。"

皆川愿所说的"补添"的一百六十一字,是指司马迁在《屈原传》中叙述屈原被流放仍系心楚怀王,希望为国效力之后,插入了大段的评论。

《伍子胥列传》"会自私欲杀其从者云云 乃告知于郑"条下注:"'会'字蒙下十七字";"以其边邑云云相攻"条下注:"'以'字蒙下二十一字";"伍胥知公子光云云外事"条下注:"'知'字蒙下十九字"。

所谓"蒙"是对《史记》语法的分析,是指出文中某个虚词或实词所涵盖或指代的内容。实际上仍然是对《史记》叙述文字的疏解。

《孟尝君列传》"有一狐白裘云云"条下注:"自'有一'已下至'入秦'十四字斜插。"

所谓"斜插"是指在叙事过程中插入对另一件事的叙述。

"秦昭王云云"条下注:"自'秦昭王'已下至'逐之'二十字插,二十字妙,盖以此取其势之促急。"

此处所谓"二十字插,二十字妙"是指在叙述孟尝君连夜逃出秦国的过程中,插入"秦昭王后悔出孟尝君,求之已去,即使人驰传逐之"一句,更突出了当时形势的紧迫。

《刺客列传》"谓委肉云云也"条下注"一股";"祸必不振矣"条下注"一股";"虽有管晏云云"条下注"束得紧"。

《淮阴侯列传》"后有大者"条下注:"分股";"齐必距境以自强也。若此者将军所短也"条下注"隔插分股法〇持久而败敌"均为用分析八股文的方法来解读《史记》文章写法。

司马迁在《魏其武安侯列传》卷末另起一段追述武安侯当年与淮南王的交往。皆川愿标明"掉尾法":"淮南王掉尾法 使武安侯在者族矣"是对金圣叹评点小说术语的直接继承①。

---

① 金圣叹:"然自嫌笔势直拓下来,因更掉起此一节,谓之龙王掉尾法。文家最重是此法"。(明)金圣叹撰,傅开沛、袁玉琪校点《第六才子书西厢记》,中州古籍出版社 1985 年,第 75 页。

皆川愿注意评点《史记》记事的详略及句法。以《刺客列传》为例："出见田先生"条下注："略写〇记语用顺称。""太子逢迎云云"条下注："详写"。"燕秦不两立"条下注："约而尽且避前与鞠武言之重复。〇其详略可为法。"

"袖绝"句下"二字句";"拔剑"句下"二字句";"操其室"句下"三字句";"时惶急"句下"三字写其心";"刃坚"句下"二字句";"故不可立拔"句下"五字句"。

将《史记》原文分为若干短句,使读者能更好地感受到司马迁所描述的紧张得令人窒息的气氛。

司马迁善用长句,也善用短句,更善于用长短错杂,变化多端的句法来写人记事。

《史记》中的长句很多,少的十几字一句,长的近三十字一句。长句虽长但具有高度凝练性,《史记》中也有短句,可以短到两三字,甚至一字成句。短句用字少,句法简单,在场面描写时能给人一种目不暇接的急促感,在塑造人物时能起到生动传神、情真意切的效果。如《刺客列传》中描写荆轲刺秦王的激烈场面,几乎都用短句,写得惊心动魄。吴见思将此段分为十个短句:"未至身"句,"秦王惊"句,"自引而起"句,"袖绝"句,"拔剑"句,"剑长"句,"操其室"句,"时惶急"句,"剑坚"句,"故不可立拔"句,之后评点:"凡二十九字为十句,作急语,然又详尽如此。"①牛运震也点评此段"峭句促节,错出入妙,如说口伎人一时作数等声,口急语杂,逼成奇态。"②皆川愿对司马迁句法的分析明显是受到了清代学者的影响。

皆川愿注重分析《史记》文法、句法,与对文意的疏通相结合。并在相关句下标出"细"、"映"、"应"、"略"、"详略可法"等,为读者指点作文之法。如:

《鲁仲连邹阳列传》"昔卞和献贤云云"条下注:"此一段言苟不相知则

---

① （清）吴见思《史记论文》卷八十六,广益书局 1936 年,第 14 页。

② （清）牛运震撰,崔凡芝校释《空山堂史记评注校释》卷九,中华书局 2012 年,第 495 页。

虽贤良而反受其难矣。是所以贤良多避世而遗佚者也。"**此后逐段总结段意。句中或以小字注释词意，如："左右君之左右先为之容也。"**

《李将军列传》"而起行"条下注："'起行'二字活写广愠怒之情状。"随文揭示文章精彩之处。

《春申君列传》"王之威亦单矣"条下注："按此段至'亦单矣'，先只说'物至''致至'，却不说其反与危，合秦昭心中自思之。而却又只说其不极其致之有利，然后乃更说及其反与危。此是绝妙好文法，又绝妙好辨说。"结合文章内容具体分析文法。

《信陵君列传》"封公子为信陵君"条下注："按《六国年表》魏安釐王元年秦拔我南城，封弟公子无忌为信陵君。""公子患之"条下注："据《年表》，此下当有二年韩来救与秦温以和之事。而今无之，疑脱简也。"与《六国年表》相对照，指出两篇记事的不同。

《迁史庋柢》重在品评文章写法，对字词音义及各版本文字的异同也有简要注释，其中一些注释能补旧注之不足。如：

《孟子荀卿列传》"验小物　学者所共术"条下注："按：术当读作述。"

《史记》原文作："（邹衍）其语闳大不经，必先验小物，推而大之，至于无垠。先序今以上至黄帝，学者所共术，大并世盛衰，因载其禨祥度制，推而远之，至天地未生，窈冥不可考而原也。"

对句中的"述"字，三家注未作注解。方苞曰："'大'当作'及'，传写误也。盖先序战国以上至黄帝事，为学者所共称述者，然后及并世盛衰也。"[1]皆川愿在参考前代学者观点的基础上，注"术当读作述"，言简意赅。

《吕不韦列传》"往来贩贱"条下注："'贩'字后世所用率皆为行卖物于市中之义。而如此'贩'字却是为觅买之之义。"

此处《史记》原文是讲吕不韦"阳翟大贾人也。往来贩贱卖贵，家累千金"。

---

① （汉）司马迁撰，〔日〕泷川资言考证，杨海峥整理《史记会注考证》，第 3039 页。

"贩贱"与"卖贵"是相对而言的,"贩"一般泛指买卖货物盈利。皆川愿据上下文意将"贩"释为特意寻找便宜的货物买进,其释义精准细致,反映了日本学者治学的特点。

再如《仲尼弟子列传》"莫出　请行"条下注:"'出'、'行'互文。"

此处《史记》原文为:"田常欲作乱于齐,惮高、国、鲍、晏,故移其兵欲以伐鲁。孔子闻之,谓门弟子曰:'夫鲁,坟墓所处,父母之国,国危如此,二三子何为莫出?'子路请出,孔子止之。子张、子石请行,孔子弗许。子贡请行,孔子许之。"

在鲁国安全受到威胁时,孔子鼓励弟子们挺身而出,为国分忧解难。"莫出"、"请出"、"请行"交替使用,在文意上并无区别,只是为避免行文重复,这就是皆川愿所说的互文。

《迁史脞说》的注释及点评考虑到日本学习者的需要,不过多罗列异说,而是言简意赅地明确意义,易于学习者把握。如《鲁仲连邹阳列传》"恐死而负累"条下注:"累犹冤。"简明扼要地解释词意。与《正义》"诸不以罪死为累"及中井积德曰"客居无亲知为白冤者,则死后尚为世所疑,是为累"的注释相比,更为通俗易懂。《蒙恬列传》"千八百里"条下注:"按:千八百里当本邦三百里。"将中国的"里"换算为日本的"里",充分考虑到日本读者的需要。

《迁史脞说》的注释及校勘也有不够准确之处。如:《樗里子甘茂列传》"故敢扞楚也"条下注:"故、固通。"

结合上下文"公仲方有得秦救,故敢扞楚也",则此句的"故"是表原因,即公仲因有望得到秦国援助,所以敢抵抗楚国。不必与"固"通。

《白起王翦列传》"攻韩、魏于伊阙"条下注:"按:'攻'疑'败'误。"因《穰侯列传》有"魏冉举白起,使代向寿将而攻韩、魏,败之伊阙",故怀疑此处"攻"当作"败",并无版本依据。

《孟尝君列传》"请以身为盟"条下注:"'盟'疑'明'字之讹。"结合上下文,此句是讲孟尝君的门客所结识的贤者以自杀于宫门之前作为盟约,来证明孟尝君无谋反之心的清白。各本均作"盟"，文意通顺。如此处作"明"，则又与下句"以明孟尝君"重复。皆川愿的解释既无版本依据，从文义顺畅的角度来看也无足够的说服力。

《樊郦滕灌列传》"为高祖使，上降沛一日"条下注："按：'上'字疑衍，或云'一日'疑是'其日'之误。"此处《史记》原文作："高祖之初与徒属欲攻沛也，婴时以县令史为高祖使。上降沛一日，高祖为沛公，赐婴爵七大夫，以为太仆。"《正义》："谓父老开城门迎高祖。"凌稚隆进一步解释：'一日'二字未详，或以高祖书帛射城中，一日而开门出降也。"①虽未明确解释，但均认为"一日"而降是强调沛县父老欢迎高祖。皆川愿所引"'一日'疑是'其日'之误"的说法姑且可备一说。

《儒林列传》提到伏生于孔子旧宅壁中得古文《尚书》"独得二十九篇"，此条下注："据《隋书》云二十八篇。则今此作'九'者盖讹耳。"

《汉书·艺文志》著录《尚书》今文经"经二十九卷"。因《隋书·经籍志》著录为《尚书》今文经二十八篇，就断定《史记》此处记载"独得二十九篇"是讹误，不当。

《屈原贾生列传》"幽思而作离骚"条下注："此注'音索力反'之'力'字，'刀'讹。"

"此注"是指《索隐》："按：《楚词》'慅'作'骚'，音素刀反。"今所见《史记》各本此条《索隐》均作"音素刀反"。皆川愿所用底本显然有讹误。

再如《范雎蔡泽列传》"而利附马"条下注："'焉'讹。"即"马"当作"焉"。今各通行本均作"焉"。

《刺客列传》"中间不甚违"条下注："'远'讹。"此句原文："聂政曰：'韩之与卫，相去中间不甚远。'"今各通行本均作"远"，"中间不甚违"的"违"明显是错字。

《酷吏列传》"汤左田信等"条下注："左，佐也。〇此注'人道''人'字

---

① （汉）司马迁撰，〔日〕泷川资言考证，杨海峥整理《史记会注考证》，第3461页。

‘左’讹。”

此注是指《正义》：“言汤与田信为左道之交，故言‘左田信等’。”今各通行本此处均作“左道”。皆川愿所据底本有误。

江户时代日本学者研读《史记》多据和刻本《史记评林》，而和刻本《史记评林》刊刻过程中由于字形相近等原因产生了一些文字讹误，这不但直接影响到了当时日本学者对《史记》及“三家注”的解读，由于日本汉学代代相承，沿袭师说的特点，这些讹误甚至会流传后代，产生更大的影响。

池田文库藏有皆川愿所著《史记淇园评注》写本一册。池田芦洲误以为其与《迁史庋桡》是同书异名，其实两书体例完全不同。

《史记淇园评注》全书依本纪、表、书、世家、列传的顺序排列，摘抄各篇中需要训释的字句，在句下出注。其注释多为对文章的点评，也有对字词的注释；对《史记》原文的断句和对异文的校勘。

如《五帝本纪》“依鬼神以制义”条下注：“依鬼神者，原道义之本于祭祀也。”

《始皇本纪》“作宫阿房”条下注：“阿，犹云隅也。阿房言以房置之四隅也”；“名国万家”条下注：“《事文类聚》‘国’作‘园’”；“以自通”条下注：“通涉寒暑。〇通，一作‘适’，非是。”

《太史公自序》“虞舜不台”条下注：“‘台’当读之作‘怠’，音乃与下‘载’协。”

与《迁史庋桡》相比，此书注解较为简单。十二本纪中《夏本纪》到《秦本纪》完全没有注解，“十表”中只有《高祖功臣表》篇题下有：“太史公意以为古者诸侯保其封或至千有余岁，汉未及百年，初封皆凶，仁义之教不施也。高祖之始封，未尝不欲终灭之，是亦异古之所以封义。”总结司马迁作《高祖功臣表》的动机，其他各表均无任何注释。“八书”的注解比较详细，多为疏通文义及对典章名物制度等的解释。世家、列传也较简略，只有《伯夷列传》、《仲尼弟子列传》、《商君列传》、《苏秦列传》、《刺客列传》、《淮阴侯列传》、《魏其武安侯列传》等篇较详细,有注释也有评点。

此外,皆川愿还著有《太史公助字法》。所谓"助字"即指虚词。对《史记》中虚词的使用宋代学者就已有关注。如洪迈《容斋续笔》卷七"迁固用疑字"条下有:东坡作《赵德麟字说》云:"汉武帝获白麟,司马迁、班固书曰:'获一角兽,盖麟云'。'盖'之为言,疑之也。"予观《史》、《汉》所纪事,凡致疑者,或曰"若",或曰"云",或曰"焉",或曰"盖",其语舒缓含深意。姑以《封禅书》、《郊祀志》考之,漫记于此。"对《史记》中"若"、"云"、"焉"、"盖"等虚词的用法和意义作了说明①。

明代学者对《史记》中虚词的用法作了更进一步深入具体的研究。如杨慎点评《樊郦滕灌列传》:"观此传无他异,独以十一'以'字,不避重叠,政欲班班见眼目,此纪事之转态也,若尽如他传,即吏文千百无异矣。"②

清代学者全面展开了对虚词的研究,并注重探讨虚词与句法、章法的关系。牛运震评《五帝本纪》时说:《史记》长于用虚字,如叙黄帝征伐之事一段,屡用'而'字、'于是'、'然后'等字,顿挫句贯,连断得宜,此太史公用虚字之妙也。"③对《淮阴侯列传》中虚词使用也有精彩的评论。

清代桐城派的代表人物刘大櫆在评论《史记》文章时强调司马迁善于运用虚词,他在《论文偶记》中讲:"上古文字初开,实字多,虚字少,典谟训诰,何等简奥,然文法要是未备。至孔子时,虚字详备,作者神态毕出。左氏情韵并美,文彩照耀,至先秦战国,更加疏纵,汉人敛之,稍归劲质,惟子长集其大成。"④对虚词作用的强调是对《史记》语言艺术的研究深入,在当时引起很大反响。林纾在刘大櫆的基础上进一步阐发虚词运用对《史记》语言风格形成的重要性。他以"也"字为例,认为:"史公诸传,每用'也'字必有深意,然

①　(宋)洪迈撰,孔凡礼点校《容斋续笔》,中华书局 2005 年,第 302—303 页。

②　(明)杨慎、李元阳辑《史记题评》,明嘉庆十六年刻本卷九十五。全国图书馆文献缩微中心。

③　(清)牛运震撰,崔凡芝校释《空山堂史记评注校释》,中华书局 2012 年,第 2 页。

④　(清)刘大櫆、吴德旋、林纾撰,范先渊点校《论文偶记·初月楼古文绪论·春觉斋论文》,人民文学出版社 1959 年,第 8—9 页。

为法不等。"①

皆川愿《太史公助字法》将《史记》中的虚词分类、注音,并简单说明用法,开日本学者《史记》虚词研究之先河。

日本国会图书馆藏有《史记助字法记闻》写本,一册,著者未详。引《说文解字》、《广韵》、《玉篇》及日本的辞书对《史记》及《汉书》中的虚词进行解说。主要是"矣"、"之"、"也"、"焉"、"乎"、"哉"、"夫"、"与"、"邪"、"而"、"然"、"耳"、"而已"、"已"、"尔"、"以"、"用"、"庸"、"於"、"于"、"则"等常用虚词。疏解详细。据封面藏书章可知此本购求于明治三年,推测其为江户时代,至迟为明治初年学者所作。可见日本学者对虚词研究的重视。

另外,皆川愿本人是江户时代医学考证派的重要代表,儒医的身份使其对《扁鹊仓公列传》的注释非常详细,在校勘各本文字异同外,主要是对医学术语作注释,并引《灵枢》等医书原文与本篇记载相对照,仍有少量如"并入","法"等对文章写法的分析和评点。

第四节　中井积德《史记雕题》

中井积德(1732~1817),字处叔,号履轩、幽人。生于大阪。是日本江户时代后期著名汉学家、哲学家。幼时和其兄中井竹山一起在大阪著名的汉学塾怀德堂学习。他不喜交际,谢绝了诸侯的招聘,终身隐居,曾开设私塾"水哉馆"教育弟子。晚年继其兄竹山之后在大阪怀德堂讲学。中井积德一生对汉学深有研究,在经学及史学等方面有很深的造诣。其卓越的成就及巨大影响使大阪的儒学受到日本汉学界的重视。其主要著作有《七经雕题》、《周易逢原》、《通语》以及《史记雕题》等多部。

---

① （清）刘大櫆、吴德旋、林纾撰,范先渊点校《论文偶记·初月楼古文绪论·春觉斋论文》,人民文学出版社 1959 年,第 135 页。

　　《史记雕题》是日本《史记》研究史上的重要著作,据其弟子早野正己在《史记雕题》卷首的《序》中讲,此书作于日本文化五年(1808),原书底稿现藏位于大阪大学内的怀德堂文库。我们今天能够看到的通行本《史记雕题》是作为怀德堂复刻丛书中的一种,由大阪大学怀德堂文库复刻刊行会出版发行的。

　　中井积德作《史记雕题》采用的底本是日本宽文十三年(1673)刊行的八尾初刻本《史记评林》。《史记雕题》是在底本的天头地脚及版框四周用小字随文批注而成的。这些批注文字很小,且十分散乱。在每篇篇末常有大段文字对全篇内容进行总结和评注。以"雕题"为书名,大约是出自《礼记》。《礼记·王制》中讲"南方曰蛮,雕题交趾,有不火食者矣"。孔颖达疏:"雕,谓刻也;题,谓额也。谓以丹青彫刻其额。"①可见所谓雕题就是在额上刺花纹,是中国古代南方少数民族的一种习俗。中井积德一般在原书底本的上栏书眉处题录诸说,就像在额头上刻字,故以"雕题"名书。除《史记雕题》外,中井积德为《论语》等七部经书所做的"雕题"也都是这个做法。

　　中井积德《史记雕题》在吸收前人研究成果的基础上,对《史记》的字词、篇章、体例、思想等方面进行了全面训释和研究,其研究成果对后代的《史记》研究很有启发。其特点大致可分类归纳如下:

一、注音释义

　　注释字词音义在《史记雕题》中占很大的比例。所释字词或为前代注家没有出注,或为在前代注释基础上的进一步诠释,或为否定前人之见而另立的新说。举例如下:

　　《殷本纪》:"是时说为胥靡,筑于傅险。"中井积德曰:"靡、縻通。刑人以索相连,累累相属也。"

　　《周本纪》:"有火自上复于下。"中井积德曰:"自上复于下,是元起于下也,故曰复也。"

---

　　①　(汉)郑玄注,(唐)孔颖达等正义《礼记正义》,中华书局影印《十三经注疏》本,1957年,第1338页。

《周本纪》：“天下安宁，刑错四十馀年不用。”中井积德曰：“错，是废舍之义。”

《伯夷列传》：“神农、虞、夏忽焉没兮，我安适归矣？”中井积德曰：“忽焉，谓没之速也。”

以上几条，“三家注”没有出注，中井积德在解释基本词义的基础上，结合《史记》上下文详加阐释。

对于“三字注”已有注释的词语，中井积德或进一步诠释，或否定前人之见而另立新说。如：

《周本纪》：“夫兵戢而时动，动则威，观则玩，玩则无震。”

《集解》：韦昭曰：“震，惧也。”

中井积德曰：“震亦威也。”

《史记》此处记载源自《国语·周语上》，所以《集解》引韦昭注“震，惧也”。其实在这句话里，“震”是“使人畏惧”，也就是中井积德所说的“威”，即威严之义。

《周本纪》：“昔我先王世后稷。”

《集解》：韦昭曰：“谓弃与不窋也。唐固曰：父子相继曰世。”

中井积德曰：“世，犹世世也。弃之后，不窋之前，又有数世也。”

对弃与不窋的关系一直有争议。一些学者认为不窋是弃的儿子，一些学者认为由于周的世系不是很清楚，其漏去的祖先远比夏和商的世系多，猜测其中有遗漏，不窋未必是弃的儿子。《山海经·大荒西经》中记载：“稷之弟曰台玺，生叔均。叔均是代其父及稷播百谷，始作耕。”①这里提到弃的弟弟叫台玺，台玺的儿子叔均继承父亲和大伯担任农官，颇有成绩。《山海经·海内经》也记载：“后稷是播百谷。稷之孙曰叔均，是始作耕牛。”②这里又把叔均说成了是弃的孙子。据此，一些学者认为，台玺和叔均是见于史料的介于弃和不窋之间的二人，将其插入就得到了弃——台玺——叔均——

---

① 袁珂《山海经校注》，上海古籍出版社1980年，第393页。

② 同上，第469页。

不窋三代四世,不窋是弃的侄孙。

《集解》引唐固说将"世"训为"父子相继",同意不窋是弃的儿子的说法。中井积德将"世"训为"世世",认为"不窋之前,又有数世也",代表了另一派学者的观点。

《周本纪》:"吾闻犬戎树敦。"

《集解》:徐广曰:树,一作"楸"。骃按:韦昭曰:树,立也。言犬戎立性敦笃也。

中井积德曰:"树,建国也。"

泷川资言《史记会注考证》中引中井积德的说法后,又提出了自己的观点:"树敦,犬戎国主名。诸说恐非。"

《史记》中周伐犬戎的记述来自《国语·周语》"祭公谏征犬戎"。韦昭、中井积德、泷川资言对"树"的解释差异很大,可供学者参考。

《老子韩非列传》"世之学老子者则绌儒学,儒学亦绌老子。"

《索隐》:按:绌音黜。黜,退而后之也。

中井积德曰:"绌,诋斥之也。"

"退而后之"与"诋斥之"在意义上还是有差别。中井积德将"绌"释为"诋斥"比《索隐》"退而后之"的语气更重,更准确地诠释了司马迁所讲的儒道两家"道不同不相为谋"的关系。

《苏秦列传》:"期年,以出揣摩。"

中井积德曰:"摩,在揣之后,如以手摩弄之也。既能晓通彼人之情怀,而以我之言动摇上下之,以导入于吾囊中也。或扬之,或抑之,皆有激发,即所谓摩也。"

这里中井积德结合《史记》上下文,用描述的语言细致地阐释了"揣摩"的具体含义,准确到位。

《史记雕题》对《史记》文字的注音很多,有的是纠正前代注音的错误,多数为区分多音字和易读错之字。有时注音和释义结合在一起。如:

《孙子吴起列传》:"则自为解耳。"中井积德曰:"'自为解'之'为',

平声。"

《仲尼弟子列传》："颜渊问仁,孔子曰:'克己复礼,天下归仁焉'。"

《集解》:马融曰:"克己,约身也。"孔安国曰:"复,反也。身能反礼,则为仁矣。"

中井积德曰:"归如字,服也。天下归仁,极言其效也。《孟子》:其身正而天下归之。"

前代学者对此段《史记》注释已很详尽,但未注"归"字。中井积德对"归"先注音后释义,同时引他书说法为证,对全句的注释更加全面。

二、疏通文义,阐释思想

《史记雕题》采用随文批注的形式,在《史记》相关句下,对词义、句义以及《史记》各篇思想内容等多有阐发。如:

《伯夷列传》:"是遵何德哉?"

《索隐》:"言盗蹠无道,横行天下,竟以寿终,是其人遵行何德而致此哉?"

中井积德曰:"遵何德,言以何等之善受此福也。谓其无有也。"

《伯夷列传》:"此其尤大彰明较著者也。"

《索隐》:"按:较,明也。言伯夷有德而饿死,盗蹠暴戾而寿终,是贤不遇而恶道长,尤大著明之证也。"

中井积德曰:"贤人不遇,而凶人多福。而夷颜与盗跖其尤彰著者。"

以上两条都是在《索隐》的基础上进一步疏通文义。

《老子韩非列传》:"申子之学,本于黄老而主刑名,著书二篇,号曰申子。"

中井积德曰:"黄老之无为,与申韩之刑名,若相反者。然使黄老家为政,则不能不出于刑名。其理自有在也。精于读书者,必能知之。"

这里中井积德指出了黄老之学与刑名之学的内在联系,从而也揭示了司马迁将老子与韩非合传的深意。

《史记雕题》中有很多地方很像是中井积德的读书笔记,如《仲尼弟子列传》中曾参的传记很简略,也没有象他人传记那样大量引用《论语》的原文。对此,中井积德曰:"曾子传独不引《论语》,且略,何哉。"类似这样的地方很多,中井积德虽没有明确发表意见,但这些问题的提出对后代研究者也有启发。

此外,对司马迁通过《史记》所表达的思想,中井积德也多有精彩论述。如在《太史公自序》中,司马迁对其父司马谈未能参加封禅大典深感遗憾:"是岁,天子始建汉家之封,而太史公留滞周南,不得与从事,故发愤且卒"。对此,中井积德批注:"按《封禅书》,武帝初,与诸儒议封事,命草其仪,及且封,尽罢诸儒不用。谈之滞周南,以罢不用之故也,非疾。"

据《史记·封禅书》记载,司马谈确实非常热心于祭祀仪礼的制定与说明。元鼎四年(前113),他曾经与祠官宽舒议立后土祠。元鼎五年(前112),又与宽舒议立泰畤坛。两次建议均得到采纳,对此司马谈倍感欣慰。由此我们可以理解,在封禅即将进行时,武帝突然尽罢诸儒不用,在这种强烈反差下,司马谈倍感失落,悲怨积郁于胸,终于发愤且卒,是合乎情理的。中井积德对司马谈心理的分析合情合理。中井积德又说:"封禅出乎术士之妄,岂儒者所可言哉? 谈罢,可谓幸矣。乃发愤至死,何惑之甚! 虽迁亦未知封禅之为非也,是汉儒之通病矣。"他认为封禅建议本来都是方术之士的妄言,儒家学者怎么可以参与其事呢? 司马谈被排斥其外,本是他的幸运,然而竟然郁怨而死,他怎么竟然糊涂到这等地步。中井积德认为即便是司马迁,对于封禅没有足够清醒的认识,这是汉代儒者共同的思想误区。

对于这一问题,梁玉绳在《史记志疑》中也表达了同样的看法:"此及下述谈语不免失言,封禅之诬,君子嗤之,即《封禅书》亦深讥焉,而乃以其父不与为恨乎?"梁玉绳也对司马迁的态度表示了不理解。为了进一步论证自己的观点,梁玉绳又引慵讷居士《咫闻录》中的说法:"太史谈且死,以不及与封禅为恨。相如且死,遗《封禅书》以劝。当时不独世主有侈心,士大夫皆有以启之。杜子美天宝十三载献《封西岳赋》,劝玄宗封华山,帝未及行,明年禄山反,天下大乱。文人孟浪类如此"①。

由此可见,封禅不仅出于帝王的好大喜功之心,也有文人怂恿的因素。汉武帝时代的司马相如,唐玄宗时代的杜甫,都曾劝帝王举行封禅大典。司马谈且死,以不及与封禅为恨,司马迁也为其父感到遗憾,《太史公自序》中的记述是其真实的心理记录。中井积德对司马迁对待封禅态度的分析,与中国学者的论述有异曲同工之妙。

中井积德对《史记》的评论涉及到《史记》的文章写法以及对《史记》所记述的人物本身的评价等多方面。如《刺客列传》在描写聂政死后的情形时,有这样一段文字:"韩取聂政尸暴于市,购问莫知谁子。于是韩购悬之,有能言杀相侠累者予千金。久之莫知也。郑妹荣,闻人有刺杀韩相者贼不得,国不知其名姓,暴其尸而悬之千金。"中井积德对此的批注为:"是文重复烦冗,唯'闻之'二字可承当。是类盖太史公欲删定未果者,后人乃加赏赞者,可笑。"

仔细斟酌《刺客列传》这段文字,确实有前后重复烦冗之处。由于《史记》自唐代开始,被古文学家们奉为文章的典范,后代学者在研习《史记》文字时,常常不加辨别地加以追捧,一些原本疏漏之处也被盲目赞赏。中井积德的批评很值得思考。对于《刺客列传》中所记述的聂政姐姐聂荣当众怀抱聂政尸体大哭的行为,中井积德也颇不以为然,"政之自刑,以护仲子也,姊已误认矣,又显仲子之踪,是大失政之意"。认为聂荣的行为深违聂政的本意。

自宋代开始,中国学者将评论《史记》的范围扩展到评论《史记》所记载的人和事,品评人物和事件本身的得失。《史记评林》中就保存了不少此类评论。中井积德《史记雕题》对《史记》所记人物和事件的评论可以说是受到了中国学者的影响。

三、难解之处存疑,不强为之解。

---

① (清)梁玉绳撰《史记志疑》,中华书局1981年,第1466页。

《史记》中有很多难解之处，有些是司马迁作《史记》时即存在的问题，有些是在《史记》流传过程中造成的。这些难解之处成为历代《史记》研究者考辨和争论的焦点。但由于没有确实的依据，所以很多时候这种考辨和争论只能是一种假设和推断。对《史记》中这些难解之处，中井积德一般不做绝对的是非论断，而只是提出自己的猜测和想法。如：

《伯夷列传》："肝人之肉。"

《索隐》："刘氏云'谓取人肉为生肝'，非也。按：庄子云'跖方休卒太山之阳，脍人肝而铺之'"。

中井积德曰："'肝人之肉'句不可晓，盖字讹也。"

对于"肝人之肉"的"肝"，历代注释多有涉及但大多牵强。《索隐》列出刘伯庄的注释，后引《庄子》中的说法，认为刘伯庄的解释是错误的。李笠则认为刘伯庄的说法正确："刘伯庄说是也。《仪礼·士昏礼》'赞以肝从'。注：'肝，肝炙也。'肝为肴羞之常，故有生炙之殊。跖暴行野性，故刘氏知其取人肉为生肝食，不作肝炙食也。"①认为"肝人之肉"就是取人肉生吃如同生吃肝脏一样。这种解释十分牵强。

中井积德没有采纳这些过于穿凿的说法，而采取存疑的态度。泷川资言在此基础上提出了"肝"疑当作"脍"的猜测。

再如《货殖列传》中"富者得势益彰，失势则客无所之，以而不乐，夷狄益甚"一句中"以而不乐"的"以"字很难理解，裴骃《集解》、司马贞《索隐》等都没有注。

中井积德曰："'以而不乐'句，似有脱误。"

《仲尼弟子列传》："其城薄以卑，其地狭以泄。"

《索隐》：按："《越绝书》'泄'字作'浅'"。

中井积德曰："'地'恐当作'池'，下文亦然。"

《史记会注考证》引王念孙曰：《越绝书》、《吴越春秋》并作"池"，"泄"作

---

① （清）李笠《史记订补》卷六，北京图书馆出版社《史记订补文献汇编》影印民国十三年刻本，第290页。

"浅",下文"广以深"正与"狭以浅"相对。

王念孙的考证也证明了中井积德猜测的正确。

《仲尼弟子列传》:"且夫无报人之志而令人疑之,拙也;有报人之志,使人知之,殆也;事未发而先闻,危也。"

中井积德曰:"'志'下疑脱'而'字。"

《史记会注考证》引他书为据,验证了中井积德的猜测:"愚按:《家语》、《战国策》皆有'而'字。"

《夏本纪》:"帝舜朝,禹、伯夷、皋陶相与语帝前。"

中井积德曰:"添一个'伯夷',即闲了伯夷矣。"

这里中井积德不明言"伯夷"是衍文,但结合上下文见义。

《周本纪》:"子赧王延立。"

中井积德曰:"称赧王延,则赧似谥。赧果谥,则下文不当称王赧。称王赧,则赧似名,则上文不当称赧王。是必有一误也。延,《世纪》作诞。延、诞、赧音近,或因致谬耳。国已亡,无用谥为也。"

《史记会注考证》:愚按:枫、三、南本"赧王延"作"王赧"。

泷川通过与其他版本比对,证实了中井积德的猜测是正确的,《史记评林》此处确有讹误。

《货殖列传》:"尽椎埋去就,与时俯仰,获其赢利。"

中井积德曰:"椎埋,当作推理。"

《史记会注考证》:各本"推理"作"椎埋"。凌稚隆曰:二字疑有误。顾炎武曰:当是"推移"之误。愚按:枫、三本正作"推理",今依改。推理,言推测物理也。泷川参核众本,将"椎埋"改为"推理"。

《秦本纪》:"不如以地资公子咎,为请太子。"

中井积德曰:"'为'疑当在'请'下。"

《秦本纪》:"言周之为秦甚于楚者,欲令周入秦也,故谓'周秦'也。"

中井积德曰:"'周秦'间,疑脱'为'字。"

《秦本纪》:"四十二年,秦破华阳约。"

中井积德曰:"'约'字疑衍。"

以上几例,中井积德都是从上下文义的连贯及史实记述的前后呼应出发,对《史记》文字难解之处提出自己的猜测和看法,虽没有版本依据,但对后代研究者颇有启发。

四、指出"三家注"及前代注家的错误

指出前代注释中的错误并提出己见,是《史记雕题》很重要的一部分内容。

《伯夷列传》:"夫学者载籍极博,犹考信于六艺。诗书虽缺,然虞夏之文可知也。"

《索隐》:"按:《尚书》有《尧典》、《舜典》、《大禹谟》,备言虞夏禅让之事,故云'虞夏之文可知也'。"

中井积德曰:"太史公时《舜典》未判,而无今《大禹谟》。"

西汉时,《今文尚书》篇目中没有《舜典》,到东晋时,梅赜才从《尧典》中分出《舜典》,而《大禹谟》也是梅赜所献伪《古文尚书》的篇目。唐孔颖达作《尚书正义》将《今文尚书》和伪《古文尚书》拼合在一起,司马贞是根据唐代《尚书》的流传和分篇的情况对《史记》进行训释,失当。

《伯夷列传》:"然回也屡空,糟糠不厌。"

《索隐》:"厌者,饫也,不厌谓不饱。糟糠,贫者之所餐也,故曰'糟糠之妻'是也。然颜生箪食瓢饮,亦未见'糟糠'之文也。"

中井积德曰:"糟糠不厌,是形容贫乏之语。《索隐》泥甚。"

《索隐》将"糟糠"训为"贫者之所餐也",按其本义理解为贫者赖以充饥的粗劣的食物,并以此去与《论语》的"箪食瓢饮"相对照,认为《论语》中并没有提到颜回以糟糠为食。《索隐》此处的解释十分迂腐,中井积德"泥甚"的批评十分恰当。

《扁鹊仓公列传》:"扁鹊者,渤海郡郑人也。姓秦氏,名越人。"

《正义》:"《黄帝八十一难序》云:秦越人,与轩辕时扁鹊相类,仍号之为扁鹊。又家于卢国,因命之曰卢医也。"

中井积德曰:"《正义》一条当削。"

此条《正义》,各《史记》注家及研究者均未注意和重视。在中井积德看来,《正义》所引《黄帝八十一难序》中的扁鹊和《史记》中所载扁鹊没有关系,所以此条《正义》应该删去。实际上,古籍中记载的扁鹊甚多,《正义》所引,能提醒后人注意区分不同记载中的扁鹊,以免混淆,此条《正义》是有价值的。

《老子韩非列传》:"周尝为蒙漆园吏。"

《正义》:"《括地志》云:漆园故城在曹州冤句县北十七里。此云庄周为漆园吏,即此。按:其城古属蒙县。"

《正义》及梁玉绳《史记志疑》都认为漆园是地名。中井积德曰:"蒙有漆园,周为之吏,督漆事也。"《史记会注考证》采纳了中井积德的说法:"愚按:漆园非地名,中说可从。"漆园是否为地名久有争议。中井积德的说法可供参考。

《老子韩非列传》:"当是之时,虽欲为孤豚,岂可得乎?"

《索隐》:"孤者,小也,特也。愿为小豚不可得也。"

《正义》:"不群也。豚,小猪。临宰时,愿为孤小豚不可得也。"

中井积德曰:"肥大之躯,丰供久矣。今乃欲变为小豚,以免于宰割,不可得也。以喻尊官宠禄之人,欲下为匹夫以免死而不可得也,孤豚乃有小义,未可训孤作小耳。"

中井积德指出"孤豚"在此为比喻义,是与"牺牛"相对而言的,《索隐》、《正义》直接将"孤豚"训为"小豚",是不正确的。

《老子韩非列传》:"故作《孤愤》、《五蠹》、《内外储》、《说林》、《说难》十余万言。"

《索隐》:"此皆非所著书篇名也。孤愤,愤孤直不容于时也。五蠹,蠹政之事有五也。内外储,按韩子有内储、外储篇:内储言明君执术以制臣下,制之在己,故曰'内'也;外储言明君观听臣下之言行,以断其赏罚,赏罚在彼,故曰'外'也。储畜二事,所谓明君也。说林者,广说诸事,其多若林,故曰

'说林'也。今韩子有说林上下二篇。说难者,说前人行事与己不同而诘难之,故其书有说难篇。"

中井积德曰:"《说林》,多聚说辞也。《说难》,言说之难为也。下文可征,焉得别解?"

中井积德认为《索隐》将《说林》解释成"广说诸事,其多若林",将《说难》的内容概括为"说前人行事与己不同而诘难之",是对《韩非子》篇名的错误解释。《说林》一篇中,汇集了大量的故事来说明道理,所以,《索隐》的"广说诸事"的概括也是有道理的,与中井积德"多聚说辞"的总结只是角度不同,意义上并没有太多差别。对《说难》的概括确实是中井积德的"言说之为难也"比较准确。

《仲尼弟子列传》:"公孙龙字子石。"

《正义》:"《家语》云卫人,《孟子》云赵人,《庄子》云'坚白之谈'也。"

中井积德曰:"《孟子》不载龙,《正义》盖援《孟荀列传》,而有误文也。"

《孟子》中并没有提到公孙龙是赵人,《史记·孟子荀卿列传》中提到"而赵亦有公孙龙为坚白同异之辩"。《史记雕题》常常指出《正义》中讹误或窜乱之处。由于在"三家注"合刻的过程中,《正义》的删削最多,由此产生的讹误也较多。

《商君列传》:"教之化民也深于命,民之效上也捷于令。"

《索隐》:"刘氏云:'教'谓商鞅之令也,命谓秦君之命也。言人畏鞅甚于秦君。'上'谓鞅之处分。'令'谓秦君之令。"

中井积德曰:"教者躬行率先之谓也,谓以躬之教,深于号令,而下民效上人之所为,亦捷于号令也。谓君上之行己,为政之本也。注大谬。"

中井积德这里所说的"注"即指《索隐》而言。此句是在讲君主言传身教推行教化的效果远胜于用号令强迫百姓。《索隐》的注释牵强,结合上下文分析,中井积德的阐释更符合文义。

《秦本纪》:"二年,初伏。"

《正义》:"六月三伏之节起秦德公为之,故云初伏。伏者,隐伏避盛暑也。《历忌释》云：'伏者何？以金气伏藏之日也。四时代谢，皆以相生：立春，木代水，水生木；立夏，火代木，木生火；立冬，水代金，金生水；立秋，以金代火，故至庚日必伏。庚者金，故曰伏也。'"

中井积德曰："当时未有五行相尅之说。《正义》'历忌释'当削。"

五行学说起源虽然很早，《礼记·月令》中已出现五行四季说，但五行相克之说在汉代才逐渐形成。《正义》用后代的《历忌释》去注《秦本纪》中出现的节气历法的做法是不正确的，这也是注释古书时容易犯的错误。

《秦本纪》："并诸小乡聚。"

《正义》："万二千五百家为乡。聚犹村落之类也。"

中井积德曰："既曰小乡，必无定数，只大于聚耳。"

乡作为行政区划的单位，所辖范围历代不同。《正义》对"乡"的注释源自《周礼·大司徒》"五州为乡"的郑玄注"万二千五百家"。中井积德认为这里"乡"是泛指，并不如《正义》所注有确切规模。

《秦本纪》："尊唐八子为唐太后。"

《正义》："孝文王之母也。先死，故尊之。晋灼云：除皇后，自昭仪以下，秩至百石，凡十四等。《汉书·外戚传》云：八子视千石，比中更。"

中井积德曰："不得援汉制解秦官，晋灼非。"

《周礼》规定，天子立一后、三夫人、九嫔、二十七世妇、八十一御妻。秦始皇统一天下，始建皇帝皇后称号，帝祖母曰太皇太后，帝母曰皇太后，嫡妻曰皇后，妾皆称夫人。西汉，经汉初、武帝、元帝的订立和增修，嫔御名号有昭仪、婕妤、娥、容华、美人、八子等十四等，且各有爵位。而秦时并没有对妃嫔有明确的等级、俸禄等规定。晋灼引《汉书·外戚传》解释"八子"的爵位，确实是犯了中井积德批评的"援汉制解秦官"的错误。

五、对《史记》体例和取材的评论

《史记雕题》在训释字词、疏通文意的基础上，对《史记》的体例特点、取材范围、叙事特点等问题也有许多精到的论述。

如在全书之首的《五帝本纪》篇名下，中井积德批注："凡帝纪称本者，对诸侯明本统也。本,干也,谓宗也。《诗》云:'本支百世'。纪是纲目之纪,谓相比次有伦理也。"明确提出了自己对《史记》中"本纪"这一体例的理解。类似这样的批注还有很多,如:

《伯夷列传》"其传曰:伯夷、叔齐,孤竹君之二子也"句下,中井积德曰:"《论语》称逸民,似非国君之子。孤竹尤可疑。及兄弟之让,孔孟所不称焉。"

《论语·微子》:"逸民:伯夷、叔齐、虞仲、夷逸、朱张、柳下惠、少连。子曰:不降其志,不辱其身,伯夷、叔齐与!"①将伯夷、叔齐归入"逸民"中。战国诸子也并没有说到伯夷、叔齐是孤竹君的儿子,《庄子·让王》中讲:"昔周之兴,有士二人。处于孤竹,曰伯夷、叔齐。"②《吕氏春秋·诚廉》中也说他们是"士",《孟子》说他们避居北海之滨。不知《史记》此处的依据是什么,中井积德对此处记载表示了怀疑。

《伯夷列传》"遂饿死于首阳山"句下,中井积德曰:"《论语》唯称饿于首阳之下,而不言以死。死字,肇于诸子。"

此处中井积德指出《史记》的记载与《论语》不完全相符,《论语》中曾四次提到伯夷、叔齐,但没有说及他们的身世,只是提到二人隐居到首阳山。《论语·季氏》说:"齐景公有马千驷,死之日,民无德而称焉。伯夷、叔齐饿于首阳之下,民到于今称之。"③这里"饿于首阳"的意思并不是说"饿死",而是指在首阳山过着贫困的隐士生活。《吕氏春秋·诚廉》中说"二子北行,至首阳之下而饿焉"④,也未提及饿死。而二人饿死在首阳山实出自诸子的演绎。《庄子》里多次提到伯夷、叔齐是饿死的,《韩非子》中提到"古有伯夷、叔齐者,武王让以天下而弗受,二人饿死首阳之陵"⑤;在《史记》里,司马迁把

---

① 杨伯峻撰《论语译注》,中华书局1980年,第197页。
② (清)王先谦《庄子集解》,三秦出版社2005年,第423页。
③ 杨伯峻撰《论语译注》,中华书局1980年,第178页。
④ 许维遹撰《吕氏春秋集释》,北京市中国书店1985年据1935年清华大学版影印,第10页。
⑤ 陈奇猷撰《韩非子集释》,上海人民出版社1974年,卷四,第251页。

伯夷叔齐的故事讲得更具体,说他们是耻食周粟,以至饿死。可见《史记》取材范围不局限于儒家经书,也包括了大量的诸子著作中的记述。

《孙子吴起列传》"田忌从之,魏果去邯郸,与齐战於桂陵,大破梁军"句下,中井积德曰:"桂陵马陵之役,元是一事,而传录者异也,太史公并录之。"

据史书记载,桂陵之战是在周显王十五年(前354年),孙膑、田忌围魏救赵,之后在桂陵以逸待劳,伏击庞涓大胜,既解了赵国之危,又重创了魏国。马陵之战是在周显王二十八年(前341年),魏国用全国的兵力来打齐国,孙膑用了减灶之计让庞涓放松戒备,取轻骑追击,在马陵先歼灭了庞涓的轻骑,后又打败了太子的援兵,庞涓自杀,太子被俘,魏国就变弱了。

因桂陵之战和马陵之战均是孙膑指挥,且采取了相同的战术,再加之文献对这两次战役的记载并不是十分详细,所以一些学者认为这两次战役是一次。《史记》中对于这两次战役的记载基本上是采自《战国策》,但比《战国策》的记述更加详细。

中井积德认为桂陵马陵之役元是一事,认为这是司马迁融合各家之说致误。姑且不论中井积德的观点是否正确,作为一家之说可供参考。

《伍子胥列传》"乃掘楚平王墓,出其尸,鞭之三百,然后已"句下,中井积德曰:"平王死经十有余年,纵令掘之,朽骨而已,非有是稍近人情,似得实。"

史籍中最早而又最明确地记载伍子胥"掘墓鞭尸"的是《史记》。《春秋》、《左传》及先秦诸子中都没有伍子胥鞭尸的记载。《吕氏春秋·首时》曰:伍子胥"亲射入宫,鞭荆平之坟三百。"① 这里说的还只是"鞭坟",而不是"鞭尸"。与《吕氏春秋》记载大致相同的还有《春秋谷梁传》。在《伍子胥列传》的"太史公曰"中,司马迁还高度赞扬伍子胥:"向令伍子胥从奢俱死,何异蝼蚁。弃小义,雪大耻,名垂于后世,悲夫!方子胥窘于江上,道乞食,志岂尝须臾忘郢邪?故隐忍就功名,非烈丈夫孰能致此哉?"可以看出,司马迁是极力渲染和塑造伍子胥隐耻雪恨的烈丈夫气概和大侠形象,所以为伍子

---

① 许维遹撰《吕氏春秋集释》,第15页。

胥单列一传,刻意描述了其壮烈的事迹。"掘墓鞭尸"的情节是司马迁为了突出伍子胥的形象,刻意进行的加工和夸张。

中井积德是从客观实际出发,指出《史记》记载的不合情理。但"实录"与"爱奇"的结合正是《史记》的一大特色,也反映了司马迁作《史记》时文史还没有明确分野的时代背景。

《秦本纪》:"九年,晋定公与吴王夫差盟,争长于黄池,卒先吴。"

《集解》:"徐广曰:《外传》云吴王先歃。"

中井积德曰:"此及《晋世家》云'先吴',据《国语》也。《吴世家》云'长晋',据《左传》也,宜从一。"

《仲尼弟子列传》:"与晋人相遇黄池之上。吴晋争彊。晋人击之,大败吴师。"

《索隐》:"《左传》黄池之会在哀十三年。越入吴,吴与越平也。"

中井积德曰:"据《左传》,黄池之会,无战斗,此恐讹传。且越入吴,在吴晋争强之前。"

先秦以来的史书对黄池之盟的结果有不同的说法。其中《左传》详细记载了晋国先歃血的过程,说明是晋国成为了盟主。《史记·吴太伯世家》中采取的是《左传》中的说法,记述为"鞅怒,将伐吴,乃长晋定公。"《国语》中对此事的记载却是吴国对晋国实施武力,迫使晋国尊吴为盟主。《史记》《秦本纪》、《赵世家》、《晋世家》等篇和《国语》的记载相同。

《史记》中由于各篇材料来源不同而导致同一事情的记载各篇有异的情况有很多,这些就是自班固时就已指出《史记》的"抵牾"之处。对这些地方,中井积德都是指出其材料来源,并进行简单分析。

《商君列传》"行之十年,秦民大说,道不拾遗,山无盗贼,家给人足"句下,中井积德曰:"据《秦纪》,'十年'当作'七年'。是变法七岁,当孝公即位之十年,而以鞅为大良造也。"

此处中井积德指出的《秦本纪》与《商君列传》中"十年"和"七年"的差异,很有可能是由于"十"与"七"字形相近,抄写时形近而讹。不一定是司马迁著史时的错误。

《商君列传》:"商君相秦十年。"

《索隐》:"《战国策》云孝公行商君法十八年而死,与此文不同者,案此直云相秦十年耳,而《战国策》乃云行商君法十八年,盖连其未作相之年耳。

中井积德曰:"(商君)自为大良造至死,得十五年,相秦十年,举大数者邪?抑大良造之后,商君之前,别有相国之命,而记录漏脱邪?"

《商君列传》记载商鞅相秦十年,与《战国策》及《史记·秦本纪》的记载不合,对此历代学者多有指出,对其原因多为猜测,没有充分的证据来证明。对此,中井积德依然保持了他阙疑的态度,只是列举出《史记》如此记述的几种可能性,并不做判断。

中井积德的《史记雕题》和梁玉绳的《史记志疑》是泷川资言《史记会注考证》中引用最多的两部著作。读《史记会注考证》时,我们会发现泷川多次提到"中井积德同梁说",或在引中井积德的说法之后说"梁说同",也常有将两人基本相同的说法同时抄录的情况。如:

《秦本纪》"秦之先为嬴姓。其后分封,以国为姓"句下,中井积德曰:"秦女嫁诸侯称嬴姓,如晋穆嬴是也。然则秦姓嬴而氏赵也。汉以来姓氏混淆,史公之言欠明晓。"

梁玉绳曰:"史公混姓氏为一,故凡以国为姓,其实氏也……。"

中井积德和梁玉绳的说法基本一致。

《秦始皇本纪》:"始皇帝五十一年而崩。"

中井积德曰:"始皇十三而立,在位三十七年而死,年正五十矣。'一'字盖衍。"

《史记会注考证》:梁玉绳说同。

《殷本纪》:"契长而佐禹治水有功。"

中井积德曰:"契治水之功,所未见。且舜命为司徒,是禹命为司空之日矣。治水在其后,恐史迁误。"

泷川:梁玉绳说同。

《秦本纪》："葉阳君悝出之国,未至而死。"

中井积德曰："'葉阳'当作'華阳'。"

梁玉绳曰："'華'形近'葉',传写致讹。"

《秦本纪》："攻汾城,即从唐拔宁新中。"

中井积德曰："宁新中,年表及《楚世家》皆作'新中'。"

梁玉绳曰："凡言'新中'者,并脱'宁'字。"

《秦本纪》："秦妻子圉以宗女。"

中井积德曰："据《左传》,穆公以其女妻子圉也。'宗'字恐谬。"

《史记会注考证》:梁玉绳说同。

　　清代的考据学著作,早在江户中期以后就已陆续流传至日本。这些丰富的汉学研究资料,不仅拓展了日本学术界的视野,也促进了江户考证学派的形成。中井积德作《史记雕题》时极有可能见到了梁玉绳的《史记志疑》,并借鉴了其中的成果。当然,也不排除两人运用相同的资料,得出近似结论的可能。中日两国的《史记》研究也正是在两国学者相互借鉴,相互交流的过程中不断深入和发展。

　　在《史记会注考证》问世之前,《史记雕题》被誉为日本《史记》研究的最高峰。池田芦洲认为:"《史记雕题》主于本文,及于'三家注'及'评林'之说,纠正其误。对于本文往往有前人未发的创见,即使对于论赞,也时时纠弹其偏失,和梁玉绳的《志疑》一起,成为和汉《史记》参考书的双璧。"这是对《史记雕题》准确的定位和评价。

《史记雕题削柿》

　　中井积德《史记雕题》在日本影响很大,传播甚广,有多种版本流传。《史记雕题》最初没有刊印,以抄本形式流传,在日本流行的抄本,大致可分为三大类。第一种是中井积德手写本,是在《史记评林》本上栏直接手书"雕题",大阪大学怀德堂文库藏有中井积德稿本三十八册。第二种是对原稿本的抄写,与中井积德稿本形式完全相同,以大阪大学怀德堂文库藏三村昆山抄本三十册为代表。第三种是不抄《史记》原文,只是抄录"雕题",有十册本、七册本、五册本等多种。

　　自班固指出《史记》"十篇有录无书"以来，后代学者继承此观点认为《史记》中有些篇章不是出自司马迁之手。历代学者多有考证。中井积德作《史记雕题》时，对司马贞所补《三皇本纪》以及"有录无书"的十篇，均在目录上注明"今删"。包括《秦本纪》卷尾、《景帝本纪》、《武帝本纪》、《汉兴以来将相名臣年表》、《陈涉世家》卷尾、《礼书》、《乐书》、《三王世家》、《傅靳蒯成列传》、《扁鹊仓公列传》卷尾、《龟策列传》等篇。在《历书》篇名下注："《历》、《天官》二书亦在太史公笔当删者，然二书不在'有录无书'十篇，故姑存之以俟后考。"在《日者列传》篇名下注："《日者传》元在当删之等，但以其文辞可惜也特存之，非以此为太史公之笔。"

　　无穷会所藏抄本《史记雕题》正文之后附《史记雕题削柿》二册，未署名。据二松学舍大学编《江户汉学书目》著录为竹岛簧山编①。此书分为上、下两卷。仿照《史记雕题》的体例，对《史记雕题》删去未加注解的篇章逐篇进行注释。内容主要为疏解文义并指出《史记》正文及《史记评林》中的错误。如：

　　《三皇本纪》篇题下注："补纪当削去。"

　　《秦本纪》"襄公立享国十二年云云，初志闰月"条下注："是以下后人之附益，非太史公所知，宜删去。闰肇书于《尧典》，历代不改，若无用则岁不成矣。且秦奉周正朔，何至此初志闰哉、谬矣。""孝公立才六年云云"条下注："烦复冗杂至此而极矣。不知何谓。""周王"之下脱文○箕子比干与子婴非伦。"

　　《礼书》："是篇注释错谬尤甚，学者且就载记陈注考之可也。此不悉辨焉。""当时儒者无见识，开口则云明堂辟雍以至郊祀封禅，与其节俭蓄积之业莫与不相反也。文帝之不用，宜矣哉。不得以此疵瑕文帝。""'垂之于后云'以上亦似太史公之文，不知何谓也。恐非褚少孙所能补。至其下引荀子固是少孙之手段矣。"对《礼书》中涉及到的问题发表己见，但多为笼统而言。

　　① 《江户汉学书目》，日本二松学舍大学 21 世纪 COE 项目，2006 年，第 106 页。

《孝武本纪》"以少君为神敬百岁云云　伺神三一"条下注"《封禅书》'为'字在'少君'上。/班《志》无'神'字。"将《孝武本纪》、《封禅书》及《汉书·郊祀志》相比较。比较文字异同并有简单判断。

《史记雕题削枾》不仅注释正文，校订文字，对注文也有考订。如：

《孝景本纪》"注'仲子敬'之下当有'沛侯'二字。""注'二十一年'之下脱'反'字。""注下'悼惠王'三字衍。'故昌侯十年反'当作'故平昌侯立十一年反'。""注'杜'字疑当作'豫'字。""'而传'之'而'疑当作'之'字〇注错误。"这里提到的"注"均指《史记》三家注。

江户时代的《史记》研究成果众多，除以上几家外还有多部《史记》研究专著问世。如：

恩田仲任《史记辨误》

恩田仲任（1743—1813），名维周、宜允，字仲任，通称新治，号蕙楼。为名古屋藩儒。年轻时跟随松平君山学习。主要汉学研究著述有《毛诗管窥》一卷，《国语考》五卷，《荀子考》二卷，《淮南子考》二卷，《史记考》五卷，《汉书考》二卷，《汉书质疑》一卷等。

《史记辨误》一册，自《伯夷列传》始，至《廉颇蔺相如列传》终。挑选各篇中重点字词，分条考证。体例为先抄录《史记》相关正文及"三家注"，之后以"仲任按"的形式进行考证。第一条为"诗书虽缺"：

> 《伯夷列传》曰："诗书虽缺，然虞夏之文可知也。"《索隐》曰："《孔子系家》称古诗三千余篇，孔子删三百五篇为《诗》。今亡五篇。"仲任按：《诗》三百十一篇，六篇有其义而亡其辞。亡与无同，所谓六篇皆笙诗也，本无其辞，非至后世缺亡。《索隐》注非。太史公所谓缺者，谓若《硕人》篇缺"素以为绚兮"一句也。

恩田仲任不同意《索隐》所言《诗》有五篇亡佚的说法，赞同朱熹"笙诗"说，并进一步疏解司马迁所言"诗书虽缺"之"缺"是指经典在流传过程部分文句缺失，并非如《索隐》理解专对《诗经》而言。恩田维周这种理解相对通达。

其辨误内容很广,有字词音义的注释,如"恣睢","鲜口","睚眦"等;有对篇章文意的疏解,如"其重若彼","砥行立名","彼有以失之也"等;有对书名、人名、地名的考证:"越绝书","卑梁氏","宓不齐","颜无繇","阳晋","海阳"等。

古贺煜《史记匡谬》

古贺煜(1778—1847),本姓刘,名煜,字季晔,通称小太郎,号侗庵。任幕府儒官,昌平黉教官。精通诸子百家,汉学著述上百种。是江户时代著名儒学家,生徒众多,在当时影响很大。

本书将《史记》中记事与《左传》中相关记载逐一对比,并参考相关典籍中的记述,纠正《史记》记事的错误。考证严谨可信。

龟井昱《史记考》

龟井昱(1773—1836),字元凤,通称昱太郎,号昭阳、空谷、天山。福冈藩儒。著述宏富,主要有《孝经考》、《周易考》、《毛诗考》、《尚书考》、《左传参考》、《国语参考》、《国策参考》等。其《史记考》考证范围涉及《史记》全书,解说大部分是抄录陈明卿的《史记考》,并加以按断。此书为写本,现载日本庆应大学图书馆。

村尾元融《读史记》

村尾元融确切生平不可考,江户时代汉学家。《读史记》抄录《伯夷列传》及以下数篇列原文,在栏上有很多批注,有些批注是写在纸片上再粘在相关页上。注解内容包括对《史记》体例及语句的解释,对文字的校订,对年代、典制名物等的考证和疏解。引用先儒之说,再以按语的形式加入自己的疏解。此书为写本,现藏日本东北大学图书馆。

清田绚《史记律》

清田绚(1719—1785),字君锦、元琰,通称文平,号儋叟、孔雀楼主人。福井藩儒。起初追随徂徕学派,后宗奉程朱理学。擅写文章。著述主要有《孔雀楼笔记》四卷,《孔雀楼文集》七卷,《五经旁训》十一卷,《史记律》六卷,《资治通鉴批评》十卷等。

《史记律》的"律"是指《史记》的著史体例及谋篇布局、遣词造句的轨范和规律。全书分篇对《史记》中的重点字词进行训释,考证史实,校订文字,评论文章写法,侧重从"句法"、"文法"的角度进行分析,其中不乏真知灼见。体例为摘抄《史记》各篇中的重点字句,以"正法"、"纪传正法"、"详略得法,后辈可为式"、"变法"、"符上"、"伏下"、"伏笔"、"长句"、"'其'字可疑"、"一句"、"一段"、"文出一段"、"一转"、"二转"、"眼目"、"破题"、"'衣'上句"、"句"、"奇句"、"字妙"等标注,提醒读者注意。此书在江户时代点评《史记》文法、句法和文章特色,从文章学角度研究《史记》的著作中属上乘之作。

唐代之前,人们更多关注的是《史记》在史学方面的价值。唐代古文运动兴起,古文家们反对六朝以来占据文坛的骈体文,将《史记》作为先秦两汉优秀散文的代表来学习,《史记》的文学价值才被真正关注。其后《史记》在古文家心目中的地位不断提高,并成为其学习的典范。宋代文人开评论《史记》之风,开始具体分析《史记》各篇的叙事风格和特色,注重评论《史记》的语言特色。宋代已有专门研究《史记》字法的专著,如洪迈《史记法语》,专门摘录《史记》中有特色的字句为参加科举考试的学子提供借鉴。明代中后期,文坛上掀起复古思潮,前后七子、唐宋派都将《史记》作为效法和学习的榜样。唐顺之、归有光、茅坤等对《史记》推崇备至,都评点或评抄过《史记》。文学家的倡导使《史记》的影响日益扩大。

《史记》是纪传体,通过记载人物事迹来反映历史的变化,其五种体例的安排都有深意,甚至每篇篇名也都蕴含了司马迁的褒贬态度。司马迁长于叙事,在篇章结构及段落字句的处理上变化无穷。运用个性化语言,细节描写,心理描写,气氛渲染等多种艺术手段,在复杂的矛盾冲突中刻画人物是司马迁常用的笔法。历史人物一生的事迹繁多,这就要求每篇传记必须有一主线,来贯穿起重要的关键的历史事件。而司马迁常常通过一些关键字来表现这一主线,《史记》各篇都是围绕着"作眼"的字句来展开叙事的。

　　明代史抄盛行,出现了各种形式的《史记》选本,促进了《史记》评点的发展。明代复古思潮和文人对科举八股制义的需求,使对《史记》的文学评点到明代中后期达到兴盛。明代评点《史记》的学者数量众多,评点内容涉及历史人物、历史事件、编纂体例、文学手法等方面,而尤以对文学手法的评点最为突出。明代学者已经充分意识到《史记》每篇都有一个主旨,所以在点评中常指出"一篇之大旨";"一篇领袖","通篇以'法'字作骨"等,抓住各篇的要害所在,引导读者深入领会每篇的独特之处。

　　所谓文学评点,"评"包括总评、眉评、夹评、旁评、尾评等形式,对章法句法、谋篇布局等叙事写人的技巧进行评论。"点"则是用彩色的笔对原文中的精彩之处进行圈点和勾画,以引起读者注意并引导读者去领会和体味作品的文学内涵。这种评点的形式灵活自由,语言浅显易懂,容量比较大,既有对作品的总体评论,也有对细节的具体分析;既可以品评人物,也可以考证事实。评点者通过细读文本对作品有深刻的理解和准确的把握,有感而发,用评点的方式将自己的见解传达给更多的人,对帮助读者更好地理解和欣赏作品具有特殊的意义和作用。

　　评点是对文本的细读,而细读的基础就是对篇章结构及其关键要领的把握。这类评点是《史记》文学评点的重要组成部分。明代的《史记》评点从词句、章法、叙事、写人等方面深入挖掘和仔细阐释,对读者阅读理解《史记》有很大的帮助。而《史记》文学评点的兴盛也在一定程度上促进了明代文学的发展。文学家一方面评点《史记》,一方面把《史记》作为学习的典范,将其体现在自己的文学创作中。

　　清代学者在探讨《史记》写作手法和技巧时,注重结合《史记》的内容来分析。方苞提出"义法说",强调内容和形式的统一,从对材料的取舍,叙事的详略,叙事结构及语言运用等方面去探寻《史记》的内在意蕴。其主张在清代影响极大,这比明代学者往往脱离内容而空谈《史记》的文章结构、转折波澜等有很大进步。其后牛运震、吴见思等人在细读文本的基础上对《史记》的评点都可看作是对这一理论的实践。如吴见思《史记论文》在重要的字旁加圈,句下有小评,篇尾有总评。尾评详略不一,常分为若干节,每节起处标以圆圈,眉目清楚。

义法说对《史记》文学研究产生了巨大影响。内藤湖南《中国史学史》中讲:"直到清代才逐渐出现了对《史记》能够做出精密评论的人物。例如在古文家中有方苞(望溪)的评论,虽说他做的还只是对各个局部的评论,但却是相当透彻的评论。"①方苞的"义法说"将对《史记》的研究推向了一个新的高度。清代桐城派学者对推动《史记》文学研究的深入做出了重大贡献。圈点或过录圈点是桐城派学者公认的学习经典的方法。在面对《史记》等经典时,他们过录诸家评点,同时经过自己的思考、选择和深入阐发,对文章的脉络、提顿、关锁等加以评点,体味和揭示文章的精彩华妙之处,最后形成一家之言。所谓过录,实际上是一种汇集、筛选和疏通,是在前人注释的基础上,以自己的学识将其融会贯通,将此前较分散的注释作选择性的汇集,进而形成更为周全和细密的注释评点体系。方苞、刘大櫆、吴汝纶等人的《史记》评点之作在日本都广为流传。

清代学者不仅用义法说来评论《史记》,还通过编撰古文通俗读本,如方苞的《古文约选》,姚鼐的《古文辞类纂》,曾国藩的《经史百家杂钞》等,选录《史记》文章并加上评点,供人阅读学习。清人《史记》评点之作有的是沿袭《史记评林》的方式,在原文的行间及天头等位置点评,还有一类是脱离原文,只有评论,并按《史记》原来的篇章顺序汇集成册。如方苞《史记评语》,牛运震《史记评注》,郭嵩焘《史记札记》等。这种脱离原文,只有注释和评论的阐释形式类似于读书笔记,便于在读书的过程中将心得随手记下。

清代学者注重对叙事技巧的探讨,注重对伏应、断续、虚实、繁复等具体方法的分析,并由小说评点引入一些特殊的术语,如"草蛇灰线"、"急脉缓受"等。评点者将自己阅读和写作的感悟及经验融入到评点中,从而使评点的重点和术语都具有个体的差异性。其术语主要有"伏笔","照应","断

---

① 〔日〕内藤湖南撰,马彪译《中国史学史》,上海古籍出版社 2008 年,第 80 页。

续"，"开合"，"张弛"，"繁复"，"宾主"，"虚实"，以及提缀法、倒插法、夹叙等。

清代无论史学家还是文学家，在研究《史记》时皆不废考证。对《史记》文字的脱衍讹误，史事的失实矛盾，地名职官的沿革变化，三家注的错误缺失都详加稽考，探本溯源，订讹补阙，并取得了很大成绩。王鸣盛、赵翼、钱大昕等考据学大家治《史记》虽以考证为主，但也会论及史事和人物。而何焯、方苞、吴见思、李晚芳、程余庆等学者则重在评论。各自的侧重点不同。

日本江户时代的学者受到明清学术的影响，其《史记》研究著作也表现出考证与评论并重的特点，由于各位学者的治学主张及特点不同，其著作的侧重点也各不相同。从冈白驹《史记觿》、重野葆光《史记节解》、皆川愿《迁史庋栖》、中井积德《史记雕题》可以清晰地看出江户时代《史记》研究发展的轨迹及中国明清学术思潮对日本汉学发展产生的影响。

第三章　日本《史记》研究的特点

第一节　《扁鹊仓公列传》研究

　　《史记》传入日本后，日本学者在阐发其史学及文学价值的同时，更注重对《史记》中所包含的各种经验的吸收。通过研读《史记》等篇章中所涉及的人物和事件为日本政治、经济等各方面提供借鉴和参考，为日本社会的发展提供方法和依据，是《史记》在日本特有的价值。《扁鹊仓公列传》作为最早的医家传记，受到日本汉学者及医者的关注，在室町时代僧寿桂所著《幻云史记抄》就对《扁鹊仓公列传》做了详细注释，其中引用了大量中国医书，其中一些是今天已经亡佚的医书。到江户时代，《扁鹊仓公列传》成为日本医者必读之书，日本学者对《扁鹊仓公列传》的研究成果成为今天的《史记》研究及中医研究领域的重要文献。

　　在中国，自汉至清医学常被视为"小道"，不被重视。班固《汉书》删掉了《仓公传》，东汉名医张仲景在《后汉书》中无传，《三国志》记载汉末著名医家华佗"本作士人,以医见业,意常自悔。"①韩愈《师说》中讲:"巫医乐师百工之人,君子不齿。"宋代高保衡、林亿认为《素问》虽是"三皇遗文","惜乎唐令列之医学,付之执技之流,而荐绅先生罕言之。去圣已远,其术晻昧,是以文注纷错,义理混淆……以至精至微之道,传之以至下至浅之人,其不废绝,为已幸矣。"②元代马端临将医书与卜筮、种树之书相提并论,认为均属于小道异端③。清代曾国藩也认为医者为小道,扁鹊应与日者、龟策放在一起,概述即可,不必单列一传详细记载④。传统观念对医书的轻视也是造成流传至今的先秦至隋唐的文献记载资料匮乏的重要原因。

在日本,"儒"与"医"之间有着密不可分的关系。中国儒学传入日本后,到江户时代达到兴盛,在整个日本社会意识形态和思想领域占据主导地位。医学既是"仁术"与"格物穷理"之一端,又与所有人的生活需求密切相关,因而受到知识分子的关注。一个既有高度儒学素养,又有精湛医术的"儒医"群体的出现,是江户时代一个重要的文化现象。儒和医两种身份相互出入或并存一身的现象也受到了日本学者的关注,日本学者伊藤仁斋的《儒医辨》,太宰春台的《儒医论》等著作中都对儒和医两者的关系多有讨论。

日本政府从奈良朝起向中国派出遣隋使和遣唐使,这些使者带回日本的汉籍中就包括很多医学典籍。同时,还有一些长期在中国学习的"留学僧"和进行短期学术访问的"请学僧",他们回国时也将中国医书的手抄本带

---

① (晋)陈寿《三国志·魏书·卷二十九华佗传》,中华书局1982年,第802页。

② (宋)林亿、孙奇、高保衡《新刊补注释文黄帝内经素问序》,(清)陆心源《皕宋楼藏书志·卷四十三子部·医家类》,清光绪万卷楼藏本。

③ (元)马端临《文献通考·卷一百七十四经籍考一》:"六籍虽厄于煨烬,而得之口耳所传、屋壁所藏者,犹足以垂世立教,千载如一日也。医药、卜筮、种树之书,当时虽未尝废锢,而并未尝有一卷流传于后世者。以此见圣经贤传,终古不朽,而小道异端,虽存必亡,初不以世主之好恶而为之兴废也。"中华书局2011年,第5190页。

④ "为良医立传,无所不可,要以略著大指,明小道之不可废,与《日者》、《龟策》诸传相附,撅一二事以为类足矣。繁称奚为者?"(清)曾国藩撰《曾文正公诗文集·文集卷二·书扁鹊仓公传》,上海商务印书馆民国二十六年(1937)年,第120页。

回日本。日本平安时代藤原佐世奉敕登记日本图书并于宇多天皇宽平三年（891 年）撰成《日本国见在书目》，收录医书 166 部，1107 卷，其中包括不少后来在中国散佚的医书。

江户时代，大量关系民生的实用汉籍作为商品传入日本。为严防天主教出版物的传入和商贸业务自身的需要，入港船只需要将所运载书籍目录呈上，由此留下了第一手原始文献"赍来书目"。以享保四年（1719）第 29号南京船的"赍来书目"为例，一船一次带到日本的书籍有 52 种，198 部，其中医书计 18 种，70 部，占三分之一①。据真柳诚调查，江户时期传到日本的中国医籍达 980 种②。这些书籍为日本汉方医学的发展立下了汗马功劳。

江户时代中期，受中国清代考据学的影响，考据之学在日本逐渐形成规模。如狩谷棭斋主办"说文会"，以考据学为授课内容，很多医者在此学习，并将考据学的治学方法用于汉方医学领域，形成汉方医学考证派。这些汉方医学考证派学者主要集中在江户，并经常举行学术交流活动。他们在对传到日本的中医古籍进行考订的过程中，广泛参考和引用中国学者的说法，并加以融合折衷，使在中国相对被忽略的医书考证在日本得到了良好的发展。江户后期出现了中医典籍及其研究成果由日本回传中国的现象。一些流传到日本的中国医书，在中国已失传，这些经日本学者校勘整理和注释后又传回中国的和刻中医古籍弥补了部分中国亡佚古医籍的缺憾。日本医学考证派学者的研究成果也受到中国学者的关注。

日本医学考证派关注中国古典医学著作的原因是多方面的。首先就是教学的需要。多纪元孝于明和二年（1765 年）在江户开设私立医学校，专门教授医官的子弟，名为跻寿馆。宽政三年（1791 年），跻寿馆由私学馆变为官

---

① 〔日〕大庭修整理，收入《关西大学东西学研究所研究丛刊》（一），关西大学东西学研究所 1967 年。

② 〔日〕真柳诚、友部和弘《中国医籍渡来年代总目录（江户期）》，《日本研究》第七辑，京都人间文化研究机构国际日本文化研究所 1992 年，第 151—183 页。

立学馆,更名为江户医学馆。作为江户医学馆的创始人,多纪家族祖孙三代在日本医学考证派中占据重要地位①。医学考证派医家们借助江户医学馆这一中心,构成了一个具有相同学术倾向的群体。多纪氏要求官医的医案、提问及有关病症的诊疗,必须用汉文完成,成为医学馆的惯例。医学馆十分重视儒学经典的学习,聘请江户时代著名的儒学大师来讲解《论语》、《诗经》等儒家经典。为医学馆的学问发展打下了坚实的基础②。

江户医学馆教授生徒,在教学过程中对一部医书常常要讲解上百遍,自然需要对其文字进行考证研究。他们旁征博引,除引用医学书籍外,还大量参考经史子集和字书等,在详细考证的基础上加入自己的新见解。江户考证学派的医家多为幕府或诸藩的医官,社会地位较高,对收集文献资料十分有利。他们收集写本和刻本,将久隐不显的中医古籍公之于世,医学馆非常重视古医书的影抄、翻刻和出版,并在社会上形成风气。如京都儒学考证派名家皆川淇园指导弟子们将"上自经传,下涉百家"的著作中与医学有关的内容,"立门分类,类聚成语,国字译之,编成命曰《医案类语》,盖为初学习者撰也。"③

扁鹊作为医家之祖,为历代王朝所封祭并为后代药师和医师们所崇拜。北宋仁宗时封扁鹊为神应侯,元代陶宗仪《南村辍耕录》称扁鹊为神应王。明代吕复评论诸医首起于扁鹊,说:"扁鹊医如秦鉴,烛物妍媸不隐;又如奕秋对敌,着着可法,观者不能测其神机。"④清代时扁鹊与黄帝、岐伯、仲景被

---

① 多纪家族的祖先为汉灵帝的五世之孙阿智王,为避乱而于应神天皇时携七姓之民归化日本.自二代志挙直开始居于丹波国,至其六代传人康赖(912—955)乃以丹波为姓.康赖修医术,位居医博士,并因编著《医心方》而名垂史册。多纪元惠的七世祖以先祖之名"兼康"为家号,在德川家康掌权后,为避其讳而改姓"金保",传五代后始改姓"多纪"。自改姓金保后,连绵十一代皆以考证之学著称。

② 〔日〕町泉寿郎《医学馆的学问形成(1)——医学馆成立前后》,《日本医史学杂志》2000年,第3期第358页。

③ 〔日〕中山玄亨《医案类语序》,〔日〕皆川淇园译定《医案类语》,京都:皇都书林,安永三年(1774)刻本。

④ (清)方濬师撰,盛冬铃点校《蕉轩续录》卷二,中华书局1995年,第581页。

并称为"医家四圣"。司马迁《史记》最早为扁鹊作传,《史记·太史公自序》:"扁鹊言医,为方者宗,守数精明,后世循序,弗能易也,而仓公可谓近之矣。作《扁鹊仓公列传第四十五》。"将扁鹊视为医家之鼻祖。日本江户时代的儒医对《扁鹊仓公列传》的重视程度和研究成就超过了同时期的中国学者。如多纪家族几代人都对《扁鹊仓公列传》做了全面深入的注释和研究。

多纪元简(1755—1810),字廉夫,幼名金松,长称安清,号桂山、栎窗,通称安长。是改姓多纪后的第三代传人。自幼思维敏捷,过目不忘。随父习医,又从井上金峨学经书。在其父元悳主持的医学馆中任医学教谕,四十五岁时成为将军家齐的侍医御匙。元简的著作很多,其历经二十年的时间,采撷数十家之说并加自己论断而成的《伤寒论辑义》与《金匮要略辑义》是其代表作。其著作除《扁鹊仓公传汇考》外,均已在中国出版。《扁鹊仓公传汇考》对《史记·扁鹊仓公列传》作了详细的梳理和考证,具有很高的学术价值。

日本考证派医家在校勘、注释医书的过程中,对医书的版本源流及书中所涉及的名词术语,字义读音,佚事趣闻等都多有考证。多纪元简遭贬时,集平日笔记而成的《医賸》就是这种文字与典故考证的代表。多纪元简《医賸》中有专门条目《扁鹊墓》,广泛征引《酉阳杂俎》,范成大《揽辔录》、《石湖集》,楼攻愧《北行日录》,王兆云《挥麈新谭》,朱国祯《涌幢小品》,吴震芳《述异记》中有关扁鹊墓的记载及诗文等。其后为多纪元简的评论:"按诸书所载如此,虽是理之渺茫者,大抵不得死于当时,而其遗灵赫赫于千载之后者,关壮缪岳武穆之俦皆是。若我扁鹊,其技实旷古一人,而遂为醢所杀,其亦宜如此,不足深怪也。元好问尝作《扁鹊庙记》,详论此事。近沈归愚德潜亦有《题扁鹊墓》诗云……又陶西圃鋪诗云……又乾隆御制有数首。"可见其对历史上有关扁鹊的文献记载的熟悉及对扁鹊的深深景仰之情。

书中另有《黄帝时有仓公》条:"嵇康《养生论》李善注云:《经方小品》仓

公对黄帝曰:大豆多食,令人身重。予谓此陈远公石室秘录之祖。"①为黄帝时即有仓公提供了证据。

多纪元胤(1789—1827),号柳沜,多纪元简之子。著有《难经疏证》,《体雅》,《药雅》,《疾雅》,《名医公案》,《柳沜赘笔》和《医籍考》等,大都是考证性著作,而在中国广为流传的则是《医籍考》八十卷,收录清代道光之前中国医学著作三千多种,在每一种书名之下,都注明出处,卷数,存佚情况,且尽可能收集序言,跋语,作者传记,并加以考证。1936 年,多纪元胤的《医籍考》被收入广集日本汉方医家著作的《皇汉医学丛书》之中。此后人民卫生出版社又以《中国医籍考》为名,先后两次单版印行此书,成为中医研究者必备的参考书。其著作中对《扁鹊仓公列传》多有涉及,其观点对后代学者很有启发。

日本文教大学池田文库藏有江户时代学者的《史记·扁鹊仓公列传》注释和研究著作十几种,池田芦洲所列书目如下:

《扁鹊传割解》二卷,浅井图南著,南溟补考。明和七年(1770)刊。

《扁鹊传解》一卷,村井琴山著,作于安永六年(1777),写本。

《扁鹊传考》一卷,村井琴山著,作于安永六年(1777),写本。

《扁鹊仓公列传》一卷,池原云洞著,天明六年(1786)刊。

《扁鹊传注》一卷,菅井仓常著,天明七年(1787)刊。

《读扁鹊传割解》一卷,猪饲彦博著,作于文化三年(1806),写本。

《扁鹊传正解》一卷　附《阴阳论》一卷,中荃旸谷著,文政六年(1823)刊。

《扁鹊传解》一卷,石坂宗哲著,天保三年(1832)刊。

《影宋本扁鹊仓公传考异》一卷,堀川济著,嘉永二年(1849)刊。

《扁鹊传备参》一卷,堀川济著,嘉永二年(1849)刊。

《嘉永己酉影宋本扁鹊仓公传》一卷,多纪元坚著,嘉永二年(1849)刊。

---

① 〔日〕丹波元坚,丹波元简编著《聿修堂医术选·医賸》,人民卫生出版社 1983 年,第9—10 页。

《扁鹊仓公传汇考》二卷，多纪元坚著，元胤补，元坚附按，嘉永二年（1849）刊。

《扁鹊传问难》，伊藤凤山著，未刊。

《扁鹊仓公传续考》一卷，海保元备著，未刊。

《扁鹊仓公传管见》一卷，森立之著，未刊。

这些著作不仅对《扁鹊仓公列传》所涉及到的医学知识详加考证，还对该篇的文字音义、史料来源及版本校勘等做了详尽的考证。以下通过对其中几种著作的分析来对日本江户时代医学考证派的研究特点进行考察。

《扁仓传割解》二卷，安藤惟寅著，安藤正路补考。

日本文教大学池田文库所藏《扁仓传割解》有两种。一为日本明和七年（1770）六月初刻本，边栏上方抄录多纪元坚著《扁鹊仓公传汇考》，一为日本嘉永元年（1848）印本，边栏上方抄录猪饲彦博《读扁仓传割解》。全书之首为安藤惟寅的《序》[1]，卷末为其子安滕正路的《后

---

① 安藤惟寅《序》："余闻愧一夫不得其所者，调鼎之任也；患一字不能解者，学者之业也。司马迁修史有《扁鹊仓公传》，盖掇拾古书以修饰之，是以其文高古，其语隐微，虽老于儒良，于医者不能通晓也。矧业儒者视为医方，不敢剖释；学医者指为史传，不欲强解。遂弃不讲几二千年矣。差谬益繁，滞结更深。司马贞、张守节之徒暗中摸索，讹上传讹，无足取焉。于乎医经可据者无几哉，《内经》至矣，《难经》次之，又次之者斯传而已矣。岂可束之高阁哉？余自幼受读以至白首，初通其可通，阙如所不解，后独取其难解者，分剖而析。才短识闇，如坐丰蔀，终倦而废之。及官张藩为人说史，又及斯传，因喟然叹曰：'斯传也，非士之精医方而涉百家者必不能通焉。宜乎其久不讲也。顾当今之世精医方而涉百家者舍我其谁乎？我若不唱孰能和之？因勉读之百遍，恍如有得，遂刊除旧说，记注新义。凡所分晓十八九，虽未能摸膏揃髓，粗得割皮解肌，因名曰《割解》。凡字之谬者圈之以存旧，文之棘者会众说以传疑。窃拟汉儒释经变例不敢一毫自欺也。比于旧注之文理不辨，文理不明，粲然改观焉。至若扁鹊非一人，仓公医验其所自录上等说，先觉所未言而余自以为得也，具眼者或有取焉。此举也究察病之源，明治药之法，实温故之专务，学者之本分耳。所恨者偏国乏书，事欠考证；陋室无侣，制出独断，或不能无谬也。余年老心熿不能成，以岁月仓卒命梓而塞他之责。后之观者莫知吾勤严纠不逮，则无所逭罪也。凡草昧际唱者不全，和者成功，虽然陈吴不唱刘项不兴，今余将为斯传之陈吴，世岂无刘项乎？《诗》曰：虽有姬姜，勿弃憔悴。愿刘项业成日，毋嗤陈吴之憔悴焉。当明和丙戌之秋重阳日　张藩小臣平安滕惟寅撰。"

序》①。两篇序言都强调因为《扁鹊仓公列传》难解,前代注家较少且错误较多,所以要刊除旧说,记注新义,凡字之谬者圈之以存旧,文之棘者会众说以传疑,对《扁鹊仓公列传》作全面细致的考证和注释。

安藤惟寅(1706—1782),名正直,字惟寅,通称赖母,号图南、斡亭、笃敬亭。名古屋藩医。著作有《贻厥录》二卷,《客游观花记》二卷,《图南文集》十卷,《砭肋录》一卷,《扁仓传割解》二卷等②。

本书体例为抄录《扁鹊仓公列传》原文,原文句下以双行小注的形式征引各家之说,以"寅按"的形式加以论断和疏解。每页栏上有"路按",为安藤正路的按语,对安藤惟寅的观点进行纠谬或补充。

安藤惟寅在《扁仓传割解》中提出的最重要的观点是《扁鹊仓公列传》中的"扁鹊"实非一人,而是司马迁广采史料,杂糅各家记载,将各书中有关"扁鹊"的记载汇为一编而成的上古名医的合体,即"扁鹊"是周秦之间良医的通称。

---

① 安藤正路《后序》:"书者载道之具也,是以继往圣开来学者,不越乎言语文字之间,则书岂易言哉? 然书不尽言,言不尽意,大义可明,至剖析微言则必俟明者矣。五百年而王者与明者交兴,续夫千载不传之绪以阐明大道,谓之道统之传,虽吾医亦然。上古自炎晖云瑞,继天立极,仁民爱物之余,论药石之性味,穷疾病之诊治,而本经内经之制兴矣。中世有长桑、越人、阳庆、仓公及李、华、张、吴,下此以往刘、张、朱、李之辈振名于当世者几千人哉? 其著两篇书立言可以为万世之轨范者,不过越人、仓公、张机之三家也。其他无书之传,传亦为一家之言,则不可以为万世之法也。其传于当今而可以为法者,越人之《难经》,张机之《伤寒》、《金匮》是也。如仓公似无书,但司马迁所载医状二十五条者,仓公所自书云。至其审脉辨阴,望色察应,而说内外阴阳,补写先后则至矣,实可以为万世之轨范也。当今五百之期屡过矣,时当出明者,而名医不兴,则不言之教固不可仰,况去古久远,二经三书亦既残缺,则大义犹难明,况于微言乎? 是以师传陵夷倒行逆施不可胜言也。是家大人《割解》之举所由起也。今年《割解》既成,命路雠校焉。路自奉命朝读夕讲,谬误既正,至于大义则时有鄙见,不能无异同也。于是窃录所见以进大人,请其折衷。大人曰:汝之言亦有理,而所考非一言半句,今缮写已毕,大艰改窜,非老懒所胜,汝宜标所见于上也,是非两存,使观者择,不亦可乎? 路得书惶悚不置,以子批父之说似戾人情,虽然,严君所命不可乖迕,强遵其命,愿后人勿多罪焉。唯欲使人明其大义而已,至拆其微言,则俟明者之兴矣。明和六年己丑腊月穀旦朝请郎通事舍人上总别驾男正路撰。"

② 〔日〕小川贯道编《汉学者传记及著述集览》,日本名著刊行会昭和五十二年(1977),第 11 页。

　　他在"周秦间凡称良医皆谓之扁鹊"句下出注："寅按：扁鹊，上古神医也。周秦间凡称良医皆谓之扁鹊，犹释氏呼良医为耆婆也，其人非一人也。司马迁汎采摭古书称扁鹊名，集立之传耳。传中载医验三条，文体各异，可以证焉。盖虽司马迁而不知扁鹊非一人也，但受术于长桑君，治虢太子病，及著《难经》者，是即秦越人之扁鹊也。其诊赵简子者，见齐桓侯者，《国策》所谓骂秦武王者，《鹖冠子》所谓对魏文侯者，又为李醯所杀者，皆是一种之扁鹊也。注者不知而反疑年代龃龉，枉为之说，可谓谬矣。"

　　栏上有其子安藤正路的按语："路按：琅邪代醉曰古善医者名扁鹊，秦越人因名为扁鹊，虽既有此说，未论此传扁鹊非一人也。今家君始唱之，实看破千古斯传第一关，当与识者言耳。"

　　"名越人"句下注："《国策注》曰：扁鹊卢人，字越人。又按《周礼释文》引《史记》'姓秦，名少齐，越人'，今本无'少齐'字，恐《释文》为是，彼时所见本未缺也。越人似非名字。○寅按：以度越众人为名，何不可之有？既言齐人，何据以为越徼人乎？所谓少齐，疑是其字也，然史不载，未知然否耳。《释文》、《国策注》无足取焉。"

　　"扁鹊过齐，齐桓侯客之"句下注："寅按：别是一扁鹊耳，何可论年代之差迕也。"

　　"在赵者名扁鹊"句下注："寅按：此一语不必然也。扁鹊名闻天下，皆人之所呼而非所自称也。岂有在赵独名扁鹊之理乎？盖太史传闻之讹。"进一步阐发其扁鹊是"良医之通称"的观点。

　　"其后扁鹊过虢"句下注："寅按：注者不知扁鹊非一人，故致此纷纷之说。司马迁亦以为一人，故下'其后'字接续文脉，彼是交谬矣。"认为司马迁及后代注家均以为扁鹊为一人，故导致纷纭众说。

　　安藤惟寅认为《扁鹊仓公列传》中治虢太子、诊赵简子、见齐桓侯、骂秦武王、答魏文侯、为李醯所杀者，都不是专指一人。扁鹊是上古神医的代称，司马迁杂糅各家之说，将各书所载神医扁鹊的事迹合为一体，前代学者不了解，将司马迁笔下的扁鹊视为同一个人从而对篇中所载事迹及年代多有质疑。

各种文献中对扁鹊同一事迹的不同叙述以及在叙事年代上的矛盾一直是扁鹊研究中最引人瞩目的问题,如在《韩非子·喻老》中扁鹊望诊公元前七世纪初叶的蔡桓公;在《史记·扁鹊传》中,扁鹊又为前五世纪早期的赵简子诊断病情;在《战国策·秦策》中,扁鹊又曾试图用石具除去公元前四世纪末叶在位的秦武公脸部的疾病。

战国秦汉时期典籍中的扁鹊大多是以寓言故事中的人物出现的。如《韩非子·喻老》中对扁鹊望桓侯之色的故事的记载,具有明显的寓言性质。扁鹊通过望色诊病的事是可信的,而"齐桓侯"、"蔡桓侯"则未必是实指其人,只是作为旁证而存在的,《韩非子·安危》中讲:"法所以为国也而轻之,则功不立,名不成。闻古扁鹊之治其病也,以刀刺骨。……"①从"闻"字可知扁鹊的故事取材于民间传说而非史书记载。《战国策》中也有扁鹊诊病的记载,扁鹊身为医生,在与秦武王讨论病情时借题发挥,议论秦国之政,这里的扁鹊只是策士游说秦武王时所讲述的故事中的人物,其主旨在于说明武王不能知人善任,并非论述扁鹊医术如何②。而《列子·汤问》中所记载的扁鹊剖腹易心的故事,在当时的历史条件下是难以做到的,也显然是一则包含了古人科学幻想的寓言故事③。同样《鹖冠子·世贤》中所记载的扁鹊的故事

---

① (清)王先慎撰,钟哲点校《韩非子集解》,中华书局 1998 年,第 200 页。

② 《战国策·秦策二》:"医扁鹊见秦武王,武王示之病,扁鹊请除。左右曰:'君之病在耳之前、目之下,除之未必已也,将使耳不聪、目不明。'君以告扁鹊。扁鹊怒而投其石,曰:'君与知之者谋之,而与不知者败之。使此知秦国之政也,则君一举而亡国矣!'"何建章注释《战国策注释》,中华书局 1990 年,第 127—128 页。

③ 《列子·汤问》:"鲁公扈、赵齐婴二人有疾,同请扁鹊求治。扁鹊治之。既同愈,谓公扈、齐婴曰:'汝曩之所疾,自外而干府藏者,固药石之所已。今有偕生之疾,与体偕长,今为汝攻之,何如?'二人曰:'愿先闻其验。'扁鹊谓公扈曰:'汝志强而气弱,故足于谋而寡于断。齐婴志弱而气强,故少于虑而伤于专。若换汝之心,则均于善矣。'扁鹊遂饮二人毒酒,迷死三日,剖胸探心,易而置之,投以神药,既悟如初。二人辞归。于是公扈反齐婴之室,而有其妻子,妻子弗识。齐婴亦反公扈之室,有其妻子,妻子亦弗识。二室因相与讼,求辨于扁鹊。扁鹊辨其所由,讼乃已。"杨伯峻《列子集释》,中华书局 1979 年,第 173—174 页。

也是寓言成分大而事实的可能性小①。

西汉初年,陆贾在《新语·术事》中将仲尼与扁鹊对称:"故制事者因其则,服药者因其良。书不必起仲尼之门,药不必出扁鹊之方。"②在《新语·资质》中通过扁鹊的故事来批评当时社会上"信巫不信医"的现象③。贾谊《新书·大都》:"失今弗治,后必为锢疾,后虽有扁鹊,弗能为已。"④《淮南子·人间训》:"患至而后忧之,是犹病者已倦而索良医也。虽有扁鹊、俞跗之巧,犹不能生也。"⑤扬雄《解嘲》:"子徒笑我玄之尚白,吾亦笑子之病甚,不遭俞跗、扁鹊,悲夫!"⑥王充《论衡》的《恢国》、《别通》、《薄葬》、《治期》、《定贤》等篇也多次称引扁鹊,均将扁鹊作为神医的代称。

从以上所引文献记载来看,扁鹊在上古可能是确有其人,因其医术高超,自战国至两汉,被附会上很多传奇的色彩,且成为针砭时弊的寓言故事的主角,并逐渐称为名医的代称。

司马迁作《扁鹊传》参考前代记述,糅合了扁鹊既实有其人又是名医代称这两个方面的因素。所以《扁鹊传》中扁鹊既有姓名、籍贯等具体的信息,又收入了《战国策》、《韩非子》等书中有寓言性质的故事。在《史记》其他篇章中,扁鹊也经常被作为良医的代称,如《高祖本记》中高祖病重之时感慨:

---

① 《鹖冠子·世贤》:"卓襄王问庞煖曰:'夫君人者,亦有为其国乎?'庞煖曰:'王独不闻俞跗之为医乎?已成必治,鬼神避之……'煖曰:'王独不闻魏文侯之问扁鹊?曰:"子昆弟三人,其孰最善为医?"扁鹊曰:"长兄最善,中兄次之,扁鹊最为下。"魏文侯曰:"可得闻耶?"扁鹊曰:"长兄于病视神,未有形而除之,故名不出于家。中兄治病,其在毫毛,故名不出于闾。若扁鹊者,镵血脉、投毒药、副肌肤间,而名出闻于诸侯。"魏文侯曰:"善"。使管子行医术以扁鹊之道,曰桓公几能成其霸乎?'"黄怀信《鹖冠子校注》,中华书局2014年,第319—324页。

② (汉)陆贾撰,王利器校注《新语校注》,中华书局2012年,第44页。

③ 《新语·资质》:"昔扁鹊居宋,得罪于宋君,出亡之卫。人有病将死者,扁鹊至其家,欲为治之。病者之父谓扁鹊曰:'吾子病甚笃,将为良医治,非子所能治也!'退而不用。乃使巫求福请命,对扁鹊而咒。病者卒死,灵巫不能治也。夫扁鹊天下之良医,而不能与灵巫争用者,知与不知也。"(汉)贾谊撰,王利器校注《新语校注》,中华书局2012年,第110页。

④ (汉)贾谊撰,阎振益、钟夏校注《新书校注》,中华书局2000年,第43页。

⑤ 《淮南子·人间训》,何宁整理《淮南子集释》,中华书局1998年,第1241页。

⑥ (汉)班固著,(唐)颜师古注《汉书》卷八十七下《扬雄传》,中华书局1962年,第3572页。

"命乃在天,虽扁鹊何益!"①这与西汉时期人们对扁鹊的认知是一致的。

《史记·扁鹊传》中所述有关扁鹊事迹主要有四件:一是治虢太子尸厥;二是为赵简子诊病;三是诊齐桓侯;四是"来入咸阳"。因司马迁在篇首记述了扁鹊的姓名及籍贯,所以学者们认为司马迁笔下的扁鹊,是专指撰著了《难经》,后被李醯杀害的战国名医秦越人。而由于认定司马迁笔下的扁鹊为一人,因而对《扁鹊传》中相互矛盾的记载及年代相距太远的史料产生质疑。根据以上四个事件的年代推算,扁鹊从事医学活动的年代应在三百年以上。所以其历史真实性早已引起人们的怀疑,"三家注"都曾指出每则医案发生年代的可疑。如在"其后扁鹊过虢"句下:

《集解》:傅玄曰:虢是晋献公时,先是百二十余年灭矣,是时焉得有虢?

《索隐》在引傅玄之说后,进一步阐发"然案虢后改称郭,春秋有郭公,盖郭之太子也"。认为"虢太子"为"郭太子"之误。

"三家注"之后,学者们对此多有质疑,到清代,梁玉绳仍在指出其记事错乱并在文献中寻找相关证据以证明《史记》记事的错乱:"赵简子卒时至齐桓公午立,凡九十三年,何鹊之寿耶?《文选·养生论》李善注言《史记》自为舛错。余疑即赵桓子。《新序》二仍《史》,《韩子·喻老》讹作'蔡'。"②

日本学者中茎暘谷《扁鹊传正解》上对"扁鹊诊赵简子"一事的真实性也持否定态度,他认为"此文士取传闻之说而道寓言者",整个叙事中只有"血脉治也而何怪"七字,是扁鹊氏之真面目。而"扁鹊诊桓侯"一事则是司马迁不加辨别地将《韩非子》的寓言故事作为历史的真实附加在扁鹊身上:"此竟司马迁取《韩非子》之文以润色之者,固非扁鹊氏之真面目矣。特托于扁鹊氏之医事而述圣人蚤从事之意耳。盖韩非之寓言也,司马迁不辨之,漫取为

---

① 《史记·高祖本纪》:"高祖击布时,为流矢所中,行道病。病甚,吕后迎良医。医入见,高祖问医,医曰:'病可治。'于是高祖嫚骂之曰:'吾以布衣提三尺剑取天下,此非天命乎? 命乃在天,虽扁鹊何益!'遂不使治病,赐金五十斤罢之。"(汉)司马迁撰,(宋)裴骃集解,(唐)司马贞索隐,(唐)张守节正义《史记》,中华书局 1982 年,第 391 页。

② (清)梁玉绳《史记志疑》,中华书局 1981 年,第 1368 页。

扁鹊氏之医事,不思之甚也。"伊藤子德《伤寒论文字考》也考证认为扁鹊"治虢太子尸厥"一事发生在战国时期的赵国,认为司马迁记载不准确。对于扁鹊"来入咸阳",多纪元简在《扁鹊仓公传汇考》中认为:"邯郸及洛阳并言'过',而此特言'来入咸阳',盖此秦人所记,太史公直采而入传耳。"

尽管上述学者在对扁鹊活动的年代及对《扁鹊传》各医案的考证上有不同观点,但在肯定扁鹊为专指一人这一点上是相同的。各家都认为《扁鹊传》是司马迁杂采各家记载而成,所以造成了记事的矛盾。安藤惟寅独辟蹊径,大胆提出扁鹊是"良医通称","扁鹊非一人",确是有见识的。其后清代学者石光瑛①及日本学者泷川资言都持此观点②。《史记·扁鹊仓公列传》中的扁鹊为良医通称的说法逐渐被学者所接受和认同。

《扁仓传割解》的主要内容包括注音释义、对三家注等前代注家的纠谬和对文字的校勘。注音释义时多引《说文》、《品字笺》、《广韵》、《灵枢》等字书、医书,并广泛参考和征引前代学者的成果。如:

"乃悉取其禁方书尽与扁鹊。忽然不见,殆非人也"句下注:"乍有乍无,非人所能,故曰殆非人也。殆,近也。○王维桢曰:殆非人言乃神人也,以故传方如此。"

"与百神游于钧天,广乐九奏万舞"句下注:"乐,音岳。游,交友也。字典曰:钧天、广乐,乐名。乐一。"

路按:"《淮南子》曰:天有九野,中央曰钧天。"

日本学者注重探寻词语的意义,对同一词语的解释往往各家说法不同

---

① 《新序校释》卷二《扁鹊见齐桓侯章》中详细列举各书对扁鹊的记载之后得出结论:"窃谓战国之世,异论蜂起,诸子百家,各据所闻以立说。以经传质之,时代违舛,先后易位者多矣,宁独此一事。此在李善时,已不能定桓侯为何人,但当阙疑,各存旧文,不必琼森异说。予更疑扁鹊为古善医者通称,如善射者皆名羿,美色者号西子,不专指一人,故诸书所载扁鹊时代不同。《史记正义》引《黄帝八十一难序》云:'秦越人与轩辕时扁鹊相类。'仍号扁鹊,是其证也。"(汉)刘向编著,石光瑛校释,陈新整理《新序校释》,中华书局2009年,第236—237页。

② 泷川资言:"愚按:扁鹊古良医名。后世遂称良医曰扁鹊,犹称相马者曰伯乐也。其人既非一,时代亦异。史公误采古书所记扁鹊事迹凑合作此传,宜矣其多乖错,诸家亦从为之说。"(汉)司马迁撰,〔日〕泷川资言考证,杨海峥整理《史记会注考证》,第3615页。

又各有依据。如此处安藤惟寅将"钧天""广乐"都释为乐名,多纪元简将"广"、"乐"都理解为动词,释"广"为"广陈钟鼓之属",释"乐"为"为乐"①,猪饲彦博则将"广乐"释为"广大之乐,非乐名也。"

再如"太子何病,国中治穰过于众事?"句下注:"治,平声。字典曰:凡物丰盛皆曰穰。治穰者,国中多良医也,既多良医,太子之病何以不治?"

路按:"穰当作'壤',与《说苑》所语壤土之事合矣。"

猪饲彦博:"穰、禳合,均为除殃求福之义。《史记·滑稽列传》,《周礼·天官》。《说苑》作'壤'不可从。"

安藤惟寅将"穰"读为本字,释为多、盛之义;安藤正路读"穰"为"壤",即"壤土事",治茔墓之义;猪饲彦博则认为"穰"与"禳"通假,除殃求福之义。

泷川资言同意猪饲彦博的观点:"穰读为禳。外间未知太子死也。太子死未半日,何遽治茔域?《外传》、《说苑》误读'穰'字。"②

《太平御览》卷七百二十八,《册府元龟》卷八百五十八引《史记》"穰"均作"禳",为祈福之义;《韩诗外传》和《说苑》对于此事的记载均作"壤土事",即治茔墓之义。日本学者依据不同的文献记载对《史记》中字词做出不同的解释,继承前代成果的基础上不断细致和深入。一书之中往往汇集各家之说,可为读者提供参考。

再如《仓公传》"要事之三年所,即尝已为人,治诊病,决死生"句下注:"为,去声。尝,试也。已音纪,身也。先试其术于身而后为他人药石以治脉色以诊。〇或曰'治'当连上文读,为人治病也。"注音、释义的同时疏通句义,分析句读。

安藤惟寅精通儒学,其注释不局限于与医学相关的内容,更注意阐释文

---

① 多纪元简曰:《列子·周穆王篇》"清都紫微,钧天广乐,帝之所居"。《淮南子·天文训》"中央曰钧天"。广乐,广陈钟鼓之属而为乐也。《战国策·中山策》"广乐充堂"是也。(汉)司马迁撰,〔日〕泷川资言考证,杨海峥整理《史记会注考证》,第3619页。

② (汉)司马迁撰,〔日〕泷川资言考证,杨海峥整理《史记会注考证》,第3621页。

章的深意。如：

"一拨见病之应，因五藏之输"句下注："……医者必查其应以知因，取其因以治应。良医目击而辨其因应，昧者不能也。……凡天下之事，因与应而已矣。故司马迁曰：老子所贵道，虚无因应。况我医方千言万语，不过于究因与应也矣。《内经》或说因，或论应，未有因、应并言者，此传幸举似二字，学者勿易看过焉。"

指出《史记》此篇以"因""应"二字点明了医术及天地万物的最基本的道理，由医方推而广之，提醒学者牢记天下之事都是因果相承的关系。

安滕惟寅注意总结《史记》行文中规律性的东西，对于字义、词义、人名、地名等有详细注释。如：

"扁鹊仰天叹曰"句下注："凡仰天叹者，患人之不知而告祈于天也。"

"简子疾，五日不知人"句下注："《赵世家》载此条太详。"与《史记》他篇记载相较。

"告公孙支与子舆曰"句下注："寅按：《诗》所谓子车氏之一。""路按：《诗》所谓子车氏，《史记》通作子舆氏。奄习、仲行、鍼虎三良臣也。"指出《诗经》与《史记》记载人名时用字的差异。

"吾所以久者，适有所学也"句下注："《索隐》适音释。言我适来有所受教命，故云学也。〇寅按：适来犹尔来。又《书》注'适，偶也'。"进一步疏解《索隐》，并引《尚书》注作为补充。

"晋国且大乱，五世不安。其后将霸，未老而死"句下注："寅按：《晋世家》文公六十二即位，九年卒。据是卒日年七十，不可言'未老'也。《左传》僖公二十八年杜注云：晋侯生十七年而亡，亡十九年而反，凡三十六，至此四十。杜全据昭公十三年传文，据是则文公以僖三十二年卒，卒日年四十四，与言'未老'合。左氏为是。"

《晋世家》记载晋文公四十三岁时流亡，六十二岁回国即位，七十岁去世。《扁鹊仓公列传》则说其"未老而死"，二者记载矛盾。据《左传·昭公十三年》记载，晋文公十七岁时离国出奔，在外流亡十九年后回国即位，在位八年后去世,终年四十四岁。安藤惟寅引《左传》及杜预注,指出《扁鹊传》与《左传》记载相合。不仅比较《史记》各篇记载的不同,且指出其史料来源,并论定是非。

"秦策于是出"句下注:"《赵世家》'策'作'谶',义最明白。谶,楚阴切,言将来之验也。"参照《赵世家》对此事的记载,将"策"释为"谶",并注音释义,便于读者理解①。

再如《仓公传》"所以知成之病者"句下注:"凌稚隆曰:仓公医案,每段用'所以知'三字作眼,目其文短简而转换多,别是一格。"引凌稚隆语评论《史记》文章风格,与医学无关。

"医药方试之多不验者"句下注:"古方多录一时所验,未必精良。况虽有良方不得所用,不必神验。"以其从医的经验来阐释"医药方试之多不验者"的原因。

"臣意即为之作下气汤以饮之"句下注:"寅按:凡仓公医验所用药方多不可知也。后人欲神家方,矫假仓公名,所谓太仓公辟瘟驱邪汤,仓公散之类是也。今济阴所载下气汤亦未可必信焉。"认为所谓仓公医方多为后人假托。

《扁仓传割解》精于校勘,在篇首即已明确凡例:"凡误字错简,未遽刊去,作墨围以存其故,下仿此。"即不妄改字,只是标识疑误之字,抄录他书文献以备参考,并下按语说明疑误原因。如:

"言臣齐勃海秦越人也,家在于鄭"句下注:"当作'郑'。"

此字作"郑",还是"鄭",历来各家说法不一。《集解》、《索隐》直至清代梁玉绳、张文虎均详为说解。安藤惟寅指出《史记评林》作"鄭"不当,但并不径改。

"治病不以汤液醴灑"句下注:"寅按:灑当作"酒"。灑通作酒,洒、酒字近,故误。"

---

① 多纪元简:"策,史策也。言秦策所记穆公之梦,验于今日。《赵世家》作'谶',意同。"(汉)司马迁撰,〔日〕泷川资言考证,杨海峥整理《史记会注考证》,第3618页。

醴灑,《正义》注"上音礼,下山解反",即灑读为洒。《史记评林》亦作
"灑"。安藤惟寅认为灑当作"酒",对日本学者产生很大影响。如多纪元简
认为:陆佃《鹖冠子》注"醴灑"作"醴洒","醴洒"疑"醴酒"讹。泷川资言亦
认为:"酒"当作"酒"。后人讹作"洒",又讹作"灑"①。都与安藤惟寅说法一
致。本篇下文有"其在肠胃,酒醪之所及也"。酒醪与醴酒均指米酒,可为此
处作"酒"的旁证。

《扁仓传割解》中对文本的校勘很多,均以墨围作标识并简要说明理由。
以《仓公传》为例:

"代者经病病去过人人则去络脉主病"句下注:"'病去过人人则'六字
衍文,当刊去。或曰'人'当作'入',义尚未稳。○代则络脉之过也。今代者
经病去而络脉受病之证。"

"浊躁而经也"句下注:"经当作'轻',音近字假。"

"此络阳病也"句下注:"络当作'结'"。

"脉法曰脉来数病去难而不一者病主在心"句下注:"病,《类案》作
'疾'"。

"众医皆以为蹶人中而刺之"句下注:"人,《类案》作'入'。"

"偏国寡臣幸甚"句下注:"寅按:寡臣之称,于史传无所见。旧注谬矣。
《类案》作'寡人',《说苑》亦称'寡人'。盖人、臣音近通用。今改为'人'。"

《索隐》:"谓虢君自谦。云己是偏远之国,寡小之臣也。"

"寡人"为国君对臣下的自称之词,而"寡臣"是小国国君的自谦之词。
《索隐》解释无误。安藤惟寅因史传中无所见,故认为此处"寡臣"为"寡人"
之误,失之武断。

"是以阳脉下遂阴脉上争"句下注:"遂,《甲乙经》作'坠'是也。"

《集解》:徐广曰:一作"队"。

《正义》:遂,音直类反。《素问》云:"阳脉下遂难反,阴脉上争如弦也。"

---

① (汉)司马迁撰,〔日〕泷川资言考证,杨海峥整理《史记会注考证》,第3622页。

多纪元简曰:《御览》注:遂,音队,并与"坠"通。《正义》引《素问》,今无所考。

海保元备曰:遂,如字亦通。《广雅·释诂》"遂,行也"。《易·大壮》"不能遂",虞翻云"遂,进也",即下文"阳内行"之义①。故此处作"遂"或"坠"皆通。

"医之好利也,欲以不疾者为功"句下注:"以,《韩非子》作'治',义尤明白。言治无病者而为己功欲以邀利也。"

严格讲,此处已不属于校勘,而是将他书记载与《史记》比较,兼有阐释疏通文意的作用。

在没有版本依据的情况下,安藤惟寅常凭借自己广博的医学知识及深厚的汉学功底来校订文字。如《仓公传》"齐王中子诸婴儿小子病"一段中,"下则络脉有过络脉有过则血上出血上出者死"句下注:"以上十八字错简文也。当移置于后项处案中。"多纪元坚指出"与前后文不应,疑衍。滕氏《割解》以为项处案中错简,移置'番阳入虚里'下,亦无明据。"②虽无明据,但其分析能启发后代学者更进一步深入研究。如《仓公传》"内关之病,人不知其所痛,心急然无苦"一句,安藤惟寅认为"'急'当作'慧'。慧,了也。"多纪元坚曰:"滕说是。《灵枢·邪气藏府病形篇》'心慧然若无病',又《素问·八正神明论》'慧然'字两见。"进一步具体说明安藤惟寅之说的文献依据。

安藤惟寅的注释及校勘有很多是沿袭了前代学者的观点,但也有很多与众不同的见解,可供参考。如:

"下内鼓而不起"句下注:"鼓,当作'破',与下文应。下与内阴之位,今阳入其处,故阴破而不起气。《素问》曰:阴者藏精而起亟。"《史记评林》作"皷",是"鼓"的古字。

前代注家对此处的"鼓"字并无异议。

---

① (汉)司马迁撰,〔日〕泷川资言考证,杨海峥整理《史记会注考证》,第 3627 页。

② 同上,第 3639—3641 页。

再如"夫以阳入阴支兰藏者生,以阴入阳支兰藏者死"一句,对于"支兰藏"之义,《正义》引《素问》云:支者顺节,兰者横节,阴支兰胆藏也。并未详细说明。安藤惟寅对"支兰藏"做了详细的解释:"寅按:诸方书未说'支兰藏'义。盖支,持也,挂也。兰与阑通,阑门多作兰门可征矣。阑,遮也,厌也。人之府藏,其气内支持而外遮厌邪气,故曰支兰藏也……"

安藤惟寅从字词本义出发,并结合前代医书记载,对医学术语进行详细阐释。多纪元坚不同意安藤惟寅的观点,认为:"支兰藏,滕氏《割解》有说,俱属臆测。要之,此二句不过言以阳入阴者生,以阴入阳者死,不必深讲,而义自明。"①确如多纪元坚所说,安藤惟寅的解说常有"臆测"之处,其解释虽未必完全正确,但其方法和结论可为后代提供参考。

安藤惟寅对旧注详加考辨,但不妄改。如:"破阴绝阳之色巳废脉乱"句下注:"徐广曰:废,一作发。○寅按:此一句当作'破阴绝阳之候色废脉乱',色、巳二字谬矣,然古书不可浸改,姑存广说解。言阴破阳绝,则血气不盈,面色青白,而脉状变乱也。"

王念孙《读书杂志·史记第五》中对此句有详细考证,认为"今本'色'上有'之'字,乃涉上文两'之'字而衍。其'巳'字,即'色'字之误而衍者耳"。安藤惟寅虽未详细说明"色、巳二字谬"的原因,但其与王念孙的观点是基本一致的。

对于《扁鹊仓公列传》中采自他书记载的部分,安藤惟寅均抄录他书原文于相关段落之后,方便比较异同。如在扁鹊使虢太子起死回生一段之后,全文抄录《说苑·辨物》并出注:"右《说苑·辨物篇》,文具载,以观传闻之异同耳。"在"扁鹊过齐,齐桓侯客之"一段之后抄录《韩非子·喻老》并出注:"此文子长所采撷,而有异同,故具载之。""扁鹊曰:"若太子病,所谓'尸蹶'者也"句下引《素问》并出注"《经》所谓尸厥证治与本文大同小异,今具载经文,以备参考。"

---

① （汉)司马迁撰,〔日〕泷川资言考证,杨海峥整理《史记会注考证》,第3627页。

安藤惟寅注意区分《扁鹊仓公列传》中哪些内容是征引自他书,哪些是司马迁原创。如:"人之所病病疾多"句下注:"寅按:以下越人之散言,太史公掇拾古书者。""至今天下言脉者由扁鹊也"句下注:"此一句司马迁之语。今者,前汉也。脉者,诊脉也。由者,因,仍也。○寅按:《扁鹊传》不载其著《难经》,世以为疑,而扁鹊脉法备载于《难经》,舍之,则知越人著《难经》明矣。"

《难经》最早见于著录是《隋书·经籍志》:"《黄帝八十一难经》二卷,秦越人撰。"在此之前没有秦越人著《难经》的相关记载。《汉书·艺文志》只收录了扁鹊、黄帝、白氏三个学派的医经。后代一般认为《难经》是东汉时期扁鹊学派医家的著作,托名黄帝及秦越人所著。安藤惟寅从具体分析《扁鹊传》的文句入手,寻找《难经》为秦越人所作的证据。

《仓公传》由多个医方组成,不少学者认为仓公的"医状"是后人附会,或为褚少孙所补作。安藤惟寅认为此篇文辞古奥艰深,不是司马迁所作,更不是褚少孙能力所及。他认为《仓公传》只有前半部分为司马迁略述仓公始末,自"诏问"以下均是司马迁整理仓公所上奏书即"医状"而成。

安滕惟寅认为扁鹊和仓公能从历史上众多从医者中脱颖而出,是由于"独越人著《难经》而垂诊脉之法,仓公录医验以示治病之要。俱道于天人,不与儒相让"。即扁鹊与仓公是古时医家的杰出代表,他们有自己的独立观点和成就,其地位及影响丝毫不逊色于儒家学者,故司马迁为其二人合传,与士大夫并列。后代将医者与方技、卜筮等并列,始于范晔《后汉书》,医者被归入方伎类,与卜筮、巫妖等同传,且成为后代史书的通例,医者的社会地位也随之下降。后代的医者亦只关注于具体诊疗的技术,而少有像扁鹊、仓公能著书立说流传后世者。其地位的下降也是势在必行。在"臣意对曰:自意少时喜医药"句下注:"○寅常谓黄岐扁鹊专论针法,不必治药。而近世良医药行者千百,针行者无几哉。盖针如斫轮,得之于手而应于心,至其妙处非书言所尽,以故不行也。药有方剂,言以传之,书以记之,虽神方妙剂亦可亲闻见,以故大行也。然无知其始焉。今读仓公传,曰药论,曰医药,曰药法,曰药用其治,亦汤药而已,不漫行针砭。由是始知针法之妙,自西汉衰,其来远矣,惜哉!”

安藤惟寅感慨仓公传所传“医状”均为用药之法,而不言及针灸。可见针砭之术自西汉以来就开始衰微,其原因是由于针砭之法要用心去体会琢磨,不能完全靠文字记录以流传。安藤正路也对今之医人不学无术的现状深感失望和惋惜。

作为日本江户时代医学考证派的代表,安藤惟寅父子既通晓汉学又精通医术,儒与医的结合在其《扁仓传割解》中得到了充分的体现。“扁鹊”为周秦间良医通称观点的提出及其对《扁鹊仓公列传》中难解之处的疏解及对文本的校勘为后世提供了宝贵的参考。泷川资言在《考证》中提到:“当时方书失传,故此文不可解者甚多,今依滕惟寅《割解》,多纪元简父子《汇考》,参以王、张诸家说。”①可见《扁仓传割解》在《扁鹊仓公列传》研究中的地位及影响。

《扁仓传集解》,山田业广撰

山田业广(1808—1881),字子勤,号椿庭、椿町,通称昌荣。生于高崎藩医之家,幼年跟随朝川善庵(1781—1849)学习儒学,十九岁时到江户跟随伊泽兰轩(1777—1829)学习医学,兰轩去世后,跟随多纪元坚(1795—1857)学习。50岁时成为江户医学馆的讲师。

兰轩之门长于医书校雠,山田业广亦有大量医书注释校勘考证之作。其前期著述是以考证为方法,以阐说义理为目标,而在其晚年所著的《九折堂读书记》中,却显露出“为考而考”的倾向。考证已成为其兴趣和乐趣所在,同时这种考证也是其在江户医学馆教学的需要。

山田业广一生有及门弟子三百人,著述有三十八部,一百六十三卷。其生前只有《经方弁》一书公开刊行,其他的著作都是稿本、写本。《扁仓传集

---

① （汉)司马迁撰,〔日〕泷川资言考证,杨海峥整理《史记会注考证》,第3636页。

解》一书后收入《难经稀书集成》第六册中。

《扁仓传集解》分为上下两册,上册为《扁鹊传集解》,下册为《仓公传集解》。体例为抄录《扁鹊仓公列传》正文及三家注,原文句下以双行小注的形式引用各家之说并加按语。页眉及边栏有很多批注,为山田业广的补充注释,偶有日文批注。

卷末有山田业广识语:"余嘉永五年壬子夏草《扁鹊仓公传集解》。万延纪元庚申,于跻寿馆讲此传,至《仓公传》,改窜抹搬殆不可读,因再改订《仓公传》,时庚申十月十日夜卒业。椿庭主人业广。"

从其识语中可知,山田业广于嘉永五年(1852)完成《扁仓传集解》的草稿,八年后即万延元年(1860)他在医学馆授课时又对《仓公传》部分进行了修订。其书多引安藤惟寅《扁仓传割解》的说法,并予以补充和纠谬。此书沿袭《扁仓传割解》的风格,重视字词训释和版本考证,征引《周易》、《诗经》、《左传》等书的相关记载,引《说文》、《广韵》等字书、韵书来注释字词音义。广引中日各家学者之说,且不限于医学范畴,其集注体的形式为后代研究者保存了丰富的资料。

《扁仓传集解》篇首即征引安藤惟寅等前代学者的说法讨论扁鹊的身份,并加按语:"按:滕氏以为扁鹊上古神医……其人非一人也,其说臆断虽难从,而亦可备于一说。"山田业广并不同意安藤惟寅提出的扁鹊非一人的观点,但仍抄录其说以"备于一说"。

山田业广在充分吸收三家注及前代学者注释成果的基础上,对字词音义作进一步深入考释。如"出入十余年,乃呼扁鹊私坐,间与语曰"句下注:"滕氏曰:《信陵传》曰'屏人间语',《索隐》曰:间音闲,谓静语也。又曰:辟众人独私于越人,故曰私坐。"此句栏上山田业广又有两条按语:"按:《仓公传》'出入五六日',又'出入二十日'。滕氏为往来客舍,殆过十年,非也。""左氏成十三年传,'余虽与晋出入',杜注:出入,犹往来。僖廿八年《左传》'受策以出,出入三觐',杜注:出入,犹去来也。从来至去,凡三见王。《韩非子·遇篇》'献王不幸离群臣,出入十年矣'。"

安滕惟寅将此句中的"出入"释为"往来",山田业广引《左传》和杜预注,并举《仓公传》中相似用例,将"出入"释为表示对时间跨度的大致估算,即"大约",是指长桑君与扁鹊来往了大约十余年后,才将禁方给他。对于"出入"的具体含义,前代注家无人涉及,安藤惟寅和山田业广对此详加考证,虽然二说的差异并不影响文义,而且与医学无关,但可见日本学者对文本钻研之细,用功之深。

为更好地疏通文字,疏解文义,《扁仓传集解》常结合上下文,分析《史记》文法。如《扁鹊传》"中害精神"一句,栏上出注:"'中害精神'与下文'中动胃'文法同。"

山田业广注重对文本的校勘,并追溯文本产生差异的源头,分析致误原因,在比较众本的基础上做出自己的判断如"言经络下于三焦及膀胱也"句下注:"朝鲜本'经'下更有'经'字。"

"鑱石挢引案杭毒熨"栏上注:"杭,万历本作'扤',今从。《四库全书提要》作'抏'为是。"

再如"诀脉结筋"一句栏上注:"卢复本'诀'作'决'"。所谓卢复本是指明代医学家卢复所辑《神农本草经》,这是现存最早的《神农本草经》辑本。

山田业广在校勘时还注意总结规律,如《仓公传》"庆有古先道遗传"句下注:"'道'字当删,与'遗'字形近而衍,凡二传中字形相近而衍者不鲜,如'荒'下衍'爪'字;'色'下衍'己'字是也。古先遗传者,谓祖先所传之遗法也。"指出《扁鹊仓公列传》中存在较多因字形相近而衍字的情况。

《扁仓传集解》广引众家之说,兼下己意。不仅疏解原文,还疏解三家注。在多条《正义》下朱笔批注"今本无考",对辨别《史记正义》佚文的真伪也很有价值。广泛征引清代学者的考证著作,中国清代学者段玉裁、钱大昕、庄逵吉、王念孙以及日本医学考证派代表人物海保元备,伊藤馨及多纪家族的研究成果在书中引用最多。其立论谨慎,常只列举众说,而不论定是非。如《仓公传》"代则络脉有过"句下注：

> 滕氏曰：《素问》曰：其脉代而钩者病在络脉。《灵枢》曰：代则取血络。茝庭先生（多纪元坚）曰：代，代绝之代。"过"字，《素问》中间见之。王冰注《脉要精微论》有过之脉曰：过，谓异于常候也。此"过"字盖同义。○柳洴先生曰：以上脉法之语。业广按：滕正路曰："脉长"以下至"筋髓里"四十字，盖故脉法之语。未知孰是。又按：代则络脉有过者，上文所谓肝气浊而静也。

当自己的观点与前代学者意见相合时亦注明，不据他人之功为己有。如：《扁鹊传》"不可曲止也"句下注："余向有此说，后得《割解》读之，滕正路亦有说，而与余说暗合。今不敢没其善，乃举于兹。"

猪饲彦博《读扁鹊传割解》一卷

猪饲彦博（1761—1845），初名安次郎，字文卿，希文，号敬所，通称三郎右卫门。治学以探究古义为本，见书有误则必点改。在京都开设私塾教授生徒，并担任后津藩主的宾师。其著述很多，主要有：《晏子补注》二卷，《管子补正》二卷，《汉初长历考》一卷，《仪礼正误》一卷，《三书管窥》二卷，《史通点补》一卷，《尚书天文解删补》三卷，《荀子增注补遗》（旧名《荀子考》）一卷，《西河经义折妄》五卷，《论语一得解》四卷，《论孟考文》二卷。

此书卷首有猪饲彦博亲笔所书著述缘起："往年友人村山士谦请全一阅浅井图南《扁仓传割解》而论其得失，会其没不果。顷者美浓医河田氏携示此书，质其疑义。因读之一过，略举其事之失，考文之误解者而諟正。若其方伎则余之所不知，不敢妄论也。憾不作于士谦于九原而与共商榷焉尔。文化丙寅孟夏猪饲彦博识。"

据此可知此书作于日本文化三年（1806），猪饲彦博以在原书栏上批注的形式对安滕惟寅《扁仓传割解》进行考辨和补充。内容主要是注音释义，考证史实，校勘文字，疏通文意等。至于篇中涉及医学方面的问题则不予讨论。

菅井仓常《扁仓传注》一卷

卷首有菅井仓常《自序》:"夫古之医也,先求于其病因而后为于其治疗;今之医也,先为于其治疗而后原于其病因。……予尝读《史记》扁鹊、仓公二传而以为之古,又循古之方而为医也。故著《扁仓传注》,其善医者知其病之所来而为治,欲使为今世医者识古医之道而已。"明确说明作此书的目的是使今世医者通过熟读《扁鹊仓公列传》而了解古医之道。

此书作于日本天明七年(1788),体例为国字解,即抄录《扁鹊仓公列传》原文并加以训读,在每段之后集中注释,总结段意,引《内经》、《难经》等医书,结合文中所载医案阐述自己在医学方面的见解。

池原云洞《扁鹊仓公传》一卷

卷首有《刻扁鹊仓公传序》:"盖医书之众,五车不胜载。其奇古深奥,可媲于《素》、《灵》者,其唯扁、仓二传乎?明卢复著《医种子》,以此为医案种,抑有旨哉。今兹秋,刘廉夫将讲斯传于跻寿馆,余乃表章原文,刻以施与来学生徒,庶几使斯传与《素》、《灵》并行焉尔。"

池原云洞是德川氏的侍医法眼。他认为《扁鹊仓公列传》是可以与《素问》、《灵枢》相提并论的重要医书,因多纪元简将在跻寿馆讲授此篇,故刊刻《扁鹊仓公列传》并加以疏解,为跻寿馆的生徒提供教材。

池田文库所藏此本刊刻于日本天明六年(1786),钤有"堀本文库"的印章。在边栏四周及正文行间写满墨笔及朱笔所作小字批注,并对全篇做了点断。批注内容包括批注者本人的见解及前代《史记》旧注的引用。批注者身份不可考。由此批注本可见在日本江户时代《扁鹊仓公列传》作为医学者教材的普及和日本学者对《扁鹊仓公列传》用功之深。池田芦洲将此书著录为"稀观书"。

石坂宗哲《扁鹊传解》一卷

石坂宗哲,号等斋,生卒年不详,曾为东都侍医法眼。本书体例为抄录《扁鹊仓公列传》原文,每段之后集中注释,主要是注音释义及校订文字。如:"'别下于三焦膀胱'七字恐后人所加,宜芟去也。""按'三焦'二字,古作'雦'一字。雦者,藏也"等。此书充分体现了日本医学考证派的特点。本书刊刻于日本天保天年(1832)。

村井琴山《扁鹊传解》一卷

村井琴山(1733—1815),名杶,字大年,号琴山。最初跟随其父村井见朴学医,后赴京都在吉益东洞门下学习。著述有《医道二千年眼目篇》、《类聚方议》、《和方一万方》等。

此书作于日本安永六年(1777),写本,体例为抄录《扁鹊仓公列传》原文,在句下用日文进行注解。亦引用汉籍及中国学者的说法。

村井琴山《扁鹊传考》一卷

此书亦作于日本安永六年(1777),写本,体例为摘抄《扁鹊仓公列传》中重点字句,对篇中涉及的年代、地名、人名等进行考证。征引各家之说兼下己见。

卷末为村井琴山对《扁鹊仓公列传》一篇的总论,他同意安藤惟寅认为扁鹊为古时良医通称的观点。并认为《史记》是司马迁受李陵之祸后的发愤之作,篇中对于扁鹊医术高超却遭李醯杀害,淳于意犯法当刑之事的记载都是司马迁结合自己遭遇的有感而发,所以扁鹊是司马迁寄托个人情感的"美称假号"。将此篇与司马迁的个人际遇相关联,是村井琴山的首创。

中茎暘谷《扁鹊传正解》一卷·附《阴阳论》一卷

从其自序可知其作《扁鹊传正解》旨在去掉后人附加在扁鹊身上的不实

之词,恢复扁鹊氏之真面目①。其体例是抄录《扁鹊仓公列传》原文,在每段之后串讲段意并疏解文义。如在第一段"扁鹊者……三十日当知物矣"之后注:"此章扁鹊氏之真面目也。唯首尾数十字司马迁补以为传之体者也。"。

"当晋昭公时……血脉治也而何怪"一段后注:"此章文士取传闻之说而建寓言者。唯'血脉治也而何怪'七字扁鹊氏之真面目也。凡传中之治验皆标以贵人者,为假其声誉以著明其事也。读者勿以辞害意焉。若以治验之事迹推之,则年代相距前后三四百年,何有如此之事乎?"他认为此传中记述的错讹矛盾之处均为后代学者附会,不能据以为实。

"扁鹊过齐桓侯"一段后注:"此章司马迁取《韩非子》之文以润色之者,固非扁鹊氏之真面目矣。特讬于扁鹊氏之医事,而述圣人从事之意耳。盖韩非之寓言也。司马迁不辨之,漫取为扁鹊氏之医事,不思之甚也。"

《扁鹊传正解》刊刻于日本文政六年(1823),不仅疏解文义,更着重指出《扁鹊传》及旧注中的错误。重在指出旧注的错误并详加考证,如"旧注以长桑君为神人者,非也";"旧注以见垣一方人为服药之效者,非也"。在引《孟子》、《韩非子》、《庄子》、《说苑》等书为证时,会将相关原文以小字抄录,供读者参考。

因中茎暘谷本人是名医,同时又精通考证之学,其注解给人启发。如他

---

① 中茎暘谷《自序》:"医之为道也,术也。术之应于物也,其机微妙玄通。非以术得术者,则不能得其术也,何在于博识洽闻哉?要之精力约知之极,不待然而然者也。老子云:为学日益,为道日损。损之极入神,扁鹊氏乃其人也。轩岐以来,术入神者虽多矣,而治验之存者实肇于此。然其文坦易直到,唯载其术耳。故非以术观术者,则不能读之也。虽有善读者,唯见事之奇者而不能观其术之所在。是所以书之散逸而不传也。且身害于秦,秦岂尊其书传之于世哉?然则当时传于世者亦唯散逸之馀耳,况历岁之久,其文亦历后人之修饰,历几人之书写,或蠹蚀,或错简,而真面目之存者殆希矣。虽间有存于传记之中者,多是文士所修饰,不过于取传闻之说而建寓言,假声誉以述己之意也。司马迁泛辑其存者以为扁鹊传,其文虽巧矣,亦唯撰事之奇者,而不能传其术焉。注家亦不能释文义,但随字义加注脚,却为传之葛藤矣。虽然,今欲观扁鹊氏之真面目者,舍此传独如之何哉?谦读之久,颇觉扁鹊氏之真面目存于传中焉。乃截断注家之葛藤,一洗司马迁之润色,而更除文史捏造之事迹,特选坦易直到者以读之,始得观扁鹊氏之真面目焉。因作《扁鹊传正解》。"

将《扁鹊传》内容分为扁鹊氏真面目及"寓言"两部分,认为后者是文士附会以言之的观点也是值得思考的。

伊藤馨《扁仓传问难》

伊藤馨(1806—1870),字子德,号凤山,通称乡太郎、太三郎。三河国田原藩儒,属于经学折衷派。据《自序》此书作于嘉永三年(1850),据池田英雄说:此书是曾赠呈茝庭丹波的著作。从《扁鹊仓公列传》中摘抄难解的五十条语句,用按语的形式进行注解。东京大学藏有著者自笔本,池田文库所藏为抄本。

另外,池田文库藏有江户医学馆所刊《扁鹊仓公传》四种"稀观书",可了解江户医学馆对《扁鹊仓公列传》所作的注释、校勘和影印出版等全面的整理与研究。

1.影宋《扁鹊仓公传》,嘉永己酉二年(1849)存诚药室刊。

此本为影刻米泽侯所藏南宋黄善夫本《史记》中的《扁鹊仓公列传》,作为医学馆的教材使用。卷末有丹波元坚识语:"右《史记·扁鹊仓公列传》一卷及《太史公自序》中一条从米泽侯后世所藏南宋建安黄善夫刊本影摹开雕以备医家讲习。嘉永二年九月江户丹波元坚识。"

2.《扁鹊仓公传汇考》二卷,丹波(多纪)元简字廉夫著,男元胤字绍翁补。男元坚字亦柔附按。嘉永己酉二年(1849)开雕本。存诚药室刊。

此本卷首为丹波元简的序①。此书广引《方言》、《列子》、《韩诗外传》、《说苑》、《尔雅》、《风俗通》、《汉书》、《经典释文》、《酉阳杂俎》、《太平御览》("今引《御览》,一据宋本。")、《一切经音义》、《集韵》、《广韵》、《唐书·地理志》、颜师古《急就章注》、《正字通》、《史记评林》、段玉裁《说文解字注》、

---

① 丹波元简的序:"扁鹊仓公,太史所传,古奥结轖,不可解者多矣。予有汇考,原书于《评林》本上下方及行款间。今兹说二传于医学,同人举请贷借,然以其细字难辨,遂仿义门何氏读书之记,另抄成一书,当与《索隐》、《正义》及滕氏《割解》参看。浅狭庸琐,虽未能启发幽旨,于稽考之际,或少有所得云。癸丑小春之望栎荫精舍书。元简。"

王观国《学林》、梁玉绳《人表考》等书,对《扁鹊仓公列传》的文字进行考辨,校订正文之脱误,辨正旧注之纰缪,以[补]、[附]标明。卷末有多纪元简的后记①,其后为多纪元坚的跋②及"又跋"③。

3.影宋本《扁鹊仓公传考异》一卷,堀川济著,嘉永己酉二年(1849)刊。

此书据元彭寅翁本、明王延喆本、柯维熊本等十一个版本对《扁鹊仓公列传》进行校勘。卷首有堀川济识语④,其后列出用来校勘的各本:明王延喆翻雕宋本,依黄善夫本;明柯维熊本,依宋本,颇有校改;元彭寅翁本,至元中刊;朝鲜本,依元本,不刻年月;皇国活字本,依朝鲜本,不刻年月;明冯梦祯二十一史本,万历中刊;明凌稚隆评林本,以上七本,裴骃《集解》,司马贞《索隐》,张守节《正义》三注合刻者;明毛晋汲古阁十七史本,崇祯中刊,特载裴氏《集

① "余今年三十九,适与仓公招问之年均矣。奈何质性拙钝,学弗增进,术弗加精,虽古今人固不相及。至讲是传,无乃惭乎怀乎哉? 书已成,慨叹之余,聊记于其末。腊月念二日。简书。文化庚午(1810)岁八月重订。简记。"

② 多纪元坚的跋:"仲景而上,其宜以羽翼素灵难经者,特有扁鹊仓公二传耳。《扁鹊传》唯赵简子一段,稍涉荒唐,其他则论理精邃。自非神医,不能言也。《仓公传》皆自撰对问之语,旨趣幽眇,与轩岐出入。但脉法是或一道者,而所用药剂,亦无由辨知。况文字讹脱,往往有之,则宜乎学者苦其难读也。盖二传久既成绝响,从来医家,无有诠释之者。我明和中尾藩滕图南维寅尝有见于此,轫有《割解》之著。辨证颇密,意者其间犹或不免凭臆言之。先君子仍撰《汇考》一书,专扬榷古义,以匡补之。先兄又更加考订,有所庚续。俱足以阐发意蕴,嘉惠后学焉。元坚兹刊宋板二传,附以是书,且不自揣,敢赘管见。而于滕氏书之可取者,亦芟繁存要,以易检阅。遂厘为上下卷。更使弟子堀川济参诸本异同,著为《考异》,及古书所纪与传相涉者,亦随见摘录,以附于后。并锓之梨枣以行世。夫视死别生,仲景犹且难之,然人不可以自画,则必也遵仲景之遗意,刻苦勉励,以至扁仓之地位。虽我辈凡劣,其日夕所期,岂有外于此乎? 然则学者于此二传,苟能讲明其文义,而后深求其微旨之所在,因以决病之吉凶,以收其回生肉骨之功,方谓之善读者矣。嘉永己酉九月既望江户丹波元坚莅庭跋。"

③ 多纪元坚的"又跋":"是书缮录既竣,就质于友人海保乡老元备。乡老具加参订,且撰《续考》一卷以示。其说精核,多所发明。仍亟录入之于各款。其或与前说异趣者,亦并存之,以俟识者。乡老又曰:《太史公书》,唯扁仓二传称为难读,盖其所纪者,在当时不过为医家恒言,而后世骇异,以为罕所闻焉,加之其文辞简质,如璞未雕,盖往往有以当时俗言行之者,而史公惧失其真,故直取其本语以录之,不复加修饰。譬之犹周诰殷盘,在当时不过告谕臣民,不必设为艰深之辞。唯其文不加润色,是以后世觉其为诘屈聱牙耳。此说亦甚有理,仍附着于兹。元坚又跋。"

④ 《扁鹊仓公传考异》堀川济识语:"本传文字异同,大义所关者,《汇考》中既揭出。其间毫小差错及注文异同,则俱置而不录。今师门摹刻宋椠本,济谨奉命函丈,洽取诸本,逐一校勘,附于其后。固知不免貂续,庶乎有便检阅焉。己酉九月江户堀川济谨识。"

解》；毛晋刊单本《索隐》；元游明本，中统中刊，特载司马氏《索隐》。案：此本系初明覆刻；明卢复《医种子》中本，万历中刊，摘出本传白文者。

4.《扁鹊传备参》一卷，堀川济著。嘉永己酉二年（1849）刊。

卷首有堀川济识语①集录散见于古书中的与扁鹊有关的记载，供学习者参考。将《列子·汤问》、《鹖冠子·世贤》、《新序》、《战国策》、《新语》、《韩诗外传》、《说苑》、《吕氏春秋》、《太平御览》中相关记载与《史记·扁鹊仓公列传》进行比较，补充安藤惟寅《扁仓传割解》之不足。

日本学者对《扁鹊仓公列传》的关注及研究取得了很高的成就，且形成了传统，并一直持续到现代。如1986年，日本雄山阁书店出版森田传一郎著《史记扁鹊仓公列传译注》。著者是医学的专家，同时对中国医学思想的研究有很深的造诣。全书分为解题、翻译、补考三部分，用现代科学的视角完成全译，解说通俗易懂。1996年北里研究所东洋医学总合研究所医史学研究部刊行了宫川浩也、小曽户洋、真柳诚合著的《〈扁鹊仓公传〉幻云注の翻字と研究》，对《幻云史记抄》的《扁鹊仓公列传》作了较全面研究。

第二节　《史记》专篇研究

历代学者对《史记》"八书"非常重视，其中《律书》、《历书》、《天官书》三篇发凡起例，为后代正史所宗。《律书》是《史记》中结构特殊的一篇，其正文先总括大意，之后论及律数法术，名为《律书》却借律以探用兵之源。历史上关于《律书》与《兵书》之辨及对传本文字缺失、补缀等问题的讨论很多。《天官书》和《历书》是现存最早最完整介绍全天星座，系统地记载日月五星运动和当时所使用的历法知识的文献，对研究先秦和西汉天文历法的具有

---

① 《扁鹊传备参》堀川济识语："扁鹊事迹，古书所载不一。盖传闻异同，互有出入，固其所也。滕氏《割解》，尝攟收之，惜尚有遗漏。遂旁搜远讨，以补其缺。亦庶几乎资学者参照云。己酉九月堀川济谨识。"

重要意义。历代学者对此三篇多有关注,特别是清代学者用功更深。如王元启《史记三书正讹》,对《律书》、《历书》、《天官书》三篇的"阙文"、"讹字"、"衍字"进行了校正。其《序》中讲:"《史记》自两汉末有训释,读史者往往自以己意,随笔记注数语以资解故而广多闻。传写者不察,挽入正文,误升为大字,遂使文体割裂,首尾不贯。……其讹踳甚者如《律书》、《天官书》二篇,则用蔡氏《尚书·武成篇》例,存其旧文于前,别录考定正文于后,庶便于读者。"①《史记》版本众多,日本学者罗列诸本异文,参考前人校勘成果,结合相关的天文、律历的著作,对三书中的重要异文加以考辨,对此"三书"也做了深入的研究。其著述主要有:

松永国华著《史记律书考》一卷

松永国华(1728—1804),名德荣,号国华,通称亿藏。名古屋藩儒。精通律历之学。

此书抄录《律书》中相关字句,在其下出注,参考各家之说并加按断。注释中日文兼杂,主要吸收日本学者荻生徂徕、太宰春台及明代陈仁卿《史记考》的相关研究成果。在卷首凡例中提到太宰春台作《律吕通考》对《律书》作了详细考证,但仍有疏漏及未尽之处,故作此书以补充并纠正其错误。其后的《自序》中也提到其自少年时即爱好音律,研习多年,故对《律书》原文及三家注详加考证和疏解。凡例后有"安永乙未(1775)闰十一月/松永亿藏识",可知此书成书年代。此书为写本。

松永国华著《史记律书历书补注》一卷

此书刊刻于安永八年(1779)卷首为冈田挺之的《题史记律历书补注》②,

①　(清)王元启《史记正讹》,《〈史记订补〉文献汇编》,北京图书馆出版社2004年,第585页。
②　冈田挺之(1737—1799):名宜生,字挺之,通称彦左卫门,号新川、畅园、朝阳、甘谷、杉斋。名古屋藩儒。跟随松平君山学习汉学。曾任明伦堂教授,继述馆总裁。撰有《孝经引证》等多部汉学研究著作。

提到《史记》的《律书》、《历书》古来注释不够详细,使读者难解其义,故松永国华为之作疏解,其意可嘉。

此书用汉文写成。体例为不录《律书》、《历书》原文,只摘抄重点字句进行注释,旧注已经很完善的地方则不再赘述,只是标注出来提醒读者注意。如:

"至故曰戊"句下注:"姑从古注,今不赘愚按也。"

"生钟分"句下注:"从司马贞《索隐》,今不赘愚按也。"

在解释基本词语意义及疏解文意之外,重在校勘文字,不能确定之处存疑。

如:"南吕,长四寸七分八"下注:"七,当作'十',谓四寸八分也。黄钟长八十一分,以十六乘之一千二百九十六,以二十七除之得数也。如旧文则误之甚者也。从有算数以来未闻子溢母也。"

"应钟,长四寸二分三分二"下注:"《史记》旧文,唯此一律无误也。"

"上九商八至黄钟之宫"下注:"三十三字,似有脱文。故阙考以俟知者也。"

《律书》是班固所言的《史记》"有录无书"的十篇之一,历代学者对其内容的真伪及是否为后人增补多有考辨,众说纷纭。《律书》在"律数"一节中记述了两种音律数据,一组数据是"九九八十一以为宫",另外一组数据为"黄钟长八寸七分一",这两组数据从唐代以来就被认为"难晓"、"多误",历代学者对其校改的理由及方法也千差万别。汉代时的音律观念与先秦时期已有很大差异,司马迁作《律书》时所依据的有关律数材料在当时可能就已经有所残缺。后代学者对《律书》的校改基本是出于猜测,并没有确凿的依据。

司马贞《史记索隐》认为"黄钟长八寸七分一"中的"七"乃"十"之误,并提出"黄钟长九寸,九分之寸也"。以九进制尺定黄钟九寸,建议对这组律数作校改。南宋蔡元定对《律书》做了一次彻底的校改。历代对《律书》中律数"黄钟长八寸七分一"作校改的还有南宋朱熹,清代钱塘、张文虎、邱逢年、王元启、程瑶田、冯桂芳等人。

松永国华同意司马贞《索隐》之说，直接将《律书》此句改为"黄钟长八寸十分一"，并注释："谓八寸一分也。"并认为此节中所有的"七"均应作"十"。

此书栏上也偶有按语，参考他书记载以论定是非。如"国华曰：《淮南子·天文训》十二律上生下生与余说合矣。《汉志》误也"。

卷末为其对律吕的总体认识："论曰：伟哉声音之道！与天地合，与政通矣。而律者，声音之规则，万物所由生。学者不可忽者也。……至音律之精微，非算数所能企及也。十二相生，而复其初者，固聪者之所能也。然而宋蔡元定不知其如斯，勉布算求之，及百律千律，终至无极。是靡他，贱耳贵算之弊也。假令仲吕五寸九分有奇，从法三分益一，而求黄钟，则得七寸九分有奇。比之元数，则短一分有奇，未尝复其初。于是蔡辈谩立变黄钟之目，大讹后昆。夫乐之隆非极音也，律之要非尽算也。乐者，非谓黄钟大吕弦歌干扬也。律者，非谓顺八逆六，三分增减也。博雅君子察之。"

松永国华认为"音律之精微，非算数所能企及也"，对宋蔡元定的律吕说提出质疑，并从根本上否定了蔡元定对律吕的计算。

其《历书补注》的体例与《律书补注》相同。对篇中所涉及的一些基本术语进行注释和疏解，帮助读者理解。如："日得甲子夜半朔旦冬日"句下注："历家定气朔，则以甲子夜半朔旦冬至起元也。""焉逢摄提格。太初元年"句下注："按《年表》岁在丁丑也。重曰元年者，建寅以后也。"

卷末亦发表其对历法的总体认识："论曰：汉兴百有余岁，袭亡秦流弊，以十月为岁首。至孝武皇帝元封七年，冬十一月甲子夜半朔旦冬至已詹焉。公孙卿、壶遂、司马迁等言宜改正朔，遂诏卿、遂、迁，与尊大射姓等议造汉历，始复夏正，为万世则。盖置闰与今不同，必以前年终。传曰：归邪于终，事则不悖矣。闰三月，而《春秋》非之，寔有故哉！"

正文后有附录"古历法"，对古历法中的专门术语进行了解释，如"朔实"、"岁实"、"气策"、"月朔累加法"等做了详细疏解。

池永渊著《史记律历书解》二卷

池永渊，字士深，通称源藏，号碧游亭。生卒年不可考。纪伊人。著述有《海防谈柄天球地舆略图说》一卷，《从政名言国字解》一卷，《战国策谭撮摘解》二卷。另有《碧游亭诗草》等多种诗文集传世。

本书分为上下两卷。体例为抄录《律书》、《历书》中的相关文句或三家注，在句下以双行小注的形式进行疏解和辨误。详于对字音字义的考证，对通假字、古今字等均出注。校订各本《律书》、《历书》原文及三家注文字异同，如：

"禀于六律汪上下相生，终于南吕"句下注："南吕，当作'南事'，误。"。

此处的汪是指《索隐》："故中吕上生执始，执始下生去灭，上下相生，终于南吕，而六十律毕也。"池永渊指出《索隐》"南吕"当作'南事'，但并未说明版本依据。

此书引《诗经》、《尔雅》、《白虎通》、《汉书》、《资治通鉴》等书的记载与《史记》相对照。广引中日学者之说，其中又以引日本学者冈白驹，中国学者蔡元定、凌稚隆、陈仁锡几家为多。

对各家之说以"渊按"的形式下按断，其按语多有对各家旧注特点的总结。如："渊按：《正义》注多衍误。"；"各解说惟随其所便而注焉，读者当相顾以考矣。"；"蔡注原多误字，今乃改之"等。

注重对旧注纠谬和补充，如："旧本多作'七分'盖误也"句下注："渊按：以下律长寸分误者多矣。今改定以别附于后。"不仅校订文字的讹误，还附《黄钟律管及律尺之图》加以图解说明。

"阴阳气未相离，尚相如胥也，故曰须女"句下注："如，往也。胥、须古字通。须女或为贱女之称，或为女有才知之称。于义难通。《易》云'归妹以须'，《传》曰'六三居下之上'，本非贱者，以失德无正应。故为欲有归而未得其归。须，待也。待者未有所适也。阴阳气未相离者，言阴气众盛，而一阳未能任事。故相往相止，而待众阳之出也。"

《历书》此句难解，三家注未出注，后代各家说法不一。张文虎曰：

"'如'字疑衍。胥、须义通。"池永渊逐字释义,且引《周易》为证。可备一说。

此书刊行于嘉永五年(1850),注解深入细致,对旧注多有纠谬和阐发,精于校勘,在日本学者研究《律书》、《历书》的著作中属上乘之作。

猪饲彦博著《太史公律历天官三书管窥》三卷

卷首为津藩督学斋藤正谦所作《序》,其中提到猪饲彦博:"尤研覃礼乐制度,以至星历之术,无所不通。尝慨太史公律、历、天官三书多阙误……,于是亲执铅椠校正之,附以其所见,章句粲然,始可读也。平生不甚喜著书,其于诸经皆有成说,多所发明,门人辈录而传之,先生不与焉。独此书及《读礼肆考》出于其手录,其意所在可知矣。"

卷末为野田知彰作于天保己亥(1839)孟冬的《跋》,提及:"先生中年潜思著此书,犹有危疑,旁考群籍修补,及老门人请公于世,先生眼已衰,以彰尝闻律历之一端,使代而校之,以付剞劂。"

从序跋可知此书为猪饲彦博倾注毕生心血而成。中年时已基本完成书稿,不断修改至暮年,由于眼疾严重,故此书最后成于其学生野田知彰之手。

《序》后有猪饲彦博作于天保丁酉(1837)仲冬朔旦的《太史公律历天官三书管窥题言》,自述其作此书的初衷、方法及重点。其中有几点值得关注:

> 今人读马史,至《律》、《历》、《天官》三书,多掩卷而过者,以其难解也。而其难解者,不唯其事难解,又以其文有脱误也。余壮年好读难解书,潜心多年,乃知诸经以下,少完全者,往往有所考,以釐正之,于此书亦然。余久闻世儒或咎余凭臆妄改古书,今出此书,应益其咎。虽然,余天资拙劣,百事不若人,一得之愚,唯在于兹,故不以为病。知我罪我,亦附之公论。
>
> 余乏藏书,今所摘抄,一据坊本凌稚隆《评林》。
>
> 徐裴注解,太简不备。《索隐》、《正义》,其解详矣。憾今本所载,亦多脱误。余未得其原本,故姑引诸书以补正之。

从以上所引可知，猪饲彦博认为《史记》的《律书》、《历书》、《天官书》三篇的正文及三家注都多有脱误，故以和刻本《史记评林》为底本，广引诸书来校订《史记》"三书"正文及三家注的讹误，补充三家注的不足。

本书分为上中下三卷，分别为对《史记》的《律书》、《历书》、《天官书》三篇文字的校正。其体例是抄录《史记》"三书"原文，不录旧注，相关句下以双行小注的形式注释字词，疏解文义，间有对原文的断句，以"句"来标示。征引众家之说后以"博按"的形式加以论断。

猪饲彦博注重吸收钱大昕等清代乾嘉考据学者的研究成果，在《题言》中提到自己对《史记》原名《太史公书》的考证与钱大昕的观点暗合①。

据其《题言》可知，世人对猪饲彦博素有"凭臆妄改古书"的指责。他以和刻本《史记评林》为底本对《史记》"三书"进行校勘，以"脱某字"、"以下疑有脱文"、"一本有某字"、"此句疑有误"等标注出他认为《史记》正文及三家注文字的讹误之处，但并未说明版本依据，而多是转引各家之说，如"陈仁锡曰"、"方苞曰"，"顾炎武曰"、"钱大昕曰"等。广引他书文献，包括《诗经》、《尚书》、《淮南子》、《白虎通》、《汉书》及颜师古注以及清代考据学者的研究成果，以证《史记》文本之误。在其所引各家之说中，有些颇具文献价值。如猪饲彦博常据隋代萧吉《五行大义》所引来断定《史记》文字的讹误，如：

《律书》"所以通五行八正之气，所以成熟万物也"句下注："隋萧吉《五行大义》引此'通'作'运'，'成熟'上无'天所以'三字。此亦后人因上文而误衍也。"

《律书》"景者言阳气道竟"句下注"'景者'下脱'竟也'二字。'道'当作'遂'。《五行大义》云：景，竟也。阳气至此终竟也。"

---

① 猪饲彦博《太史公律历天官三书管窥题言》："窃疑魏人读《五行志》，以其所引《国语》之文多同司马氏，遂认所谓'史记'者，为马史专称，因妄改其旧名曰《史记》欤？今冒此书曰'太史公'者，复其旧名也，非称其人也。近读钱大昕《廿二史考异》，于《太史公自序》引《汉书》《艺文志》、《宣元六王》、《扬雄传》；《后汉书》《窦融》、《范升》、《陈元传》以证当时皆称'太史公'，曰《史记》之名疑出魏晋以后，与余所考暗合。且于此三书所发明不少，或亦与余说合，或余所不及，余悉附记之。其可疑者，则又辨之。"

　　隋代萧吉《五行大义》在《旧唐书·经籍志》、《新唐书·艺文志》均著录为"《五行记》",《宋史·艺文志·五行部》正式称为"《五行大义》",作者为"萧古"。(按,"古"当为"吉"之误。)此后此书不见于公私目录著录。一直到清嘉庆九年(1804),学者许宗彦根据日本林述斋《佚存丛书》所收之《五行大义》将其翻刻,此书才又重新在中国国内流传。《五行大义》中引用的许多古书今已亡佚,猪饲彦博据此书校正《史记》,可为中国《史记》研究者提供参考。

　　由于缺少版本依据,猪饲彦博有些校勘是主观猜测。如:《律书》"书曰七正二十八舍"一句下注:"《尚书》无此文。窃疑'律'、'曆'二字半缺为'聿'、'日',后人妄补作'书曰'也。"

　　《律书》此句费解,《索隐》已出注,日本学者多有解说。如中井积德曰:"以下妄诞太甚,无足辨";泷川资言注:"七正,七政也。《尚书·尧典》文。'二十八舍'上添'即'字看。"①此二家或阙疑或在《索隐》基础上进一步疏通,均比较慎重。猪饲彦博在无任何版本依据的情况下,仅仅依凭自己对汉籍经典的精熟就下论断,认为此处《史记》文字有讹误,而忽略了《史记》在征引《尚书》等典籍时常根据行文的需要而加以改动的特点。日本学者普遍关注《史记》的版本及材料来源,但常将校勘《史记》文本与考察《史记》对他书记载的改动这两个不同层面的问题混淆起来。将《史记》与他书作文字上的对比,不一致的地方即认为是《史记》文字有误。这在日本学者考订注释《史记》的著作中十分常见。

　　此书刊行于弘化二年(1845)。

诸葛晃著《律历志详解》八卷

　　诸葛晃(1783—1847),字君韬,通称次郎太夫,号归春、艮轩。为姬路藩儒。著有《晏子春秋校注》、《淮南子音义》、《孝经精义》、《扬子法言订注》等。

---

① (汉)司马迁撰,〔日〕泷川资言考证,杨海峥整理《史记会注考证》,第1419页。

此书为写本,体例为抄录《汉书·律历志》原文,在句下以双行小注的形式注音释义,疏解文义,论定旧注是非,校订各本文字异同。引《说文》、《尔雅》及《汉书》颜师古注最多,亦多引萧吉《五行大义》的说法。此书虽为研究《汉书·律历志》的专书,但可为研究《史记》的《律书》、《历书》提供参考。卷末有"庆应元乙丑年(1865)至后三日校了黑川盛泰"。可知此书是在诸葛晃去世后由后学整理而成。

西村远里著《史记天官书图解补注》一卷

西村远里是江户中后期著名天文学家,具体生卒年不详,有《天学指要》、《天文俗谈》等著作传世。本书卷首有其作于宝历四年(1755)冬至日的序,可知此书写作的大致年代。以文字加图解的方式对《天官书》中的星宿名称及位置等进行详细疏解,附有多幅星座图并有说明。征引中日各家学者之说及他书文献为证,纠正三家注的错误,尤以对《正义》的纠谬最多。

池田芦洲在卷末有题识:"余藏此书久矣,未详为某人之著。辛酉五月见坊肆鬻此,取而观之明署撰者姓名,且有自序。乃借之录自序于卷首,且记姓名于题下云。此书未刊,转写行于世者亦可珍也。龙门舍主人池田胤识。"日本国会图书馆、无穷会图书馆、内阁文库均藏此书写本。

正如钱宝琮在《新唐书历志校勘记》中讲:"自来治校勘者多不通历算,通历算者又无暇理校勘之业,遂致读史书者视历志为畏途,而文字之传写脱误,往往较他卷为尤甚。各史皆然……"①由于天文律历是专门的学问,必须有一定的专业基础才能读懂,所以在流传过程中更容易产生文字的讹误,对其校勘和注释也更为必要。日本学者将校勘文字与对专门知识的疏解相结合,对正确解读"三书"有参考价值。

随着江户时代《史记》研究的深入和细化,日本学者对《史记》的世家、列

---

① 钱宝琮《新唐书历志校勘记》,《钱宝琮科学史论文选集》,科学出版社 1983 年。

传等专篇也有深入研究。其代表性成果有：

铃木汪著《史记世家铃木先生考》一卷

铃木汪（？—1818），号一鸣。

铃木汪为皆川愿的学生，卷首注明"头书皆川先生之考"，在各页天头抄录皆川愿的相关考证。其书体例是逐篇摘抄各篇"世家"中的重点文句，对三家注及前代各家旧注进行分析，加以按断，择善而从，并作进一步的疏解和订正。对旧注的考证涉及注音释义及断句等多方面。此书为写本。卷末有抄写者识语："安政六年（1859）十一月从大和田氏恩借写之。矼氏。"

青木涣斋著《史记赵世家青木涣斋先生考》一卷

青木涣斋生平不可考。池田文库所藏为根本通明氏旧藏本①。此书中的解说大多引用"铃木先生云"，之后为青木涣斋自己的解读。其解说的形式也与《史记世家铃木先生考》十分相似。

从池田文库所藏日本学者《史记》研究的著作，特别是这些稿本、抄本中可以看出日本学者《史记》研究重视师说传统的延续。学者们前后相承，相互借鉴、推动了日本《史记》研究的不断发展和深入。这一特点在池田文库所藏日本学者《伯夷列传》的研究成果中也有充分体现。

《伯夷列传》作为七十列传之首，其"以议代叙"的体例也与其他列传不同，被称为传之变体，而司马迁对伯夷、叔齐的评价更是引起了后代学者的争论。自唐代以来众说纷纭。日本学者也十分关注对《伯夷列传》的研究，做了大量考证、评论及资料收集整理工作。如：

---

① 根本通明（1822—1906）：名通明，字子龙，号羽岳。文学博士，曾任东京帝国大学教授。最初学习程朱理学，后转为研究训诂学，深受清代考据学派的影响。著作主要有《周易讲义》、《诗经讲义》、《论语讲义》、《老子讲义》、《伯夷传考》等。

林义方纂《夷齐考》

此书为享保十年（1725）写本。将历代典籍中有关伯夷、叔齐事迹的记载逐篇收录。包括《论语》、《孟子》、唐韩愈《伯夷颂》；宋王安石《伯夷论》；苏轼《武王论》；明王直《夷齐十辨》等。卷末有林义方所作《书夷齐考之后》，说明了其作此书的目的①。

池田文库藏池田芦洲辑《伯夷传汇考》稿本，首先抄录《伯夷列传》原文，其后依次抄录宋苏辙《古史》，清马骕《绎史》，清李锴《尚史·商逸民传》，元吴澂《元文选·伯夷传》，日本中井积德的《敝帚》等与伯夷事迹相关的文章，再后依次为南宋罗泌《路史·叩马辩》，清刘大櫆《读伯夷传》，清张习孔《伯夷传论》；日本伊藤长胤《经史博论·伯夷论》，斋藤正谦《伯夷污周辩》，池田草庵《伯夷传评》（日文），增岛固《伯夷传评》，佐藤宪钦《读伯夷传》，江上源《伯夷传讲义》，伊藤长坚《改定伯夷传》等评论《伯夷列传》的文章。

全书正文后有两个附录，一为高於菟三的《伯夷论纂》目录，目录旁注明"大正五年三日起手十三年九月调查"，目录为：

《伯夷论》伊藤长胤，《伯夷传》中井积德，《伯夷论》铃木腴，《不食周粟辩》津阪孝绰，《策问》藤堂高猷，《书王安石伯夷论后》岩垣六藏，《伯夷论》安积信，《书韩文公伯夷颂后》东正纯，《伯夷叔齐辨》村濑之熙，《伯夷传后序》山梨治宪，《夷齐扣马辨》津坂孝绰，《书伯夷传后》赖襄，《伯夷污周辨》斋藤正谦，《伯夷论》（上下）斋藤顺治，《读王安石伯夷论》藤田彪，《伯夷传论》小山朝弘，《书伯夷传后》河野徵，《伯夷论》（上下）馆森鸿。（以上计二十二首）

---

① 林义方《书夷齐考之后》："今夫欲舆邹鲁之道而衡其典章者不可不绅其雅言。苟从参舆事倚衡而不绅书，则是犹舡之无柁，夜行之无烛，其可乎？夷齐之事，孔孟齝齘，而彝鼎语孟者灼如日星，炳若丹青，亦无余蕴，何待于之外乎？西汉马氏纵广览之知而信坑燔之余，迁就附会而始立传，遂作桶实，得非所谓英雄欺人者乎？世之硕儒匐匐史迁而背驰孔孟，其疏经解传亦依史为断，于是武王非圣之论，孟子非贤之说纷纷日起。其害道之甚至此，堪大息矣。愚之至无似，虽无一成，犹幸得闻古学先生之余论，而仅知今之学径庭于古，遂又得推夷齐。自是杜门撝踪，凡关夷齐论说者举皆收蓄，纂集为一册。往者行京师请正于东涯公而稍就绪，因想徒蕴诸匮而供蠹蟫之欲，亦所不忍，以命诸梨枣，而可为吾党之一助云尔。"

《夷齐四皓优劣论》苏颋,《吊夷齐文》柳识,《伯夷论》王安石,《伯夷大公》罗大经,《夷齐》焦竑,《伯夷叔齐》崔述,《书史记伯夷列传后》严可均,《首阳山碑》皮日休,《伯夷颂》韩愈,《三圣人论》王安石,《伯夷传赤壁赋》罗大经,《叩马辩》俞宁世,《孟子言伯夷论》臧庸。(以上计十三首)

另一个附录为享保二年(1717)孟春出版的僧大典所编《夷齐论》一册的目录:

《夷齐论自序》僧大典,《伯夷颂》韩愈,《武王论》苏轼,《伯夷论》王安石,《伯夷论》唐顺之,《夷齐十辨》林望广,《反夷齐十辨》邹宁愚,《论语夷齐章注》物茂卿,《论语夷齐章注》宇鼎,《伯夷辨》田瓒,《论伯夷辨》宇镱。(以上十一首)①

《伯夷传汇考》卷末收录高於菟三写给池田芦洲的信。信中提到池田芦洲将自己所作《伯夷传汇考》送与他,于是他便将自己收藏的有关伯夷、叔齐两人的资料整理送与池田芦洲。可见日本学者对《伯夷列传》的重视及相互之间的交流。池田芦洲《伯夷传汇考》是想要作一完整的中日学者《伯夷列传》研究的资料汇编,将中日学者评论《伯夷列传》的重要成果收录其中。这也是日本学者重视整理文献资料的治学特点的体现。从《伯夷传汇考》及书中附录的高於菟三《伯夷论纂》、僧大典《夷齐论》两书的目录也可了解日本学者在注释、翻译、评论《伯夷列传》方面所付出的努力及取得的成果。

此外,还有池田草庵的弟子手录的讲义《史记伯夷传评》,市浦直心的《迁史伯夷列传俗字解》写本,体例均为抄录《伯夷列传》原文,逐句逐段用日文进行疏解和评论。

毛利贞斋著《陈平六奇考谚解》一卷

毛利贞斋(1688—1703),名瑚珀,字虚白,通称香之丞,号贞斋。在京都

---

① 僧大典(1719—1801),俗姓今堀,俗名大次郎,名显常,字梅庄,号大典、蕉中、东湖、不生主人。曾任京都慈云庵住持。宗奉徂徕学派,擅长汉诗文写作。著述众多,诗文集外主要有《论语考》、《左传考》、《四书越俎》、《世说匡谬》、《列女传校正》等。

开设学堂教授生徒。精通汉学特别是文字音韵之学,对《周易》、《孝经》、《战国策》及《韵镜》、《玉篇》等有深入研究,且有专著传世。对汉语俚谚兴趣浓厚,有多种俚谚解、俚谚抄传世,《陈平六奇考谚解》是其中一种。用国字解的方式对《史记·陈丞相世家》及《汉书·陈平传》中所载陈平一生中有名的六次奇计及其中俗语等进行解说。此书刊行于元禄元年(1688)。

角田九华著《孔子履历考》二卷

角田九华(1784—1856),名简,字大可、廉夫,通称才次郎,号九华山人。跟从中井竹山学习①,才学优异,曾奉命编纂完成《丰后国志》。擅长汉文写作,与赖山阳为至交。中年时博览林罗山家藏书,模仿《世说新语》作《近世丛语》、《续近世丛语》记述日本近世人物奇闻轶事。

《孔子履历考》作于其三十岁时,后反复修改,至其六十一岁时(1845)才最终定稿,嘉永己酉(1849)年暮冬由松根堂刊刻出版。

卷首为作于文化甲戌秋的《序》:"汉去孔子之世未甚邈远,是以司马迁于《孔子世家》记其出处履历甚详且明矣。后世儒者读孔氏遗书欲论其世,舍《史记》奚适? 虽然,顾其所记载不独与他书小有出入,以《史记》证《史记》,彼此抵牾亦间有之。如是则司马迁所纪未可悉凭信也明矣。是故唐宋以还辩论《史记》者凡虑数十家。予恒喜读《史记》,又喜□□其纰缪。近日三复《孔子世家》,病其最多抵牾,乃叁伍考订,旁午错综以折其衷,然后表年而纪事,更作《履历考》。"

其后为作于弘化二年十一月二日的《又序》:"予既撰《孔子履历考》,而后再翻阅诸书,将欲以得新知也。而若《通鉴前编》、《纲目前编》及《孔圣全书》、《孔子通纪》等书,大抵皆原《史记》而成之,是以希别启新知者矣。今年之春获吴氏英《经句说》读之,其中有详论孔子之所历,明辩《史记》之谬误者。其说凿然多可观焉,于是予乃出所尝作《履历考》,参以吴说而并为

---

① 中井竹山(1730—1804)大阪人,中井甃庵长子,儒学者。曾随五井兰州学习宋学。其父亡故后接掌怀德堂。著有《逸史》、《社仓私议》、《非征》等。

厘正。"

可见其著述目的是要参考各家之说以纠正《史记·孔子世家》记载的错误,以编年的形式作《孔子履历考》。在初稿完成三十年之后,看到了清吴英《经句说》,对其观点颇为赞同,于是参以吴英之说对《孔子履历考》重新做了修正。

吴英《经句说》,二十四卷,卷十三至卷十五为对《春秋》、《左传》、《公羊传》、《谷梁传》中有关孔子生平事迹记载的考证。将《春秋》及三传中的记载与《史记》的《孔子世家》、《仲尼弟子列传》、《鲁世家》、《陈世家》、《十二诸侯年表》及《汉书·律历志》等篇章的记载相对照,同时参考东汉服虔、贾逵等人的经书注解,《史记》"三家注",宋濂《潜溪集》,罗泌《路史》,黄宗羲《南雷文约》,崔述《洙泗考信录》,江永《乡党图考》、《群经补义》,毛奇龄《经问》,钱大昕《十驾斋养新录》等各家之说,最后以"英谓"的形式来论定是非。

《孔子履历考》分为乾、坤二卷,对《史记·孔子世家》逐条考证,引各家之说,以"简曰"下论断,对东汉郑玄、三国魏王肃、唐陆德明、孔颖达、宋宋濂、朱熹、元许谦、明余有丁、清毛奇龄、江永、阎若璩、梁玉绳、左暄、崔述等人观点引用较多,而尤以清吴英的《经句说》引用最多。考证内容涉及史实及版本两个方面。体例为列举各家之说,再以他书文献证之。对《孔子世家》中历代学者争论较多的问题都有详细的论述和考证。

如对孔子生年的考证,在列举《春秋》、《公羊传》、《谷梁传》等书记载的不同及后代学者的主张之后,发表自己的意见:"然予窃谓记孔子生,莫先于《公》、《谷》,而言之可据,亦莫若《公》、《谷》也。若夫《史记》最多错误,未必足取信也。但《公羊传》曰'十一月',则非是,何则?《春秋》云:冬十月庚辰朔,日有食之,夫自庚辰推至庚子二十一日,又推至十一月无庚子,迄十二月乃有之,然则《公羊》之以庚子为十一月,其误不竢辨而显然,故予断然从谷梁氏也。清毛奇龄……毛氏又驳宋氏濂云……,然则宋氏未尝谬也。然其排《索隐》以十一月属明年之说,破宋氏不改月之论,皆得之。"

全书最后的《孔子履历考附录》中介绍了儒学传入日本的过程及孔子在

日本各代所受到的尊崇,可以说是一部简单的日本儒学接受史。

森田益著《太史公序赞蠡测》

森田益(1811—1868),字谦藏,号节斋、节翁。曾受教于猪饲彦博、赖山阳、近藤笃山等大家,并在昌平黉学习。学问渊博,对《孟子》《史记》的研究最为精深。以擅长汉文写作闻名于当世。主要汉学著作有《史赞体格类选》和《史记序赞蠡测》。

《太史公序赞蠡测》逐篇对《史记》的"赞语"进行评述和解读,《孝景本纪》《孝武本纪》,十表及《礼书》《乐书》《律书》《历书》《天官书》没有评点。对《太史公自序》一篇的解读尤为详细。受明清评点之学的影响,主要是从文章写作的角度来分析。

无穷会图书馆藏《诸儒文录》中还收有森田益《史记序赞蠡测抄》,卷首抄录了森田益给藤泽东畡的信:"仆少喜读史公书,尤好叙赞。以为古文法度精严者无如史公书,而叙赞为最。后学作文取法无近焉。因分其段落节次,审论其篇法章法,以示学者。至其风致独绝,使人一读神往者,可意会而不可言传也。题曰"叙赞蠡测"而厕伯夷、孟荀二传于其间者,抑有说焉。盖史公以二传阅世教大,尤用力,合叙赞为一,成此奇文。然古今选者独取《伯夷传》,不取《孟荀传》。以仆观之,《孟荀传》胜《伯夷传》不啻数等。要之二篇传之变体,学者不可不知也。是仆之所以厕二传于叙赞也。《自序》原在卷尾,今置之卷首,是亦有说焉。盖史公先为此篇,以小叙百三十章为提纲,顺序记之。史公先为此篇,学者亦不可不先读之,知一部大局面。是仆之所以揭自序于卷首也。夫学者读《自序》领全书之大意,通览叙赞,察其法度,又于《伯夷》《孟荀》二传观其变体,则史公之意不难窥也。"详细阐述了"序赞"对于理解《史记》及学习写作汉文的重要性。其后依次为《太史公自序》《伯夷传》《孟子荀卿传》《儒林列传序》《游侠传叙赞》,附载《报任安书》,追抄《范雎蔡泽传赞》。此本与《太史公序赞蠡测》所收篇章数目及顺序均不相同。

第三节　明治时期及其以后的《史记》研究

明治维新以来,日本社会文化和教育制度等方面都发生了重大变化。西学的传入,使传统的汉学研究受到削弱和排斥。但由于汉文化在日本的深刻影响及大批具有汉文教养的学者的存在,江户时代汉学研究的学术传统和研究成果仍然被以各种不同的方式继承下来。随着教育体制的改革,明治初期日本社会出现了大量的儒学私塾以及汉诗文团体,在汉诗文写作及汉学研究方面仍取得了不少成绩。与此同时,中国的社会和学术思潮在鸦片战争之后也发生了很大变化。今文经学重新兴起,出现以刘逢禄、廖平、康有为等为代表的大家。传统的考证派学者如阮元等也吸收新的学术观念,把目光投向新的领域。文学方面,桐城派成为文章之学的主流,其后期代表人物吴汝纶及其弟子严复、林琴南等,在中日文化交流中起了相当重要的作用。晚清以来中国学术的变化,对日本明治维新之后汉学的发展以及日本汉学家研究的方向及方法都产生了影响。在这种时代背景下,明治时期的《史记》研究也形成了自己的特色。

明治时期,《史记》仍被作为汉学教育的重要教材。池田芦洲《史记在我邦的价值》中讲:"明治时代,明治天皇勤奋好学毋庸赘述,明治元年十月,于东京城之住所中,作为日课之一,凡逢二、七之日,乃专修《史记讲义》之内容。鹤牧版之《史记评林》实为明治天皇日课之用本。此事在种树氏《侍读序》中业已谈及。"①可见《史记》作为日本历代天皇及皇室成员必读汉籍的传统并未因明治维新而中断。日本学者井上正在《〈史记〉的指导》一文中也提到:"学习史传类之最大目的,莫过于通过其作品本身固有的表现,接触历史上的各种人物形象,从而加深对社会存在的理解和认识。……如果论及

---

① 〔日〕池日芦洲《史记在我邦的价值》,池田英雄增补新编《前编"史记解题"·后编"史记研究书目解题"稿本》,日本东京长年堂昭和五十六年(1981),第350页。

汉文,《史记》是'经子类'(思想教材)、'诗文类'(文学教材)最适合的。在取用以人物为中心的史传教材的场合,特别成了决定性的深刻的指导项目。因而在史传教材中,《史记》实为不可多得的一级作品。"①

可以看出,日本教育界重视《史记》,是因为《史记》用纪传的体例记载了历史上各类人物的事迹,这些精彩的记述,既能提高日本学生汉学及文学水平,也可加深其对历史及社会现实的理解和认识。

著名历史学家宫崎市定在其著作中提到:"我和《史记》打交道已有六十多年了。当初是在旧制高中学的《史记通鉴抄》,进入大学以后,必读《史记》,但并非每天都翻《史记》。不过,在思考中国古代史的时候,就非得在某些方面参照《史记》了。"②

从宫崎市定在中学和大学学习《史记》的经历,也可见明治以后日本《史记》教育的普遍性。

明治时期出现大量的《史记》教材和《史记》普及读物。这些出版物一般都有详于纪、传而略于书、表的特点。"十表"一般只列标题而不收正文,"八书"或收或不收,对于"八书"的注释也相对简单。这一方面因为《史记》是通过纪、传记载人物来展现历史发展的脉络及进程,这些鲜活的人物传记既可为治国安邦提供经验教训,也能为人生提供借鉴和参考。对这些纪、传作详细疏解,帮助人们更好地理解相关的内容和时代背景,符合《史记》传入日本后形成的注重其实用价值的传统;另一方面是这些精彩的纪传篇章具有较高的文学价值和很强的可读性,可作为学习汉文写作的范文。《史记》作为汉文学的经典,对日本文学也产生了很大影响。

日本学者在研究《史记》文学时,善于对纪传中的人物描写进行深入分析和研究。日本的汉诗中许多咏史诗都是以《史记》中的人物为对象。明治、大正以来,很多日本学者到中国旅行,在领略风光的同时加深对中国历

① 〔日〕大矢武师、瀬户仁编《高中古典(古文、汉文)教学的理论与实践》,日本明治书院昭和56年(1979)。

② 〔日〕宫崎市定《谈史记》,日本东京岩波书店平成八年(1996)。

史文化的理解,如竹添井井作了《渡易水》、《函谷关》、《鸿门》等汉诗,收录在其《栈云峡雨日记》中,表达了自己在亲历其地后对《史记》中相关记述的更直观深刻的体会。内藤湖南《燕山楚水——禹域鸿爪记》中多次引用《史记》的《秦始皇本纪》和《封禅书》中的对地势地形的记述。吉川幸次郎、宇野哲人、鸟居龙藏等也都在各自的游记中提到《史记》,从这些资料也可看出日本学者对《史记》的熟悉。

为适应当时读者的汉学水平及学习写作汉文的需要,明治时期出现了一系列评论注解《史记》的读本,如:

《评论注解史记启辨》六册,堤大介编,日本东京枌林堂藏版,明治十二年(1879)东京府平民水野庆治郎出版刊行。

此书卷首为堤大介的汉文《序》,盛赞司马迁发愤著作《史记》的精神以及《史记》杰出的文学成就。其后为司马迁在朝廷上陈辞武帝为李陵伸冤的插图,司马迁《报任安书》节选,《汉世系图》,西汉疆域地图。再后为堤大介的日文《附言》,说明作此书的目的是为了使学子更好地理解《史记》的高文妙理,故按《史记》的篇章顺序,分篇将诸生疑问最多的字词摘录出来,用日语进行解释。不抄录原文,不引旧注,挑选重点字词作简明训释,同时在栏上抄录吴见思《史记论文》的相关评论。此书可看作是明治以来顺应社会需求而大量涌现的《史记》注译之作的一个代表,反映了《史记》注本、译本向简明通俗发展的趋势。

《启蒙史记列传》十卷,太田秀敬和解,明治十二年(1879)十月廿一日玉海堂、青海堂合梓。

此书用国字解的方式对《史记》列传进行疏解,注释,并疏解为文之法。为初学者提供帮助。

《史记十传纂评》十卷,芳本铁三郎纂评,明治十八年(1885)二月冈山县士族大岛胜海出版。

卷首为东京大学教授南摩纲纪的《序》,序中提到他年轻游学时曾听著名汉学家森田节斋对诸生讲论文法,每引《史记》十传为证。森田节斋认为:

"当今学者,经史百家至书画,皆不及清国,唯文章一事,则有过而莫不及矣。"三十余年之后,声犹在耳。芳本铁三郎的《史记十传纂评》对森田节斋所揭示的《史记》文法、句法、字法,照应起伏,抑扬顿挫之处均一一收录,读之如重闻森田节斋之讲说。芳本铁三郎在其《自序》提到自己自幼即熟读《史记》,"因誊写森田节斋所谓《史记》十传而谙诵之,谙诵之久自觉胸中有十传矣。于是乎,读吴齐贤《论文》,李晚芳《管见》及节斋所著《序赞蠡测》,又听我薇山西先生之讲说,豁然有所大悟,乃录各家评语,名曰《史记十传纂评》"。

在《凡例》中,芳本铁三郎多次提到作此书的目的在于"以为作文之助",因各家评语极多难以全收,故删其重复。将吴见思《史记论文》,李晚芳《史记管见》中注释字句的部分也全部删掉,只保留与文章写法相关的内容,列于相关句旁及上栏。重在分析文法,在正文关键处加以圈点,其圈点及分段皆从森田节斋之说。所谓"十传"是《项羽本纪》、《外戚世家》、《管晏列传》、《廉颇蔺相如列传》、《荆轲传》、《淮阴侯列传》、《魏其武安侯列传》、《李将军列传》、《游侠列传》、《滑稽列传》十篇。

此书只从列传中选篇,各家评语也只保留与文章写法相关的内容。从其所收录的森田节斋、薇山西(西毅一)的评点及芳本铁三郎本人的解说中,可了解日本学者对《史记》文学特色的理解和把握。

《文法阐微》一卷,青木贞三著,明治十一年(1878)刊

本书与《史记十传纂评》体例近似,以《武帝纪》、《秦楚之际月表序》、《酷吏传序》三篇为例来阐述文章的写法。青木贞三在《凡例》中强调此书的观点多为自己的发明。

明治时期的教育改革使平民也有了接受教育的权利,包括《史记》在内的汉学经典成为了普及汉文的教材。由于明治时期教育的内容和要求已与前代有了很大不同,学生们的汉文水平与江户时代汉学塾的生徒们已有了很大的差距,这使得他们阅读传统的《史记》三家注及《史记评林》等旧注本

时有困难,在这种背景下,前代以平易口语疏解汉籍的国字解的形式重新开始流行,明治中期出现了一批讲义体《史记》读本,如:

《少年丛书汉文学讲义·史记列传讲义》十六卷,稻垣真久章著,明治二十五年(1892)兴文社刊。每篇正文前有日文解题,正文旁标注训读,每段正文后是日文注释和串讲,用平易的日文对原文进行解说,分为文法、解释、讲义三部分。本书明治二十八年(1895)再版。大正元年(1912)对之前的版本进行订误和补充成《增定史记列传讲义》,收录七十列传和《项羽本纪》,分为字训、解义、文法三项重新解说原文。此书是质量很好的《史记》解读之作。

《史记列传讲义》二卷,冈道号三庆解疏,西壮太郎校订。明治二十五年(1892)东京九同馆发行。自《伯夷列传》起,至《白起王翦列传》止。每篇正文后是日语译文,栏上以批注的形式提示文章写法。卷首的解题在吸收旧说的基础上有很多著者独到的见解,涉及《史记》文章的读法,《史记》的修辞特点及对李陵之祸的解读等方面。

《史记列传讲义》五卷,太田才次郎著。明治二十五年(1892)东京开新堂发行。每段正文后有日文解说,分析句法,疏解文意,总结段落大意,对司马迁的遭遇及历史上对李陵之祸的不同看法做了详细的解读。

《史记列传讲义》一卷,村山德淳著。明治二十五年(1892)东京博学馆发行。每段原文后分字解、讲义两项来疏解。

《支那文学史全书·史记列传讲义》三卷,城井寿章著。明治二十六、二十七年(1894—1895)东京博文馆刊。明治三十年(1897)再版。征引各家之说,用日语进行详细的解说。

《点注史记列传》,冢田淳五郎述,明治二十七年(1894)金刺源次发行。

冢田淳五郎在卷首的《题言》中讲:"今时之就学者,终《十八史略》、《文章轨范》,次读《史记》列传,自为一定序次,犹往日儒家之于经籍也。然传中文义有不易解者,读者颇病之。如《索隐》、《正义》,该博考究,欲通览之则不得不旷日弥久,且望之初学,势或不可。顷者余因书肆之请,注正文上栏以所尝闻者,其所注之辞平易简短,一阅之下,字句粗通,意义略解,务便于初学之徒耳。若夫欲窥奥义妙旨,则《索隐》、《正义》其他解释之书世多有,就彼而求之可也。然此注蛇足之讥固所不辞,亦庶乎有少补于世之少年云尔。"

可知日本明治时期的汉学学习必先读《十八史略》、《文章轨范》,其次读《史记》列传,已相沿成为定式。三家注等旧注艰深繁冗,不适合年轻学生的需要。对《史记》进行训读,标识句读及段落,用平易汉文疏通文义,以便于初学者学习已成为当时时代的需要。卷末为"史记列传年代"的长文,详细介绍各篇列传中人物所处的年代和各历史时期活跃的主要人物等。

明治时期还出版了一批专门针对中学汉文教育的《史记》教材,如:

明治三十二年(1899)明治书院刊行《汉文读本·史记列传抄》二卷,村山自彊、中岛干事共编。此书是专为中学生学习汉文编纂的教科书。用平易的日文对原文难解之处进行注释疏通,并加训点,并有日语口语译文。简明通俗,注重阐发文章意旨是其突出特点。

与此类似的还有明治三十一年(1898)东京八尾书店刊行的太田保一郎所编《中等教科史记钞》;明治三十五年(1902)东京兴文社印行的平井参所编《中学汉文史记传钞》。两书用平易的日文对原文难解之处进行注解和训释,加训点且有白文翻译,都是专为当时中学学习汉文编纂的汉文读本。

在普及读物出现的同时,为满足汉学者研究《史记》的需要,明治时期也出现了多个对《史记评林》的增补修订本。在江户时代和刻本《史记评林》的基础上,增补《史记评林》未收入的明清学者的评论,并有增补者自己的点评。其代表作是有井进斋补标,东京报告社藏版,明治十六年(1883)新刊的《补标史记评林》①。

本书卷首为著名汉学家岛田重礼所作《新刊史记序》,由司马迁《史记》

---

① 有井进斋(1830—1890),名范平,号进斋。曾在长崎县师范和东京府师范中学任教。著有《论语论文》十卷,《补标史记评林》一百三十卷。

的特点谈及《史记》版本源流:"自宋淳化中始刊此书,后屡经翻雕,其存于今者,以南宋建安本为最古,元彭寅翁本次之,明王延喆、柯维熊本又次之。然彭氏删节注文,柯氏以意篡改,均不为佳本。凌以栋《评林》本最后出,栏上收评,不免坊刻窠臼,然具载诸家注,不略加删削,视他本差为赅备。"岛田重礼在梳理《史记》版本流传脉络的基础上,充分肯定了《史记评林》在保存旧注,广收众家之说方面的价值。

其后为冈本监辅撰的《史记补标序》,亦盛赞《史记》:"独《史记》上补六经之遗,下开百史之法,其体莫不兼该,其文章变幻飘逸,独步千古,间有义理可议者,譬诸长江大河,滚滚汨汨,自天际至。余欲著《尚书》旁训,次第而下,遂及《史记》,以便读者,窃谓是今日汉学第一之急也。"

《补标史记评林》在原和刻本《史记评林》的栏上补录《史记评林》中未收入的明清学者的评论,如清吴见思《史记论文》等。以"范按"的形式对前代注解作补充和纠谬,对《史记》体例、记事、文笔特色等进行评论。

如《三皇本纪》篇首:"范按:孔子序《书传》,采唐虞以下;史迁溯而至黄帝尚可也,此补又至三皇,虽似属无用,其稽古之勤,亦不可诬也。"

再如《五帝本纪》:

范按:正文直曰教熊罴云云,未见教习士卒之意,《正义》说恐非也。孚远取之何也?

范按:"披山"二句虚,以下实。

范按:"迁徙"句,暗含前未尝宁居之意。

范按:"顺天地之纪"处,与前"轩辕乃修德"云云,相映作致。

在描写帝喾高辛之处有:"范按:是史公见本色处。"

在描写帝舜之处,引陈仁锡、邓以赞的评论之后有:"范按:此评似得其要领。是虽史公本色,自觉乏苍古之气。陈仁锡所谓'叙五帝总是尚质'者,恐得其一而失其二也。"

从以上所引可以看出其评论更多关注《史记》的文章写法。

《校字史记评林》奥田遵校正。明治十二年(1879)三月修文馆刊印。明治二十五年（1892）三月再版。卷首为岛田重礼的《新刊史记序》，以八尾版《史记评林》为底本，在天头增加一栏对《评林》文字进行校正，多为摘录中井积德《史记雕题》的内容。奥田遵的按语多为一些为人所熟悉的各版本之间的文字差异，如《三皇本纪》："按'帝王代纪'或作'世纪'，宜皆作'世纪'。"并未对各版本文字进行深入校勘。

《校订史记评林》 藤泽南岳校。明治十四年（1881）五月刊，浪华同盟书楼版。在《史记评林》栏外加批语，批语多为摘录森田节斋《太史公序赞蠡测》。

《增订史记评林》 大乡穆　伊地知贞馨评点。明治十四年（1881）修道馆刊行。卷首有重野安绎《序》。此本以八尾版《史记评林》为底本。校文字，正训点。《序》中明确说明刊刻此书的目的在于扩大发行，降低价格，让更多的读者有机会读到《史记评林》。

　　明治时期的汉学家也十分重视汉籍的普及和推广，挑选《史记》等经典汉籍的精彩篇章进行注解和导读。这一时期出现了一些《史记》选注本。如著名汉学家竹添井井主编丛书《评注历代古文钞》，包括《左传钞》四册，《国语钞》一册，《国策钞》二册，《史记钞》五册，《汉书钞》四册，《八家钞》十册，《归余钞》四册①。其中《史记钞》由竹添井井抄录校定，竹添利镰训点，明治十七年（1884）开雕。

　　竹添井井在《序》中盛赞《史记》"为千古之良史，又为千古之至文"。在《序》后的《史记钞杂说》中详细说明了选录《史记》篇章的标准及体例：

　　一、《史记》为网罗千载，囊括百家的鸿篇巨制，其周秦之前的记载多取材于五经及《左传》、《战国策》、《国语》等书，而经书为学者所熟悉，其他书有单独的抄本，故《史记钞》选篇中记载秦以前的篇章只占十分之一二。

　　二、明确提出"录文非录史"的观点，从文学角度挑选《史记》的精彩篇章，重在分析"文之结构"，"文之笔力"，"文之声色态度"。

---

　　① 竹添井井（1842—1917）：名光鸿，字渐卿，通称进一郎、满，号井井。主要著述有《左氏会笺》、《毛诗会笺》、《论语会笺》、《孟子论文》、《评注左氏战记》、《左传钞》、《国策钞》、《史记钞》等。

三、重视《史记》各篇"太史公曰"对学者作文的指导意义。认为《史记》论赞"抑扬跌宕,乃绝世风神","学者诚能极力揣摹,稍能濡染,便可跨越流俗。故于世家、列传或不录,而仍录其赞语,最足益人神智,增文姿态"。至于《史记》各篇表序,前代学者往往不甚重视,而竹添井井则认为"诸表序及伯夷、屈原、货殖等传,俱属龙门得意之笔,犹当熟读"。

四、在选篇时对原文有删节。删掉《史记》中所收录的屈原、贾谊、司马相如等人的赋作,将《项羽本纪》、《平准书》等篇幅较长的篇章划分为若干"截",使读者能更好地理解其篇章结构。

《史记钞》对所选篇章在相关字句下有简单的注释,用"句"标识句读。用"○"、"、"等在关键的字句旁圈点,并用"揭"、"伏"、"点"、"眼"、"遥接"、"顿住"、"首尾照应"等揭示其在文章中的作用。以"「""」"标识段落,并在正文栏上总结段意。评点方式与清代桐城派学者一脉相承。其对《史记》文笔特色的分析有自己独到的见解。在一定程度上反映了明治时期日本学者《史记》研究的特点及水平。

明治以来,与对《史记》的普及启蒙并行,日本汉学家对《史记》的专门与深入的研究仍在继续,并注意将《史记》研究成果汇集成编。日本学者关注中国学者的最新研究成果,对《史记》的版本校勘、文字训释以及天文历法、经济、地理等专门问题进行了更加深入细致的研究。如武内义雄、那波利贞等均有研究《史记》古钞本的专篇论文;《哲学研究》、《支那学》、《东亚研究》等汉学杂志均集中发表三岛毅、内藤湖南、狩野直喜、富冈谦三、小岛祐马、稻叶岩吉、平冈武夫、重泽俊郎、木村英一等知名汉学家的《史记》研究论文。论文内容涉及司马迁的经历、《史记》的文章风格、《史记》在日本的影响以及日本的《史记》接受史等方面的问题。日本学者关注王国维对《史记》的研究,并对《史记》的版本、思想及专篇都进行了更加深入的研究。武内义雄、那波利贞等均有研究《史记》古钞本的专篇论文。《哲学研究》、《支那学》上都发表有狩野直喜、小岛祐马、稻叶岩吉、平冈武夫、重泽俊郎、木村英一等的《史记》研究论文。

大正至昭和初期,日本汉学研究进一步深入和细化。随着研究的深入,对以往的研究成果加以整理,编纂索引目录及其他工具书,对整个学科的研究基础进行系统准备的要求也就应运而生。这一时期日本汉学界在这方面做了不少工作,其中主要包括:善本的整理和影印,对古书版本的研究和专题目录的编写,专书索引的编制,专门辞典的编修以及综合性"大系"如共立社《史学大系》,平凡社《世界历史大系》,新光社《东洋文化大系》等的出版。

随着《史记》研究的深入,大正、昭和以来日本学者开始关注对日藏《史记》抄本残卷进行整理研究和出版,并附有知名学者的解说。如:大正八年(1919),京都神田氏影印唐钞本《河渠书》一卷;昭和十年(1935),东京古典保存会用东京毛利氏藏延久五年大江家国钞本景印《吕后本纪》一卷,并有山田孝雄解说;昭和十年(1935),京都帝国大学文学部影印古梓堂文库所藏延久五年钞本《孝景本纪》一卷,附那波利贞解说;昭和十三年(1938),东京古典保存会用滋贺石山寺藏旧钞本景印《张丞相列传》、《郦生陆贾列传》两篇,并有山田孝雄解说。这些珍贵参考资料的相继出版,为《史记》研究的进一步深入奠定了基础。

与此同时,对《史记》的普及也在积极推进,适合大学生使用的《史记》教材不断出现。其中影响最大的是大正八年(1919)六月早稻田大学出版部刊行的《史记国字解》。

《史记国字解》共八册,讲述者均为早稻田大学教授。十二本纪、十表、八书由桂湖村讲述,三十世家由菊池晚香讲述,七十列传由松平康国、牧野藻洲讲述。

此书卷首的《发行要旨》中强调了《史记》在汉籍中的重要地位,对《史记》成书背景、体例、特点等做了简要介绍。其后为《史记解题》,分为书名、作者、体裁、史学上的价值、文学上的价值、流传、注解参考书类几个部分对《史记》进行全面介绍。在"注解参考书"中,在三家注外,还列出自魏晋六朝至清代中国学者专门注释《史记》的著作 53 种,日本学者的著作 20 种,并提到卫飒的《史要》,刘知几的《史通》,苏辙《古史》,吕祖谦《十七史详节》,钱大昕《廿二史考异》,赵翼《廿二史劄记》等书中有关《史记》的部分亦可作为参考。为学习者提供了较完整的《史记》研究的参考文献。

其体例都是抄录《史记》原文,标注训读,每段原文之后分为【讲义】、【字解】两部分进行疏解。有的篇题之下有对该篇的简要解题。

与明治时期的《史记》教材相比,大正时期出版的各种版本的《史记》国字解,注释更加详细,讲解更加通俗,更适合汉语水平不高的日本青年学生的阅读需要,帮助他们更好地理解和准确地把握《史记》在史学和文学两方面的价值。

自昭和初期开始,日本《史记》研究的范围进一步扩大,研究著作和论文的数量迅速增加。同时注解简明通俗的《史记》选本及和译本《史记》也形成规模。如:

《史记文萃》,简野道明著,日本明治书院昭和四年(1929)刊行。

简野道明在《例言》中盛赞《史记》体大思精,其选择《史记》篇章的标准是“义理文章并尤长者”,即思想和文学两方面并重。其选篇为:《伯夷列传》、《老庄申韩列传》(节录)、《孙子吴起列传》、《商君列传》、《信陵君列传》、《乐毅列传》、《田单列传》、《项羽本纪》、《张耳陈馀列传》、《淮阴侯列传》、《张释之冯唐列传》、《李将军列传》、《汲郑列传》、《儒林列传序》、《货殖列传序》。体例为每页分为上下两栏,下栏为《史记》正文,上栏为注释和疏解,注释人名、地名、典章制度等,并疏解句意、段意及篇章大意。用简明通俗的语言解说司马迁的史学思想、《史记》的体例、《史记》的文笔特色等。其作为普及推广读物的性质十分明显。

日本二战后《史记》的研究主要是以大学的文学部、史学部为中心来进行,大学里使用的《史记》教材一般都是选编注释本,底本一般采用《史记评林》、中华书局点校本《史记》、泷川资言《史记会注考证》等具有权威性的版本。在日本的高中,《史记》作为日本"古典国语"的一部分,放在"国语科",用日本传统的"训读法"来学习。这说明《史记》在某种程度上已被看作是日本本国古代经典的一种。

日本学者有对《史记》进行专篇研究的传统。昭和以来,日本学者对《史记》的专题研究进一步深入。如日本社会恢复发展经济的需要,对经济史的研究成为热门,昭和十年(1935)岩波书店出版加藤繁著《史记平准书译注》,昭和十七年(1942)又出版其《史记平准书·汉书食货志译注》。加藤繁是日本研究古代经济的专家,他在著作中对《史记》的《平准书》、《货殖列传》,《汉书·食货志》进行了全面介绍和分析,对篇章所涉及的汉代的法令制度、风俗人情等作了详细解读。

在研究专著之外出现很多对《史记》进行专题研究的学术论文。学者们利用出土文献等新材料将对《史记》的专题研究进一步推向深入,并在比较《史记》、《汉书》异同以及研究日本《史记》接受史等方面取得了新的成就。对《史记》中所涉及的历史人物多有解说和评论。昭和二十一年(1946)生活社刊行加藤繁著《日本丛书第四十三·始皇帝其他》;昭和二十四年(1949)岩波书店发行吉川幸次郎著《汉の武帝》;昭和三十七年(1962)河出书房新社刊行鎌田重雄著《秦の始皇帝》;昭和四十年(1965)人物往来社刊小田岳夫著《史记·三国志の英雄》;昭和四十一年(1966)人物往来社刊《第二期中国人物丛书本》中收河地重造著《汉の高祖》;昭和四十一年(1966)人物往来社刊《中国人物丛书1》收永田英正著《项羽》;昭和四十九年(1974)中央公论社发行《中公丛书》中收录昭和雅夫著《李陵》等。

这一时期出现的《史记》教材及普及读物主要有:

田中谦二、一海知义合著《中国古典选·史记》,朝日新闻社昭和三十八年至昭和三十九年(1963—1964)版。分"春秋战国篇"、"楚汉篇"、"汉武篇"三部分挑选相关篇章,每篇都加训读,有通译和注释,对《史记》的普及功绩甚大。

吉田贤抗著《新译汉文大系·史记》,昭和四十八年至昭和五十三年

(1973—1978)明治书院出版了"本纪、世家之部"。此书体例上与此前大正十二年(1923)出版的国民文库版《国译汉文大成·史记》以及早稻田大学出版部出版的《汉籍国字解·史记》同属一个系统。其著述宗旨是要编成一部专家与一般读者皆可使用的《史记》读本。每篇分段注译,译文之后分通释、语释、余论三部分对重点字词、段意及思想内容等进行注释和阐发。此书1990年开始出版"列传之部",由水泽利忠氏负责,水泽利忠在卷首的《列传解说》中用简明易懂的语言详细讲述了《史记》的版本系统及各版本间的传承和优劣,是了解《史记》版本的非常珍贵的资料。

一海知义著《中国诗文选·史记》,筑摩书房昭和四十九年(1974)版。选取《史记》中的名篇用日语进行详细解读,不仅疏解篇章大意,还注意探寻和揭示其中所蕴含的司马迁的思想,赏析文章的写法,是很好的《史记》导读之作。

寺门日出夫、吉原英夫合著《汉文学研究资料·史记》,明治书院昭和五十年(1975)版。对高中教材所涉及到的《史记》篇章进行翻译和注释,每篇都分为原文、翻译、通释、语释四部分,卷末有日本《史记》的接受、《史记》参考年表、重要语句索引,是中学汉文教育的重要参考书。

志村和久著《问题研究:史记》,昭和五十四年(1979)三省堂版。本书针对高中生及大学生,由入门、基础、研究三编构成,内容丰富、解说精准到位。这些学术性与通俗性相结合的《史记》译注之作的相继问世进一步扩大了《史记》的影响,也推动了《史记》研究的深入。

日本学者关注司马迁的生平及其史学思想的研究,还出现了一批介绍司马迁及《史记》的著作。如昭和十八年(1943)日本评论社刊武田泰淳著《司马迁》(再版时改名为《司马迁の世界》);昭和十八年(1943)弘文堂版《周汉思想研究》所收重泽俊郎著《司马迁研究》;昭和三十三年(1958)弘文堂发行冈崎文夫著《司马迁》;昭和四十三年(1968)中央公论社刊《世界の名著》第十一卷收入贝塚茂树、川胜义雄著《司马迁》;昭和四十三年(1968)中央公论社刊村松暎著《瞽说史记》;昭和四十七年(1972)清水书院刊行大岛利一著《司马迁和史记的创作》;昭和四十九年(1974)岩波书店发行《古代中国を読む》中收小仓芳彦著《史记私议》;昭和五十年(1975)日本文芸社发行《胜利者和失败者的人物百科》本中收竹内照夫著《司马迁史记入门》;昭和五十九(1984)集英社刊行林田慎之助著《司马迁》;昭和五十五年(1980)三省堂刊行小仓芳彦著《史记的时代入门》等。

最早的《史记》和译本是明治四十四年(1911)玄黄社出版的田冈岭云著《和译史记列传》二卷。将《史记》各篇列传逐字逐句地进行翻译,这是之前从未有过的全新尝试。大正昭和以来,和译本《史记》陆续出现,主要有:
《对译详注汉文丛书·对译史记》,塚本哲三著,大正十二年(1923)有朋堂书店刊。

本书卷首有桑原骘藏的《史记解题》。体例是先分析一篇的文章写法和篇章大意,再作注解和翻译。注解多参考凌稚隆《史记评林》,梁玉绳《史记志疑》,中井履轩《史记雕题》,翻译是逐段将原文和译文对举,方便读者学习。
《国译汉文大成·国译史记列传》,公田连太郎、箭内亘合著,昭和十四年(1939)国民文库刊行会刊行。卷首有解题,难解的字词语句及人名地名等有注释,原文和译文对照。
《译注史记列传》,加藤繁、公田连太郎合著。昭和十七年(1942)富山房出版。以鹤牧版《史记评林》为底本。每篇由原文、译文、注释三部分组成。

时代的需要使和译本日益普及并进一步向更加平易的口语体译本发展。昭和后期以来出现了完全独立于《史记》原文之外的口语译本,并陆续出现更加通俗的面向大众的《史记》读物。在日本陆续出版《史记》的全译本和选译本有几百种。脱离《史记》原文的口语译本始于小竹文夫、小竹武夫合著的《现代语译史记》,弘文堂昭和三十一年至昭和三十二年(1956—1957)版。此书是对《史记》全书的和译,不录原文,"十表"只译表序,开后来类似的书籍之先河。此书修订后以《世界文学大系·史记》之名由筑摩书房于昭和三十八年(1963)再次出版。其后类似的《史记》和译读物主要有：

田村辉雅著《史记解释》，昭和三十五年(1960)旭堂株式会社出版。选取《史记》的十四篇列传，不录原文，用日文进行串讲和翻译。

野口定南、近藤光南、赖惟勤、吉田光邦合著《中国古典文学大系·史记》，平凡社昭和四十三年至昭和四十六年(1968—1971)版，此书与《现代语译史记》体例完全相同，更注重通俗性，在"十表"和"八书"的译文中插入很多图片，帮助读者的理解。

小川环树著《世界古典文学全集·史记列传》，筑摩书房昭和四十四年(1969)版。后此书修订成为《岩波文库》本《史记列传》，全五册，岩波书店昭和五十年至昭和五十一年(1975—1976)出版。后岩波书店又于昭和五十六年至平成三年(1981—1991)出版了《岩波文库·史记世家》，全三册，译文简明准确。

二十世纪九十年代以来，日本教育体制又进行改革。平成九年(1997)以后，中文被列入大学入学统一考试中，一些高中设立了作为外语的中文课，使一些年轻的学生接触到中文。大学中随着国际化的发展，汉语教育也随之有了相当的发展。这一时期，老一代研究者渐渐退出了研究的舞台，新一代研究者在成长。这是日本战后教育培养出来的一代人，对他们来讲汉学已经不再是其教养的主要部分，在日本新的文化系统中，汉学所占的比重比一百年前相比，要少得多。汉学逐渐变成只属于专家研究的一块领地。新一代学者在知识结构和研究方法方面都与前代学者有了很大不同。从研究对象而言，日本汉学从传统的以儒学为主的学问，走向了对中国所有传统文化领域的研究；从研究体制而言，打破了以个人为主的私塾式的研究，渐渐融入了现代的教学体制；从研究方法而言，走出了传统的考据和义理之学的范围，将现代科学的研究方法引入到研究中，形成较完整的研究方法体系；从研究成果而言，改变了仅仅注释解读前人成果的状态，出现了基础性研究的专著,不同层次的丛书等,为以后的深入发展奠定了基础。

如藤田胜久(1950—)的《史记战国史料研究》,东京大学出版会平成九年至平成十一年(1997—1999)版。

此书第一编包括《史记》和中国出土书籍,《史记》三家注的《竹书纪年》佚文,《史记》战国纪年的再检讨,《史记》的战国系谱和《世本》,马王堆帛书《战国纵横家书》的构成和性质,试论《战国策》的性质几部分组成,是对战国史资料的基础研究。第二编是对《史记》所记秦、赵、韩、魏、楚、燕、齐等七国史料的考察。作者认为《史记》记载中年代矛盾的有很多,根据出土文献等新材料对战国年代进行考证和研究,可为战国史及《史记》研究提供参考。此书体现了这一时期日本对中国秦汉史研究在研究方法上的特点,即关注考古和实物资料,以此作为书面文献的补充,并推动相关研究的深入。

再如平势隆郎(1955—)的《新编史记东周年表》,东京大学出版会1999年版;《〈史记〉2200年的虚实:年代矛盾之谜和隐藏的正统观》,讲谈社2000年版。作者关注作为中国古代史上大变革时期的春秋战国时代的历史史实记述,注重考古文献及其他新材料的考察和运用。

这两位学者至今仍活跃在当代日本中国秦汉史研究领域,其研究成果也体现了日本《史记》研究的特点。

自明治至大正、昭和时期,在普及《史记》同时,日本学者也一直致力于《史记》的注释和专门研究,《史记》研究一直在日本汉学研究中占有重要地位并取得了突出的成就。其中突出的代表是泷川资言的《史记会注考证》和池田芦洲的《史记补注》。

第四章　泷川资言与《史记会注考证》

第一节　泷川资言的生平与著述

　　泷川资言(1865—1946),号君山,通称龟太郎,是日本著名武士泷川一益的后代。其父泷川奈之丞,修汉学,常年为小学教员。明治以后,泷川奈之丞在家乡开办了泷川塾教授汉学。泷川塾的教科书后来常被其它汉学塾选作教授汉学的教科书。泷川奈之丞对家人要求非常严格,督促其子孙努力学习汉学。泷川资言之子泷川亮在回忆中提到祖父曾因其不能好好学习《十八史略》,将铁制的镇纸扔到其眉间,鲜血染红了书籍,伤疤到老年还在。父亲严厉的家教对泷川人格的形成有很大影响。

　　明治初年,泷川资言在家乡师从雨森精翁、内村鲈香学习汉文。后进入松江师范学校附属上等小学学习,于明治十年(1877)三月三十一日拿到松江师范学校附属上等小学第八级卒业证书。其后于明治十二年(1879)进入松江中学学习。松江中学校创立于明治九年(1876)三月,在明治十年进行重新修建,在学校重建完成及新生入学的典礼上,泷川资言作为全体学生代表祝辞。其祝辞被全文收入"岛根百杰"的"泷川资言"条中。据记载泷川在中学期间成绩非常优秀,但泷川并没有在松江中学完成学业,而是在中学三年级时中途退学,于明治十五年(1882)三月九日和其他几名学生一起出发去东京,进入日本著名汉学家岛田篁村开设的篁村精舍继续学习汉学。

明治维新之后,日本全国上下普遍实行文明开化、追慕西学的文化政策,研究中国古典学问的传统汉学受到空前的冲击和衰弱。明治五年(1872),明治政府颁布了近代新学制,要求在全国范围内,分学区建立大学、师范学校以及新式中小学校等。随之,各种洋学塾、专门学校也纷纷兴起,在这种情况下,传统地方私塾等相继被迫关闭,以汉学为中心的传统学问知识体系也受到严重削弱。在这样的大背景下,明治十年(1877),东京大学正式成立。在当时的东京大学的学科设置中,文学部设第一科、第二科,第一科为史学哲学政治学,第二科为和汉文学科。前者完全是按照西方的理论和方法建置的,讲的内容也只限于西方的学术体系。如史学完全按照欧美特别是德国兰克学派的实证主义史学理论来讲授和传播近代史学理论,关于历史知识的讲授也完全采用欧美人所编写的历史教科书,讲授西方历史进程。因此,当时史学科的所谓历史学是不包含中国、日本、印度等亚洲国家的。日本、中国的传统学术,被安置在第二科即和汉文学科中。这里"和汉文学"的"文学"并非现在所说的"文学"的概念,而是泛指包括经学、史学、诸子、诗文等在内的传统学术的内容。

当时一般的青年学生为了毕业后能够找到工作安身立命,纷纷把目光投向西洋学术。据东大校史统计,和汉文学科从明治十年(1877)开设到明治十九年(1886)十年间,专业毕业生竟只有两人。可以说,以中国古典文化为对象的汉学,在近代大学教学体系中,处于虽有科目存在而形同虚设,学术承传无法延续的处境。这是江户以来传统汉学在高等教育体系中面临断绝的实际状态。

为了在近代大学里切实加强传统学术的修习,在加藤弘之的再三申请下,日本文部省终于批准在东京大学增设附属于文学部的"古典讲习科"甲部、乙部,甲部以日本国学为内容,乙部以汉学为主要内容,又称"支那古典讲习科",在明治十六年(1883)正式招生,规定学制四年,招生人数 40 名。当年投考者有 160 人。第二年,甲乙两部又分别改称为"国书课"和"汉书课"。明治十八年(1885)十二月,伊藤博文组阁,迎来了日本近代最欧化的时期,即所谓全面追随西方风尚的"鹿鸣馆时代"。稍见复兴的汉学又趋低迷,古典讲习科二届而止,汉学塾也逐渐停办。

　　泷川资言是东京大学"古典讲习科"第一届的学生。经过四年的学习,于明治二十年(1887)年毕业,同期学习的有市村瓒太郎、和田英松、岛田钧一、林泰辅、山田准等人。在近代日本,很长一段时间内,对中国古典文献记载基本持"怀疑"态度,甚至认为"不可信",加以"抹杀"的思潮在学术界占主导的地位,所以泷川资言以及一些学者在相当长的时期内,不能进入主流学派,不被日本学术界重视。井上哲次郎在为林泰辅的《支那上代之研究》(日本东京光风馆书店 1927 年版)作序时讲"汉学命脉渐趋断绝之时,起而弥合其缝隙者,主要就是(东京)大学古典科出身的人"①。其实象泷川资言这样一些学者,他们不仅是弥合缝隙的继绝学者,更是进入明治新时期后继承汉学素养,并在时代氛围中吸纳了西方新观念和新方法的过渡性人物,是日本传统汉学向近代中国学过渡的承前启后的重要人物。

　　泷川资言从东京大学古典讲习科毕业,因为不通洋学,十年找不到固定工作,先后在法制局、内阁、大臣官房属等处任职,担任文书等工作,长达十年之久。水泽利忠评价泷川时说"时代急剧变化之时,仍然完全按照前一时代生活方式生活"②。但在这十年间,泷川也一直没有停止对汉学的研究。明治二十年,泷川资言在由杉浦重刚、井上哲次郎等创刊《东洋学艺杂志》上发表《支那古代哲学史一斑》。

　　泷川早期对中国历史十分关注,从明治二十一年(1888)开始,历时五

---

① 〔日〕林泰辅《支那上代之研究》,日本光风馆书店昭和二年(1927)。
② 〔日〕江上波夫《东洋学系谱》第 2 集,日本大修馆书店平成六年(1994)。

年，到明治二十五年（1892）二月，泷川和他在东京大学古典科的同级生，后任学习院教授的市村瓒次郎一起完成了六卷的《支那史》，明治二十五年二月，由吉川书店刊行了第一卷。到明治三十六年（1903），日本桥本海关译成中文，重新将此书进行了分卷，分为"支那史八卷，大事表一卷"，由中国教育世界社 1903 年出版发行。大正四年（1915），泷川与盐谷温教授一行到中国旅行时，偶然在上海的书店里发现了这本书，泷川购买此书并在卷末题有"大正四年八月下浣，购于上海，始知是书传海外也。君山居士"。

　　日本的文明史作品真正译介到中国，是二十世纪初大量知识分子赴日留学之后才出现的。二十世纪初年中国新史学思潮的兴起，得益于日本史学界甚多。1903 年清政府推行新式教育，大中小学校均设立"历史"一科，急需大量的历史教科书。清季从日本翻译和编译了大量史书，其中包括了为数不少的以"文明史"、"开化史"命名的书籍，这些作品不仅是传播日本文明史学思潮的重要载体，亦充当了晚清学堂的历史教科书之用，对二十世纪初中国新史学思潮和历史教育都产生过一定的影响。这些历史著作因叙述简洁，条理清晰，篇幅适中，多数充当了西洋史和中国史教科书之用，在各地学堂广泛流传，对当时中国人自己编纂的历史教科书亦产生相当大的影响。

　　泷川资言和市村瓒次郎所著的《支那史》由支那翻译会社署名为"支那少年"，将其编译为《支那四千年开化史》。1903 年 2 月支那翻译会社出版了"支那少年"编译的《支那四千年开化史》。《新民丛报》第 32 号"介绍新书"栏目向读者推荐该书时讲"溯世界文明古国，吾国居一焉，开化之早，较之印度、埃及、希腊等国，未遑多让也。徒以群治不进，有其先者而无其继，遂使数千年来史界想象，黑暗昏黯，一若逆乎公理，不进化而退化焉。本书据日本市村、泷川两氏所著之《支那史》，去其廿四姓家乘之事实，而刺取其关于文明之进步者，编译而成。上自太古，下迄今兹，凡分九章。第一章曰地理，第二章曰人种，第三章曰太古之开化，第四章曰三代之开化，第五章曰秦汉三国之开化，第六章曰两晋南北朝之开化，第七章曰隋唐五代之开化，第八章曰宋元之开化，第九章曰明清之开化。每章复分为制度、学术、宗教、技艺、产业、风俗等类，类别明析，条理井然。吾国今日无佳史，得此亦庶足供浏览，若用以为教科书，亦一善本也"。这则广告对《支那四千年开化史》一书作了颇为详细的介绍。该书初版后颇受欢迎，多次重版，曾作为中学历史教科书使用。

明治三十年（1897），泷川结束了毕业后十年飘泊不定的生活，前往仙台第二高等学校（现东北大学）就职。这之后的三十年，他一直在仙台的第二高等学校教书，这三十年也是他倾心写作《史记会注考证》的时期。

明治四十二年（1909）前后，泷川出版了一批注释点校中国典籍的著作，如《标注高等汉文》《纂标御注孝经》《纂标孟子集注》《纂标论语集注》《纂标大学中庸章句》《纂标古文真实后集》《高等汉文标注战国策》《左氏传钞》等。其中《纂标论语集注》在平成十三年（2001）还由日本八木书店再版发行。

泷川的汉诗文做的很好。对当时学子学作汉文多有指导。大正十五年（1926）三月在仙台第二高等学校休年假时，当时市村瓒次郎担任大东文化学院的学长（即院长），泷川应邀到东京大东文化学院讲课，指导学生如何进行汉语写作。

昭和六年至昭和八年间（1931—1933），《史记会注考证》由日本东方文化学院东京研究所出版，受到世界汉学界的高度评价。泷川资言于昭和五年（1930）退休回松江，《史记会注考证》出版后，他于昭和九年（1934）又到东京，先后担任大东文化学院和东京文理科大学的教授。昭和二十年（1945）避战乱离开东京回到松江。昭和二十一年（1946）二月二十三日，泷川资言在松江家中去世。

由于《史记会注考证》所产生的重大影响，泷川去世后，其故乡松江多次举行纪念活动。在昭和五十年（1975）泷川去世三十周年的纪念活动上，对泷川的业绩高度赞扬并为其建碑纪念，还做了关于"松江市泷川塾的调查"。当时很多著名的汉学家都参加了纪念活动。京都大学著名教授吉川幸次郎用汉文作《泷川君山先生故宅碑》铭文，对泷川及其《史记会注考证》的影响和成就给予了高度评价。

《史记会注考证》第十册卷末有泷川资言全面论述司马迁及其《史记》的长文《史记总论》，全文由太史公事历、太史公年谱、《史记》资材、《史记》名称、《史记》记事、《史记》体制、《史记》文章、《史记》残缺、《史记》附益、《史记》流传、《史记》抄本刊本、《史记》集解索隐正义、《史记正义》佚存、司马贞张守节事历、《史记》考证引用书目举要几部分组成。即便是在这篇由泷川自著的长文中，他也仍然沿袭了作《考证》时先汇集各家之说再加以论断的风格。泷川在总论中对中国学者研究《史记》的成果给予了充分肯定，同时也指出了日本学者的成绩，水泽利忠认为这体现了泷川真挚诚恳实事求是的治学态度。《考证》成书后，在学术界备受重视，欧美的《史记》译本及介绍《史记》的著作很多是以《考证》为底本和依据，中国大陆及台湾的高校在讲授《史记》课程时，也多以《考证》为教材。《考证》中所引用的众多中日学者的《史记》研究成果确立了此书成为《史记》注释集大成之作的地位，也是其受到学术界重视的主要原因。此外泷川本人的评论也成为学者关注的焦点。《总论》涉及到《史记》及司马迁研究的各个方面的问题，且汇集了中日学者的主要论点并加以综合论述，具有重要的学术价值。其主要内容及观点如下：

太史公事历

在"太史公事历"中，泷川先引《汉书·司马迁传》，略掉与《史记》完全相同的司马谈"论六家要旨"，以双行小注的形式注出《汉书》与《史记》的文字不同之处且对字义、句义、文义进行注释，并以日本所藏《汉书》版本校对《汉书》文字。如"十年而太史公遭李陵之祸，幽于缧绁"一句，泷川注："乾道本'十年'作'七年'，与《史记》合，当依订。李陵降在天汉二年冬，史公受刑，以三年春欤？"再如"……述楚汉春秋，接其后事，迄于天汉"一句，泷川注："诸本'天汉'作'大汉'。《史记集解序》《汉兴将相年表·集解》并云班固云：司马迁记事迄于天汉，此裴骃所见《汉书》作'天汉'，今依订。"

以上所举二例在校勘文字的同时对司马迁的经历以及《史记》写作时间

等重要的问题作了考证。

泷川对《汉书》与《文选》所收《报任安书》字句上的不同逐一进行比较，并引各家之说以证之。如"若望仆不相师用，而流俗人之言"，泷川注："《文选》'用'、'而'二字倒，义长"，后引"包世臣曰"以证明自己的论点。

在引《报任安书》后，泷川按语："史公触武帝怒，不敢引决自裁，甘下蚕室，遂编《太史公书》一百三十卷，以就父之志，其情诚可悲也。《史记》自序，答任安书说之甚悉，而史中往往有言及此事者。见《老子韩非传》、《孙子吴起传赞》、《伍子胥传赞》、《平原君虞卿传赞》、《范雎蔡泽传赞》、《廉颇蔺相如传赞》、《魏豹彭越传赞》、《季布栾布传赞》"，泷川不仅列出《史记》中的相关篇章的篇名，来说明司马迁触景生情在相关人物身上看到自己的命运，藉以抒发自己隐忍苟活是要继承父亲遗志完成传世的史书，而这种精神和信念不是常人所能理解的，还以双行小注的形式将上述各篇中的相关内容抄录于后。司马迁发愤著书虽是《史记》研究方面已有太多人涉及的话题，但泷川将《史记》中有关司马迁抒发人生感慨的文字都放在一起，读者集中阅读，可以带来一种很震撼的感觉，好像触摸到了司马迁的灵魂。

在《汉书·司马迁传赞》之后，泷川大段引用梁玉绳《史记志疑》，赵翼《廿二史劄记》，王鸣盛《十七史商榷》中的评论，并收录《古今图书集成·经籍略》中所藏宋尹阳到韩城做官后，因为景仰司马迁及其写作《史记》的伟大功绩，专门著文劝导当地百姓修太史公祠碑，较全面地反映了后人对司马迁及《史记》的认识和评价。

太史公年谱

在太史公年谱中，从《太史公自序》"生于龙门"开始，泷川逐年将《史记》《汉书》各篇的相关内容附于其下，并标注相应的公元纪年和日本纪年。相关的政治文化背景以及重要官员的任免升迁也附列其后，犹多涉及各家学说的兴衰以及文人学者的著述情况。如《淮南子》成书的时间及过程、东方朔、朱买臣等人的事迹和著述情况等。太史公年谱不仅叙列了司马迁的详细生平，还对汉代社会的整体状况及司马迁和《史记》的影响有清晰全面的介绍。如：

"武帝建元元年辛丑"下附列：《儒林传》云："今上即位,赵绾王臧之属,明儒学,上亦向之"……"丞相卫绾奏'所举贤良,或治申韩苏张之言乱国政者,请皆罢'。"愚按："卫绾不及黄老者,盖惮窦太后也。"对卫绾的心态与当时政治文化背景的关系把握十分准确精到。

在"武帝建元二年"下附列："淮南王安来朝,安为人好书,招致宾客方术之士数千人,作为内书二十一篇,外书甚众。初入朝,献所作,上使为《离骚传》。""窦太后治黄老言,不好儒术,以事下赵绾王臧狱,绾、臧皆自杀,丞相窦婴太尉田蚡免。"

"建元六年"下：愚按："至此始绌黄老,以窦太后崩也。"并推测："司马谈论六家要旨,当在此前。"

在"征和二年"下,提到司马迁作《报任安书》中讲"网罗天下放失旧闻,考之行事,稽其成败兴坏之理,凡百三十篇"。"据此则此时百三十篇草稿粗毕,但未经润饰也"。根据《报任安书》中的线索来确定《史记》大致的成书时间。

对《史记》记事的下限,泷川根据《太史公自序》"余述历黄帝,至太初而迄"的说法,发表了自己的观点："史记记事,止于是岁。班固、司马贞、张守节并云迄于天汉,盖读后人改修之书也。"虽只是一家之说,也没有列出其他的材料依据,但也可以给研究者一些启发。

在"史记记事"部分,泷川也针对一些学者不从原始材料出发进行考证分析,而一味追求标新立异的做法进行了批评：

愚按：史迄于太初,史公自言,不待辨说。麟止,依元狩事,假周南诗,以表作史之时,非言迄史之年也,与太始二年黄金铸麟趾,元无交涉。其不言获麟者,避嫌也。崔适《史记探源》以麟止为元狩元年获白麟事,以《史记》嗣后记事,为后人附益。若然,则汉兴以来诸侯,高祖功臣年表两序,太史公自序,皆可废乎？求奇竞新,务为异说,以惊人耳目。近时讲学之徒,往往而然,不独崔氏,非实事求是之旨也。班固曰："司马迁据左氏、国语,采世本、战国策,述《楚汉春秋》,接其后事迄于天汉。"司马贞、张守节皆从之,盖就后人附益之书而言。

泷川将司马迁的《悲士不遇赋》附在"天汉三年癸未",即司马迁遭李陵之祸的第二年,"史公尤好词赋,读屈原贾生、司马相如诸传所收,可以知之。《汉书·艺文志》云:司马迁赋八篇,存此一篇,而亦残缺。今录之是岁,以悲公志云"。用司马迁自己的文字来表达他遭李陵之祸之后的悲愤心情。

对于司马迁的卒年,没作过多征引和论定,只是简单提及"史公没年不详,或昭帝即位之后犹在"。

虽然关于司马迁的生平及《史记》的成书年代至今仍有很多争论,泷川对很多问题并没有明确提出自己的观点或对前代各家之说作出评判,但他将相关材料尽量全面而又条分缕析地排列出来,供学者研究使用确实使《史记》研究者受益,姑且不论泷川本人论述的价值,广收各家之说使《考证》可以作为《史记》研究的集大成的工具书来用。

史记资材

在此部分的开端,泷川言简意赅地指出:"《史记》一百三十篇,五十余万言,其依文籍勿论也已。又得诸游涉,徵之交游",将司马迁所见文献书籍、实地考察与亲自采访事件亲历者得来的资料作为《史记》材料来源的三个最主要的途径。

在"天下遗文古事,靡不毕集太史公"下,泷川注:"此史公自叙其官职当徵当代文献也。"指出司马迁担任太史令使其能够很方便地看到各种档案文献,增强了其史料来源及可靠性。

对《史记》与《战国策》的关系,不同意吴汝纶等认为是后人将《史记》文字补入《战国策》的说法,而同意方苞等人的观点,即《史记》采用了《战国策》的史料。除班固在《汉书·司马迁传》中已提到的《史记》引用了《世本》、《战国策》、《楚汉春秋》等书外,泷川还将《史记》各篇中提到的前代各家著述一一列举出来,在游涉和交游两部分也是将在《史记》各篇中出现的司马迁亲历采访的人名和地名一一列举。

对于《史记》书名的由来，也是先列举朱筠和梁玉绳两家的说法，再下按语："史记之名，朱氏以为始于《隋书》，梁氏以为出于班彪父子，后说为是。"

《史记》体制

对合传、类传、互见法等问题，泷川在前人之说基础上都有自己的论断。在引用袁枚《随园随笔》"史迁叙事，有明知其不确，而贪所闻新异，以助己之文章。则通篇以幻忽之语序之，使人得其意于言外，读史者不可无识也"之后，"愚按：史中多此类。扬雄所谓子长爱奇者"。随后列举了《史记》中此类神奇记载，并总结道："盖积善余庆，阴谋阳祸，史记一贯之旨。而于伯夷事，不得其说，遂为未了之语云：所谓天道，是邪非邪。史公不敢自断，使人思之。"充分理解了《史记》中一些看似虚幻不实的记述其实是司马迁为了表达自己的思想感情和启发后人思考而有意为之，

对于《史记》的编排体例，泷川认为是司马迁在吸收编年体优点的基础上创立了本纪、世家、书、表、列传五种体裁互相补充、配合而成的纪传体史书体例，是司马迁的创造。《史记》是以人为中心来记述历史，而不是对编年体的简单继承和改造。五种体裁之间是各有侧重的，并不重复和矛盾。"愚谓《史记》以人纪，不以年编，三代、秦、汉事迹，先后错出，彼是互见。史公自序所谓并时异世，年差不明者，安能知之？《史记》之有表，以纪传兼编年也。赵、梁二氏，专就将相表言之，未悉"。认为赵翼和梁章钜没能从总体上把握《史记》体例上的特点。

对于《史记》列传篇章的排列顺序，泷川也有自己的看法："七十列传，略以先后次第。而《索隐》云：'司马相如、汲黯传，不宜在西南夷之下；大宛传，不宜在酷吏、游侠之间。愚谓相如事与西南夷涉，故相次；儒林、酷吏二传，叙崇文教严刑法；大宛传，述通西域。武帝大业，于是略备。故次之以游侠、滑稽诸杂传。盖先大后小，自上及下也'。赵翼云'《史记》列传次第，皆无意义，可知随得编次'岂其然乎？"他认为《史记》列传各篇大概是按照时间的先后作为顺序来排列，既不像司马贞所说的是"先大后小，自上及下"，又不一定如赵翼所说是"皆无意义""随得编次"的。

《史记》残缺

对《史记》残缺的问题，泷川认为《汉书》中提出的《史记》"十篇有录无书"的说法并不完全可信："李陵降匈奴，在天汉二年。其后六年，史公与任安书，言编年事，则非坐李陵事死也。《西京杂记》所记，非事实。《汉书》所谓十篇有目无书之言，亦未可信。据今本考之，《孝景本纪》、《汉兴以来将相年表》太初以前纪事、《礼书序》、《乐书序》、《律书序》、《三王世家》赞、《傅靳蒯成列传》、《龟策列传序》，仍是史公之笔。说详于各篇"。对有疑问的各篇，在罗列各家说法之后，逐一加以论断。在《礼书》、《律书》、《历书》、《三王世家》、《龟策列传》、《傅靳蒯成列传》等篇的篇首，泷川都就其是否出自司马迁之手做了自己的论断。他的观点是《史记》有零星文字缺失，但没有整篇亡佚。

《史记》附益

对于《史记》中可能为褚少孙补作的各篇，泷川在引用《汉书·司马迁传》、张晏注和《四库全书总目提要》中有关褚少孙补作《史记》的说法后，又引用《汉书·儒林传》中与褚少孙有关的内容，之后双行小注："褚少孙事，详于《三代世表》考证。"又进一步论述："《汉书》云祖述者，其义未详。各篇改今上为武帝，天汉以后所死诸王，往往书其谥。贾生列传'昭帝时列为九卿'等语，或是杨恽所附益。秦本纪，'孝明帝十七年'至'死生之义备矣'，平津侯主父偃列传后'太皇太后诏大司徒大司空'至'亦其次也'，司马相如列传赞'扬雄以为'以下二十八字，非褚少孙所补。盖附益《史记》者，非一人也。今略条列之，说详各篇。"泷川认为《史记》中后人补作的部分并非出自褚少孙一人之手。其后逐篇列出《史记》中后人附益的内容，具体到附益的字数和起止之处，非常详细。

《史记》流传

将《史记》的流传分为"禹域"和"日本"两部分来介绍。对于《史记》在中国的流传，泷川将《古今图书集成》中所收的有关《史记》传布、流行和研究的记载逐条罗列，从司马迁外孙杨恽将《史记》公诸于世，一直到明代柯维骃、归有光等研究《史记》的著作都一一提及，可以说是一部自汉至明的《史记》流传简史，其中涉及历代对《史记》的续写、评论、注释、刊刻、抄录（宋高宗亲写《史记》、宣宗御书《史记》列传）、翻译（金大定四年，以女真字译《史记》）等，并在最后双行注出："以上概依《古今图书集成》，别补数条。"据他人之功为己有。

有关《史记》在日本流传的情况，从《史记》传入日本开始一直讲到明治时期，涉及《史记》的传抄、阅读、翻译等各个方面。泷川对《史记》在日本流传情况的论述为我们勾勒出了《史记》东传日本的清晰脉络，为研究《史记》学史的学者提供了进一步研究的必要材料。

《史记》抄本刊本

在这一部分中，泷川将日本所藏《史记》抄本、刻本逐一列出，对抄本列出其抄写年代及存藏之处，对刻本逐一介绍其详细的刊刻源流、版刻形式和收藏的机构。对日本所藏的珍贵《史记》抄本，泷川非常重视："盖刊《史记》，自北宋始也。而隋唐之旧，不可复见。我邦幸有故抄本数种，概皆卷子，仍存往时面目，文字间与今本异，可以资于校勘。"并提到："愚著《史记会注考证》，以金陵本为底本，正文以我邦所存抄本校，《正义》以僧幻云所录补。"

第二节　《史记会注考证》的体例及特点

《史记会注考证》集各家《史记》注释于一编，同时兼下己见，为《史记》研究提供了较为完备的资料。对其会注体例及其优缺点中日学者已多有论述。现从《史记会注考证》各篇中挑选一些有代表性的例证，对《史记会注考证》（以下简称《考证》）的体例及特点略加考论。

《考证》的体例是先引各家之说，之后用"愚按"的形式提出自己的观点。在缺乏足够证据支持的情况下，泷川的态度非常审慎，常常只是罗列各家之说，不作按断。如：

《夏本纪》"予欲闻六律五声八音，来始滑，以出入五言，女听"句下《考证》："归有光曰：子长用《书》文有改者，或以易晓语代之，必不反为难解之文。其断绝不可晓者，盖其所见乃伏生今文，故与世传古文有异。古书宜略会文义，疑者阙如可也，如'来始滑''吊由灵'之类，自不可解。愚按：史公从孔安国问故，则其所见不独伏生今文，而壁中之书，亦多错简，宜矣其有难解之语。"

《集解》：《尚书》"滑"字作"习"，音忽。郑玄曰："习者，臣见君所秉，书思对命者也。君亦有焉，以出内政教于五官。"

《索隐》：《古文尚书》作"在治忽"，今文作"采政忽"，先儒各随字解之。今此云"来始滑"，于义无所通。盖来、采字相近，滑、忽声相乱，始又与治相似，因误为"来始滑"，今依今文音"采政忽"三字。刘伯庄云"听诸侯能为政及怠忽者"，是也。五言谓仁、义、礼、智、信五德之言，郑玄以为"出纳政教五官"，非也。

对于《史记》"来始滑"三字，《集解》引郑玄说，将"滑"释为"笏板"的"笏"。《索隐》认为《史记》此处是误字，不可解。泷川在《考证》中先引归有光的说法，认为"古书宜略会文义，疑者阙如可也"，在"愚按"中强调司马迁从孔安国学习《尚书》，而"壁中之书，亦多错简"。对于《史记》中没有确凿证据的难解之语，姑且存疑，并不强为之解。

《夏本纪》"厥田，斥卤"句下《考证》："钱大昕曰：上文既有"海滨广泻"句，"斥"与"泻"文异义同，不当重出。《禹贡》、《汉志》皆无之，此后人妄增。《史记》引《禹贡》"厥"皆作"其"，此独作"厥"，此亦其一证。愚按：王念孙说同。枫、三本《索隐》'卤'下有'可煮为盐者也'六字。"

对《夏本纪》"厥田，斥卤"一句，钱大昕和王念孙都认为是后人妄增，不是《史记》原来的文字。泷川对此未作评判，只是指出日本所藏《史记》版本此句《索隐》与今传本文字上的差异，为研究者进一步研究提供参考依据。

再如《孔子世家》中对于孔子幼年经历的记载，后代学者众说纷纭。《考证》："愚按：少孤一节，诸解纷纷，今录梁氏二说以备考云。"泷川在众家说法中只是选录了梁玉绳之说备考。按照《考证》惯例，一般会将各家不同的说法尽可能全地列在原文之后，但有些时候，泷川在收录时有所选择，只收录自己比较认同或较合理的注释以备考。其他各家略而不录。此处即是一例。

对于《孔子世家》所记孔子拜见老子一事，前代学者对此事的真伪及其确切时间多有争论。《考证》在引用了阎若璩、崔述等人的说法后有"愚按：孔子问礼，有无且不可知，又何定其年前后？阙疑可也"。对无充分证据证明的事情姑且阙疑，是贯穿《考证》始终的原则。

《考证》注重考察制度的起源，避免以后代的观念解释前代之名物，批评《正义》等旧注中存在的虚诞倾向。如：

《五帝本纪》："黄帝崩，葬桥山。"

《正义》："《列仙传》云：'轩辕自择亡日，与群臣辞。……'"

《考证》："林柏桐曰：《史记》于《黄帝纪》最慎，所谓择其言尤雅者也。《正义》于蚩尤则引《龙鱼河图》，于风后、力牧则引《帝王世纪》，于黄帝崩则引《列仙传》，皆不雅驯之言，岂是史公之意乎！"

《五帝本纪》："文祖者，尧大祖也。"

《集解》："郑玄曰：'文祖者，五府之大名，犹周之明堂。'"

《考证》："愚按：五天帝之说，自五人帝而生，皆以五德佩五色，周末始有之，唐虞所无。"

以上几条，或引前人之说，或自己按断来纠正"三家注"的错误，都表达了其求实探源的主张。

《史记》的《五帝本纪》《夏本纪》《商本纪》《周本纪》等篇，多取材于《尚书》。在引用《尚书》时，司马迁做了大量的文字上的变动，或改字，或综括，或详述，从而使《史记》记载与《尚书》相关记载在文字上及细节上有较大出入。《史记》征引《尚书》的问题，也成为历代《史记》研究者关注的焦点。泷川在这一问题上，并不回避《史记》对《尚书》做了较多改动这一事实，也没有强为之解,而是能较通达地理解司马迁根据需要对《尚书》原文所做各种处理,在《考证》中常常引《尚书》原文与《史记》对照,指出两者的差异,在此基础上,注释文字,疏通文义,阐发司马迁的思想和意旨。如:

《夏本纪》:"令天子之国以外五百里甸服。"

《考证》:"《禹贡》无'令天子之国以外'七字,盖史公以意增。"

《夏本纪》:"甸服外五百里侯服。"

《考证》:"'甸服外'三字,史公以意增,下文'侯服''要服'亦同。"

以上两条指出《史记》引用《尚书》时会按照自己的理解增加相关的文字。

《夏本纪》"令益予众庶稻,可种卑湿。令后稷予众庶难得之食。食少,调有余相给,以均诸侯"。

《考证》:"以上本《尚书·皋陶谟》。枫、三、南本'令'作'命'。"

指出《史记》文字所本以及《史记》各版本文字异同。

《夏本纪》"冀州……夹右碣石入于海"句下《考证》在引用梁玉绳的详细注释之后,有"愚按:以上叙冀州。又案:古来注尚书者数十百家,而朱鹤龄《长笺》,胡渭《锥指》,丁晏《集释》诸书,专解《禹贡》,采摭繁复,讨论详明,论史者,就而究之可也"。

这里泷川列出历代注释考证《尚书》的代表作,供学者参考。

《夏本纪》"嵎夷既略"句下《考证》:"古钞本'嵎'字从土,与《礼记》所引宋本旧刻本合。古文也。《索隐》本作'嵎'。盖后人依今文改。见《尚书撰异》。"

简要指出古钞本和今本的差异,明确提示具体分析见段玉裁《尚书撰异》。由此可见,《考证》为研究者提供资料的目的很明确,并无掠人之美之意。

《五帝本纪》"能明驯德,以亲九族。九族既睦,便章百姓。百姓昭明,合和万国"句下《考证》:"《尚书》'能'作'克','便'作'平','合'作'协','国'作'邦'。'邦'字汉高祖名,史公讳改。自内及外,自近及远,是尧之所以有天下致太平也。"

泷川首先逐一指出《史记》对《尚书》文字的改动,指出"邦"改为"国"是避汉高祖刘邦的讳。之后又对文义进行疏通,总结尧能够使天下太平的原因。先指出《史记》文字出处,再解词释义,贯通文义,是《考证》典型的训释体例。

《五帝本纪》:"九载功用不成。"

《考证》:"愚按:《尚书》又曰……,又按:以上略与《尚书》对比,以示史公剪裁之法,以下仿之。"

泷川先是征引《尚书》中与《史记》相应的文字,之后用"又按"说明自己引《尚书》原文是为了将《史记》与《尚书》相关文字对比,以体现出司马迁《史记》对《尚书》所做的加工和剪裁。并用"以下仿之"提示以下诸条《考证》的做法,随文对《考证》体例进行说明。

《五帝本纪》:"钦哉钦哉,惟刑之静哉。"

此句下的《考证》,针对《史记》采用《尚书》文字时改动加工的现象,先引用了梁玉绳的说法,又引用王观国曰"司马迁好异而恶与人同。观《史记》,用《尚书》、《战国策》、《国语》、《世本》、《左传》之文,改'绩用'为'功用'……如是类又多。子长但知好异而不知反有害于义也"。随后《考证》引冯班曰:"《尚书》多古语,不易通,迁所载颇易其文字,即太史公之书传也"。之后"愚按:孟子之时百篇具存,而解《尚书》曰浑水者洪水也;去齐景未远,而释其诗曰畜君好君也。太史公后孟子百六十年,文字既与三代异,言语亦不同,其以今辞释古书,苦心可想。冯班所谓书传者也,王观国讥之何也,亦是泥古之病矣。"

这里泷川分析了司马迁改动《尚书》文字的原因,指出司马迁用当时的通行语去译释《尚书》,并较准确地阐释了《尚书》的内容。王观国认为司马迁是"好异",冯班认为司马迁是有意识地改动《尚书》以抒己见,都没有真正理解司马迁的本意。

《夏本纪》:"毋教邪淫奇谋。非其人居其官,是谓乱天事。"

《索隐》：此取《尚书·皋陶谟》为文，断绝殊无次序，即班固所谓"疏略抵捂"是也，今亦不能深考。

《考证》："《皋陶谟》云'无教逸欲有邦，兢兢业业，一日二日，万几。无旷庶官，天工人其代之'。史公以十七字约说经意，天事即天工。"

《索隐》认为此处《史记》改动《尚书》文字，使得文义疏略不能深考。泷川不同意《索隐》观点，认为此处是司马迁用自己的语言概括了《尚书》原来的内容。此后的《考证》结合《史记》下文的"天讨有罪，五刑五用哉"一句，先引用《皋陶谟》原文，"天叙有典，敕我五典五惇哉！天秩有礼，自我五礼有庸哉！同寅协恭和衷哉！天命有德，五服五章哉！天讨有罪，五刑五用哉！"进一步探讨《史记》前句的具体文义。指出"史公特录天讨一事者，其意谓淫邪奇谋，乱天事者，宜用五刑以讨其罪也。《索隐》未得"。

泷川结合《尚书》原文，将《史记》上下文意贯通，从整体上分析司马迁对《尚书》原文所作改动的用意，阐述司马迁所要表达的思想。

台湾学者王叔岷在《史记斠证》的序中总结了《考证》的优缺点，将其优点归纳为搜辑资料多和多有创见两个方面。《考证》的缺点，王叔岷归纳为五个方面：参考资料粗疏、抄袭旧说、注解谬误、断句不当、村夫子见解。

客观地讲，王叔岷指出的注解谬误、断句不当和见识有限三条缺点，是任何注释之作都难以避免的。而王叔岷所指出的参考资料粗疏和抄袭旧说，确是《考证》问世以来被学者指摘较多的两个方面。王叔岷所说的抄袭旧说，是指"《考证》立说颇有本于经疏、通鉴注、宋人笔记及清人考释者，而不注明出处"。《考证》所引中日两国的《史记》研究之作众多，在《考证》卷末，泷川列出了《史记考证引用书目举要》，其中提到日本学者 18 家，中国学者 84 家。而其征引范围并不局限于此。《书目举要》所列只是泷川认为比较重要，在《考证》中引用次数较多的著作，此外还有一些在《考证》中被一次或数次引用的著作及其作者的名字并没有在此提及，而是随文出注。如《吴太伯世家》：唯子胥惧，曰："是弃吴也"句下，《考证》："穆文熙曰……"，穆文熙及引文所本的《四史洪裁》都是在《书目举要》中没有提及的。

再如《孔子世家》篇名下，《考证》在依次引用陈仁锡、中井积德、赵翼对本篇叙事顺序、文章风格以及是否当列为世家的评论之后，大段引文"廖登廷曰……"，在这段文字中，廖登廷回顾了历史上各家对于司马迁将孔子列入世家的看法。并在前代研究的基础上有破有立地表达了自己对于司马迁作《孔子世家》的理解。泷川这里提到的廖登廷即近代著名学者廖平，可见泷川不仅全面吸收中国古代学者的成果，对近代以来中国学者在经学以及《史记》研究方面的成就也很熟悉和了解。在《孔子世家》"景公曰：'吾老矣，弗能用也'"句下，《考证》："伊藤维桢曰……"，伊藤维桢（1627—1705），是日本江户时代的哲学家，著有《论语古义》，在日本哲学史上占有重要地位。泷川在引用书目中没有提到他的名字，但在注释与孔子及《论语》有关的内容时，却注意吸收和引用伊藤维桢的成果。

《考证》在征引各家说法时，大多注明出处来源，但有些时候，是直接引用成说而不加注明。在中日《史记》研究成果中，泷川引用最多的分别为梁玉绳的《史记志疑》和中井积德的《史记雕题》。对此两家也常不注明出处，所以中日学者对泷川都有"剽窃"的指责。王叔岷《史记斠正》中一部分很重要的内容就是指出《考证》没有明确指出的引自梁玉绳《史记志疑》的部分。日本学者寺门日出男也有专篇文章认为泷川剽窃了中井积德的研究成果。

对于"剽窃"之说，似乎不能草率定论。将《吴太伯世家》中相连两句的《考证》进行比较，可以清楚地看出《考证》在引用他书观点时处理方式的不统一：

《吴太伯世家》："子馀桥疑吾立。"

《考证》："《吴越春秋》桥作'乔'"。

《吴太伯世家》："子句卑立。"

《考证》："梁玉绳曰：《吴越春秋》作'句毕'"。

《考证》前一句直接说《吴越春秋》桥作"乔"，后者注明是梁玉绳的说法。其实，《考证》这两条对《吴越春秋》中异文的考辨都来自梁玉绳的《史记志疑》。泷川一处注明出处，一处未注。类似这样的情况在《考证》中很多，如果说泷川有意据他人成果为己有，如前所述，《考证》不仅在卷首详列参考书目，而且对偶一引用的资料也随文注明作者，对于梁玉绳《史记志疑》这样著名的《史记》研究之作，《考证》似乎没有必要在大量标明引用的同时又有意隐瞒。比较合理的解释是，泷川最初作《考证》是在《史记评林》上随文标注，将自己读到的前人之说和自己的想法都批注在相关句段的边栏和天头地脚，有一定的随意性，所以存在直接摘录而不明注出处的情况也是可以理解的。

除指出《考证》中大量存在的不标明出自梁玉绳《史记志疑》的内容外，王叔岷《史记斠证》还指出泷川的《考证》多有沿袭前代学者之说的地方。如：

《五帝本纪》："而娶于西陵氏之女。"

《考证》："'陵'下'氏'字各本脱，依古钞本、枫山本、三条本及《御览》引《史记》补。《大戴礼·帝系篇》亦有。"

（王叔岷）案：《考证》于"西陵"下补"氏"字，是也。王念孙《杂志》已谓"西陵"下脱"氏"字。并举《御览》皇王部、皇亲部所引及《大戴礼·帝系篇》为证。

王叔岷在肯定《考证》说法正确的同时指出，这并不是《考证》的创获，王念孙《读书杂志》中已经指出《史记》此处的脱文，并以他书所引《史记》为证。从而认为泷川结论是对前人的继承，泷川所说的"依古钞本、枫山本、三条本及《御览》引《史记》补"，也是从前人考释中得到的二手资料，不是泷川亲自核对原书得出的结论。

《夏本纪》："天下于是太平治。"

《考证》："《群书治要》太作'大'。"

（王叔岷）案：《治要》引此无"天下"二字。太当作"大"，王氏《杂志》已据《治要》正之。

《夏本纪》："信其道德。"

《考证》："信其道德，《皋陶谟》作'允迪厥德'，则《史》文当作'信道其德'。下文亦云:道吾德,乃女功序之也。"

(王叔岷)案:"其道"乃"道其"之误倒,段玉裁《尚书撰异》已疑作"信道其德"之误。

以上两条与前面《五帝本纪》条所引是同一种情况。但王念孙的《读书杂志》和段玉裁的《尚书撰异》是泷川多次提到和引用的,非常重视,并在引书目录中明确注明。以此来评判泷川抄袭旧说不是很妥当。

《吕后本纪》:"盖闻古者祖有功而宗有德。"

《考证》:"王启原曰……"

(王叔岷)案:《考证》引王说,本王先谦《汉书补注》。

《吕后本纪》:"禁毋得擅哭。"

《考证》:"《汉书》'哭'下衍'临'字。"

(王叔岷)案:《汉书》"哭"下衍"临"字,王氏《补注》引李慈铭已有此说。《通鉴》亦衍"临"字。

《高祖本纪》:"或说沛公曰。"

《考证》:"《艺文类聚》引《楚汉春秋》云:沛公西入……"

(王叔岷)案:《考证》所称《艺文类聚》引《楚汉春秋》云云,乃本《汉书补注》引周寿昌说,"无入"乃"无内"之误。

《孝文本纪》:"十二月,上曰。"

《考证》:"《汉书·刑法志》为文帝二年事,误。"

案:《考证》云云,王先谦《汉书补注》引钱大昕已有说。

以上几条,王叔岷指出《考证》的注释词义及引用他书文献,都是直接引自王先谦《汉书补注》,而不是核对原书所得,即泷川引用的是二手资料。

这种情况在《考证》中确实存在。王先谦《汉书补注》不但搜罗广泛,备寻各家之说,而且考证也较为翔实,是后世学者公认的继颜师古注《汉书》之后的又一次《汉书》注释之集大成之作。王先谦在该书的《序例》中说:"国朝右文兴学,精刊诸史,海内耆古之士,承流向风,研穷班义,考正注文,著述美富,旷隆往代。但以散见诸书,学者罕能通习。先谦自通籍以来,即究心班书,博求其义,荟最编摩,积有年岁,都为一集,命曰《汉书补注》"。即要汇集散见于诸书之中的众家之说于一编,方便研读《汉书》的人使用。在此基础上,加以己断。泷川深受乾嘉学者的影响,其《考证》在编纂思想、体例及具体做法上可以说是基本沿袭了王先谦《汉书补注》。后代学者也多有人认为王先谦《汉书补注》中自己的创见并不多,一些校勘考证的成果多假手于他人,但能汇集众多前代研究成果,给研读《汉书》带来了极大便利。也就是说王先谦《汉书补注》的特点是排列种众说,述而少断,既完备又扼要地把各家的优点表达出来。与颜师古注释《汉书》"断截众流,自出心裁"的性质大为不同。客观地讲,泷川的《考证》也具备王先谦《汉书补注》的这些特点。或者说,泷川的《考证》在体例上受到了王先谦《汉书补注》的很大影响。《考证》中很多材料都直接从《汉书补注》中抄录而不加核对,这一方面确实可以看出泷川引用材料的粗疏和不够严谨,一方面也可看出泷川对王先谦《汉书补注》的推崇。

　　此外,王叔岷还指出了《考证》中存在的引书不准确,存在疏漏的问题。如:

《吕后本纪》:"属国悍。"

《考证》:"悍,松兹侯徐厉之子。《将相名臣表》悍作'悼',形似而误。"

(王叔岷)案:《将相表》"悍"作"捍",非作"悼",《考证》失检。

《孝文本纪》:"因赐天下民当代父后者爵各一级。"

《考证》:"《汉书》无'代'字。"

(王叔岷)案:《汉书》"代"作"为",非无"代"字也。

核对《汉书》原文,确实如王叔岷所说,《汉书》只是改"代"为"为",并不象《考证》所说"《汉书》无'代'字"。

《考证》中类似上例征引《汉书》的文字发生错误的情况还有很多。如:

《南越列传》:"于是佗乃自尊为南越武帝。"

《考证》:"《汉书》作'南武王',非是。"

考景祐本、武英殿本《汉书》及王先谦《汉书补注》均作"南武帝",并非

"南武王"。而且当时赵佗早已为王,既自尊号,怎么又复称王呢?《考证》所言,不合常理。

再如《魏其武安侯列传》:"夜洒扫,早帐具,至旦平明,令门下候伺。"

《考证》:"'至旦'属上,《汉书》删'早'字'至旦'字,下文'自旦至今',四字无所承。"

核对《汉书》发现,《汉书·窦田灌韩传》作"夜洒扫,帐具,至旦平明,令门下候伺。"《汉书》只删"早"字,并未删"至旦"二字。《史记》下文"自旦至今,未尝敢食"。《汉书》作"自今未尝敢食",无"自旦"二字,自景祐本以下各本《汉书》皆同。

以上两条《考证》所引《汉书》与今传本文字都不相同,不知是《考证》别有他据,还是失之审慎致误。

这种征引材料存在讹误的问题不仅存在于泷川对中国学者著作的引用中,泷川《考证》中提到的一些日本古抄本、刻本,很多地方也并不准确。如:

《殷本纪》:"自天下四方。"

《考证》:"古钞、南本'天下'作'上下'。"

(王叔岷)案:古写本仍作"天下",《考证》恐失检。

水泽利忠《史记会注考证校补》对《考证》所引日本古钞本、刻本内容一一核对原本,指出《考证》的错误。可见在《考证》中这种引用二手资料的情况比较常见,这也是后人指出《考证》错误的一个重要方面。

在分析《考证》致误原因时,王叔岷认为是由于泷川知识水平有限而致误。如:

《秦始皇本纪》:"天子称朕,固不闻声。"

《索隐》:"一作'固闻声'。言天子常处禁中,臣下属望才有兆朕闻其声耳。不见其形也。"

《考证》:"王念孙云:一本及小司马是也。《李斯传》记高之言曰'天子所以贵者,但闻其声,群臣莫得见其面,故号曰朕'是其证。《潜夫论·明暗篇》赵高要二世曰'天子称朕,固但闻名'即本于《史记》。若从王说,则固字不可解,纪、传各依其文解之可也。"

(王叔岷)案:王说是也。不字涉上文"不敢"而衍。《通鉴》秦纪三亦载高之言曰:"天子之所以贵者,但以闻声"本于《李斯传》。"固闻声"犹"但闻声",此文作固,李斯传作但,其义相同。《潜夫论》作"固但闻名","固但"复语,固亦但也。此义前人未发,故考证以为不可解耳。

王叔岷认为王念孙的说法是正确的,"固"与"但"可通用。泷川认为王念孙的说法错误是因为前人没有对"固"与"但"二字通用多做阐发。从王叔岷这一论述中可以看出,他认为泷川对中国文化并没有太多的了解,所以其《考证》多为继承前人成说,少有自己的见解和创获。在前人较少提及的地方往往发生误判。王叔岷的这一说法代表了一些中日学者的观点。如程金造在充分肯定《考证》价值之后,也指出《考证》在注解及点断《史记》原文即三家注的过程中有很多错误疏漏之处。对于致误原因,程金造认为"史记会注考证缺点,其根本原因,在于他对训诂掌握的不够。和训诂关系最密的,是经学,泷川在这方面的掌握,也不太充足。"①即认为泷川《考证》的错误是由于对中国经学及小学缺乏充分的理解和认识造成的。

细读《考证》会发现,泷川并不象一些学者批评的那样对中国文化缺乏了解,而是有着深厚的汉学功底。《考证》在训释字词音义,详注古今地名,疏通《史记》文义等方面有很多精到之处,对《史记》中记载的历史人物和历史事件本身有很多很有见地的分析。如对项羽、刘邦、陈胜三人性格的分析和比较:

在《项羽本纪》"籍曰:彼可取而代也"句下,《考证》:陈胜曰:"壮士不死即已,死即举大名耳。王侯将相宁有种乎!";汉高祖曰"嗟乎大丈夫当如此也。";项羽曰"彼可取而代也"。三样词气,三样笔法,史公极力描写。

在《高祖本纪》描写刘邦见到秦始皇帝时"喟然太息曰:嗟乎,大丈夫当如此也"句下,《考证》:凌稚隆曰:高祖观秦帝之言,较之项羽,气象自是迥

---

① 程金造《论泷川资言的"史记会注考证"》,《文史哲》1958 年,第一期第 44 页。

别。王鸣盛曰:项之言,悍而戾;刘之言,则津津不胜其歆羡矣。

在《陈涉世家》中记载的陈胜"王侯将相宁有种乎"句下,《考证》:"陈胜初志止于欲为王侯将相,与项羽曰彼可取而代也,汉高祖曰大丈夫当如此,词气自异。"

《考证》通过对《史记》中所记载的陈胜、刘邦、项羽三人语言的比较,进而比较三人的性格命运。对《史记》中相关篇章,《考证》评论的方式有所不同。《项羽本纪》句下详细列出三人语言的不同并进行分析;《高祖本纪》句下,泷川自己未作评论,而引用凌稚隆、王鸣盛的评论表达自己的观点。《陈涉世家》又再次用自己的话比较三者的不同。用详略不同的评论方式,将他人之说与自己的议论互相印证,准确到位地勾勒出刘邦、项羽和陈胜鲜明的个性特征。

再如在《项羽本纪》"项羽引兵西屠咸阳,杀秦降王子婴,烧秦宫室,火三月不灭。收其货宝妇女而东"句下的《考证》中,泷川提出了自己的观点:"愚按:项羽楚人,既失其祖,又失其季父,怨秦人入骨。其入咸阳,犹伍子胥入郢,杀王屠民烧宫殿,以快其心者,亦不足异。谓之无深谋远虑可也,谓之残虐非道者,未解重瞳子心事。又按此时沛公年已五十,思虑既熟;项羽年二十加六,血气方刚,彼接物周匝缜密,不敢妄动;此当事真挚勇决,任意径行,是二人成败之所以分也。"

泷川结合当时楚汉相争的背景及项羽、刘邦不同的经历、处境及性格特点指出最后二人的成败的原因,分析准确到位。

又如对于司马迁不给义帝刘心立传,前代学者有很多评论。在《项羽本纪》"乃使使徙义帝长沙郴县……击杀之江中"句下,《考证》引赵翼曰:"《史记》不立楚怀王心传,殊为缺笔。陈涉已世家矣,项羽已本纪矣。心虽起牧羊,然汉高与项羽,尝北面事之。汉高之入关,实奉其命以行,后又与诸侯共尊为义帝。而汉高之击项羽也,为之发丧,则心固当时共主,且其人亦非碌碌不足数者。因项梁败于定陶,即并项羽吕臣军自将之;因宋义识项梁之将败,即拜为上将军;因项羽残暴,即令汉高扶义而西;即汉高先入关,羽以强兵继至,亦居灭秦之功,使人报心,心仍守先入关者王之之旧约,而略不瞻徇,是其智略信义,亦有足称者,非刘圣公辈所可及也,当自立一传。乃《史记》逸之,岂以其事附见项羽诸传中,故不复叙耶? 然律以史法,究未协也。"其后为泷川按语:"愚按:自苏东坡以义帝为天下贤主,洪氏《容斋随笔》遂有可为立本纪之说。赵瓯北此论,盖申其旨而少变之。余谓楚汉未入咸阳之前,天下之权在陈涉;已入咸阳之后,天下之权在项羽,义帝未尝有帝制之事,史公不立本纪固宜。且其事附载项羽高祖二纪,何必别立传? 岂可谓不协史法乎?"

　　这里泷川首先指出赵翼的说法是继承宋代苏东坡、洪迈观点而来,即认为司马迁将义帝刘心的事情附记在项羽等人的传中记述是不合史法的,是司马迁的疏略之处。对此,泷川指出,义帝当时并没有发挥帝王的作用,所以司马迁根据当时历史实际情况及不同的人所发挥的不同作用,分别设立《陈涉世家》和《项羽本纪》,并认为将义帝的事迹附记于高祖、项羽本纪中的做法符合历史的真实,赵翼等人的说法是不通达的。

　　泷川在训释《史记》的基础上,对《史记》中的历史人物和历史事件本身进行评论,是对宋代以来中国学者点评《史记》人物之风的继承。到明代对《史记》的评点达到高峰,而其中的代表之作就是凌稚隆的《史记评林》。《史记评林》在日本流传颇广,泷川也深受《史记评林》的影响。包括在点评的句式上也十分相近。如:

　　《秦始皇本纪》"岂世世贤哉? 其势居然也。"

　　《考证》:"'其势'上,添'而'字看。居然犹安然也。"

　　《秦始皇本纪》"复责小子云:秦地可全……"

　　《考证》:"'复'字上添'贾谊司马迁'五字看。"

　　以上两例,与明代学者点评《史记》如出一辙。而泷川在《史记评林》本上批点完成《史记考证》这一做法本身,也可见其受《史记评林》影响之大。

　　泷川资言的《史记会注考证》虽然存在很多错误和疏漏之处,但至今仍可称为是《史记》注释的集大成之作。如陈直先生在《史记新证序》中所说

"泷川《考证》一书，其体例以日本官私所藏各旧写本，钩稽异同作校字。又用日人及我国注释史记者，汇合贯串作考证。在校字方面，将删佚之正义，全数补入，在考证方面，采摭众家，搜罗宏富，是其所长也。"①我们只有深入研读，才能对《考证》的体例和特点做出相对客观的评价。

第三节 《史记会注考证》断句例释

《史记会注考证》(以下简称《考证》)，作为一部集大成的集注体《史记》注释之作，因其采摭众家，搜罗宏富，自出版以来便受到学者关注。但学者们的关注点多集中在其考证的得失以及所辑录的 1400 余条《史记正义》佚文的真伪上，对其标点断句则重视不够，更鲜有人对其断句的特点及价值作全面细致的考察。

自东汉起就有学者为《史记》作注，并已开始关注对《史记》原文的点断。到《史记》三家注中，对《史记》原文的点断成为注释的一部分重要内容，特别是《史记索隐》和《史记正义》，已开始用"定字"、"定句"、"绝句"等专门术语来明确断句，阐释文意。到明代，凌稚隆《史记评林》对《史记》全书进行了点断，这是今天能看到的最早对《史记》全书进行点断的本子。其后，清代出现了以吴见思《史记论文》、吴汝纶《桐城吴先生点勘史记》等为代表的多种《史记》点断本。在清代学者的《史记》研究专著及相关考证著作中，也都结合文意疏解和史实考订，对部分《史记》文句的标点进行了考辨，如梁玉绳《史记志疑》、张文虎《校刊史记集解索隐正义札记》、李慈铭《史记札记》、王念孙《读书杂志》、钱大昕《廿二史考异》等。

泷川资言的《考证》对《史记》正文、"三家注"以及汇集众家之说并发表己见的"考证"部分全部进行了点断，且有较为完善的标点体例。其点断符

---

① 陈直《史记新证》，天津人民出版社 1979 年。

号共有"・""、""。"三种,其意义、用法如下:

"・",表示并列的词或词组之间的停顿,大概相当于现代汉语标点符号中的顿号。如:《五帝本纪》:"举风后・力牧・常先・大鸿以治民。"

"、",为一句话中一般的停顿,大概相当于现代汉语标点符号中的逗号。如:《五帝本纪》:"黄帝者、少典之子、姓公孙、名曰轩辕。"

"。",用于文意完整的句子之后,停顿在上述三种符号中最大,大概相当于现代汉语标点符号中的句号。举例如上。

大概出于篇幅格式的考虑,《考证》对《史记》"十表"中的表格部分省去了表示并列关系的"・"以及表示文意结束的"。",只用"、"进行粗略点断。

泷川资言的汉文功底深厚,对《史记》文意的把握也比较准确,总体而言其对《史记》原文及各家批注的点断是较为细致和精审的。作为日本汉学家,其点断又具有自己的特点。通过与目前通行的中华书局点校本《史记》①(以下简称"中华本")比较,可以明显看出二者的不同。其中,一些点断正确之处可为我们提供参考。

如:《秦楚之际月表》12 页,"楚救荣、得解、归逐田假",中华本《史记》768 页,点断为"楚救荣,得解归,逐田假"。《项羽本纪》:"居数月,引兵攻亢父,与齐田荣、司马龙且军救东阿,大破秦军于东阿。田荣即引兵归,逐其王假。假亡走楚。假相田角亡走赵。"可以相证。田荣得楚军相救,以解围,返回齐国,并无所谓名"归"之人。此"归"当解作动词"回"。2013 年中华书局出版点校二十四史修订本《史记》(以下简称"中华修订本"),删去"归"字下的人名线。

再如:《范雎蔡泽列传》21 页,"战胜攻取、则利归于陶国、弊御于诸侯"。中华本 2411 页,标点为"战胜攻取则利归于陶,国弊御于诸侯"。此句之下有云"战败则结怨于百姓,而祸归于社稷",句式相同。本句中,"利"与

---

① 本节所据中华书局点校本《史记》为 1982 年版。2013 年,中华书局点校二十四史修订本《史记》出版,笔者又将文中所举各例与修订本逐一进行了核对,并对修订的条目做出标记。

"弊"、"陶国"与"诸侯"对举,《考证》标点更恰当。《史记笺证》标点同《考证》①。中华修订本 2912 页,修订为"战胜攻取则利归于陶国,弊御于诸侯"。

又如:《范雎蔡泽列传》41 页,"君之设智能、为主安危修政",中华本 2421 页,标点为"君之设智,能为主安危修政"。设智能,施展谋略、才能。设,施展。能,才能。《考证》断句更能体现"能"的古汉语用法。《史记笺证》标点亦同②。

但《考证》断句也难免错误和失疏,归纳起来,大概可分为两种情况。

一是由于对上下文意理解错误而导致标点不确。如:《秦本纪》48 页,"河山以东、强国六与。齐威·楚宣·魏惠·燕悼·韩哀·赵成侯并"。这段说秦国与诸侯国的地理关系,后句"淮泗之间,小国十余。楚、魏与秦接界"也可见得。"与"若作句末语气词,则此句单述"六国并",无秦相关,与上下文不符,当标点为"河山以东强国六,与齐威、楚宣、魏惠、燕悼、韩哀、赵成侯并"。又如:《六国年表》117 页,"因东击、赵王之河南",此事在《秦始皇本纪》中记述为"十三年,桓齮攻赵平阳,杀赵将扈辄,斩首十万。王之河南"。又年表此栏述秦国史实,何以记赵王行踪? 当点断为"因东击赵,王之河南"。《史记笺证》亦谓:"王之河南,秦王到河南视察。有人将'赵'、'王'二字连读,误。"

二是因疏忽而致的笔误。如:《封禅书》80 页,"蜚廉桂观",《孝武本纪》41 页,点断为"蜚廉·桂观",并引颜师古注,谓"蜚廉馆及桂馆二名也",可知泷川在《封禅书》中的标点失误。又如:《天官书》63 页,"觜·觿·参、益州"。"觜觿"为觜宿的早期称谓,不当断开,《考证》上下文"觜觿"点断皆不误,只此处失误。

《史记》中有些文句,各家对其意义理解分歧较大,断句意见也多有不

---

① 韩兆琦《史记笺证》,江西人民出版社,2004 年,第 4337 页。
② 韩兆琦《史记笺证》,江西人民出版社,2004 年,第 4370 页。

同。对这种情况,泷川资言往往以"考证"的形式搜罗各家之说,斟酌辨正,并下己见。从中可见泷川在断句方面的用心及其对文献辨析考证的能力,对我们正确理解《史记》文意有纠偏之益。以下通过中华本与《考证》的标点对读,对这部分"疑难断句"进行逐条考辨分析。

1.《秦本纪》16 页,"武公弟德公同母。鲁姬子生出子",中华本 181 页,标点为"武公弟德公,同母鲁姬子。生出子"。

  《考证》:林伯桐曰,武公弟德公同母为句。鲁姬子生出子为句。谓两公与出子不同母也,《正义》乃以鲁姬子为德公母,恐未必然。

张文虎《舒艺室续笔》:"《秦本纪》宁公生子三人,长男武公为太子,武公弟德公同母,鲁姬子生出子。案,此谓武公、德公同母也。鲁姬子,盖七子八子之类,出子乃庶子也。《正义》云德公母号鲁姬子,失其句读。"①又沈家本《诸史琐言》:"《秦本纪》'武公弟德公同母,鲁姬子生出子',《正义》'德公母号鲁姬子'。按,此当以母字句绝,《正义》非。"②此两说与《考证》标点意见相符。

1978 年,宝鸡太公庙村出土了一套 8 件秦公钟镈,其中甲乙两钟铭文合成一篇文章,其中有云③:

秦公曰:我先祖受天命,赏宅受或(国),剌剌邵文公、静公、宪公不豖于上,邵合皇天,以䖪事䖪方。公及王姬曰:余小子,余夙夕虔敬朕祀,以受多福,克明又心。䋣䋣胤士,咸畜左右,蠥蠥允义,冀受德明,以康奠协朕或(国),盗百蛮,具即其服。……

很早就有学者将此铭文与《秦本纪》文字进行对读研究,存在两种不同意见。其中,林剑鸣《秦史稿》④认为铭文中"秦公"即秦出子,王姬为出子之母。《秦本纪》标点有误,当为"武公弟德公,同母,鲁姬子"。首先,铭文中

① (清)张文虎《舒艺室随笔》,辽宁教育出版社,2003 年,第 187 页。
② (清)沈家本《诸史琐言》,《续修四库全书》史部 451 册,上海古籍出版社,2002 年,第 596 页。
③ 卢连成、杨满仓《陕西宝鸡县太公庙村发现秦公钟、秦公镈》,《文物》,1978 年第 11 期,第 1 页。
④ 林剑鸣《秦史稿》,中国人民大学出版社,2009 年,第 43 页。

"秦公"历数先祖世系时,谓"剌剌邵文公、静公、宪公不豢于上"。至宪公而止,证明作器的"秦公"即"宪公"以后的一公,以《秦本纪》对照,此公即出子。其次,照春秋礼制,国君与王后不可相提并论。西周、春秋的金文中亦无先例。但铭文中说"公即王姬曰",将"公"与"王姬"并列,显然"王姬"地位较高,因此只能是"秦公"之母。又据《秦本纪》,出子被立时只五岁,被杀时只十岁,国君年幼,母后临朝。

而王辉《秦铜器铭文编年集释》则认为"公"是秦武公,"王姬"乃武公、德公生母①。第一,颂扬"文公"、"静公"、"宪公",可知作器秦公为宪公之子出子、武公、德公中的一人。张天恩《对"秦公钟考释"中的有关问题的一些看法》指出德公居大郑宫,在凤翔,而钟出太公庙,乃古之平阳,且德公享国只两年,故器非德公作。第二,《秦铜》以为武公亦少年即位,有母后临朝的可能。据《秦本纪》,宪公"生十岁立,立十二年卒",死时方二十二岁,而其时出子已五岁,比其父小十七岁,以此推算,武公最多比出子大两岁,若超过两岁,则小于其父不足十五岁,似不可能。武公在出子以后即位,照以上算法,其初即位时也仅十一二岁,"由母后临朝也是很自然的"。第三,据《史记·秦本纪》记载,"武公元年,伐彭戏氏,至于华山下","十年,伐邽、冀戎,初县之。十一年,初县杜、郑,灭小虢",是有很多武功的。钟、镈铭文提到"盗百蛮,具即其服"……《谥法》"威强敌德曰武"、"刑民克服曰武",武公之谥当非虚美。第四,钟、镈铭文历数文、静、宪等先公而不提及出子(公)者,乃因武公为宪公故太子,又为出子之兄,兄不以弟为先公,是可以的。

这两种对铭文的不同解释也代表了对本段文字不同的标点意见,笔者同意王辉的论点。首先,从行文及当时的背景来看,如标点为"武公弟德公,同母鲁姬子,生出子","生出子"上缺主语,文意不畅。其次,武公、德公同母,武公又是太子,他们的母亲是正妻,无需赘言其母是谁。再者,周秦联姻,周女嫁于秦为正妻的可能性非常大。从"襄公以兵送周平王,平王封襄

① 王辉《秦铜器铭文编年集释》,三秦出版社 1990 年,第 15 页。

公为诸侯,赐之以岐以西之地",到"文公以兵伐戎,戎败走。于是文公遂收周余民有之,地至岐,岐以东献之周",都可见东周王室和秦的关系亲近,与秦联姻,一方面周王室可以依靠秦的势力维持王室地位,另一方面,秦国得以借机增加自己的发言权,为向东扩张做好铺垫。并且,周人姬姓,正与前述铭文"王姬"之称述吻合。《史记》无载,或因司马迁所据《秦记》"其文略不具"的缘故。

此处《考证》断句当不误。中华修订本 230 页将此句标点修订为"武公弟德公,同母,鲁姬子生出子"。

2.《天官书》21 页,"其旁有一小星、曰长沙星。星不欲明"。中华本1304 页,标点为"其旁有一小星,曰长沙,星星不欲明"。

> 《考证》:依文例,"星"字疑衍。王氏《汉书补注》以"长沙"断句,"星"字属下读,星星者白微有光,以状不欲明之象,非是。

如《考证》所言,依《天官书》文例,解释"星"名时,如"旁有两星曰衿"、"北一星曰辇"、"东北曲十二星曰旗",其后皆无"星"字,此若"长沙星"连读,与文例不符。又王先谦《汉书补注》谓:"朱一新曰,星星,微明也。先谦曰:朱说是也。《正义》亦从'长沙'断句,志序次诸星名,名下不著星字,则星星当属下连读明矣。星星者,白微有光,以状不欲明之象,因在辇四星内,特言此别之。……其下又云'岁阴在辰,星居亥,以三月居与营室东壁晨出,曰青章。青青甚章。'《宋史·谢灵运传》'青青不解久,星星行复出','青青星星'四字,即本史文。"[1]《考证》谓王说"非是",是正确的。

首先,王氏所举"青章"例与"长沙星"例不同。前者述岁星星次,多以状态名之,如执徐岁"曰青章,青青甚章"、大荒骆岁"曰跰踵,熊熊赤色,有光"、敦牂岁"曰开明,炎炎有光"、叶洽岁"曰长列,昭昭有光"等等,多以叠词"青青"、"熊熊"、"炎炎"、"昭昭"状而释之。"长沙星"非以状态得名,且"星不欲明",述星象卜人事,就其叙述风格,亦不以叠词进行描摹。所以,不当以

---

① （清）王先谦《汉书补注》,上海古籍出版社 2008 年,第 1801 页。

"青章"推论"长沙星"。

其次,王氏所举"青青不解久,星星行复出"诗,出南朝宋何长瑜所作《嘲府僚诗》,其"青青"指代青丝黑发,"星星"指藏不住的白发如星星般显露,即便其思路源于此,亦不当以后代诗句证前人论述。况且,此诗表意与《天官书》迥然,亦未必取材于此。

再次,《天官书》中记恒星的变化如"心为明堂,大星天王,前后星子属。不欲直,直则天王失计",记恒星时现时隐的如"前列直斗口三星,随北端兑,若见若不,曰阴德,或曰天一",记变星形态的如"其牢中星实则囚多,虚则开出"、"中六星曰市楼,市中星众者实;其虚则耗"。这些"若见若不"、实虚相间的星象,并没用使用叠词进行描述。

另外,关于此句的校勘意见,不同于《考证》疑"星"字衍,李慈铭疑此处有脱文,沈钦韩则认为"不"字衍,齐召南及佚名《史记疏证》以为上"星"字乃"辖"字之误。李慈铭《越缦堂读史札记·汉书札记》谓:"《晋志》长沙一星在轸之中,主寿命,明则主寿长,子孙昌,是长沙星欲明也,《晋志》又言轸两旁有左右辖星,星明,兵大起,疑《史》《汉》此处俱有脱文,《星经石氏》南方七宿占引《春秋文耀钩》云,长沙左辖中星,不欲明,明与星等,兵大起,是亦谓辖星不欲明也。"[1]沈钦韩《汉书疏证》谓:"他书皆是欲其明,疑此衍'不'字也,《大象赋》注长沙一星在轸星中,主寿命,星明主寿长、子孙昌。"[2]佚名《史记疏证》谓:"星星不欲明,《汉志》亦同,必有误,五星入轸,即五星聚轸,乃大祥也,若五星不拘,何星入轸则极寻常事,又安得兵大起。据《晋书》知上'星'字乃辖字之误,盖言辖星明与轸四星等,视之若五星,则兵大起也。"[3]

关于长沙星和辖星的所属及星占,历代说法纷杂。石氏曰:"轸四星,长沙一星,辖二星,十七度。"又曰:"辖二星不欲明,明则辒车行罔。"又曰:"长

① (清)李慈铭《越缦堂读史札记》,北京图书馆出版社 2003 年,第 105 页。

② (清)沈钦韩《汉书疏证》(外二种),上海古籍出版社 2006 年,第 567 页。

③ (清)佚名《史记疏证》,上海古籍出版社 2008 年,第 220 页。

沙星明,王者保庆,子孙昌。"《黄帝》曰:"轸者,以候王者寿命,故置长沙一星,主延期;辖二星,主侯王;左辖为同姓,右辖为异姓,长沙、辖星欲明,明则寿命长,天下不亡也;细微,亡;不见七日,其位王侯当之。"郗萌曰:"轸星明大,则车驾备。轸星及长沙星明,天子内佐亲强。轸星移徙,天子忧谋兵;其星就聚,兵大起。"《洛书》曰:"长沙明,下大臣逆谋,兵乃生。"《春秋纬》曰:"长沙左辖中星,不欲明;明与四星等,兵大起。"巫咸曰:"长沙明,天子寿丰。"①另外就史志而言,《史记·天官书》谓"其旁有一小星,曰长沙星,星不欲明;明与四星等,若五星入轸中,兵大起。"《晋书·天文志》谓:"长沙一星,在轸之中,主寿命。明则主寿长,子孙昌","长沙入轸十六度"又"辖星傅轸两旁,主王侯,左辖为王者同姓,右辖为异姓。星明,兵大起。"②。《隋书·天文志》同其说③。《宋史·天文志》亦同,只对长沙星的定位增加了"入轸二度,去极百五度"的描述④。《明史·天文志》云:"长沙府轸旁小星曰长沙,应其地。"⑤

可见,首先,关于长沙星的位置,有"在轸之中"和"轸旁小星"的差别,即是在轸宿之中,对其入宿度的表述,也有"入轸十六度"和"入轸二度"的变化。至于辖星,《晋》、《隋书》、《宋史》中都说"傅轸两旁",但《天官书》和《明史·天文志》中又都没有提及。甚至关于轸宿的星数,《天官书》中没有确切的计数,历代史志也记法各异。其次,关于长沙星和辖星的占卜之说,有谓长沙星明"天子寿丰"的,但也有说"下大臣逆谋,兵乃生"的;涉及辖星时,有谓"长沙、辖星欲明,明则寿命长,天下不亡也"或"天子内佐亲强"的,也有说"长沙左辖中星,不欲明;明与四星等,兵大起",并无定说。

因此笔者认为,就长沙星的位置而言,《史记》与《明志》谓长沙星在"轸

---

① (唐)瞿县悉达撰,常秉义点校《开元占经》,中央编译出版社 2006 年,第 641—642 页。
② (唐)房玄龄等《晋书》,中华书局 1974 年,第 304 页。
③ (唐)魏征《隋书》,中华书局 1973 年,第 549 页。
④ (元)脱脱等《宋史》,中华书局 1977 年,第 1065—1066 页。
⑤ (清)张廷玉等《明史》,中华书局 1974 年,第 369 页。

旁",与《晋志》等谓其在"轸之中"不同,这大概与长沙星的入宿度变化有关,即长沙星的相对位置发生了改变。而对于长沙星的占卜之辞,依据上述引证的星占,《天官书》的表述有其承接和来源,况且古时星占与天文、方术相驳杂,再添以人事的需要,其说纷杂不一也不足为奇。司马迁盖取其一说,沈钦韩、齐召南等不当以此为据,而认定脱衍。

因此,《考证》判断"星"字为衍文是有根据的,其对本段的断句和文意的理解也是不错的。中华修订本 1550 页也将此句标点修订为"其旁有一小星,曰长沙星,星不欲明"。

3.《楚世家》75 页,"军不五、不攻城。不十,不围"。中华本 1733 页,标点为"军不五不攻,城不十不围"。

> 《考证》:《孙子·谋攻篇》云,用兵之法,十则围之,五则攻之。冈白驹曰,我军五倍于彼军而后可攻,十倍于彼军而后可围。

《孙子·谋攻》:"故用兵之法,十则围之,五则攻之。"[1]意谓自己军队的数量如果十倍于敌军,就包围它,如果五倍于敌军,就攻打它。若按中华本标点,"军不五不攻"尚可疏通文意,但"城不十不围",则难以解释。《考证》断句合理。

4.《老子韩非列传》29 页,"老子所贵道、虚无因应、变化于无为",中华本 2156 页,标点为"老子所贵道,虚无,因应变化于无为"。

> 《考证》:《史公自序》引《六家要指》云"道家无为",又曰"其实易行,其辞难知。其术以虚无为本,以因循为用。"与此同旨。

钱锺书曰:"'因应'者,因物而应之也。马迁《自序》载乃翁《论六家要指》所谓'道家无为,又曰无不为……其术以虚无为本,以因循为用,无成势,无常形,故能究万物之情。……有法无法,因时为业;有度无度,因物与合。……虚者,道之常也;因者,君之纲也。'"[2]

---

① 李零《孙子兵法注译》,巴蜀书社 1991 年,第 15 页。
② 钱锺书《管锥编》,中华书局 1979 年,第 311—312 页。

"虚无"与"因应",为体用之关系,两者辨正统一,变化但终归于无为。《考证》点断更为合理。

5.《仲尼弟子列传》53 页,"钧之未睹厥容貌则论言。弟子籍出孔氏古文。近是"。中华本 2226 页,标点为"钧之未睹厥容貌,则论言弟子籍,出孔氏古文近是"。

> 《考证》:未睹容貌,犹言未见真相也,则犹而也。王鸣盛曰:弟子籍出孔氏古文,所云少孔子若干岁云云,的确可信。

首先,据前句"太史公曰:学者多称七十子之徒,誉者或过其实,毁者或损其真",知此"论言"属上句,解释为"差不多都是因为没有看到他们的音容面貌而妄加断言"。并且,"论言"中之赞誉者与诋毁者,都不应该拘泥于"弟子籍",那么,"弟子籍"当否属下断句,作"出孔氏古文"的主语?

关于"弟子籍",《汉书·艺文志》无载,亦不载郑玄《论语》注。但有"《孔子徒人图法》二卷。"[1]朱彝尊《经义考》谓:"《孔子徒人图法》,《汉志》二卷,佚。案,《徒人图法》,《艺文志》在《论语》部,殆即《家语》所云《弟子解》,《史记》所云《弟子籍》也。"[2]《隋书·经籍志》著录"《论语孔子弟子目录》一卷,郑玄撰。"[3]《旧唐书·经籍志》著录"《论语篇目弟子》一卷,郑玄注。"[4]又据姚振宗《隋书经籍志考证》"论语孔子弟子目录"下所述,其所见《唐书·艺文志》载"《论语》郑玄注十卷,又注《论语释义》一卷,《论语篇目弟子》一卷"。又其所见《唐日本国见在书目》载"《论语弟子录名》一卷,失注撰人"。[5]

---

① (汉)班固《汉书》,中华书局 1962 年,第 1717 页。

② (清)朱彝尊著,许维萍、冯晓庭、江永川点校《点校补正经义考》,台湾中研院 1997 年,第 786 页。

③ (唐)魏征等《隋书》,中华书局 1973 年,第 936 页。

④ (后晋)刘昫等《旧唐书》,中华书局 1975 年,第 1981 页。

⑤ (清)姚振宗《隋书经籍志考证》,《续修四库全书》史部 915 册,上海古籍出版社,2002 年,第 130 页。

可见至少在唐代,还有郑玄关于孔子弟子的书流传。王谟《汉魏遗书钞》及孙星衍《孙氏祠堂书目》都对《论语孔子弟子目录》有过探讨,但也多为推测。笔者以为,《仲尼弟子列传》篇中有两处文句值得注意,一是"闵损字子骞"句下,《集解》谓:"郑玄曰:《孔子弟子目录》云鲁人。"二是"颛孙师,陈人"句下,《集解》谓:"郑玄《目录》阳城人。"若《集解》无文字脱衍,则从第一例来看,似乎《孔子弟子目录》是郑玄引他书为证;而第二例则暗示郑玄或也撰、注过《孔子弟子目录》之类的书。又《集解》所引郑玄的注解文字,除"鲁人"、"阳城人"等籍贯信息外,还有很多属于文意疏通和文字训诂的内容。所以,很有可能如姚振宗所言,郑玄有《论语》注本,且其后附有《孔子弟子目录》。

王鸣盛《十七史商榷》则另立一说:"《仲尼弟子列传》裴骃注引郑玄注……既非《论语》注,郑又不注《史记》。《家语》王肃私定,郑亦不见,竟不知此为郑何书之注。太史公曰,《弟子籍》出孔氏古文,然则亦是孔安国所得,鲁共王坏宅壁中取出书也,盖康成曾注之,壁中书,如《逸书》、《逸礼》,康成皆不注,而《弟子籍》则有注,《弟子籍》出孔氏古文所云少孔子若干岁云云,的确可信。"①王鸣盛认为郑玄并不曾为《论语》作注,今散见于《仲尼弟子列传》之下者,是郑玄为《弟子籍》所作之注。但王氏之说,又与阮孝绪《七录》中提及的郑氏注《论语》一事不符。

西北大学的游相录曾从户籍的角度,谓"弟子籍"在战国时已存在,其名见于《淮南子·道应训》"公孙龙曰'与之弟子之籍。'"又睡虎地秦简有《除弟子律》,是关于任用官吏子弟为官的法律。有"当除弟子籍不得,置任不审,皆耐为侯(候)"的规定,表明秦时官府确有官吏弟子的专籍,而且同委任他们为官吏有密切关系②。所以,虽不能确定孔子"弟子籍"是否成书,但"弟子籍"在当时应该是有文本载体的。

综上,《考证》标点较合理。中华修订本 2689 页修订为"钧之未睹厥容

① (清)王鸣盛著,黄曙辉点校《十七史商榷》,上海书店出版社 2005 年,第 31 页。

② 游相录《秦户籍制度探究》,西北大学 2008 年硕士论文,第 21 页。

貌,则论言《弟子籍》,出孔氏古文,近是"。

6.《扁鹊仓公列传》54 页,"文王病时、臣意家贫。欲为人治病。诚恐吏以除拘臣意也。故移名数左右、不修家生、出行游国中、问善为方数者、事之久矣",中华本 2814 页,标点为"文王病时,臣意家贫,欲为人治病,诚恐吏以除拘臣意也,故移名数,左右不修家生,出行游国中,问善为方数者事之久矣"。

《考证》:言常不定名籍所属,名籍,户籍也。

《正义》注曰:"以名籍属左右之人。"移,迁移。名数,户籍,户口。左右,指邻里乡亲。故移名数左右,指户口经常迁移不定。若以"左右不修家生"为句,则"不修家生"不言扁鹊,反言左右邻居,与文义不符。

《考证》标点合理。中华修订本 3382 页修订为"故移名数左右,不修家生,出行游国中,问善为方数者事之久矣"。

综上,《考证》对《史记》的标点可为我们正确理解《史记》文意提供参考。其标点的特点和价值可概括为三个方面:

首先,《考证》的标点符号体系较为简明完整。一直以来,在新式标点产生之前,汉语没有统一的标点符号。虽然自先秦两汉标点符号的萌芽就已经产生,比如先是有人采用"离经"的方法,即在两句之间隔开一两个字书写,或者用竖线、短横线等标示句子的完结,或者以"し"作为一种标记符号,进而从东汉开始有使用"ν"和"、"等符号进行文意分隔的做法,但是,这些符号的使用并不通行和普遍。孙坤在《中国古文标点特征和创制机理:与欧洲标点传统对比》一文中指出,至南宋及南宋后,虽然少数人已经提出要"句、读"分开,但这个时期(元明清),在印书、校对和读书的实践中,人们并未将句和读分开,依然还使用单级符号,并未区分实际意义上的句与读①。也即,"句、读"在中国古代多数读书人那里并没有区分短语或短句层次的意义,都

---

① 孙坤《中国古文标点特征和创制机理:与欧洲标点传统对比》,《中国语文》2015 年第 6 期,第 563—576 页。

只是表示停顿的意思。而《考证》作为上世纪较早对《史记》全书进行标点的本子,用"·""、""。"三种符号来分别表示文句由小到大的三级语句层次和停顿关系,较为完整和简明,在当时实属不易。尤其是其中的"·"号,为表示更小停顿的并列短语提供了可能,使得一些人名、地名得以更细致的呈现,文意表述更为清晰。

其次,《考证》广泛征引各家论说,择善而从。文意浅明的,直接标点;文意难懂的,考证辨明;各家说法不一的,列举其异同,并加以考证。从其"考证"中可见泷川古汉语功力的深厚及其对断句辨析的用力和严谨。并且,对于部分文句,泷川虽然按照自己的点断意见进行标点,但仍在"考证"中列举与其意见不同的他说,方便提供读者参照和思考。

如:《孔子世家》19 页,"今孔子盛容饰繁、登降之礼、趋详之节、累世不能殚其学"。《考证》:《墨子》作"孔丘盛容修饰以蛊世,弦歌鼓舞以聚徒,繁登降之礼以示仪,务趋翔之节以观众。"《晏子》略同《墨子》。

又如:《货殖列传》11 页,"乃治产、积居与时逐、而不责于人"。《考证》:刘攽曰:"与时逐"宜属下句。治产,治凡可以生息者;居积,积贮成物居停之;与时逐而不责于人,言此两事,自与天时驰逐,无求责于人也。

以上两条考证,分别引《墨子》和刘攽之说,提出并列举了完全不同的点断意见,可见其谨慎。

再次,从《考证》对文句的点断中也可以看出泷川对《史记》版本校勘的意见。校订《史记》文字是泷川撰著《考证》的重要目的之一。泷川在参考中国南宋黄善夫刊三家注本、元彭寅翁刻本、明柯维熊刻本、明秦藩刻本、明南监刻本、明凌稚隆《史记评林》本、清代张文虎所校勘金陵书局本的基础上,充分利用日本所藏各种写本和刻本,对《史记》进行了全面校勘。此外,泷川还参考了日本所藏《史记》古刻本及前代日本学者的《史记》校勘成果。其校勘意见及其对前代学者校勘成果的吸收在其点断及相关"考证"中也有所体现。一些《史记》文本中存在衍脱讹误以及各本文字有差异之处,依《考证》的点断则会出现词不达意,句不成章的情况,但这其实正是泷川"有意为之"。结合"考证",学者可对《史记》各版本的文字差异等相关问题作更进一步深入的探讨。

《史记》篇幅巨大,内容宏富,加之流传已久,历代学者注释众多,泷川使用简明而自成体系的标点符号,不仅完成了对《史记》全文以及三家注的点断,还对其所采录的各家之说全部进行了标点,并对其中的"疑难断句"作了细致的分析和辨正,对《史记》的标点和注释具有重要的参考价值。

第四节 《史记会注考证》的成就及影响

《考证》是继《史记》三家注后对《史记》的一次全面注释和整理,是上一世纪《史记》研究的重要成果。《考证》引用资料丰富,涉及版本众多,为后人研究《史记》提供了宝贵的资料,同时也开拓了《史记》研究的空间。《考证》一书中同时收录中日两国学者的《史记》研究成果,既反映了中日两国《史记》研究的成就,同时也为比较中日两国《史记》研究的特点和不同提供了宝贵的资料。而其所辑《史记正义》佚文也成为众多学者关注的焦点并引起学术界对《史记》三家注佚文问题的全面关注。

《史记》三家注中,因司马贞《史记索隐》与张守节《史记正义》有很多重复之处,而在宋代《史记索隐》的影响远大于《史记正义》,所以宋代在合刻《史记》三家注时,常对《正义》进行删节,且删节数量很大。随着三家注合刻本的风行,单本《正义》亦逐渐湮没以致失传,明代起已很难见到《正义》的全貌,辑佚《正义》者亦随之出现。泷川从日本所藏《史记》抄本和刻本中辑出《正义》佚文一千多条,辑为《史记正义佚存》二卷,后又将所辑《正义》插入《史记》相关文字之下,使自元明以来即湮没无闻的一千多条《正义》重新面世,为《史记》研究做出了重大贡献。但其佚文的来源和真伪也受到了广泛质疑。对《正义》佚文的辑佚是《考证》的最大贡献,也是其为人诟病的所在。虽然这些材料是否全部是《正义》原文尚有争议,但这些材料对于探求《史记正义》原貌以及正确理解《史记》都是非常重要的。

泷川在《书〈史记会注考证〉后》中讲："大正二年,予得《史记正义》遗佚于东北大学,始有纂述之志",可见其著述初衷与辑佚《史记正义》佚文是密切相关的。泷川在《史记会注考证》卷末的《史记总论》"史记正义佚存"部分对于他自己力图复原《史记正义》的过程有详细的叙述:"吾读三家书,益知三注本所录《正义》多削落也。偶翻东北大学所藏庆长宽永活字版《史记》,上栏标记《正义》一千二百条,皆三注本所无,但缺十表。其后又得《桃源史记抄》、《幻云抄》、《博士家史记异字》,所载《正义》略与此合。……吾邦有《索隐》本,有《正义》本。《索隐》与此注所载大同。正义者,此注不载者多,故诸本之上书之。余丁是知大学本标记之所由,欣喜不能措手,录以为二卷,题曰:《史记正义佚存》。今录之《会注正义》各条,略复张氏之旧云。"

将《考证》所辑《史记正义》佚文真伪作为问题提出并进行诘难始于中国,鲁实先在 1940 年写成《史记会注考证驳议》,指出《史记会注考证》有七个方面的缺点,即:①体例未精;②校刊未善;③采辑未备;④无所发明;⑤立说疵缪;⑥多有剿窃;⑦去取不明。并认为《考证》所辑《正义》佚文出处可疑,不足取。

贺次君对《考证》的批评也主要是针对其辑佚的《史记正义》一千二、三百条,贺次君认为这些辑拾的《正义》"非尽属删佚之《正义》也",并将其归为三类:其一为由合刻《正义》辗转抄录者,其二为就《汉书》注转录,以补《史记》注之不足者,其三为后人于三家旧注之考辨。并分别举例进行论证,从而全面否定了《考证》所辑《正义》的可信性。

程金造在 1960 年发表的《史记会注考证新增正义之管见》中也对泷川之《史记会注考证》给予了全面诘难,认为泷川资言所辑《史记正义》佚文"除多为《史记》三家注本《正义》所不载之外,并无其它根据。而历来读者在《史记》上栏批注之文,日本国曾有之,在中国则更多有之。与《正义》原文自然不同,《史记》三家注本《正义》自然不载。若都视以为《正义》之脱文,则是'想当然'的主观看法……若必认为原本《正义》之脱文,此是事之大可疑者。而此可疑之事,自属理论性的。至于千三百条文之内容实质,还应作进一步考核"。在怀疑其真实性的基础上,程金造对这一千二三百条辑佚《正义》的具体内容进行审查,将其分为四种,列举实例对其失误之处一一进行辩驳。其批驳可简要概括如下:

(甲)解释离奇,疑非成于中国学者之手。

张守节之学饶有基础,其训释文理明晰,义论通明,而《佚存》1300 条中文字训释离奇怪异之处甚多,与已存《正义》相互矛盾。以此认为不是中国学者所加的注释。

(乙)取颜师古之《汉书注》以为己说。

张守节之《正义》有一定的体例,其因他书或书注以解释文字,皆明记其书名及书注之人,节录颜师古注,不变其次第,与颜师古所引完全相同;《佚存》只是削去"颜师古曰"四字。这显然是读者从《汉书注》中所移录,而非张守节《正义》之文。

(丙)杂抄群书,又多可疑者。

三家注所引书籍有 500 多种,其中多数已成佚书。而这些《正义》佚文所引之书多是今天普遍常见之书。

(丁)原文《正义》移录之可信者。

即虽不见于它书,而见于《史记》本书前后篇第,是对《正义》的前后移录,不能称为是佚存的《正义》。

程金造在结语部分总结道:"搜集张氏《正义》之佚文,自当先以诸书所引之有明证者为定。至于泷川资言一千三百条佚存之文,分其珠目,别其真伪,则宜先审知张守节《正义》注释之体制,得其规律类例,而后加以去取,方为定论。若是能在黄善夫本所载《正义》之外,能有数百千条之增益,那是难能可贵的事了。如果在千有余年下之今日,求其完璧如张氏《正义》之编,那是永不可能,而且无大必要。"从根本上否定了《考证》增补《正义》的真实性和必要性①。

在日本也有论泷川之非者,1993 年寺门日出男发表《史记会注考证撰述之非学术规范性—被埋没的中井履轩撰史记雕题》。指出《史记会注考证》有误抄或改写他书材料;注释书名错误;剽窃他人成果,特别是中井积德《史记雕题》之说等问题。并用了很激烈的言辞认为《考证》中多为剽窃的产物,不是从事研究时应参考的合适的注释书籍②。

日本学者小泽贤二在《史记正义佚存订补》中有"中国研究者的误解"一条,其中提到:"泷川博士多方引用'《史记正义》佚文'的《史记会注考证》出版之后,中国的研究者虽有一时的各种理由的反对,但此后肯定其成绩的中国研究者也陆续出现,其中有好意的评价,然而过于好心,但却是建立在错误认识的基础上,即相信日本在古代曾有古书的佚存。"他认为泷川所谓《正义》佚文,来源于对《幻云史记抄》上批注的抄录,中国学者误以为出自日本所藏古本上的佚存,范祥雍的《古本竹书纪年辑校订补》,方诗铭、王修龄的《古本竹书纪年辑证》,张衍田的《史记正义佚文辑校》都是如此③。

泷川《考证》除三家注外,还征引了自唐代至近代以来中国和日本相关典籍中有关《史记》的资料,将其附于《史记》相关句下,并加以审辨和说明,资料详实,为研究者提供了极大方便。据泷川《史记考证引用书目举要》统计,《考证》中引用的日本著作 20 多种,中国著作 100 多种,提及的日本学者有恩田仲任、村尾元融、冈白驹、皆川愿、中井积德、近藤守重、龟井昱、猪饲彦博、古贺煜、安藤维寅、多纪元坚、僧瑞仙、僧寿桂、冈本保孝、安井朝衡、竹添光鸿、新城新藏等 18 家,其中对中井积德《史记雕题》的引用尤多。中国学者则包括了唐刘知几,宋王应麟、洪迈、郑樵,金王若虚,元马端临,明柯维

---

① 程金造《史记会注考证新增正义之管见》,《史记管窥》,陕西人民出版社 1985 年,第 223—231 页。

② 〔日〕寺门日出男撰《被日本人遗忘的〈史记〉注释书——〈史记会注考证〉前史》,《国文学论考》1993 年,都留文科大学国语国文学会,第 3 期第 9—14 页。

③ 〔日〕小泽贤二《史记正义佚存订补》,〔日〕水泽利忠《史记正义の研究》,日本汲古书院平成七年(1995),第 663 页。

骐、陈仁锡、徐孚远、顾炎武,清方苞、王鸣盛、赵翼、钱大昕、梁玉绳、王念孙、
沈家本、钱泰吉、张文虎,近代梁启超、李笠等 84 家,这一百多家的说法都是
极有价值的《史记》研究资料,特别是其中所引日本学者的研究成果,在中国
国内很难看到,对其进行整理和分析研究,可以对日本《史记》研究的整体状
况及各位学者的研究思路和方法有较准确的把握。泷川在博采众家之说的
基础上,对前代学者的观点进行了分析和考证,还对很多问题发表了自己的
看法。辨析泷川的"考证"是正确评价泷川《史记》研究成就的重要依据。
《考证》中所引各家之说及泷川的考证和论断,也为《史记》研究提供了新的
材料和新的角度。

在《考证》所征引各家之说中,以清代考据学者的研究成果数量最多、范
围最广。泷川在撰述《考证》的过程中有些地方援引清人之说未加标明,不
少学者批评他有掠美之嫌,甚至指责他剽窃他人成果。竹添光鸿在《〈左氏
会笺〉自序》中曾说:"夫经所以载道也,道原于人心之所同然,然则他人说经
获我心者,道在斯可知矣。以所同然之心,求所同然之道,何必容彼我之别
于其间,集众说折衷之,要在阐明经旨。……至于以掠人美为嫌,则犹浅丈
夫之心也。"①其解释同样适用于泷川的《考证》。

泷川《考证》从体例和方法上深受清代乾嘉考据学者的影响,而对他影
响最大最直接的是王先谦的《汉书补注》。王先谦《汉书补注》是《汉书》注
释之集大成之作。此书以颜师古注汲古阁本为主,参考了三十余种《汉书》
版本。其体例是先列颜注,再以"补注"字样标明所补,补注所引书目达四十
七家。其补注的特点是排列种众说,述而少断。大量吸收了前人成果,填补
了颜注空白,或从不同的角度对前人成果进行补充,融会贯通,丰富了旧注。
吸收前人成果以纠正原书和旧注之谬,也是其主要成就之一。也有前人之
说不妥而继承沿袭旧注者。从泷川《考证》的体例和注释方法上都可看到王
先谦《汉书补注》的影子,而《考证》所引的一些前人之说也是直接抄录自

---

① 〔日〕竹添光鸿著,于景祥、柳海松整理《左氏会笺》,沈阳辽海出版社 2008 年。

《汉书补注》。对此问题,应该从清代乾嘉学术对日本学者的影响以及中日学术相互渗透的角度具体分析,《考证》更多的是泷川对清代学者从方法上的学习和继承,而不是简单的抄袭。

泷川在《五帝本纪》、《夏本纪》、《殷本纪》、《周本纪》等篇的考证中,大量引用了清代学者崔述《考信录》中的说法。崔述《考信录》共 46 卷,其内容为考经辨史,具有非常重要的学术价值,但由于无裨于科举,因而淹没了近百年不为人重视。日本人那珂通世于 1903 年校点出版了崔述的《崔东壁遗书》,使崔述的学术思想在日本产生很大影响。胡适自海外归来,倡导新文化运动,作长传《科学的考古家崔述》,引起著名学者钱玄同、顾颉刚等的关注,将崔述的著作重新编校出版,从此崔述之学昌明于世。泷川对崔述成果的大量引用,也是中日两国学者在中国古史研究领域存在相互影响的体现。

应当指出,《考证》一书有缺点,有的还是比较突出的。首先在收集资料方面仍有遗漏,黄震、鲍彪、吴师道、张鹏一、雷学淇等人说法就未罗致,连王国维的《殷卜辞中所见先王先公考》也只字未载。其次在材料抉择去取之间,也有偏守一说、疏漏失当之处。再次,泷川资言在训诂方面有时强自为解,断句亦有失误。

泷川借鉴和吸收清代学者的研究成果和研究方法,以阐释典章制度、叙事考史、记述山川形胜、辨证地理作为《考证》的重要内容。《考证》广收历代注释,使学者免去遍搜群书之劳。贺次君在其《史记书录》中评价《考证》:"本书于三家旧注,多有补益,又辍取中国及日本学者研究《史记》之考证疏解,汇而为一,散出于一句一段之下,凡史公所征引,皆追本溯源,加以说明,如某事采于何书,某句见于何书,较明凌稚隆《评林》所举为详尽,乃泷川氏自为之者。"对《考证》广采各家之说也颇为赞赏,认为各家之说"或为正讹,或为补漏,或为考证,或为疏解,于史实史文及三家注颇有发明,但散见各处,难以翻检,今此书汇而出之,使读者展卷了如,便利多矣"[①]。这一评价是

---

① 贺次君《史记书录》,商务印书馆 1958 年,第 223—231 页。

比较公允的。《考证》虽然有不少缺点,但仍可称为《史记》注释的集大成之作,是研治《史记》和中国古代史的重要参考书。

水泽利忠《史记会注考证校补》

在《考证》出版二十余年后,日本学者水泽利忠出版了《史记会注考证校补》(以下简称《校补》)①。

水泽利忠在《史记会注考证校补》序中也对泷川《史记会注考证》高度称赞:"近时研究《史记》之书极多,而注释校勘并兼者如泷川资言所撰《史记会注考证》则甚少。此书博勘诸家旧说,其所校溯及宋元古板本、我国永正之三条西实隆公自笔本等《史记》古本校记,又捃摭唐张守节《正义》佚文于庆长之古活字本《史记》校记桃源抄及幻云抄等而辑之。顾氏颉刚亦曰:日本泷川资言《史记会注考证》问世,他山之石,可以攻玉。尤使予等奋发自励。"在为《考证》所取得的突出成就感到自豪和振奋的同时,水泽利忠也对《考证》在校订《史记》版本方面存在的缺点和不足感到遗憾:"独憾其书虽博勘诸本而其所主在金陵书局本。段氏玉裁曰凡校书有二难,一底本之是非,一立说之是非。校勘之难不在一字一句不误之难,而在审定底本之难也。金陵书局主据嘉兴钱泰吉校本,钱氏汇校诸本三十余年校订颇勤,点划小异必详记之,然间有臆改之说,未能免晚出驳杂之訾,非得段氏之意者也。"

水泽利忠认为泷川虽列出众多的《史记》写本、刻本作为其校勘依据,但他对这些资料多未直接目验,而是大多抄自前代日本学者的校记,特别是大岛挚川、大岛桃年父子的《博士家本史记异字》和《史记考异》。水泽利忠补充了大量泷川所没见过的《史记》资料,充分利用前人的校勘成果,又做了大量扎实细致的校勘工作。

《校补》广校众本达三十多种,其中宋本八种、元本二种、日本古本四种、敦煌写本残卷三种、日本古抄本残卷十几种。不仅吸收了清张文虎《校刊史

---

① 　水泽利忠《史记会注考证校补》,130 卷,全 9 册,史记会注考证校补刊行会,第 1—8 册 1957—1961 年,第 9 册 1970 年。

记集解索隐正义札记》的成果,还利用了张文虎未能见到的南宋黄善夫本,以及在我国藏书目录中未有著录的南宋绍兴十年刊行的大字集解本以及日本古抄本和日本古本校记。对《史记会注考证》所辑录《正义》佚文,《校补》为之一一注明出处,对《考证》辑录三家注张冠李戴的错误,也加以订正,对《史记》正文及三家注进行了全面的校勘。又从日本传存的古抄本《史记》中,辑拾佚失古注,辑佚邹诞生《史记音》佚文约 180 条、刘伯庄《史记音义》佚文约 190 条、陆善经《史记注》佚文约 100 余条,增辑《考证》未载录的《正义》佚文 200 余条。

《校补》全书最后是水泽利忠用日文撰写的题为《史记之文献学的研究》的《史记》研究论著,在这部著作中,水泽利忠对日本所藏《史记》古写本和刻本做了详细的解说和梳理,并对宋代以下及至现代的各种《史记》版本多有论述,澄清其系统和源流,可称为是《史记》版本校勘研究的集大成之作。

在《史记之文献学的研究》的序论中,水泽利忠详细阐述了自己对《史记》文献学进行研究的目的方法和切入点。他认为对古代典籍进行深入研究的最重要的前提是要尽可能地找到最好的版本和尽可能全地搜集到前代学者的相关注释,而泷川的《考证》正是具备了以上所说的两个必要条件,既充分利用了日本藏《史记》古抄本和刻本,又汇集了中日两国学者研究《史记》的重要成果,是现代以来最突出的《史记》考证和注释的成果。正因为《考证》具有极高的学术价值和成就,水泽利忠要在此基础上对《考证》所涉及的《史记》版本进行全面的介绍和分析,补充泷川未见的《史记》版本和资料,对中日所藏《史记》版本之间的关系和异同进行全面的梳理和考订。

《史记之文献学的研究》第一章为"史记古钞本",水泽利忠对日本所藏《史记》古钞本残卷逐一考订,将这些古抄本残卷的共同特点总结为几个方面:

一、体裁及抄写样式

1.都是卷子本。

2.分行较多。本纪每个皇帝之间都空行,每年记事另起一行。

3.有很多唐代时通行的异体字。

4.为抄写方便,多用重复记号。

二、注文及避讳

1.　注文基本上都是将裴骃的《史记集解》以双行小注的形式附于后。

2.避讳方面,通行本中的"民"在古抄本中多作"人",而不避"民"字讳的钞本,应该是抄写于唐太宗李世民即位之前。

3.在敦煌出土的《伯夷列传》中,"渊"字缺笔避讳,这表明敦煌出土群的古书大多抄写于唐高祖李渊的时代(618—626),对确定古钞本的年代很有意义。

三、与现行《史记》版本的异同及相关问题

1.现行《史记》版本的讹脱得到纠正。

2.可以核对现行《史记》本注文的错误。

3.核对现行《史记》本以及古书注疏和唐宋类书中所引《史记》是否准确。

4.核对现行《史记》单索隐本、单正义本的异同。

5.古抄本中使用重复记号的部分可用来比较现行《史记》本的文字异同。

如:《郦生陆贾列传》"后复事黥布黥布欲反时",现代通行本《史记》中没有后一个"黥"字。《郦生陆贾列传》"则士务附也天下虽有变",现代通行本《史记》中"士务附"三字重复而没有"也"字。《高祖本纪》"乃求见说沛公方踞床",现代通行本《史记》中"沛公"二字重复等。

6.古抄本与通行本《史记》中异体字和通假字的比较和对照,其中又分成几类来进行对比:

(1)将古抄本和现行本《史记》中经常出现的通假字逐一列出。如:

以(古)—已(今);常(古)-嘗(今);懸(古)—縣(今);

反(古)-返(今);腰(古)—要(今);毋(古)—無(今);

蝕(古)—食(今);畔(古)—叛(今);牖(古)—羑(今);

予(古)—與(今);倍(古)—背(今);向(古)—嚮(今)

（2）古抄本中有的人物的姓名俱全，而今本多脱姓氏，只称名。如《秦本纪》"田常相之"，今本脱"田"字；《秦本纪》"王龁攻邯郸"，今本脱"王"字；《吕后本纪》"太尉周勃为右丞相"，今本脱"周"字；《范雎蔡泽列传》"范雎辞谢不敢受之"，今本脱"范"字。

（3）古抄本和今本《史记》句中虚词的有无多有不同。如"而"、"之"、"其"、"也"、"者"等，或古本有而今本无，或今本有而古本无。

（4）将古钞本与今本互校，有因字形相近而在传抄过程中产生的异文，使得古本和今本有些字常常互异，如"七"与"十"；"命"与"令"；"二"与"之"；"循"与"修"；"卒"与"平"；"其"与"甚"；"便"与"使"；"主"与"王"等。

水泽利忠将古抄本分为敦煌出土群，石山寺所藏群，大江家国钞本群，高山寺所藏群，书陵部所藏群几类，逐一详细介绍这几类古抄本的特点、来源、抄写时代、款式等，并以此为据纠正梁玉绳、张文虎、王念孙等人在《史记》校勘方面的错误。

《史记之文献学的研究》的第二章为"《史记》古板本标记"。第一节为《史记》古板本标记资料，分为上杉氏藏南宋黄善夫本标记、元板彭寅翁本及钞本标记、日本庆长古活字本《史记》标记、《博士家本史记异字》和《史记考异》几部分详细介绍了日本《史记》古板本标记资料。其中包括了《博士家本史记异字》中所引用的南化本、枫山本、三条本资料，以及泷川发现大量正义佚文的《幻云史记抄》。列出了《博士家本史记异字》中所引用汉籍特别是医书的书名，并用专节介绍了《博士家本史记异字》的作者生平及全书具体情况。

在《史记正义》佚文一节中，水泽利忠首先介绍了张守节及其《史记正义》的基本情况，其后对清代学者钱大昕、钱泰吉、张文虎所做的辑佚和研究《正义》佚文的工作做了介绍和总结，对泷川所辑佚的《正义》佚文的来源、可靠性及其中的错误以及中日学者如鲁实先、贺次君、程金造对泷川辑佚《正义》的批评进行了分析，并着重分析了今后《正义》研究的重点。水泽利忠认为,随着《正义》佚文的辑出,人们能更清楚地接近《正义》的原貌,从而对《正义》中很多内容可看作是对裴骃《史记集解》的"疏"以及《正义》吸收颜师古《汉书注》成果等问题有更充分的认识。而辑佚出的《正义》佚文多与《索隐》重复,也证明了前代刊刻《史记》及三家注时,为避免重复而删削《正义》的事实。

其后,水泽利忠介绍了日本辑录《史记正义》佚文的全过程,全面地介绍了日本残存《正义》批注的各抄本、刻本的学术价值以及各书间的关联。对泷川发现《正义》佚文的三种书,即东北大学图书馆藏庆长古活字本《史记》;南化玄兴和尚旧藏南宋庆元黄善夫本《史记》;大岛赟川著《史记异字》(一名《天朝传本考》)。水泽利忠一一做了考证。

日本著名汉学家吉川幸次郎在《史记会注考证校补后序》中充分肯定了水泽利忠全面校雠《史记》之功。《史记之文献学的研究》是水泽利忠对自己作《校补》的初衷及著作过程的综述和全面总结,对日本所藏《史记》古钞本、刻本的源流和特点等做了极细致和全面的梳理,为研究《史记》版本源流和校勘《史记》提供了不可或缺的文献依据。

第五章　池田芦洲与《史记补注》

第一节　池田芦洲及其《史记》研究

一、学术略历及学术思想

　　池田芦洲(1864—1933),名胤,字公承,号芦洲,通称池田四郎次郎。自称龙门精舍主人,其书斋名古道照颜楼,故亦自称古道照颜楼主人。日本著名汉学家、教育家。

　　池田芦洲日本元治元年(1864)6月19日生于大阪一个商人家庭,家境富裕。其父擅长书画鉴赏,嗜好俳句。明治四年(1871),池田芦洲6岁,入阪本葵园汉学塾学习汉学。明治六年(1873),进入大阪府第一大区九小区小学校学习。明治九年(1876),小学毕业后,再次跟随阪本葵园学习汉学直至明治十三年(1880)。

　　阪本葵园(1828—1881),名亮,字亮平,号葵园。年轻时皈依佛门,法号白莲。明治初年还俗,转而研究儒家学说,后在大阪开办汉学塾“白莲池

馆”,教授生徒。明治维新时,阪本葵园与著名汉学家藤泽南岳①、土屋凤洲②
交往密切,成立岁寒社,以维持儒学传统为己任,时人称其为江户时代儒家
传统的继承者。阪本葵园为人高雅淡泊,擅长汉诗文的写作,讲究诗的风
调,为文主张直叙,笔致细润,小中见大,兴之所至,则欣然赋诗吟咏。著作
有《白莲池馆诗钞》、《白莲池馆遗稿》。池田芦洲晚年有对其为人和治学的
评价,其中提到:

> 时属明治初年,人咸心醉西欧文物。忠孝彝伦之道,渐将扫地。先
> 师深慨之,毅然以维持风教自任。其学虽主濂洛不甚拘,讲说则平易明
> 晰,谆谆不已,时发警语,使人忘倦。……先师天资高雅,淡于势利,尤
> 长于诗。③

池田芦洲幼年师从阪本葵园学习汉学六年,深受其熏陶,形成了高雅淡
泊的精神风貌。

明治十五年(1882)九月,池田芦洲十九岁,进入近藤元粹开办的私塾
“修省书院”学习汉学④,师事熊谷氏。两年后,池田芦洲二十一岁,因才学突
出,在学习的同时还在修省书院兼任教职,辅导书院里其他学生。明治十九
年(1886)六月,又应邀在私立专修学校担任教职,这是其长达四十余年的教
学生涯的开始。

明治二十一(1888)年十月,修省书院关闭。十二月,池田芦洲离开大
阪,前往东京进入二松学舍学习。

---

① 藤泽南岳(1842—1920),名恒,字君成,号醒狂、香翁,通称恒太郎。日本著名儒学家。继承
父业,在大阪泊园书院教授生徒,拥有数千门人,影响很大。

② 土屋凤洲(1842—1926),名弘,字伯毅,别号晚晴楼。日本著名儒学家。在大阪开办“晚清
塾”教授儒学。后在日本多所大学任教。著作有《皇朝言行录》、《幽囚录》。

③ 池田芦洲《白莲池馆遗稿序》,《芦洲遗稿》上卷第18页。日本东京开明堂昭和九年(1934)
一月刊。此文作于昭和五年(1930)。

④ 近藤元粹(1850—1922),字纯叔,别号萤雪轩主人。日本著名的儒学家。博览超群,尤擅长
中国文学、历史、经学,对中国历代诗学用力颇深,搜罗中国历代诗话编辑成《萤雪轩丛书》。

二松学舍是日本近代著名汉学家三岛中洲①于明治十年（1877）10 月在东京创办的著名汉学塾。三岛中洲对明治维新十年来日本社会上只顾学习西洋文化而忽视东方文化的状况十分担忧，提出"只有学习东洋的文化，才深知我国的国情"。他创办二松学舍是以培养能担负弘扬汉学和建设新时代的国家栋梁之才为目的，以"知行合一"和"温故知新"为治学精神，以"修己治人，成为有用之人"为教育理念。他在《二松学舍舍则》中具体叙述了其办学的宗旨：

> 汉学之目的在于修己治人，成为有用之人。课以经书，因儒生需知仁义道德，非记诵词章。课以历史，因须知时势之变迁、制度之沿革，长于变通。课以文章，因应用其学于事业时，文章必须畅达。若不遇而无法施于事业，则可借文章传其所学，供天下后世之用。故文章无关乎遇与不遇，乃活用所学之器也，必学之方可。课以诸子文集，因可取规范于古今。诗非必要，却为文章之一端，用以言志，故不可废。于是经史子集及诗文，诸课皆备。唯期学生为天地有用之人矣。读书不以寻章摘句为阶，作诗文不流于雕虫篆刻，此甚紧要也。且汉籍汗牛充栋，上举诸课虽寡，且不能尽。今也洋学大行，其穷理法律技术等精密处，非汉学所能及。故志于有用之学者，亦可兼学洋籍矣。因之所课者乃简易之汉学，以为洋汉兼学者留余地，而望专习汉学者，亦可涉猎群书。此设有课外答问时间之所以然。凡入本舍学习者，了然此大意，然后顺次修课业，是所希望也。②

三岛中洲深厚的汉学素养决定了二松学舍的教学特点和发展方向，也对池田芦洲一生的为人和治学产生了深远的影响。池田芦洲进入二松学舍

---

① 三岛中洲（1830—1919），名毅，字中洲。日本近代著名汉学家。二松学舍创始人。明治十四年（1881）年，出任东京大学教授，和著名学者岛田重礼、中村正直三人共同主持汉文科的讲座。其著述共有《大学私录》、《中庸私录》、《论语私录》、《孟子私录》、《老子讲义》等 40 余种，大多未刊，书稿存于二松学舍。

② 《二松学舍百年史》，日本东京二松学舍，昭和四十六年（1971）年刊行。

学习后成绩优异,三岛中洲器重其才学,擢为都讲,且教且学。明治二十二年池田芦洲获得二松学舍高等部全课卒业证书,受聘终身在二松学舍担任教授。故从其学统来讲,池田芦洲属于三岛中洲一系,其自号"芦洲"也与三岛中洲有关①,可见三岛中洲在其心目中之崇高地位。在二松学舍学习时,池田芦洲还多向山田方谷②、斋藤拙堂③二氏学习。此二氏都是折衷众家之说,同时又受中国清代考据学的影响。社会学术思潮及师承的影响使池田芦洲形成了相容并包的治学理念,这在他注释《史记》时广采众家之说中也体现出来。其在二松学舍的学长佐仓孙三评价其为人和治学:

> 其笃学根于天性,学略成,来就吾中洲先师,先师称为当时书生中所罕睹,擢为都讲,君感值遇,留而教授者四十余年。瘦躯如鹤,殆不胜衣,而精力兼人,能教授数校,傍嗜诗文,又多著书,不啻等身。考证之精,论据之正,自有定评。设使君夙奉职官学,则升高位获荣号不难也,而君洒然无所介于意,真是醇乎君子人。宜矣其文其诗,超逸有隽味,如精金美玉。……明人有句曰:僧无俗气寺皆贫,吏有文才官不尊。君有文才与学才如此,其不膺尊位不足怪。君亦知之矣,于是不求不售,安分以至今,不亦尊乎哉!君曾自叹其像曰:为迂为愚,任人所呼。知吾唯汝,知汝唯吾。嗟乎,是君之所以为君也欤!④

盛赞池田芦洲在"二松学舍"学习期间就已出类拔萃,其后更是学问精进,著述等身,而不以才华及学识自矜,谦和洒脱有君子之风。

其学生浜隆一郎也对其才华及勤奋敬佩不已:

---

① 池田芦洲是浪华人,浪华原名"芦",又取三岛中洲之"洲",自号为"芦洲"。

② 山田方谷(1805—1877),名球,通称安五郎,号方谷。日本江户至明治时期著名儒学家、思想家、政治家。以推崇和精研阳明学著称。

③ 斋藤拙堂(1797—1865),名正谦,字子终,号报堂。早年跟随古贺精里研习朱子学。在古文批评上有所建树。著有《拙堂文话》。

④ 佐仓孙三《芦洲诗文集序》,《芦洲遗稿》。佐仓孙三(1861年—1941年),号达山,于明治十九年(1886)年就读二松学舍。精通汉文,为日本明治、大正时期活跃的中国问题评论家。

　　（池田芦洲）学三岛中洲先生于二松学舍,时门下济济,好学俊秀之士不少,然未有迫先生博学能文者也。是以擢为都讲,尔来在教授之任者,实及四十余年之久矣。然先生之于学术,不独讲说之努,其所主者,即在于著书,以遗惠于天下后世矣。①

　　池田芦洲终身以著述和教育为业,在"二松学舍"担任终身教授之外,还在多所中学及国学院大学、明治大学、大东文化学院等大学兼任教职。明治二十九年至明治三十九年,担任日本中学校汉文科主任;明治三十六年起担任日本帝国教育会汉文教授法研究所常任议员。池田芦洲虽然谦和平易淡泊名利,但在日本政府要在中学废除汉文科时却据理力争,使得汉学科得以保存,为日本汉学教育做出了很大贡献。这也反映了其性格的耿直和对汉学教育的坚持②。

　　昭和八年(1933)一月二十四日夜,池田芦洲参加斯文会新年宴后回家途中,在自家住宅附近遭遇车祸去世,终年七十岁。葬在东京都文京区白山上一音寺中。

　　对池田芦洲一生的为人和治学,其师友多有评价。

　　山田準与池田芦洲同为三岛中洲弟子,是肝胆相照的朋友。《芦洲遗稿》前有山田準所做《池田芦洲君传》。山田準还对池田芦洲一生的治学经历做了总结:

　　　　其学盖四变,愈变愈密。初奉朱子教说,东来修折衷学,既而转考证学,实事求是,晚嗜目录学,著《经解要目》、《诸子要目》等。其诗隽爽,其文雅炼,巧力有余,早凌等侪。中年以后,不复暇于此,学益精,识益长,出则接学徒,达材成德;入则从著作,绎古惠来。海内殆知有芦洲

---

　　① 〔日〕浜隆一郎《史记补注序》,〔日〕池田芦洲《史记补注》(上),日本明德出版社昭和四十七年(1972)。

　　② 〔日〕山田準《池田芦洲君传》:"君声名渐藉于世,于是日本中学校延为讲师,……会当局改中学课程,欲除汉文科,君与同志敢然起争之,事遂止。君平素无所争,而临大义,不苟同如此。"《芦洲遗稿》。

先生,若君可谓终始于著书育英皤然有辉光者矣。《史记》一书,略成未完,向使天不遽催,则以君老而神旺气充如彼,其所成就,不独《史记》而已也。

这对池田芦洲一生的学术理念和成就做了很好的概括:最初宗奉朱子学,转而折衷各家,再转修考证,晚年专攻目录学。中年之前,以写诗作文、研读和推广汉籍为主,中年以后,则专心于教授生徒和研究《史记》。

池田芦洲在作于明治二十三年(1890)的《上熊谷先生书》中也回顾了自己学术思想的变化,与山田準所述可以互相验证:

> 胤性迂戆,夙自知见弃清世,是以遂生商家,不欲亲牙筹簿册,唯兀兀读书作文是务。私自欲有所竖立于一世。曩在乡之日,从先生,日夕研钻经义,而先生谆谆诱导,每言学宜正其统,统当宗程朱。胤奉教,一意专修。

池田芦洲早年跟随熊谷先生,信奉汉学要宗于程朱,但在他到东京求学后,发现三岛中洲等汉学家博采各家之长,以古证今,“论议公平,足服人心”,池田芦洲意识到:

> 夫学不必程朱,不必陆王伊物,要在明孔子之道,施之于斯世。大而经国济民,小而齐家修身。……欲兴斯道者,在破门户之见,止争统之论,虚心平气,取彼长补我短。至其是非难决,则文理以推之,人情以参之,亦庶几其不谬矣。

从这封信中可以看出池田芦洲在学术思想上由独尊朱子学说到博采众家之长的变化,这对池田芦洲本人来讲是一个重要的变化,同时也是当时日本社会文化学术思潮的反映。明治以来,随着西洋文化传入日本,其影响日益扩大,汉学受到严重冲击。在这样的时代背景下,日本的汉学家放弃了内部学派间的争论,不拘泥于门派之争,互相取长补短,以扩大孔子儒家学说的影响,维护汉学的地位。

二、著述

池田芦洲一生致力于汉学教育和汉学普及,出版多部汉学研究专著、用作教材的汉学经典读本及工具书,在日本汉学界产生很大影响。以其倾注十几年心血完成的《故事熟语辞典》为例,他有感于文人作文引用典故之难,类书的规模太大不便检索,故"据二三类书,旁搜经史杂书,钞出故事成语八千有余条。……务使易检寻,操觚者临文引一典用一语,能审其语所由兴,其义所在。"①其书问世后,因其"如探秘府,如入宝库,左右逢源,老学宿儒亦藉其便"②,不断修订再版。池田芦洲自咏长诗一首,其中有"稿成过等身,执笔经十年。心血注欲尽,何怪头发皵"几句③,可见其著述过程之辛苦。辞典发行后,三岛中洲赋诗一首,表达对学生的赞赏:

> 多闻博学汉和该,裨益学徒功大哉。
>
> 八十老师殆瞠若,后生可畏出蓝才。④

池田芦洲一生致力于教育及学术。其汉学研究领域涉及经史子集四部。其出版的著作主要有:

明治十七年(1884)《文法独案内:天下无双》

明治十八年(1885)《正续文章轨范纂语字类》

明治二十四年(1891)《帝国作文全书》

明治二十六年(1893)《龙门史考》,《校注史记读本》

明治二十七年(1894)《校订正文章轨范读本》

明治三十九年(1906)《故事熟语辞典》

大正四年(1915)《经解要目》

大正六年(1917)《纂评日本外史论文笺注》

---

① 《故事熟语辞典·自序》,〔日〕池田芦洲《故事熟语辞典》,日本东京宝文馆明治三十九年(1906)。

② 〔日〕山田準《池田芦洲君传》,《芦洲遗稿》。

③ 〔日〕池田芦洲《故事熟语辞典》卷末。

④ 〔日〕浜隆一郎《史记补注序》,池田芦洲《史记补注》(上)。

大正九年((1920)《唐诗选详解讲义》、《日本诗话丛书》

昭和二年(1927)《日本芸林丛书》

昭和四年(1929)《诸子要目》、《唐诗选要》

昭和五年(1930)《标注十八史略》

昭和六年(1931)《标注韩非子定本》

昭和七年(1932)《定本唐宋八家文读本》

昭和九年(1934)《芦洲遗稿》

昭和五十年(1975)《史记补注》

昭和五十三年(1978)《史记研究书目解题稿本》

专著之外,池田芦洲在无穷会编辑发行的《东洋文化》等杂志上发表多篇汉学研究的文章。

无穷会成立于大正四年(1915)春,由平沼骐一郎①等人发起。平沼骐一郎购入明治时期知名学者井上赖国博士之旧藏,加上其本人所藏,以"无穷会"之名,设立文库。其宗旨是搜集和汉图书,方便研究者使用。无穷会利用平沼骐一郎等政界、学界、财界人物的力量,在二战结束以前,购得许多知名学者的藏书。除收集珍贵图书数据外,无穷会还创办东洋文化研究所,研究所设有"常设讲座",每周四次讲读汉籍,成为汉学研究的重要基地,此外,无穷会还编辑和发行了会刊《东洋文化》。

《东洋文化》创刊于大正十三年(1924),月刊。该年的一月十五日发行第壹号,后来连续发行了二百三十四号后到昭和二十年(1945)七月一日停刊。十六年后,昭和三十六(1961)年复刊,后改为半年刊。

《东洋文化》所刊文章多为对日本汉学研究中热点问题的讨论以及对日本国内汉学教育的思考。当时知名的汉学家多在《东洋文化》上发表文章,介绍重要汉籍,普及汉学知识,扩大汉学影响,使其成为日本汉学研究的重地。池田芦洲是无穷会会员,在《东洋文化》上发表多篇文章,主要有:

---

①　平沼骐一郎(1867—1952),法学博士。二战时曾任日本内阁总理大臣。

1.《王安石〈字说〉的成就》(上、下),大正十三年(1924)九月第八号、十月第九号。

2.《文选丛话》,大正十四年(1925)一月第十二号。介绍《文选》的成书、流传及与其相关的趣闻轶事,并介绍了日本的《文选》研究及可利用的版本和参考书。

3.《唐宋八家的名称》,大正十四年(1925)十一月第二十二号。

4.《通俗汉籍解题》,大正十五年(1926)一月第二十四号至大正十五年十二月第三十二号,分九期连载。介绍了《文章轨范》、《十八史略》、《元明史略》、《唐宋八大家读本》、《蒙求》、《世说新语》、《唐诗选》、《三体唐诗》各书及其在日本的翻刻、流传、增补和研究的情况,有指导读书门径的作用。

5.《通俗汉籍杂谈》,昭和二年(1927)一月第三十三号至昭和二年十一月第四十二号分十期连载。前三期题为《涑水紫阳的两鉴》。介绍司马光的《资治通鉴》和朱熹的《资治通鉴纲目》。

第四到第十期为《左国史汉》,分别介绍《左传》、《国语》、《史记》、《汉书》、《战国策》。

6.《通俗支那辞书谈》,昭和三年(1928)一月一日第四十四号至昭和五年(1930)三月一日第七十号分十七期连载。从秦及两汉时代开始直至清代,介绍了《急就章》、《尔雅》、《说文解字》至《正字通》、《洪武正韵》、《康熙字典》、《佩文韵府》的辞书。其中对于《说文解字》等都有详细的介绍及解读,显示了其文字学方面的深厚功底。

7.《文字詹詹录》,昭和五年(1930)七月一日第七十三号至昭和五年十一月一日第七十七号分五期连载。将其读书过程中遇到的一些字形、字音、字义的问题分类进行解释,将日文与汉文中同一个汉字字形的不同意义进行比较,说明异同;收罗汉语古今异义之词进行注释。池田芦洲在古文字方面用功很深。

8.《德川时代以来作文书解题》,昭和六年(1931)一月一日刊第七十九号至昭和八年(1933)一月一日刊第一百零三号连载,共五期。介绍日本江户以来著名汉学家指导汉文写作的著作,包括藤原肃的《文章达德纲领》、古文辞派代表荻生徂徕的《文变》,《古文矩》,《文臠》;太宰纯《斥非》,《文论》;服部乔《文筌小言》;山县孝孺《作文初问》;松井河乐《文法要略》;斋必简《初学作文法》;奥元祥《作文道标》;宇都宫由《作文楷梯》;熊阪璜《文章绪论》;山本信有《作文率》、《作文志彀》等;介绍各书的主要观点及特色,为学习汉文写作指导治学门径。

池田芦洲在昭和八年(1933)一月二十四日因车祸去世,《东洋文化》第一百零四号及后面的几期中刊载了悼词和一些诗人、学者的悼念诗文。池田芦洲生前自己选定了遗像,题诗一首:"教学卅岁,岂言育英。著书数卷,徒博虚名。暌世远俗,拙于谋生。嗟尔蠹鱼,耐久良朋。"

并总结自己一生治学的心得:"宇宙万有举具于一部《周易》,上下千载二十四史所录悉不离《礼经》。《易》与《礼》其斯学之本欤? 是余平生持论,书以示滨子。芦洲"①

《东洋文化》自一百零五期开始连载池田芦洲遗作《续通俗汉籍解题》②,其后不断刊载池田芦洲的遗作,可见其在日本汉学界的地位和影响。

在以上所列汉学研究的文章之外,池田芦洲还在《东洋文化》上发表了多篇《史记》研究的文章。

三、《史记》研究的成就

池田芦洲对《史记》的喜好和潜心研读自年少时已经开始,并且贯穿其一生。以下将其《史记》研究成果分为研究文章、未刊稿本、和研究专著三大类进行论述:

研究文章

《史记在我邦的价值》

此篇长文分奈良平安朝时代、室町江户时代、明治以降三个部分,按时

---

① 《东洋文化》第一百零七号第 77 页,昭和八年(1933)五月一日刊。

② 此文收入《校注史记读本》及《史记补注》,所论涉及《史记》研究中的重要问题。

间顺序将《史记》传入日本以后对日本社会的影响及各个时期日本学者对《史记》的注释及研究情况作了全面介绍,并结合时代特点分析其原因。可看做是一部日本《史记》研究的简史①。

《与某甫论史记书》,《再与某甫论史记书》

《与某甫论史记书》发表于《东洋文化》第二十四号上,后收入《芦洲遗稿》。此文作于明治二十九年(1896),是池田芦洲与某学者就《史记》是否是未成之书展开的讨论。文中提到:

> 足下见仆校《史记》,只字半句之讹误,尚求是不措。寄书曰:"史记本为未成之书,字句之纰谬,不足问也。"鄙意甚不以为然。

朱熹曾言"史记恐是个未成底文字"②,即《史记》为草创未成之书,故书中记载存在矛盾舛误之处。由于朱子学在日本的影响,朱熹这一观点被很多日本《史记》研究者接受。池田芦洲原来也相信朱熹之说,但经过反复研读《史记》,他发现朱熹这一观点是错误的:

> 虽仆亦尝信之十数年之久,反复通观,然后知其决非未成之书也。

池田芦洲从三个方面论述了司马迁生前已完成《史记》:一,完成《史记》是其父司马谈临终遗愿。二,司马迁自比孔子作《春秋》,"其笔笔削削,宜十易稿而不止,岂又容卤莽毕事乎?"三,司马迁获罪之后,发愤著书,必竭尽毕生心血完成《史记》。四,司马迁在《太史公自序》中详叙著史缘由及《史记》的篇数、字数。五,《报任安书》作于征和二年司马迁五十五岁时,虽不知其

---

① 原载二松学舍专门学校校友会杂志《二松》,1932 年。后收入池田芦洲原著,池田英雄增补新编的《前编"史记解题"·后编"史记研究书目解题"稿本》。日本东京长年堂昭和五十六年(1981),第347—356 页。

② 见《朱子语类》卷第一百三十四:曹器远说伯夷传"得孔子而名益彰"云云。先生曰:"伯夷当初何尝指望孔子出来发挥他!"又云:"'黄屋左纛,朝以十月,葬长陵。'此是大事,所以书在后。"先生曰:"某尝谓《史记》恐是个未成底文字,故记载无次序,有疏阔不接续处,如此等是也。"(宋)黎靖德编,王星贤点校《朱子语类》,中华书局1986 年,第3202 页。

后在世又几年,"想从脱稿至殁,必当不下十年"。

基于以上五点,池田芦洲坚信"《史记》之为完书不容疑。但今日所传非子长之真本,是亦不可以不辩"。这里池田芦洲提出了《史记》"真本"的问题。他认为,司马迁是刑余之人,其所著《史记》也不被重视:

> 谁复见而读之,徒任其蠹残鼠污无所顾,宜矣其书之多误阙也。然是犹其小者耳。大凡《史记》一书,颇为后人所窜乱。

《史记》问世不久就已有残缺讹误,故班固有《史记》"十篇缺,有录无书"之说,再经过褚少孙等人的增补,《史记》已经不完全是本来的面目,即已不是所谓"真本"了:

> 夫班彪称子长以良史之才,王充推以为能书实事之人,二子并东汉人,其或见子长之真本邪?后人不察于此,以未成书目之,一何谬之甚也。呜呼子长生以冤毁其躬,死以诬累其书,仆欲不为子长浩叹得乎?

池田芦洲坚信《史记》是司马迁心血凝结的杰作,班氏父子及王充等东汉学者称赞司马迁为"良史之才",称《史记》为"实录",是因为那时《史记》"真本"还存在,还没有被后代改窜增删。现存《史记》中已羼杂了后人的增改窜乱,所以其记述才会有错乱谬误之处。

《芦洲遗稿》此篇后有三岛中洲的评语:

> 凡论古人,有大处可观,如小疵瑕不论而可,况古书乎?马史篇法章法,详略布置之法,足为万古史家师表,如其阙误羼乱,不问而可。以小疵废大美,后世龌龊者之见耳。此篇议论公平,考证确切,可谓子长千古之知己矣。

三岛中洲强调评价古人及古书应取"大美"而略"小疵",反映了其治学态度的通达,池田芦洲也深受其影响。

大正十五年(1926)《东洋文化》二十五号上刊载其《再与某甫论史记书》(作于明治二十九年)(1896),"某甫"在接到池田芦洲的回信后,继续提出问题：

> 如子之言，《史记》诚为成书，今之纰缪，皆后人窜乱之所致。独疑
> 后人所增损，宜在纪事。至叙赞，尚未宜失子长之真。今读之，引据失
> 实，立论违于礼者，往往而有焉。由是推之，纪事之纰缪者，未必皆出于
> 后人也。

《史记》中记事的谬误尚可归因为后人改窜，但每篇的叙赞应是出于司
马迁之手，其中的谬误不应归咎于后人。由此推论，《史记》中记事的谬误未
必全部都是后人改窜造成。

对此，池田芦洲的回答是：当时司马迁独自编纂《史记》，而且又是草创
纪传体体例，"其间年次之差误，事物之支吾，固在所不免"。不能与后代设
史馆众史官合作修史相比。此外"唯子长自知差误与支吾，而故为之者，亦
往往而有焉。不知者亦见以为差误也支吾也"。即《史记》中有些讹误是司
马迁蕴含微言大义的有意为之。池田芦洲认为司马迁破例为体立孔子为世
家，将《伯夷传》置于列传之首，将老子与韩非同传，以及为游侠、货殖等不为
主流社会认可的人立传，这些都是司马迁有意在表达自己思想，抒发自己感
慨。司马迁作《史记》是仿孔子作《春秋》，只有理解了其所蕴含的思想，才能
准确把握《史记》的篇章内容，有些所谓"纰缪"恰恰是《史记》的可贵之处：
"是余史所无，而后之修史者，欲学不能者也"。

对于《史记》论赞未经后人改窜的观点，他也结合具体篇章进行了反驳：

> 足下言叙赞未经后人窜乱，是亦不然。如《乐毅传》赞不言毅之事
> 功，徒叙黄老传授次第；如《司马相如传》赞插扬子云之语。后人窜乱之
> 迹，历历可见。

《史记》中存在的记述矛盾和讹误之处，有些是《史记》流传过程中造成
的，有些则是司马迁作《史记》时所为。司马迁著史时，其史学思想、处理史
料的方式、行文笔法、以及个人疏略等原因都可能造成《史记》前后记述上的
矛盾，对这一问题应具体分析，不能一概而论。

　　大正十五年(1926)五月一日刊行的第二十七号《东洋文化》刊载了孙德谦①的《与池田先生论史记书》,孙德谦看到池田芦洲与"某甫"的两封论《史记》书后,与池田芦洲就相关问题进行了探讨。包括《史记》叙事起讫,破例为体,发愤著书,良史实录,以及司马谈、司马迁父子思想倾向不同等重大问题。

　　昭和二年(1927)四月一日刊行的《东洋文化》第三十六号还刊载了孙德谦的《太史公书义法序》。其中论及《史记》不同篇章记述不一致甚至相互矛盾的问题。如"吴、楚世家叙争桑事,或为处女,或为小童,而边邑之卑梁乃复互吴互楚,余读之而知其存两国史文之旧,倘不达此意,史公一人著述,何致自相矛盾若是?"②即司马迁有意保存吴楚两国史书记载的原貌,故两存之。

　　《东洋文化》为中日学者之间提供了学术交流的平台。《与某甫论史记书》和《再与某甫论史记书》都是被作为文章经典之作登载在《东洋文化·文苑》栏目中供读者学习和欣赏其为文之法。文章后有牧野谦次郎③的点评:

　　　　作者凤潜心于腐史,人以比元凯《传》癖。此文浑从平生研核得来,非寻常应酬之类。……一出一没,亦禽亦纵。与前书并看,不啻议论之可相参,文之变化又可观。

　　撇开内容不说,仅就文辞而言,池田芦洲的这两封信确实堪称为文典范。有趣的是,在《再与某甫论史记书》后登载的另一篇范文是泷川资言的

---

　　①　孙德谦(1869—1935)字受之,又字寿芝、益庵,号龙鼎山人,晚号隘堪居士,江苏苏州吴县人。精研经史,通声韵训诂。自言"生平意在立言,以期古之所谓不朽"。历任东吴大学、大夏大学、交通大学、国立政治大学教授。著有《太史公书义法》《汉书艺文志举例》《刘向校雠学纂微》《六朝丽指》《稷山段氏二妙年谱》《诸子要略》《诸子通考》等。

　　②　孙德谦《太史公书义法》,《四史知意并附编六种》,台湾鼎文书局 1976 年,第 391 页。

　　③　牧野谦次郎(1863—1937)字君益,号藻洲。日本著名汉学家。曾任早稻田大学教授。致力于汉学振兴。

《双峰文钞第二编序》,此文讲为文之法,引古喻今,骈散结合,十分精彩。池田芦洲和泷川资言既是日本《史记》研究的专家,同时均为当时知名汉学家、教育家,他们编修出版汉文教材,写汉籍普及文章,为推广汉文教育做出很大贡献。

池田芦洲对《史记》的研究包括注释和评论两个方面,他对《史记》研究中的重点问题多有精辟之论。日本无穷会主办的杂志《东洋文化》曾分十期连载了池田芦洲的《通俗汉籍杂谈》共十讲,其中对《左传》、《国语》、《史记》、《汉书》都有十分精彩的解读。如其对《史记》、《汉书》比较时盛赞《史记》文笔:

> 《史记》文章于古文中堪称压轴之作,左、马,即使是说到班、马。左氏之文过于纪律,成千篇一律之观。《史记》则自在奔放,有天马行空、巨鱼蹈海之妙。班固无法与之匹敌。①

在讲到著史体例时论及:

> 世间称《史》、《汉》,或唤之为班、马,目之为好一对良史,然不可一概同视之者多矣。《史记》司马氏一家著私史也,《汉书》承官命之官撰历史书也。官撰之书难免有官气,受所谓官僚气质的支配。由此道理,[其书]随处可见其缺乏自由,布列形式之处。《史记》则是自由奔放的气质溢于全篇。②

结合时代背景分析《史记》、《汉书》风格的不同及其形成原因。

《东洋文化》创刊之初即有一个固定栏目"国汉教材研究",请知名学者对日本汉文教材中的具体问题进行疏解。因《史记》在日本汉文教材中的重要地位,与《史记》相关的内容经常成为这一栏目的主题。昭和三年(1928)

---

① 《通俗汉籍杂谈(七)——《左国史汉—史记(上)》,《东洋文化》第三十九号。昭和二年(1927)七月一日刊,第75—78页。

② 《通俗汉籍解题(九)——《左国史汉—汉书》,《东洋文化》第四十一号。昭和二年(1927)十月一日刊,第88—92页。

刊行的第五十一号《东洋文化》上,池田芦洲曾对"怒发冲冠"、"讲和"、"大行"、"(尚公主)之尚"等词语和典故结合《史记》及其他典籍中的使用,进行了详细的解释。昭和三十六年(1961),《东洋文化》复刊后,继承这一传统,继续开设"汉文教材研究"栏目,请古贺周作、池田英雄等学者分专题讲解《史记》具体篇章,如"刎颈之交"、"廉蔺之事"、"四面楚歌"等,或用问答的形式解决包括字词、文意在内的问题,或用完整的教案分指导目标、指导方法、具体解读、参考书几部分详细导读。其中一些文章颇有新意,如日本学者镰田义胜在昭和四十年(1965)八月复刊第十一号上发表《重瞳子漫笔》,从《项羽本纪》入手,谈到历史上的重瞳子的人物,又从医学的角度谈了重瞳子的问题,深入浅出,容易引起读者对《史记》的兴趣,利于普及和扩大《史记》的影响。《东洋文化》复刊第十一号又将池田芦洲原来解释"怒发冲冠"和"讲和"的旧作重新刊载,从中可以看出《史记》作为日本汉学教材的重要地位。

昭和四年(1929)三月一日刊行的《东洋文化》第五十八号《国汉教材研究》栏目刊载池田芦洲《太史公名义考》,该文将历代对"太史公"的解说分类进行了介绍,最后表明自己的观点,他同意李慈铭的说法,认为"太史公"是当时官府的名称。

《芦洲遗稿》

池田芦洲去世后,其长子池田胜雄整理其父的诗文,在昭和九年(1934)一月池田芦洲去世一周年时,由开明堂刊行了《芦洲遗稿》三卷,上卷、中卷收文,下卷收诗①。扉页即为池田芦洲所作诗:

> 班马丘明何足言,堂堂史笔典型存。千秋尚待少孙补,失载韩人献鲁论。

《芦洲遗稿》中有一些诗文也涉及到司马迁及《史记》。相关文章有作于

---

① 池田文库藏有池田芦洲的手稿《池田文稿》十五册,《池田诗稿》十一册。

明治二十六年(1893)的《伯夷叔齐传》;作于明治二十八年(1895)的《读五帝本纪》、《读虞卿传》;作于明治三十年(1897)的《书刺客传后》、《书仲尼弟子传后》;作于明治三十一年(1898)的《题太史公书》几篇。

《伯夷列传》是《史记》中备受关注,争议很多的一篇,也是池田芦洲极为用心的一篇。在其《史记补注》稿本中,只有此篇为池田芦洲亲笔抄录。《伯夷列传》中多为司马迁对伯夷叔齐的评论,对其生平事迹的记载很少,其他史书中对二人的事迹也少有记载。池田芦洲感慨前代对伯夷叔齐事迹记载的不详和失实,准备查考经传中的资料,重作《伯夷叔齐传》以还原其真实面貌:

> 学者载籍极博,犹考信于六艺。故仲尼之言,孟轲之辩,皆述六艺之旨者也。今论夷齐事,不得不折衷乎二子。余悲旧史失实贻两贤之累,别考经传作传云……

《读五帝本纪》是针对《史记》叙事的起始而言:

> 余以谓本纪首尧舜也,非首黄帝也。亦何咎其畧三皇遗羲农乎?夫孔子删书,肇于唐虞,史公祖述孔子,故其作史,亦讬始于兹。且史公自谓去孔子之时殆五百岁,慨然自以继圣著为任,故其是是非非亦比诸《春秋》,是以尧舜之禅让,太伯、伯夷之让国,并为本纪世家列传之首,以拟《春秋》始于隐公,其讫于麟止云者。

池田芦洲认为《史记》是司马迁模仿孔子作《春秋》,故其叙事起止及体例安排均蕴含深意。

《读虞卿传》是由该篇"太史公曰"中司马迁感慨虞卿"立言之不足恃如此邪"引申开来,联想到司马迁作《史记》:

> 太史公既罹李陵之累,郁驳不平,著书以自见于后世,虞卿之事,亦藉之以见。则立言亦可已乎?

池田芦洲认为司马迁发愤著《史记》,随着《史记》的流传后世,历史上很多人物的事迹为后人所知,司马迁的思想也蕴含其中,这可以说是立言的最高境界。这篇短文从语气及行文抑扬转折的风格都与《史记》"太史公曰"风格很像,可谓得《史记》之精髓。

《书刺客传后》是通过对《刺客列传》的解读来阐发自己对《史记》篇章设置的理解:

> 太史公作《刺客传》,专为荆轲传也。曹沫以下四人,在史为附传,于文为陪衬,犹孟轲传配荀况也。荆轲挟匕首以入秦,其事之成否,所关极巨,非复夫四人者区区为一人复仇抱怨之比。夫始皇焚灭六籍,废坏古制,实天下之仇也。苟有能讨之者,史公与之。陈胜首难,故升之世家,而接孔子之后;项羽族秦,故进为本纪,而承周。今传荆轲,则置诸吕不韦、李斯两传之间,其旨深矣。善哉金仁山之言,《春秋》忧楚,《史记》忧秦,可谓得史公深意者。

他认为《史记》破例为体及篇章顺序的排列都蕴含了司马迁的褒贬深意。

《书仲尼弟子传后》中又分析了司马迁将孔子升格为世家的问题:

> 太史公生于西京尊黄老之世,能知宗孔子,不欲夷之于列传而与老韩比,故破格例,升诸世家。且其弟子虽不足传者,尚犹列其名字。拳拳不措,其有功于斯道大矣。

池田芦洲盛赞司马迁尊崇孔子,倡导儒学之功。但不同意司马迁对宰我、子贡的评价,认为这二人虽不符合儒家传统的评判标准,但也有其长处,不应只扬其恶而掩其善。想再为宰我、子贡作传为他们正名:"欲为史公正二子之传,而未能也。"

《题太史公书》中提到前人对《史记》的评价:

> 不曰之谤书,则曰腐史,前人何累此书之甚也?本纪肇尧舜,世家肇太伯,列传肇伯夷,盖有取其让也。夫让者礼之要,而礼莫盛于三代。是以表首三代,书首礼,余将呼此书为让史。

将《史记》称为"让史",认为《史记》推崇尧舜、吴太伯和伯夷的谦让,故将其作为本纪、世家、列传之首。司马迁向往的是儒家的理想社会,赞美儒家的礼制规范。称《史记》为"让史"这可说是池田芦洲的首创,这与其"上下千载二十四史所录悉不离《礼经》"的思想是一致的。

其小文《题樊哙会鸿门图》在描述樊哙的豪勇后慨叹:

> 当此时微哙之是举,则汉之为汉,未可知也。呜呼,以哙一饮酒一切肉之劳,使重瞳子胆落气沮,何其盛哉!然则谓哙搏天下于酒肉之间可也,及天下已定,身殆为高帝所鱼肉,亦可惜哉。

池田芦洲为文常能于细微中见大义。其文风被当时的日本学者推崇,将其作为文章典范来学习。

《芦洲遗稿》所收诗作中也多有对司马迁及其《史记》的评论。如:

《题史记》

> 史林长称是非公,驱使群书今古空。上下三千余岁迹,浑存五十万言中。

诗末题注:"余从事教育四十余年,受东京知府表彰,即赋此以识怀。"

在因从事教育四十余年,受东京知府表彰之际,池田芦洲赋诗吟咏司马迁作《史记》之功以抒发自己激动的情怀,可见司马迁及其《史记》对其一生的影响之大。

《读史记本纪》

> 周祚嗣来赤帝子,史公权度谁相揣。悲哉陋见赵云崧,漫为怀王惜无纪。

诗末题注:"司马迁虽列秦楚于本纪,考之表,接周者汉也。迁意可见。"

秦楚之际,楚怀王熊心是个举足轻重的人物。项梁拥戴其为楚怀王只是为了能更好地号令楚地。而在项梁战败死后,楚怀王却能挺身而出,迁都彭城,安定了军心,化解了可能出现的群龙无首的局面,重新确立了楚国的权威。司马迁在《高祖本纪》和《项羽本纪》中叙述这一过程时都提到"楚怀王见项梁军破,恐,徙盱台都彭城"。其实彭城(今江苏徐州)比盱台(今江苏盱眙)更靠近前线。因为害怕而往前线迁都是讲不通的,所以怀王迁都一事，无论如何也与"恐"字拉不上关系。而在《项羽本纪》和《秦楚之际月表》中，司马迁叙述此事时又提到"项羽恐"，这两种看似互相矛盾的记述恰恰体现了司马迁的良苦用心。读者细细地品味就能从司马迁的寥寥几笔中体会到楚怀王熊心发挥的历史作用。

历代学者对楚怀王的历史地位及《史记》中相关的记述有很多争论，自宋代苏东坡、洪迈至清代赵翼都对司马迁不为楚怀王熊心立专传不满。赵翼更认为司马迁记述秦楚之际的历史，记述了很多无足称道之人，却不为在当时发挥了重要作用的楚怀王熊心立传是其疏漏①。池田芦洲认为《史记》没有楚怀王的专传是因为司马迁认为"接周者汉"，虽然《史记》也做《秦本纪》、《项羽本纪》，但其实司马迁并不承认秦，也不承认楚，而是认为汉的传统是直接承尧而来。这里池田芦洲是以正统史观解读《史记》，为司马迁辩护。但在其《史记补注》中，池田芦洲也指出到司马迁这种处理方式是"史法之可以互见者"②。

未刊稿本

池田芦洲的个人藏书中，有相当一部分是《史记》的研究资料。平成五年（1993）春，经水泽利忠介绍，池田英雄将池田芦洲全部藏书都交予日本文教大学越谷图书馆收藏。文教大学越谷图书馆平成八年（1996）一月印行了《池田芦洲·田口福司朗旧藏汉籍分类目录》，其中池田芦洲的藏书按经史

---

① 赵翼《陔余丛考》卷五"史记四"条："惟史记不立楚怀王孙心传，殊为缺笔。陈涉已世家矣，项羽已本纪矣，心虽起牧羊，然汉高与项羽尝北面事之；汉高之入关，实奉其命以行，后又与诸侯王共尊为义帝。而汉高之击项羽也，并为之发丧，则心固当时共主。且其人亦非碌碌不足数者：因项梁败于定陶，即并项羽、吕臣军自将之；因宋义预识项梁之将败，即拜为上将军；因项羽残暴，即令汉高扶义而西。及汉高先入关，羽以强兵继至，亦居灭秦之功，使人报心，心仍守先入关者王之之旧约，而婴不瞻狗，是其智略信义，亦有足称者，非刘圣公辈所可及也。自当专立一传，乃史记逸之，岂以其事附见项羽诸传中，故不复叙耶？然律以史法，究未协也。班史但改陈胜、项羽为列传，而怀王心亦遗之，终属疏漏。后汉书列更始诸传，明史列韩林儿、郭子兴诸传，较为周密矣。"《陔余丛考》，中华书局1963年，第87—88页。

② 池田芦洲《史记补注》（上），第168页。

子集四部分类。史部中主要为"史记关系书",分为十大类著录,依次为:

一古写本类;二中国诸版本类;三日本诸版本类;四校订·注释;五解说·评论;六文评·佳句·名言;七校勘;八文字、音韵;九史汉异同;十太史公年谱共收录中日两国与《史记》相关著作 113 种。

池田芦洲所藏"史记关系书"中很多有其朱笔批点,可见其研读《史记》用功之深。在这些藏书中,还有多部其亲笔抄录的中日学者的《史记》研究著述,其中一些是日本江户时代学者未刊刻的《史记》研究成果,十分珍贵。此外还有多个池田芦洲本人《史记》研究的未刊稿本,重要的有以下几种:

《正史小评》

《正史小评》,一册,署名为"读史记处主人池田胤稿"。作于明治二十六年到二十七年(1893—1894),用日文写成,第一章为总论,介绍正史的渊源及其体例,第二章至第十章按年代顺序将自《史记》至《明史》共二十五种纪传体史书逐一进行介绍,其中《史记》、《汉书》各自作为独立的一章,有详悉的介绍和评述。可见其对《史记》、《汉书》用功之深。而其署名为"读史记处主人",更可见《史记》在其治学中重要地位。

《史记杂抄》

《史记杂抄》,一册。是将"二松学舍"的蓝格稿纸对折后装订而成。逐篇抄录各家对《史记》的评论,如清姚鼐的《惜抱轩笔记》,恽敬的《大云山房杂记钞》,日本释桃源瑞仙的《史记抄》等。还抄录各家有对《史记》中涉及的历史文化常识的注释,如"泰山刻石","岁星","摄提格"等。篇末题"大正十二年(1923)十一月廿五日卒业",是池田芦洲为完成《史记补注》做的准备。

《史记杂考》

《史记杂考》,一册,首先是对其所见《史记》版本逐一进行考订,分为中国刻本与日本刻本两大类。其后为其于大正十四年四月在大东文化学院开设《史记》课程的提纲《讲史记丛轫》,分专题介绍《史记》的书名、成书、体例、流传、阙补、篇卷、材料、书法、奇异、讳名、论赞、篇章顺序等,并介绍了

《史记》传入日本后的传播和研究状况等。是其多年研究《史记》成果的总结。

《校史杂丛》

《校史杂丛》,一册。是将各种书籍文献里有关《史记》的内容都简单抄录,并标明原书的篇卷页码,以备查考。内容涉及《史记》各个方面。

《龙门史翼》

《龙门史翼》,十卷,十册。前九卷是对中日学者《史记》研究成果的摘抄,包括方苞《史记注补正》、何焯《义门读书记》中"读《史记》"、王鸣盛《十七史商榷》中的《史记商榷》、娄机《班马字类》、郝敬《史记愚按》及三位日本学者的著作《读史摘记》、《森岛史说》、《诸史夷语解义》。最后一卷是《龙门史考》,是池田芦洲对《史记》著作源委、叙事特点等的看法及对其中讹误的辨正。

《太史公书集笺》

《太史公书集笺》分为"仁、义、礼、智、信"五册,逐篇对《史记》进行疏解,收录众家之说,且有池田芦洲自己的断语。

《太史公集说》

《太史公集说》130卷,按《史记》篇目顺序,将几十位中日学者的评论分别抄录在相关篇目下,中国学者的著作包括明陈仁锡《史记考》,明归震川《史记评点》,明徐孚远、陈子龙《史记测义》,清何焯《义门读书记》,清方苞《史记注补正》,清王念孙《读书杂志》,日本学者著作包括中井履轩《史记雕题》,冈白驹《史记觿》,皆川淇园的《迁史戾柁》。将各家之说分类收集,一目了然。《伯夷列传》是池田芦洲最喜爱的一篇,用功尤深,另有《伯夷传汇考一卷·伯夷传事迹考附录一卷》,分类摘抄各家之说并附有己见。

《史记》研究著作

《龙门史考》,明治二十六年(1893)益友社版

《龙门史考》原是《龙门史翼》中的一卷,是池田芦洲对《史记》著作源

委、叙事特点等的看法及对《史记》中存在的讹误的辨正。他在跋语中提到：

> 余自少时嗜读迁史，而病其多讹误，窃欲有所订正。是以平素读书，苟有关于迁史者必钞之，裒然既成册。顷者有客，问余以迁史著作源委，因抽其关大体者数条，略加管见，名曰《龙门史考》云。

《龙门史考》出版于明治二十六年（1893）。池田晚年时再次翻阅此作，感慨当年研读不深，于是将此卷重新抄录并在卷末题识：

> 余草此篇，在《史记读本》上梓前，所见闻未博，所论浅陋可笑。然鸡肋之念，未忍遽覆酱瓿，兹书之以存架中云。昭和己巳秋抄。池田胤识①

《校注史记读本》，明治二十六年（1893）益友社版（参见本书第一章第三节）

本书《例言》之后是池田芦洲所作《叙说》，分为论书名、论著作源流、论体例、论编次及分卷、论删补改窜、论援据采撰、论书法、论赞论、论太史公器识（兼及对褚少孙、冯商、裴骃、司马贞、张守节的评价）、论诸注本几个方面，涉及《史记》文本本身及其流传过程中出现的重要问题。全面阐释了其对于司马迁及其《史记》的观点和评价。

《叙说》中对每一个问题的论述都是在引用中日学者的代表性观点之后以"胤案"的形式加以论断。他收录各家之说的标准重在其是否有广泛的影响及代表性，即便是与自己主张完全相反的说法也全部收录，为读者提供参考。如在"论删补改窜"条中先引《四库全书总目》的说法，之后"胤案：总目所论，余多所不取者，分疏于各条之下，读者宜参互以得其旨，勿躁心看过以矛盾咎之也"。再如他对《西京杂记》和《三国志·魏志·王肃传》所述武帝怒削书的记载很不以为然，但仍然全文收录，之后"胤案：《西京杂记》及《三国志·魏志·王肃传》所言皆非实事，张裴诸家所说亦未是。今下所引袁梁二家说精确可据。故备录"。其后抄录袁枚、梁玉绳二家之说对《西京杂记》及《三国志·魏志·王肃传》予以反驳。又如他对王鸣盛认为"十篇俱是子

---

① 《龙门史考》，池田芦洲手写本，日本文教大学越谷图书馆池田文库藏。

长原文"的说法也不认同,但"余未能尽从,姑录其说广异闻云"。另,对班彪班固父子对司马迁及其《史记》的评价,他也完全不赞同:"班彪未能读《史记》,妄意讥之,可谓强作解事者。班固不察,漫然雷同于家翁之说,公然著其语于简册。洵为厚颜。余故列举诸家之说于下方,以洗其冤云。"先列班氏父子的观点,再罗列众家之说予以反驳。这样的例子在《叙说》中很多。

此外,池田芦洲在《叙说》中提及很多研读《史记》时要注意的问题。如在"论诸注本"中提到:"考群史所录,古注《史记》者不为鲜,而存于今者止于司马、裴、张三家。而宋时合刻三家注既失其旧,明之世,颇汰繁文,于是三家之真本不可复睹,今世通行本是也。读《史记》者,亦不当不知。故论及云。"

提醒读《史记》者留意今存"三家注"的真伪。

泷川资言《史记会注考证》第十册卷末有全面论述司马迁及其《史记》的长文《史记总论》,全文由太史公事历、太史公年谱、《史记》资材、《史记》名称、《史记》记事、《史记》体制、《史记》文章、《史记》残缺、《史记》附益、《史记》流传、《史记》抄本刊本、《史记》集解索隐正义、《史记正义》佚存、司马贞张守节事历、《史记》考证引用书目举要几部分组成。将《史记会注考证·史记总论》与《标注史记读本·叙说》对比,会发现二者对《史记》重要问题的关注基本是一致的。

《叙说》之后是《史记读本雠校所据旧本并引用名氏》。《校注史记读本》中广泛收录了中日学者的《史记》研究成果,特别是清代考据学者的成果。引用名氏中包括自东汉至清末中国学者一百五十六人,日本学者二十五人。比《史记会注考证》列出的引用学者名氏还要多。

《校注史记读本》原是池田芦洲读《史记》时随手做的笔记,并未准备马上出版。明治二十六年(1893)池田芦洲与山田準、本城愤一起创立益友社,专门刊行汉学讲义和教材,方便学子使用。当时社会需要好的《史记》教材和读本,故池田芦洲将自己多年研究《史记》积累的材料附于《史记》原文相关句之下,又补充其新近获得的前代注释,特别是补入了张文虎、俞樾两家的说法,校雠一遍之后交益友社出版,其书名定为《校注史记读本》也反映了当时社会上对《史记》读本的迫切需要。

《史记补注》,上编出版于昭和四十七年(1972)七月,下编出版于昭和五十年(1975)十月,明德出版社版。

山田準在《池田芦洲君传》中讲:"既而君嗜经义,喜读清儒书,又好马迁史,病其注释无完书,折衷诸家,著《校注史记读本》五卷,未以为足,更欲著撰定本也。"

诚如山田準所言,完成一部《史记》注释的集大成之作是池田芦洲一生最大的心愿。《史记补注》的最初底本是天明六年(1786)江户须原屋茂兵卫所刊新刻校正《史记评林》八尾再刻本,亦称天明本,池田文库所藏此本全书都有池田芦洲的圈点和批校。天头上有池田芦洲亲笔手录的各家之说及其自己的见解,前面几卷是直接用墨笔写在天头上,后改为写在薄棉纸上然后贴在天头上。全书之末有"余校史记起于明治廿四(1891)年首夏终廿六年秋"的识语。即池田芦洲在二十八岁到三十岁时用此本对《史记》全书都进行了校注。明治二十六年至二十七年出版的《校注史记读本》就是在此基础之上整理完成的。《校注史记读本》可看做是《史记补注》的一个阶段性成果,也可看做是《史记补注》的第一稿。

《史记补注》的第二稿是以明治十六年(1883)凤文馆刊,石川鸿斋、岩谷修、冈千仞校订的《增补评点史记评林》为底本。在每页空白处抄录各家之说及自家论断,是在《校注史记读本》基础上的进一步增补改定。在通校一遍之后,池田芦洲又进行了第三遍校正和修订,直至其去世之前,仍努力不辍。在《魏其武安侯列传》末尾有池田芦洲亲笔题识:"昭和八年一月六日脱稿。是日晚来雨雪寒甚,拥炉执笔于楼上。胤"池田芦洲去世是在昭和八年的一月二十四日,此篇是他去世前对《史记补注》最后的修订。

在第三次修订陆续完成之时,池田芦洲请人对全书作誊写和抄录。因《伯夷列传》一篇是池田芦洲的最爱,故此篇为其亲笔手书,其余各篇则由三岛美代等人抄录。全稿用墨笔抄写于美浓纸上,版心印有"此予宅藏"。池田芦洲去世前,《史记补注》的工作已完成了十分之八九,其后其子池田英雄对全书进行了整理和修订①。现收藏于文教大学图书馆的《史记补注》的稿本为三十八册,正编三十五册,附编三册。明德出版社将此稿本缩印为两厚册出版,上编出版于昭和四十七年(1972)七月,印数为 250 册。下编出版于昭和五十年(1975)十月,印数为 220 册。

《史记补注》将《标注史记读本》中省略的部分"三家注"全部补齐,在《标注史记读本》十二本纪、七十列传的基础上,又增加了对三十世家的详细补注。《史记补注》的目录是一百三十卷,分为上、中、下三编,其中"中编",是对《史记》八书和十表的补注,但并未出版。笔者所见其稿本在"列传"部分之后是池田芦洲、池田英雄父子对《史记》十表序的"补注"。明德出版社出版此书时,并未将这部分内容包括进去。

《史记补注》的内容主要包括三个方面:文字的校勘、史实的考证、原文的疏解。其校勘以《史记评林》本为底本,与明王延喆《史记》三家注合刻本对校,以汲古阁单《索隐》本参校,并与张文虎《校刊史记索隐集解正义札记》相参照,在相关句下注出各本《史记》正文及"三家注"文字的异同。考证史实方面,与《汉书》、《资治通鉴》等史书参照,指出其与《史记》记事的异同,大量引用《尚书》、《左传》、《战国策》、《竹书纪年》、《吕氏春秋》、《论衡》、《风俗通》、《韩诗外传》、《太平御览》等相关文献对《史记》文句进行疏解。

《史记补注》博引众家之说,各家中引用最多的是被池田英雄誉为中日《史记》研究史上的"双璧"的清梁玉绳的《史记志疑》和日本学者中井履轩的《史记雕题》②。池田芦洲认为此二家对《史记》的疏解最为确切,泷川资言作《史记会注考证》也最重此二家之说。据池田英雄统计,《史记补注》引梁玉绳《史记志疑》1808 回,张文虎《校刊史记索隐正义札记》1473 回,中井

---

① 池田英雄修订或补充之处,在相关句下以"补注补"的形式标出,与池田芦洲的"补注"相区别。

② 参见池田英雄《史记学五十年——日中史记研究的动向》,日本明德出版社平成七年(1995)。

履轩《史记雕题》1295 回，颜师古《汉书注》825 回，冈白驹《史记觿》367 回，胡三省《资治通鉴考异》272 回，王念孙《读书杂志》270 回，重野保光《史记节解》237 回，钱大昕《史记考异》及《三史拾遗》186 回。此外对凌稚隆、王先谦、李笠、吴汝纶、沈家本、陈仁锡、杜预、鲍彪、方苞、恩田仲任等二十余家的成果也引用较多。

应该注意的是，《史记补注》卷首列出的中日学者的著作和人名并不是其引用的全部。如在《孔子世家》和《仲尼弟子列传》中就引用了明陈镐《阙里志》、清崔述《洙泗考信录》、清孙志祖《孔子家语疏证》、清狄子奇《孔子编年》、清林春薄《孔子世家补订》等著作，《扁鹊仓公列传》中更是引用了很多医家之说，其中有许多是江户时代学者未刊印的稿本和抄本，这些都是极其珍贵的《史记》研究资料。

《史记补注》卷首有其门人滨隆亲笔手书的序，充分肯定了池田芦洲著《史记补注》之功。其中提到：

> 先生毕生心血之所溅，实在《史记》一书矣。《史记》……实天地间之一大奇观者也。而裴骃、小司马以下，历代注家，虽不乏其人，或阙，或有语而不详者，先生夙以为憾焉。壮岁以来，屡裁书予人，以论此书，且评太史公。更网罗和汉古今注释书，交互参酌，彼此校订，加以独创之见，著《史记补注》一部之书，大册巨编，所罕观也。盖阅时数十年，费纸几万张，随草随写，稿本充栋，退笔为山。……回顾既四十年矣。昭和癸酉之春，先生溘焉而逝，时此书垂成而仅阙其一部。

池田英雄《跋史记补注》中说：

> 先考为人，清廉洁直，至孝纯真，以育英著书为己任。尝撰《故事熟语大辞典》，书成日，赋诗曰："稿成过等身，执笔经十载。心血注欲尽，何怪头发皬。"余少时诵之叹服，而未始知毕生之业不在此也。先考年未弱冠，寄思于龙门之史，早有意于编一定本。其学以清儒考证为主，参以和汉古今诸家，所引诸说有所错综难柝者，以自说断之。向明治二

十七年刊行《史记读本》，未以为足。尔来攻究四十年，改稿及三，名曰
《史记补注》。先考毕生之业，盖在此矣。

二人都认为《史记补注》是池田芦洲毕生心血的结晶。

池田芦洲与泷川资言

作为《史记》注释的集大成之作，池田芦洲《史记补注》与泷川资言的
《史记会注考证》有很多相似之处，二者最初都是以和刻《史记评林》为底本，
广采古今各家注释并下己见。牧野谦次郎曾将池田芦洲《史记补注》与泷川
资言的《史记会注考证》相提并论：

> 公承笃学，著书等身，而其精力所注在于《史记》定本，其为书若干
> 卷，博引曲证，剖析疑义，殆无余蕴。近时出云泷川君山撰《史记会注考
> 证》，人称其详核罕比，视诸公承所著，予未知其孰伯仲也。惜乎书略成
> 而未完，不幸一朝遭厄，赍志而逝也。①

泷川资言的《史记会注考证》第一卷出版是在昭和七年（1932）三月，最
后一卷出版是在昭和九年（1934）三月。此时池田芦洲《史记补注》已基本完
稿。泷川在《书〈史记会注考证〉后》中讲："大正二年（1913），予得《史记正
义》遗佚于东北大学，始有纂述之志"②，可知泷川开始《考证》的工作是在大
正二年之后，而池田芦洲对《史记》的校注始于明治二十四年（1891），这样算
来，池田芦洲补注《史记》比泷川考证《史记》还早了二十余年。虽然池田芦
洲的《史记补注》由于其遭遇车祸去世而中止，直到昭和五十年（1975）才经
其子池田英雄整理校订后由明德出版社出版，但其著述却可追溯到八十多
年前。可以说泷川资言的《史记会注考证》和池田芦洲的《史记补注》几乎是
同时完成的《史记》集注的集大成之作，而池田芦洲作《史记补注》的著述过
程用功更深，历时更久。虽两书侧重点不同，但二者的学术成就是完全可以

---

① 〔日〕牧野谦次郎《芦洲遗稿序》。

② 〔日〕泷川资言《史记会注考证》卷末。

相提并论的。

泷川将自平安朝以来的古本《史记》和其他校勘资料做了详细整理，特别是利用了《史记》传入日本后出现的抄本和刻本，即所谓"古本史记"以及《博士家本史记异字》等珍贵的校勘资料。池田芦洲作《史记补注》在校勘《史记》文本的同时，将重点放在广泛收录各种《史记》注释书及与《史记》相关的文献，为《史记》研究提供参考。

池田芦洲去世之前见到了刚出版的《史记会注考证》卷一，并给泷川资言写信，这封信也是一份珍贵的《史记》研究资料①。在这封信里，池田芦洲首先表达了其对《史记》著作义例等问题的看法：

> 古人谓世家始于太伯、列传始于伯夷者多，而未言本纪始于尧舜、八书始于三代，仍觉有未尽之处。《史记》非始于黄帝，而始于陶唐，十二本纪则拟于春秋十二公，这是拙生的愚见。近来章学诚《丙申札记》亦有此说，私为暗合而喜。项羽立本纪，吕后立本纪，而不承认惠帝，为史记著作之义例。未解此义例之人，所说种种，不值一提。读《史记》之时，不可专据考据家之说，文评家之说亦应多少给予重视。

其后，池田芦洲向泷川资言请教了其思考多年，问询多人但始终未能解决的一个问题：

> 凤文馆版的石川鸿斋校订《史记评林》，其本文及注文与八尾、红谷、鹤牧版等和刻本《史记评林》不同，也与明版、朝鲜版的《史记评林》不同。其校订文字多与张文虎等清代考据学家的观点一致。原先凌氏评林本，已将王氏本、柯氏本等作为参考，但将其与王氏本等比对，不符之处颇多；而这样的地方，凤文馆本往往与王本等一致。不知此书究竟

---

① 这封信是昭和八年元旦池田芦洲写给泷川资言的，三周之后芦洲便遭遇车祸去世。此信为泷川资言遗物，后由水泽利忠先生收藏。昭和五十年，《史记补注》出版之后，水泽利忠将此信复印件寄与池田英雄。池田英雄将此信收入其增补新编的《前编"史记解题"·后编"史记研究书目解题"稿本》中。

是以何本为底本。在明治十三、四年,石川氏与清朝驻日公使黎庶昌、杨守敬等人来往密切,会不会是得到了某人的手定本或有其他来历。

池田文库藏有明治十五年凤文馆版石川鸿斋增补校点《史记评林》,书后有石川鸿斋跋,对其作增补校订《史记评林》的缘起及版本依据作了说明:

> 顷见武昌张裕钊所刻明归震川及清方望溪《评点史记》,其叙事好处及作者得意处,点之圈之.系以先儒未发之论。……凤文馆主前田士方,将改刻《史记评林》,余乃透写张本,并校正旧刊。岩谷诚卿,冈振衣,相与助之,编摩岁月,渐得竣工焉,呜呼! 迁史之书,竣归、方二氏而始得发微意;归、方二氏之志,得张氏而得诸此,源源不竭遂行四方,今又及东海万里之外,《大雅》所谓永锡尔类,于书亦然矣。

明治二十四年(1891),石川鸿斋将原书重新校正后交由东京书肆三松堂和松荣堂再版发行。正文前有石川鸿斋序,内容与其初刻本中跋语所述基本相同。

由此可知石川鸿斋是据晚清张裕钊所刻明归震川、清方望溪评点《史记》,对《史记评林》旧刊本进行了校订。池田芦洲或疑其还有另外的版本依据。

池田芦洲与泷川资言二人从未曾谋面。其有书信往来是因为二人有一个共同的朋友安井朴堂。安井朴堂是泷川资言在东京岛田篁村私塾学习时的同学,一直到泷川资言移居仙台时仍保持密切往来。而池田芦洲与安井朴堂则是在朋友之间定期聚会,交换鉴赏新近买到的书籍时相识。水泽利忠感慨这两位为《史记》研究做出了突出贡献的学者,都是对《史记》研究倾注了极大的心血和热情,都是逐字逐句对《史记》精查博搜详细注释,而两人的劳动有一部分又是重复的。如果当时能相互沟通,相互帮助和补充,定会对《史记》研究有更大的贡献①。

---

① 参见水泽利忠《池田芦洲的为人及其〈史记〉研究》,《加贺博士退官纪念中国文史哲学论集》。日本讲谈社昭和五十四年(1979),第 1195—1211 页。

《史记研究书目解题稿本》,昭和五十三年(1978)明德出版社版

池田芦洲在收集《史记》研究著作的同时,还对这些著作进行了著录和解题。昭和八年池田芦洲车祸去世后,其子池田英雄整理其遗物时发现了《史记解题》和《史记研究解题书目解题》的手稿。手稿分为前编、后编两部分。前编《史记解题》主要是对司马迁及其《史记》的介绍和评价,分为以下几个专题:史书二体;《史记》的名称;《史记》的编纂;司马迁著作的抱负;对孔子的尊崇;史记的私史性质;发愤著书;特笔(破例为体);史篇的缺亡;对《史记》是未成之书的误解;文章(文笔特色);注释书;《史记》的古今(包括流传、版本、注释等);司马迁传。从中可见池田芦洲对《史记》用功之深以及对司马迁的无限景仰之情。后编《史记研究书目解题》分类对《史记》各版本及中日学者《史记》研究著述进行著录并加以解题。

此书在昭和五十三年(1978)由明德出版社出版时,由于篇幅的原因,将"前编"割爱,只收录了"后编",即《史记研究书目解题稿本》。昭和五十六年,池田英雄又印行《前编"史记解题"·后编"史记研究书目解题"稿本》。此书为长年堂私家版,只印了六十部,主要赠送各大学史学部以及各专门图书馆。在"后编"中,池田英雄对已出版的《史记研究书目解题稿本》做了增补,共收录《史记》相关书籍686种,加以解题,卷末附书名、人名索引,是对《史记》研究者极为有益之资料。

综上,池田芦洲的汉学研究,特别是其《史记》研究取得了很高的成就,值得关注。

第二节 《史记补注》的体例及特点

作为集注体的《史记》注释之作,《史记补注》以和刻《史记评林》为底本,在相关句下罗列各家之说并加以按断,疏解注释《史记》正文及三家注,对于《史记正义》的佚文,均以【 】标示,且注明佚文的来源。

如《伯夷列传》篇名下：

索隐 列传者，谓叙列人臣事迹，令可传于后世，故曰列传。补注 片山兼山曰：列犹列侯之列，以众言。中井履轩曰：传不一而足，次第成列，故谓之列传耳。如列女传是也。胤案：列字解，二家之说得之。《索隐》谬矣。

正义 其人行迹可序列，故云列传。

【监本老子与伯夷同传第一，庄子与韩非同传第三】

补注 张文虎曰：王本、柯本、凌本有此一条。合刻者所记。

《索隐》本伯夷传第一，老子庄子韩非同传第二，《索隐》云：二人教迹全乖，不宜同传，先贤已有成说，今则不可依循。宜令老子、尹喜、庄周同为传，其韩非可居商君传末。

【正义本老子庄子伯夷居列传之首】

补注 此十四字亦合刻者所记。王、柯、凌本皆有。

《正义》：老子、庄子开元二十三年奉敕升为列传首，处夷、齐上。然汉武帝之时，佛教未兴，道教已设，……与法乖流。张文虎曰：乖流二字，于文义不谐。乖，疑"乘"字之讹。理居列传之首也。今依正义本。补注 "今依正义本"五字，亦合刻者所记。凌本删去之。

补注 王本依《正义》次序，以老子庄子伯夷为第一，管晏为第二，申不害韩非为第三，今改从史公旧次。案：明监本小注云：盖唐崇老教，谬取老子居列传首，而与伯夷合为一卷，甚为无谓。夫奔义激世，莫先伯夷，而老庄法意流为申韩，太史公叙述自有深意，岂宜妄为轩轾？今以伯夷传居首为一卷，次以管晏为一卷，次以老庄申韩为一卷，以复太史公之旧云。张照曰：按，处老子于伯夷之上，诚为开元时谬见，而张守节题之，良可嗤笑。明监本改依太史公之旧，是矣。但不著改之者之名，不知语出何人。〇此篇为伯夷叔齐两人立传，而独以伯夷名篇首，两人行事相同，故独取伯夷称耳。〇章学诚曰：伯夷传盖为七十列传作叙例，惜由光让国无征，而幸吴太伯、伯夷之经夫子论定，以明己之去取是非奉夫子为折衷。篇末隐扩以七十列传，窃比夫子之表幽显微。传虽以伯夷名篇,而文实兼七十篇之发凡起例。

由此例可知,《史记补注》是在《史记》相关句下加以"补注","补注"的内容多是对字词音义的注释及对史实、书名、人名、地名等的考证,还包括对各版本篇章排列顺序及三家注的异同等方面的比较。先引众家之说,其后以"胤案"的形式论定各家是非,兼下己意。

《史记补注》注意比较各本文字异同,校勘范围包括《史记》正文及"三家注",如:

《周本纪》:"纣大说,曰:'此一物足以释西伯,况其多乎!'"

《索隐》:"一物,谓婑氏之美女也。以殷纣淫昏好色,故知然。"

《补注》:"一物指诸物中之一而言。《索隐》误。殿本无'以殷纣'以下十字。"

《补注》指出各本《索隐》的异文并辨《索隐》释义之误。《补注》对于"一物"的解释来自《桃源史记抄》所引师说,《史记会注考证》亦引此说,但注明了出处。

《五帝本纪》:

"帝挚立不善,[崩]"句下注:"张文虎曰:《索隐》本无'崩'字。据注及《正义》盖后人妄增。"

"有能使治[者],皆曰:鲧可"句下注:"'者'字衍。"

"众皆于尧曰"句下注:"各本'于'上有'言'字,是脱。"

《樊郦滕灌列传》"公子止王曰:赵王田猎耳。非为寇也"句下注:"各本有《正义》云:'为,于伪反。'按:'为'宜如字读。疑是浅人旁注,后人误为《正义》,故王本独缺此注。"《补注》结合《史记》原文分析,认为此条《正义》为后人注释窜入,且明王延喆本也无此条《正义》。

《补注》在比较各本文字异同时,也纠正了和刻本《史记评林》的一些错误。如:

《殷本纪》"封[纣]比干之墓"条下《补注》:"毛本同凌本,'纣'字在下'子武庚'上,此错。"

《高祖本纪》"秦军来壁"句下《补注》："来,诸本作'夹',是误。"

《吴太伯世家》"武王克殷,求太"条下《补注》："各本此下有'伯仲雍之后得周章周章已君吴因而封之'十七字。此脱。"

此三例在明万历刻本《史记评林》中均无误,《补注》指出的均为和刻本《史记评林》的讹误。

《补注》一方面广核众本校勘《史记》文字,一方面十分注意吸收前代学者的校勘成果。如:

《五帝本纪》"宾于四门。[四门穆穆]。诸侯远方宾客皆敬"句下《补注》："段玉裁曰:四字当是浅人妄增。"

《田单列传》"求诸子立为襄王"句下《补注》："崔适曰:诸子,乃'其子'之讹。李笠曰:疑'立'下脱'法章'二字。胤案:后说似优。"引前人之说并下按断。

《淮阴侯列传》"于是信、张耳佯弃鼓旗走水上军。水上军开入之。【复疾战】"句下《补注》："刘奉世曰:三字衍。"

《汉书·韩信传》亦有"复疾战"三字。《补注》引刘奉世《汉书》注作为校勘《史记》文字的依据。泷川资言《史记会注考证》亦引刘奉世说。

《韩王信卢绾列传》"【及高祖】七年七月,太上皇崩"句下《补注》："陈仁锡曰:'及高祖'三字衍。七年,《汉书》作'十年'。胤案:殿本作'十年'。"

泷川资言《史记会注考证》亦引陈仁锡之说。其后为泷川按语："各本'十年'讹'七年',今从枫、三本。"

《补注》还注意从文意顺畅的角度,与他篇文字相比较,来判断《史记》文字的正误,如:

《殷本纪》"衣其宝玉[衣],赴火而死"句下《补注》："下'衣'字疑衍,《周纪》可征。"

此处各本均作"衣其宝玉衣,赴火而死"。《周本纪》作"蒙衣其珠玉,自燔于火而死。"池田芦洲据《周本纪》认为《殷本纪》此句中后一个"衣"字为衍文。

再如《秦始皇本纪》:

"卒有田常六卿之臣"句下《补注》:"卒通'猝'。《李斯传》'之'下有'患'字,此脱。田常夺齐,六卿灭晋。"

"今皇帝并有天下"句下《补注》:"前曰'陛下',今曰'皇帝',缺一律。《李斯传》作'陛下',可据而改。"

"皆明知而忠信,宽厚而爱人,尊贤重士"句下《补注》:"《陈胜世家》'贤'下有'而'字。视上二句有'而'字似优。《群书治要》有。"

《秦本纪》"于是秦乃发五百乘救楚。败吴师"句下《补注》:"此上失书'三十二年',吴、楚两世家、年表可睹。"

《陈涉世家》"君臣固守以窥周室"句下《补注》:"《秦纪》'以'作'而'。以下往往有文字异同,不关文义者,略而不出。"

《穰侯列传》"斩首十万"句下《补注》:"《秦本纪》'十'下有'五'字。"

《白起王翦列传》"武安君之死也,以秦昭王五十年十一月。"句下《补注》:"《秦本纪》作'十二月'。"

均为据他篇记载来校订文字。

《补注》注意指出《史记》的史料来源,通过与原书文字核对并参考旧注来校正《史记》文字。如:

《夏本纪》"禹曰:女言致可[绩]行"句下《补注》:"绩、迹通。《楚辞》王逸注云:'迹,行也'。史公盖以'行'字易'绩'字,而后人妄因《尚书》添'绩'字也。"

此段《史记》采自《尚书·皋陶谟》,《皋陶谟》原文作:禹曰:"俞,乃言底可绩。"

《周本纪》"以轻剑击之"句下《补注》:"'轻'下疑脱'吕'字。《周书》作'轻吕'。孔晁注云:剑名。"

《周本纪》"命南宫括史佚展九鼎保玉"句下《补注》:"《史记》'宝'字多作'葆'。葆、保通。《吹景集》云:《周书》"括"作"伯达",当从。《周书》'展'作'迁','保玉'作'三巫'。孔晁注:三巫,地名。按:迁于洛邑,三巫未详。"不仅与《逸周书》相校,还引用孔晁注以及明末董斯张《吹景集》来考订

《史记》文字①。

《周本纪》"故囚伯服"句下《补注》："依《左传》'伯服'上脱'游孙'二字。"

《张仪列传》"言不足以采正计"句下《补注》："此句难通。《战国策》作'言不足以求正，谋不足以决事。'疑脱缺。"《考证》之说大致相同："枫山、三条本'采'作'来'，《策》作'求'。采、求意两通。作'来'者盖字似而讹。《策》无'计'字，下有'谋不足以决事'六字。"

《补注》也常据《汉书》、《资治通鉴》等书来校订《史记》文字，如：

《高祖本纪》"则见蛟龙于其上"句下《补注》："蛟，《汉书》作'交'。盖《史记》本作'交'，后人加'虫'耳。"

《五宗世家》"于是上问寄有长子者名贤"《补注》："《汉书》'问'作'闻'，无'者'字，宜据而改。'闻'字管到'遂无言'句。"《史记会注考证》也出注："古钞本、枫山本'问'作'闻'，与《汉》传合。"

《孟尝君列传》"孟尝绝嗣无后也"句下《补注》："各本'孟尝'下脱'君'字。《通鉴》、《通志》并有。"

将《史记补注》与《史记会注考证》二者相较可发现，在处理异文时，《考证》多径改，《补注》多列各家之说，少作按断，一般只是标注各本文字的异同，不轻易改字，即便是明显的错字也很少改动。

以《五帝本纪》为例：

"黄帝者"句下《索隐》"……都轩辕之丘"。

《补注》"依单本，'都'作'居'。上有'皇甫谧云'四字"。《考证》本《索隐》直接改作"皇甫谧云居轩辕之丘"。

"少典之子"句下《索隐》"贾逵亦以《左传》……"

《补注》"单本此下有'谓然'二字"；"单本'以'作'故'。"《考证》本《索隐》直接改作"贾逵亦谓然，故《左传》……"

---

① 董斯张（1587—1628），原名嗣章，字然明，号遐周，又号借庵，明末浙江湖州诗人。

"艺五种"句下《索隐》"……《尔雅》云:莁菽,戎也"。

《补注》"张文虎曰:官本'戎'下有'菽'字,各本并脱。"《考证》本《索隐》直接改作"莁菽,戎菽也"。

《诗·大雅·生民》"蓺之荏菽"《毛传》:"荏菽,戎菽也。"此处《评林》本显然有脱字。但即便是这样明显的错字,《补注》也只是出校不改字。

"披山通道"句下《集解》"字盖当为诐"。

《补注》"张文虎曰:各本'音'字讹'为'"。《考证》本《集解》直接改作"字盖音为诐"。

"登鸡头"句下《索隐》"在肃州禄福县东南……"

《补注》"张文虎曰:'禄'、'福'二字倒。依《赵世家·正义》正"。《考证》不出校,径作"福禄县"。

"登鸡头"句下《正义》"……平阳县西百里"。

《补注》:"张文虎曰:高,讹阳。汪本改,与《元和郡县志》合"。《考证》径作"平高县"。

"而娶于西陵之女"句下

《补注》:"王念孙曰:'陵'下脱'氏'字。下作'西陵氏'。"《考证》作"而娶于西陵氏之女"并注明:"'陵'下'氏'字各本脱,依古钞本、枫山本、三条本及《御览》引《史记》补。《大戴礼·帝系篇》亦有。"

"望于山川"句下

《补注》此句下没有录《集解》,但引张文虎曰:"各本脱《集解》'徐广曰名山大川'七字。游本混在'辩于群神'下。今移补。"《考证》则直接补入此条《集解》。

《项羽本纪》"使使与连和俱西"句下

《补注》:"凌稚隆曰:一本'使'下有'欲'字。胤案:毛本及《汉书》、《通鉴》并有'欲'字,此脱。"指出此处有脱字而不作改动,《考证》直接作"使使欲与连和俱西"。

《补注》也有据他本改字的情况,但较少。如《项羽本纪》"愿为诸君快战"句下《补注》："凌本'快'作'决'，误。《汉书》亦作'快'。"直接对《评林》本文字做了改动。《考证》亦改字，并注明："快战，从毛本、庆本、《汉书》。凌本作'决战'。"

在没有版本依据的情况下，《补注》多结合上下文考订文字。如：

《秦本纪》"十三年，楚灭陈。［秦］悼公立十四年卒"句下《补注》："'秦'字衍。"

各本均有"秦"字。《补注》指出此处"秦"字衍是以上下文文例类推。

《孟尝君列传》"故贷息钱于薛"句下《补注》："各本'贷'作'出'。下文云'故贷钱于薛。'"在没有版本依据的情况下，仅根据下文"故贷钱于薛"就将此处的"出"改为"贷"。

校勘文字之外，注音释义也是《补注》的重要内容，以《秦始皇本纪》为例：

"繁法严刑，而天下振"句下《补注》："振与震通。"

"因遗册"句下《补注》："册，《汉书》作'策'，古通。"

"车同轨"句下《补注》："车轮行于地有迹谓之辙；两辙中间相去阔狭之度谓之轨。"

"五月，天下大酺"句下《补注》："《说文》云：酺，王者布德大饮酒也。履轩曰：平时群饮有禁，故有庆而后得群饮。是为酺，皆上命所赐。胤案：酺，解又见《文帝纪》。"

再如《樊郦滕灌列传》"举手视公子"句下《补注》："举手，揖也。《淮南·道应训》'子佩疏揖，北面立于殿下。'注云：'揖，举手也。'是也。又《老学庵笔记》云'古所谓揖，但举手而已。今之喏始于江左。'"举他书用例及注释来阐释《史记》文义。

《史记》的材料来源及其对他书文献的征引，一直以来都是学者关注的焦点。核对旧注中提到的《史记》引用文献的书名、篇名并核对原文，是《补注》的重要内容。如：

《伯夷列传》"其传曰……"句下《补注》："履轩曰：其传者，谓相传之言也,不必讨出处。又与列传之传稍异。胤案:《索隐》云其传,《韩诗外传》《吕氏春秋》也。今检两书,《吕氏·诚廉篇》记夷齐适周,而不与史符。《外传》卷一云'伯夷叔齐杀身以成其廉',仅有此一语耳,将今本脱缺邪?盖《索隐》亦大概言之耳。〇伯夷叔齐姓名谥等,是后世捏造者,不可皆信也。"

《补注》先引用中井积德对"传"的解释,之后通过核对《韩诗外传》、《吕氏春秋》中的相关记载指出《索隐》所言"传"指《韩诗外传》、《吕氏春秋》的说法不准确。《补注》并不全文抄录他书记载,只是提供线索并指出问题,供读者参考。

昭和八年(1933)元旦,池田芦洲写给泷川资言的信里提道:"读《史记》之时,不可专据考据家之说,文评家之说亦应多少给予重视。"既重视考证,又注重对《史记》文法及文章风格等方面的评论,是《史记补注》突出的特点。如:

《五帝本纪》"敬授民时"句下《补注》:"'时'上加'以'字看。'民时'二字不可连读。佐藤一斋曰:此节是'敬授民时'之总论,'分命'以下,是其实事。"①

《殷本纪》"阿衡欲干汤,而无由"句下《补注》:"句首添'初'字看。干,求也。无由,无因缘也。"

《伯夷列传》"示天下重器,王者大统。传天下,若斯之难也"句下《补注》:"上文'示'字管下八字,述尧舜所为之事也。'传天下若斯之难也'一句,即史公之断语也。"

《楚世家》"商臣告潘崇曰:信矣。崇曰:能事之乎?曰:不能。能亡去乎"句下《补注》:"'能亡'之上添'曰'字看。下'能行'之句,亦仿之。"

《郑世家》"缪氏去疾曰:必去缪氏。我将去之"句下《补注》:"'我'下添'亦'字看。"

《田敬仲完世家》"恐祸及己,完故奔齐"句下《补注》:"'完'字宜在

---

① 佐藤一斋(1772—1859)名担,通称舍藏,字大道,号一斋。日本江户时代著名儒学者。

'恐'字上,盖倒装法也。《陈世家》作'完俱祸及己,乃奔齐。'"

"阳生至齐,匿田乞家,请诸大夫曰"句下《补注》:"《齐世家》'请'上有'田乞'二字。文全。"

《齐悼惠王世家》"因退立,股战而栗,恐不能言者"句下《补注》:"'恐'下添'如'字看。"

《补注》对《史记》的体例及司马迁的著史思想多有评论。如:

《项羽本纪》"项籍少时"句下《补注》:"始备举姓名,后单书名略姓,史法宜然。今梁、籍必姓之,且书籍、书羽、书项王,非一律,然亦非漫然书之。恽敬云:书项王起幸之时曰籍……胤案:是或得史公之意,然以史法推之,亦不免乱道。"指出《项羽本纪》对项羽的称谓前后不一致,其中蕴含了司马迁的著史思想。

再如《高祖本纪》"八月。赵相国陈豨反代地。上曰"句下《补注》:"案上下文皆曰'高祖',此不宜独云'上',此及下三'上'之字,皆宜改。"《高祖本纪》中对不同时期的刘邦有"沛公"、"汉王"、"高祖"等称谓,其即位后多称"高祖",很少用"上"。《补注》对《史记》记事细节的关注反映了其对《史记》著述体例的关注。

《孝文本纪》卷末《补注》:"读史者但知《武纪》、《封禅书》为讥也,不知子长赞文帝汉兴四十余载,德至盛也。而孝武初即位,未有德惠及民,便修鬼神之祀。公卿草巡禅则为不仁矣。此盖子长之微意也。"认为《文帝纪》"太史公曰"盛赞文帝之德亦蕴含着对武帝的批评。

《孝武本纪》篇名下《补注》:"《太史公自序》传明作《今上本纪》,后人妄意以'孝武'二字署题,非竟太史公旧也。"在将《孝武本纪》与《封禅书》作全面文字上对比后,在篇末《补注》:"此一赞亦全录《书》之文,唯末加一'焉'字。"

对《史记》中一些疑为后人补作及涉及专门知识的篇章,《补注》的注释较少。如《扁鹊仓公列传》注释很少,特别是后半部分淳于意的医案几乎没有注释。池田芦洲以《补注》的形式对此做了说明:"淳于医案,既非史公之笔,且非有用于读史者,逐句疏解,为徒事,故今独校正字句而止。"《日者列传》、《龟策列传》等篇《补注》也较少。

作为大正以来出现的日本《史记》研究的代表作,泷川资言《史记会注考证》和池田芦洲《史记补注》既有共性也有不同,从中也可以看出江户以来日本学者《史记》研究的特点。

首先,日本学者多以《史记评林》作为其《史记》研究的起点。这与《史记评林》在日本流布广泛,影响巨大密切相关。泷川资言和池田芦洲都选择凤文馆本《史记评林》作为其文字校勘的底本,池田芦洲以明王延喆本和毛晋汲古阁《索隐》单注本对凤文馆本《史记评林》作了详细的校订。对"三家注"的整体校勘,则利用了张文虎的《校刊史记集解索隐正义札记》的成果。

泷川资言与池田芦洲在校订《史记》文本的指导思想上存在着差别。泷川重在全面收集现存《史记》的写本、刻本等资料,比较各本异同,并将此作为校订《史记》文本和进一步注释和研究《史记》的基础。池田芦洲则认为,在汉代时《史记》的文本就已遭到篡乱,所以不能仅仅依靠现存抄本、刻本来校勘,而必须要借助于其他的传世文献来校订《史记》文本,所以在核对各本异同的同时,池田芦洲更注重对其他的文献书籍的反复核查。其征引文献不仅包括五经、诸子、《汉书》、《资治通鉴》、《战国策》、《论衡》、《吕氏春秋》、《风俗通》、《韩诗外传》、《太平御览》、《竹书纪年》等经典,对《说文解字》、《玉篇》、《广韵》、《尔雅》、《康熙字典》等小学著作也多有引用,另外还参考了一些较稀见的资料,以此为依据对《史记》进行校订和疏通。池田芦洲《上熊谷先生书》中两次提到"推之以文理,参之以人情",也就是强调应该从文理、文脉的角度来校定和解读文本,这是池田芦洲做学问的立足点,在《史记补注》中也有充分体现。

池田芦洲注意用其他史书与《史记》参照,特别是《汉书》和《资治通鉴》。因池田芦洲曾在大阪近藤元粹的私塾里专门学习这两部书,对两书十分熟悉。同时这也是对自室町时代五山僧侣《史记》研究方法的继承,在《桃源史记抄》和《幻云史记抄》中即大量引用《汉书》等史书与《史记》相印证。

　　《史记补注》广采众家之说，吸收中国及日本学者的史记研究成果，其中，将清朝考证学者的成果基本囊括。对江户时代日本学者的说法，《史记补注》以吸收中井积德《史记雕题》为最多，另外采纳较多的还有斋藤拙堂、安井息轩、佐藤一斋、重野子润、皆川淇园、雨森精翁、片山兼山、冈龙洲、太田全斋、恩田慧楼、猪饲敬所、古贺侗庵、川合盘山、海保渔村等人的观点。

　　池田芦洲在《〈史记〉在我邦的价值》中强调了校订文字和句读的重要性："在支那，汉世学者注重师法，阅读经书必得从师研究句读，故此，就连马融那样的学者亦曾跟随班昭学习《汉书》句读。……我邦古代阅读古籍，同样必据师说。师传之法除了'乱脱'之外，还有'错简'、'误字'、'衍文'等等内容。"

　　池田英雄将《史记补注》对《史记》七十列传中标注断句之处做了周密细致的调查，发现八十六处断句中，与《评林》本相异的有五十七处，这些不同于《评林》的断句，有些是采用前人的观点，有的是利用了被前代学者忽略的材料，还有一些是池田芦洲的新见。

　　在日本学者的《史记》研究著作中，学者的为人、学养及文章风格等常在其注释、评论及断句中以某种的形式流露出来。池田芦洲对《史记》的断句有些地方是不据前人成说，而是按照自己对于字义、语义的理解，对《史记》文句作了点断。作为日本学者，池田芦洲的句读方法，也与其写作汉文的习惯等有密切的联系，比如说在池田芦洲的汉文文章中，四字句、六字句明显较多。所以其对《史记》的点断也有很多四字一断的地方。如对《廉颇蔺相如列传》中"怒发上冲冠"的断句："相如视秦王无意偿赵城。乃前曰。璧有瑕。请指示王。王授璧。相如因持璧却立倚柱。怒。【句】发上冲冠。"

　　与传统"怒发上冲冠"的断句不同，《补注》在"怒"后断句，池田芦洲还在《东洋文化》上发表文章对此进行详细解读，因而其观点在日本广为人知。池田英雄也对此作了进一步深入的解读："由《史记补注》著者的合理的解释，可以看出其明白的头脑。因为《刺客列传》'士皆瞋目，发尽上指冠……'与此句相同，所以把'瞋目'换成'怒'，可以说毫无可疑之处。而且，'上'字正是承接了'发'字才有意义。"①水泽利忠则认为断句为"发上冲冠",与池田芦洲对四字句的喜好有关。

《补注》表明断句意见主要有几种方式：

一是直接在相关句下点断，并以"句"、"此句"注明。如：

《殷本纪》"纣之臣祖伊。闻之而咎周。恐。句　奔告纣曰"。《评林》本作"纣之臣。祖伊。闻之而咎周。恐奔告纣曰"。《补注》在"恐"字后断句更合理。中华书局点校本与《补注》断句相同。泷川《考证》断句与《评林》相同。

《高祖本纪》"与齐王信、建成侯彭越期会而击楚军句至固陵不会　句"将《评林》未断句处进行点断。

《晋世家》"初武王与叔虞母会时。梦。句天谓武王曰。"此处各本均断句为"梦天谓武王曰"，《补注》在"梦"后断句，文义并不顺畅，这反映了池田芦洲的汉语语感及断句习惯。

《张耳陈馀列传》"外黄富人女甚美。句　嫁。句　庸奴亡其夫"。《评林》、泷川《考证》及中华书局本断句均作"外黄富人女甚美。嫁庸奴。亡其夫"。此处"庸奴"应是指外黄富人女所嫁为见识浅陋之人，《补注》断句为"庸奴亡其夫"，不可解。

《刘敬叔孙通列传》"汉七年，长乐宫成，诸侯群臣皆朝十月。句　仪先平明，谒者治理……"

与《补注》的意见相同，《评林》本也以"皆朝十月"为句。泷川《考证》断句为"诸侯群臣皆朝。十月仪"。并引冈白驹曰："诸侯群臣皆朝"句。"十月仪"句。"先平明"以下，即十月朝仪也。故先举其标题，云"十月仪"。颜师古注《汉书》以"十月"属上，非也。

汉初沿袭秦制，以十月为岁首，叔孙通修定礼仪，诸侯群臣依礼朝拜天子。中华本标点为"诸侯群臣皆朝十月。仪：先平明，谒者治理……"意义更

---

① 池田芦洲《怒发冲冠》，《东洋文化》复刊第九号，昭和三十九年（1964）。

加清晰。冈白驹及泷川以"十月仪"为句,释为"十月朝仪",意义亦通,但不如以"皆朝十月"为句意义顺畅。

二是在相关句下以"补注"的形式,结合疏通文义,对断句原因作简要说明。如:

《周本纪》"众以美物归。女而何德以堪之"句下《补注》:"'归'字句。女同汝。'而'读为'则'。下文'况而'句,覆说之也。"

《史记》此段原文作"众以美物归女,而何德以堪之? 王犹不堪,况尔之小丑乎! 小丑备物,终必亡"。是密康公的母亲劝其将美女献给共王。中华书局点校本和泷川《考证》都在"女"后断句,认为"女"同"汝","而"为第二人称代词"你"。池田芦洲则释"而"为"则",文意亦通。

《秦本纪》"丹、犁臣。蜀相壮杀蜀侯来降"句下《补注》:"方苞曰:丹、犁臣为句。言二国臣属于秦也。张守节曰:二戎号。"引《正义》和方苞之说释丹、犁为国名,纠正《评林》本断句为"丹、犁臣蜀"的错误。

《秦始皇本纪》"彗星复见西方。十六日。夏太后死"句下《补注》:"'十六日'三字属上。"此处断句各本并无差异,《补注》特别标明"'十六日'三字属上",是要阐释上下句文意上的关联。

《秦始皇本纪》"别黑白而定一尊。私学而相与非法教"句下《补注》:"旧本'尊'字属下句。今从《李斯传·索隐》注。言并封国为帝天下。"《补注》所说旧本是指《史记评林》。

《赵世家》:"今寡人恐叔之逆从政之经。以辅叔之议"句下《补注》:"此句。注家无适解。履轩云:'辅叔'之'叔',疑当作'俗'。姑从此说。"此句断句各本无异议,但对于此句的文意各家说法不一,尚无定论。《补注》在此标明断句,并引中井积德之说,表明了自己的观点。句读本身就包含其对文意的理解。

《赵世家》"使缧谒之"句下《补注》:"涣斋曰:句。'叔'字属下。注非。"《补注》所谓"注"是指《索隐》以"使缧谒之叔"为句。

此段原文是赵武灵王使王缧劝说公子成胡服,"使缧谒之叔,请服焉",

"叔"指公子成,如将"叔"字属下,"叔请服焉"的意义则是公子成主动请求胡服,与上下文义不符。《补注》引前代日本学者之说,指出《索隐》断句之非。其断句虽不准确,但反映了日本学者对文意的理解,有参考意义。

《曹相国世家》"问所以安集百姓"句下《补注》:"王念孙曰:句。"此句断句各本没有异议,只是《评林》本以"问所以安集百姓如齐故俗诸儒以百数"为一句,中间没有点断,故《补注》引王念孙说在句中加以点断。

《留侯世家》"怒曰。与老人期后。何也。去。曰。后五日早会"句下《补注》:"冈龙洲曰:一字一句。放良令去也。"《补注》采纳冈白驹之说,在"去"后断句,并将"去"解读为老人让张良离开。这些细微之处也体现出各家文本解读的特点。

《乐毅列传》"闻燕昭王以子之乱……先礼郭隗。以招贤者"。《补注》:"'闻'字管到于此。"断句兼疏通文意。

《樊郦滕灌列传》"东攻秦军于尸"句下《补注》:"梁玉绳曰:句。……各本误连'南'为句。"《史记》原文"东攻秦军于尸,南攻秦军于犨"两句对言,《评林》本断句为"东攻秦军于尸南",概因《正义》注"尸"的位置"在偃师南"致误。

《樊郦滕灌列传》"大王今日至,听小人之言与沛公有隙,臣恐天下解,心疑大王也"句下《补注》:"子润曰:《正义》'解'字句。'心'属下,非也。'解心'二字义自明。"

"解"下有《正义》"纪卖反。至此为绝句"将"解"理解为"懈",为松弛、懈怠之意。《补注》引重野葆光之说,认为此处应断句为"臣恐天下解心,疑大王也"。将"解心"理解为一个词。"解心"在典籍中确有使用,如:《庄子·在宥》:"解心释神,莫然无魂。"明王守仁《传习录》卷下:"只要解心,心明白,书自然融会。"《补注》的解释可供参考。

《张释之冯唐列传》"久之,文帝与太后言之,乃许廷尉当。是时中尉条侯……"句下《补注》:"程一枝曰:'廷尉当'句。与上文'廷尉当是也'相应。……湖本'当'字连下'是时'读,误矣。"

此处的"当"是"奏当"之意,与上文"廷尉奏当"相呼应。奏当是指审案完毕向皇帝奏闻处罪意见。《史记·平准书》"汤奏当异九卿见令不便,不入言而腹诽,论死"。《汉书·路温舒传》"上奏畏却,则锻练而周内之。盖奏当之成,虽咎繇听之,犹以为死有馀辜"都是这种用法。《评林》断句为"当是时"不当。

三是标注"句"、"此句"后,仍在句下以"补注"的形式说明。如:

《高祖本纪》"高祖还见宫阙壮句甚怒。谓萧何曰"句下《补注》:"旧本'甚'字属上,误。《汉书》云'上见其壮丽,甚怒','甚怒'二字为句。"

《补注》所谓"旧本"是指《评林》本断句为"高祖还见宫阙壮甚。怒谓萧何曰。"泷川《考证》和中华书局点校本点断与《补注》同。泷川《考证》还注明"祕阁本'壮'下有'丽'字"。

《孝景本纪》"为岁不登。禁天下食不造。此句 岁省列侯遣之国"。句下《补注》:"诸家聚讼皆未见的解。胤谓文有脱误,故不得其解也。原文盖非难解之语,故三家注无注也。今不可复考,故阙疑可也。"

《史记》此处文义难解,池田芦洲认为前代各家之所以说法不一,是因为此处有脱文,在无法确定的情况下,不如阙疑。这与梁玉绳《史记志疑》"句必有误字,当缺所疑"的观点一致。

此句《评林》本没有点断,泷川《考证》和中华书局点校本以"禁天下食不造岁"为句,意思是禁止天下出现口粮吃不到来年收获时节的情况。"造"是动词"到"的意思,《补注》断句为"禁天下食不造"意义不通顺,但其阙疑的态度可取。

《刘敬叔孙通列传》"与其弟子百余人为绵蕝野外,习之月余。"句。《补注》:"'野外'二字属上。"

《评林》本此处断句为"与其弟子百余人,为绵蕝野外习之,月余"。"为绵蕝野外"即在野外搭建演习场所演练礼仪,三家注对此已有详细阐释,"习之月余"与下文"叔孙通曰"相连,文从字顺。《补注》纠正了《评林》断句的不当。

结　语

　　日本人研究汉籍以正确解释原典为首要任务,从对字词音义的训释入手,于细微处亦推敲再三,精密有加而格局不大是日本汉学留给世人的印象。安井小太郎(1858—1938)在《篁村遗文跋》中讲:"本邦经术盛衰,与汉土同其辙,而每后于彼,或百年或二百年。……盖注疏之学盛于平安,及南北朝,洛闽说始入。至元禄、享保之际,仁斋氏、徂徕氏倡古学于东西,击排程朱,而后折衷、考证二家出,以至今日。"他认为日本汉学就是对中国学术的承续,其研究成就也没有超越中国学者。仓石武四郎也认为:"江户时代的支那学,即便只从徂徕之后的阶段看,也可以很明显地发现其为明清两代学术文艺的投影。纵使其中不乏取得独创性业绩的日本学者,但如果离开大陆学界,也不可能有这样的成就。……学术方面,在徂徕之后出现了皆川淇园和山本北山,他们摇着折衷的大旗,与清朝初期的顾炎武、阎若璩等人的主张几乎如出一辙。"[1]

　　日本的汉学家就其主流而言,非常注重汉语言能力的培养,强调在熟读

---

［1］　仓石武四郎讲述,杜轶文译《日本中国学之发展》,北京大学出版社 2013 年,第 146—147 页。

原著基础上的研究和解读。由于中日两国同属汉字文化圈,在这方面日本汉学家与欧美汉学家相比,具有优势。由于战乱等原因,中国大量书籍在流传过程中散佚,而这些在中国本土失传的书中有相当一部分在日本尚存原刻本和翻刻本,日本汉学家特别注意利用这些日本所独有的汉籍资料进行研究,这是其他国家汉学家甚至中国学者也不能企及的优势。日本学者重视资料的收集和整理,大量的目录、索引的编订及对珍贵文献资料的复制影印和刊行,为日本及世界的汉学研究提供了极大便利。日本汉学家能充分地收集相关资料对具体问题进行细致深入的研究,取得了出色的研究成果,但有时也有过分拘泥于具体问题而缺乏宏观把握的弱点。日本汉学家对汉籍校注和研究的成果也逐渐为中国学者所重视,据《宋史·日本传》记载,北宋初期,日藏汉籍及日本汉学研究成果开始回传到中国。

善于吸收外来先进文化,是日本民族长期以来形成的特质。日本对汉文化的接受已有一千七百多年的历史,其间在接收观念、接收方法上又经历了几次演绎和变化。日本学者接受汉籍过程中所呈现的相关特征不仅为我们研究中国古代典籍的海外流播提供了某种研究思路和探究窗口,同时也可为我们审视自身的研究观念和研究方法提供借鉴。

在汉籍文本上作批注并过录前代批注是日本学者研读经典时的传统。所谓过录,实际上是一种汇集、筛选和疏通,是在前人注释的基础上,以自己的学识将其融会贯通,将此前较分散的注释作选择性的汇集,进而形成更为周全和细密的注释评点体系。受《史记评林》及清代学者评点风气的影响,日本学者在分析《史记》文学特色时,也采用过录诸家评点的方法,同时经过自己的思考、选择和深入阐发,对文章的脉络、提顿、关锁等加以评点,体味和揭示文章的精彩华妙之处,最后形成一家之言。

从《史记》研究的角度来看,中日两国学者都重视阐发《史记》的具体价值,但在关注点上又存在差异。总体来讲,中国学者重在研究《史记》的史学、文学价值并进行宏观理论的探讨;日本学者不仅评论《史记》各方面的价值,还看重对其所含各种经验的吸收,重视具体、典型、实用、细致的研究。

在《史记》文字音义、史实典制的考订以及《史记》专篇研究等方面取得了很多成果。如日本对《扁鹊仓公列传》的重视远远超过中国,此传成为日本医学界人士的必修之书,日本学者对此传进行了详细的批点和注释。此外,日本学者对《史记》有关天文、历法方面的篇章也进行了深入细致的研究。而由于文化背景的不同,日本学者对司马迁的思想,《史记》的体例及文章风格,以及对《史记》中所记述的人物的评价等方面都有着与中国学者迥然不同的看法。

由于中日文化的相通及差异,《史记》在日本具有独特的价值。中日两国学者对《史记》的研究既有共性,也有各自不同的角度和研究方法。在《史记》传入日本的一千多年间,特别是江户时代以来,日本学者的《史记》研究成果在不断增加并取得了多方面的成就,在一些方面甚至超过了中国学者。关注日本学者的《史记》研究成果和方法,探究日本《史记》学形成和发展的脉络,比较中日《史记》学的差异及相互影响,对《史记》研究领域的拓宽以及促进中日两国文化交流的进一步深入开展都具有重要意义。

附录一^①

《史记补注引用姓氏并书目》

禹域

前汉

贾谊《新书》;孔安国《尚书孔氏传》;戴德《大戴礼》;扬雄《扬子法言》;桓宽《盐铁论》;孔鲋《孔丛子》;董仲舒《春秋繁露》;刘安《淮南子》;韩婴《韩诗外传》;桑钦《水经注》;毛苌《毛传》;刘向《说苑》、《新序》、《别录》;刘歆《西京杂记》

后汉

袁康《越绝书》;王符《潜夫论》;许慎《说文解字》;郑玄《毛诗笺》、《尚书大传注》;张煜《吴越春秋》;马融《尚书注》;刘熙《释名》;王逸《楚辞章句》;应劭《风俗通义》;高诱《淮南鸿烈解注》;荀悦《汉纪》;赵岐《赵注孟子》;服虔《春秋左氏传解谊》;阙名《诗纬推度灾》;王充《论衡》;何休《春秋公羊经

① 《史记补注引用姓氏并书目》,〔日〕池田芦洲《史记补注》上册,日本明德出版社出版社昭和四十七年(1972),第545—554页。

传解诂》;蔡邕《独断》;宋忠《世本注》;班固《汉书》、《白虎通义》;李斐;阙名《三辅黄图》

三国

韦昭《国语定本》;何晏《论语集解》;如淳《汉书注》;王肃《孔子家语》;虞翻《易经注》;孙炎《尔雅孙子注》、《尔雅孙子音》;王弼《老子注》、《易经注》;张揖《广雅》;张晏;邓展《汉书注》;缪卜等《皇览》

晋

郭璞《尔雅注》;杜预《春秋左传集解》;张华《博物志》;皇甫谧《列女传》、《帝王世纪》;瓒;晋灼;郭象《庄子郭象注》

南北朝

皇侃《礼记皇氏义疏》;顾野王《玉篇》;裴骃《裴骃集解史记》

隋

刘炫

唐

颜师古《汉书注》、《匡谬正俗》;孔颖达《春秋左氏传正义》;司马贞《史记索隐》;丘光庭《兼明书》;虞世南《北堂书钞》;徐坚《初学记》;魏征《群书治要》;吴仁杰《西汉刊误补遗》;徐彦《公羊传何氏解诂疏》;张守节《史记正义》;杨倞《荀子全书杨倞注》;刘伯庄《史记音解》;吕延济《六家文选》;杜佑《杜氏通典》;李善《李善注文选》;陆玑《毛诗草木鸟兽虫鱼疏》;房乔《晋书》;刘知几《史通》;陆元朗《经典释文》

宋

王安石《王临川集》;王观国《学林》;倪思《班马异同评》;洪迈《容斋随笔》;朱熹《朱子遗书》、《朱子语类大全》;史绳祖《学斋呫哔》;徐铉;苏辙《古史》;晁公武《郡斋读书志》;程颢《二程全书》;丁度《集韵》;王炎;王楙《野客丛书》;洪兴祖《楚辞补注》;吴师道《战国策校注》;朱子文;司马光《资治通鉴》、《通鉴目录》;苏洵《苏老泉先生全集》;宋祁《新唐书》;陈尧叟;程大昌《考古编》;范晔《后汉书》(此处池田芦洲误把范晔当作宋代人);王应麟《困学纪闻》;邢昺《尔雅疏》;黄震《黄氏日钞》;蔡沈《书经集传》;朱翼《猗觉寮杂记》;叶梦得《避暑录话》;苏轼《东坡书传》;宋白;程颐《二程全书》;郑樵《通志》;费衮《梁溪漫志》;鲍彪《鲍氏战国策注》;刘敞《三刘刊误》;刘辰翁《班马异同评》;林駉;陈椭;毛晃《增注礼部韵略》;刘奉世《三刘刊误》;吕祖谦《大事记》;林尧叟《春秋左氏传句解》;李昉;刘攽《三刘刊误》;吕忱;林之奇《尚书全解》

金

王若虚《史记辨惑》、《滹南遗老集》

元

金履祥《论语集注考证》、《孟子集注考证》;陈澔《礼记集说》;马端临《文献通考》;胡三省《资治通鉴》、《通鉴考异音注》;陈师凯《尚书蔡传旁通》;白珽《湛渊静语》;吴澄;陈栎;熊忠《古今韵会举要》

明

王韦;王鏊《震泽长语》;郝敬《批点史记琐琐》、《史记愚案》;魏校《六书精蕴》;王维祯《史记注》;柯维骐《史记考要》;许应元;吴崇节《史记要评》;王九思;何孟春《余冬叙录》;归有光《史记评点》;谢肇淛《文海披沙》;焦竑《焦氏笔乘》;张自烈《正字通》;陈士元《诸史夷语解义》;陈文烛;程一枝《史诠》;董份;方以智《通雅》;杨慎《丹铅总录》;陆粲;凌曰言;徐中兴《徐天目集》;陈沂;陈子龙《史记测义》;陈仁锡《史记考》;田汝成《田叔禾稿》;屠隆;方孝孺《逊志斋集》;余有丁《史记注》依《史记评林》所引;陆深《陆俨山集》;吕调阳《史表号名通释》;张之象;陈继儒《太平清话》(眉公雅著内);陈霆《两山墨谈》;徐孚远《史记测议》;唐顺之《荆川集》;傅逊《春秋注解辨误》;茅坤《史记钞》;李光缙《史记评林增补》;凌稚隆《史记评林》、《史记纂》;顾炎武《日知录》、《左传杜解补正》

清

恽敬《大云山房杂记》;王引之《经传释词》、《经义述闻》;王先慎《韩非子集解》;王鸣盛《十七史商榷》、《尚书后案》;汪中《述学》;阎若璩《四书释地》；王启原；王念孙《读史记杂志》；汪越《读史记十表》；何若瑶《两汉书注考证》；袁枚《随园随笔》；王先谦《汉书补注》、《尚书孔传参正》；王懋竑《白田山房杂考》；汪远孙《国语校注本五种》；何焯《读史记》；乔松年《萝摩亭札记》；姜宸英《湛园札记》；桂馥《晚学斋随笔》、《札朴》；孔广森《大戴礼记补注》；黄式三《周季编略》；洪颐煊《史记考异》；康熙帝；吴英；吴乘权；崔适《史记探源》；朱一新；朱骏声《说文通训定声》；周广业；邵泰衢《史记疑问》；沈家本《史记汉书琐言》；沈德潜《唐宋八家文》；魏源《书古微》；瞿方梅《史记三家注补正》；张玉书等《康熙字典》；江永；黄生《字诂》、《义府》；洪亮吉《四史发伏》；高士奇；吴见思《史记论文》；吴汝纶《点勘史记读本》附《各家评语》；吴昌莹《经词衍释》；朱亦栋《群书札记》、《十三经札记》；朱彬《经传考证》；周寿昌《汉书注补正》；蒋廷锡；沈钦韩《汉书疏证》；沈豫《蛾术堂集》；牛运震《空山堂史记评注》；惠栋《九曜斋笔记》；顾广圻《韩非子识误》；江声《尚书集注音疏》；黄丕烈；杭世骏《史记考证》；吴裕垂《史案》；左暄《三余偶笔》、《三余续笔》；崔述《洙泗考信录》；朱彝尊；朱鹤龄；朱琦；章学诚；焦循《焦氏遗书》；沈涛《汉书疏证》；徐灏《说文段注笺》；齐召南《水道提纲》；钱大昕《二十二史考异》；全祖望《经史问答》；曹之升；孙经世《经传释词补》、《经传释词再补》；臧琳《经义杂记》；朱一新《无邪堂答问》；张熷《读史举正》；陈奂；陈寿祺《左海全集》；荻子奇《孔子编年》；邓廷桢《双砚斋笔记》；马骕《绎史》；冯李骅《左绣》；毛奇龄《西河文集》；姚鼐《惜抱轩笔记》；成孺《史汉骈枝》；钱大昭《汉书辨疑》；苏舆；宋翔凤《小尔雅训纂》；孙志祖《孔子家语疏证》；戴震《东原文集》；张洲；张文虎《覆瓿集》《校刊史记集解索隐正义札记》；陈乔枞《今文尚书经说考》；陈澧《汉儒通义》；董说；德龄；毕沅《老子道德经考异》；浦起龙《史通通释》；俞樾《湖楼笔谈》；姚范《援堂笔记》；钱泰吉《甘泉乡人稿》、《曝书杂记》；钱佽（钱大昕之子）；曾国藩《求阙斋读书录》；孙诒让《述林》；孙星衍《问字堂》《岱南阁》诸集；段玉裁《说文解字注》；张照《史记考证》；赵翼《二十二史劄记》；《陔余丛考》；陈景云；翟灏《通俗编》；黄增龄；马国翰《玉函山房辑佚书》；冯班；方苞《史记注补正》；

俞正燮《癸巳存稿》、《癸巳类稿》；杨琪光《史汉求是》；李锴《尚史》；李述来《读通鉴纲目条记》；梁玉绳《史记志疑》；林伯桐《史记蠡测》；陆可彦《钟伯敬本史记删定》；李铠《读书杂述》；李晚芳《读史管见》；李云铭；卢文弨《钟山札记》；李慈铭《越缦堂读史札记》、《越缦堂日记》；刘淇《助字辨略》；林春溥《竹柏山房家刻十三种》；程余庆《史记集说》

民国

李笠《史记订补》；李春莽《西周史征》；金正炜《战国策补释》；顾实；皮锡瑞《今文尚书考证》

日本

青木涣斋《史记赵世家解》；安藤惟寅（尾州医官）、安藤正路（惟寅之子）《扁鹊仓公列传割解》；池永渊（字子果，号碧于亭，称源藏，纪伊人）《史记律历书解》；伊藤馨（字子德，号凤山，称乡太郎，出羽人）；恩田维周（字仲任，号蕙楼）《史记考》；太田元贞（字公韩，号锦城，加贺人）；雨森谦（字君恭，号精翁、精斋，出云人）《标纂十八史略校本》；岩垣松苗（字长等，号东园，称大舍人助，京师人）；猪饲彦博（字文卿，号敬所，称三郎右卫门，近江人）《太史公律历天官三书管窥》；石川安贞（字顺天，号香山，称贞一郎，尾张人）《校刻读书正误》；宇野霞亭；太田方（字叔龟，号全斋，称八郎）《韩非子翼毳》；冈白驹（号千里，字龙洲，称大仲，播磨人）《史记觿》；冈井彪（号文皮，赞岐人）；海保元备（字纯卿，号渔村，称章之助。上总人）《扁鹊仓公续考》；川合孝太郎（旧姓田口氏，号盘山。伯耆人）；古贺煜（字季晔，号侗庵、蝼屈，肥前人，精里第三子）《左氏采赜》、《史记匡谬》稿本；佐藤坦（字大道，号一斋、爱曰楼，称几久藏。江户人）《尚书》栏外书；释大典（俗姓今堀，俗名大次郎，名显常，字梅庄，号大典、蕉中、东湖）；关修龄（字君长，号松窗，称永二郎。武藏人）《战国策高注补正》；中茎谦（字皖斋）《扁鹊传正解》附《阴阳论》；津阪孝绰（字君裕，号东阳，称常之进。伊势人）《荟蕞录》；中井积德（字处叔，号履轩，称德三。大阪人）《史记雕题》；丹羽元简（字安叔，号茝亭。男元胤、元坚,字廉夫,号桂山)《扁鹊仓公传汇考》;藤泽恒(字君成,号南岳,赞岐人)校订训点《史记评林》;增岛固(字孟巩,号兰园,称金之丞,江户人)《读左笔记》;三岛毅(字远叔,号中洲,伊豫人)《史记论赞段解》;横田维孝(字顺藏,号干山。江户人)《战国策正解》;龟井昱(字符凤,号昭阳,称昱太郎,筑前人)《国语考》;片山世璠(字叔瑟,号兼山,称东造,上野人);菊地武矩(字周夫,号高洲,称助三郎,赞岐人)《史记文诀》(伯夷传);斋藤正谦(字有终,号拙堂,铁研道人,称德藏,伊势人)《史记标记》;重野葆光(字子润,号栎轩。摄津人)《史记节解》;铃木汪(号一鸣,称主马,羽后人)《史记世家考》;清田绚(字君锦,号儋叟,称文平,播磨人)《史记律》;太宰纯(字德夫,号春台、紫芝园,称弥左卫门,信浓人)《紫芝园漫笔》;角田简(字大可,号九华山房,称才次郎,大阪人)《孔子履历考》;中村明远(字子晦,号兰林、盈进斋,称深藏,江户人)《盈进斋随笔·学山录》;尾藤孝肇(字志尹,号二洲,称良佐,伊豫人)《静寄余笔》;秦鼎(字子铉,号苍浪,称嘉奈卫,美浓人)《国语定本》;蒲阪圆(字行方,号青庄、修文斋,称松泽金三郎,江户人);皆川愿(字伯恭,号淇园,称文藏,京师人)《迁史庋柁》;安井衡(字仲平,号息轩,日向人)《左传辑释》。

附录二①

《史记考证引用书目举要》

《索隐》、《正义》以后,宋王应麟、洪迈,明柯维骐、陈仁锡、徐孚远、顾炎武,清方苞、王鸣盛、赵翼、钱大昕、梁玉绳、王念孙、沈家本、钱泰吉、张文虎、李笠各有著作,订补渐精。在我邦,中井积德甄采尤详,发明甚多。其余可资于参考者数百种。今揭其要。

日本:

恩田仲任,称新治,号蕙楼,尾张人。《史记考》

村尾元融《读史记稿本》

冈白驹,字千里,号龙洲,播磨人,居京都。《史记觿》

皆川愿,字伯恭,号淇园,京都人。《史记戾柁》

中井积德,字处叔,称德三,号履轩,大阪人。《史记左传雕题》

近藤守重,号正斋,称重藏,江户人。《右文故事》、《正斋书籍考》

---

① 《史记考证引用书目举要》,〔日〕泷川资言《史记会注考证》,上海古籍出版社 2015 年,第 4447—4455 页。

龟井昱，字元凤，号昭阳，称昱太郎，福冈人。《左传缵考》、《国语考》

猪饲彦博，字文卿，号敬所，京都人。《史记三书管窥》

古贺煜，字季晔，称小太郎。江湖人。《史记匡缪稿本》

安藤惟寅，尾张人。《扁鹊仓公传割解》

多纪元坚，字廉夫，号桂山，江户人。元简，字安叔，号茝亭。《扁鹊仓公传补注》

僧瑞仙，号桃源。《桃源史记抄》

僧寿桂，号幻云。《幻云史记抄》

编者未详《博士家本史记异字》。又题曰《天朝传本史记说》、《天朝传本史记异文》。引枫山本、三条本、中彭本、南化本、中韩本以校今本。其曰枫山本者，文章生京房所手校。三条本，永正中三条西实隆手写。南化本，僧南化所藏。中彭本，盖彭寅翁本。中韩本，盖朝鲜刊本。天保十三年，松崎明复赠林大学头书云："去今二十七年前，加贺藩有校勘二十一史之议，使藩儒大岛忠藏当其事，遍校各本，遂请及枫山文库本。"此书盖忠藏手录。

冈本保孝，称缝殿介，号况斋，江户人。《史记传本考》

安井朝衡，字仲平，号息轩，日向人，居江户。《左传辑释》、《论语集说》

竹添光鸿，字渐卿，称进一郎，号井井。天草人，居东京。《左氏会笺》

新城新藏，福岛人，居京都。《东洋天文学史研究》

禹域

唐刘知几，字子玄，彭城人。《史通》

洪迈，字景庐，号容斋，鄱阳人。《容斋五笔》

王观国，长沙人。《学林》

吴仁杰，字斗南，昆山人。《两汉刊误补遗》

郑樵，字渔仲，号夹漈，莆田人。《通志》

倪思，字正甫，归安人。《班马异同》

娄机，字彦发，嘉兴人。《班马字类》

王应麟，字伯厚，祥符人。《困学纪闻》、《艺文志考证》、《通鉴地理通释》、《玉海》

金王若虚，字从之，藁城人。《滹南遗老集》

元马端临，字贵舆，乐平人。《文献通考》

胡三省，字身之，天台人。《资治通鉴注》

明杨慎，字用修，号升庵，新都人。《丹铅总录》

柯维骐，字奇纯，莆田人。《史记考要》依《评林》所引

程一枝，字仲木，号巢父，休宁人。《史诠》依《志疑》所引，与陈氏《史记考》略同。

凌稚隆，字以栋，吴兴人。《史记评林》

胡应麟，字元瑞，兰溪人。《少室山房笔丛》

焦竑，字弱侯，江宁人。《焦氏笔乘》

陈子龙，字卧子。徐孚远，字闇公，华亭人。《史记测议》

陈仁锡，字明卿。《史记考》与《史诠》略同。

顾炎武，字宁人，号亭林，昆山人。《日知录》

清高宗，乾隆皇帝。《御批通鉴辑览》

马骕，字宛斯，邹平人。《绎史》

全祖望，字绍衣，号谢山，鄞县人。《经史问答》

方苞，字灵皋，号望溪，桐城人。《史记注补正》，《望溪文集》

何焯，字屺瞻，号义门，长洲人。《义门读书记》

顾祖禹，字景范，号宛溪，昆山人。《读史方舆纪要》

顾栋高，字震范，又复初，无锡人。《春秋大事表》

汪越，字师退，春谷人。《读史记十表》

王懋竑，字予中，号白田，宝应人。《白田山房杂著》

王鸣盛，字凤喈，号西庄，嘉定人。《十七史商榷》

查慎行，字悔余，号初白，海宁人。《得树楼杂钞》

张照，字得天，华亭人。《馆本史记考证》

杭世骏,字太宗,号堇浦,仁和人。《史记考证》

赵一清,字诚夫,仁和人。《水经注释》

沈涛,字西雍,嘉兴人。《铜熨斗轩随笔》

钱大昕,字晓徵,号辛楣,一号竹汀,嘉(兴)［定］人。《廿二史考异》、《三史拾遗》、《十驾斋养新录》

钱大昭,大昕弟,字晦之,号竹庐。《汉书辨疑》

王元启,字惺斋,嘉兴人。《三书正讹》《月表正讹》

崔述,字武承,号东壁,大名人。《补上古唐虞夏商丰镐洙泗考信录》、《孟子事实录》

梁玉绳,字曜北,钱塘人。《史记志疑》、《瞥记》

洪颐煊,字筠轩,临海人。《读书丛录》

王昶,字德甫,号述菴,一字兰皋,松江人。《金石萃编》

洪亮吉,字稚存,号北江,阳湖人。《四史发伏》

桂馥,字未谷,曲阜人。《晚学集》、《札朴》

姚范,字南青,号薑坞,桐城人。《援鹑堂笔记》

姚鼐,字姬传,范姪,桐城人。《惜抱轩笔记》

汪中,字容甫,江都人。《述学》

卢文弨,字绍弓,号抱经堂,杭州人。《龙城札记》、《钟山札记》

孙星衍,字渊如,阳湖人。《问字堂》、《岱南阁》诸集

戴震,字慎终,号东原,休宁人。《东原文集》

王念孙,字怀祖,高邮人。《读书杂志》

恽敬,字子居,阳湖人。《大云山房文集》

章宗源,字逢之,会稽人。《隋书经籍志考证》

沈钦韩,字文起,号小宛,吴县人。《汉书疏证》

林春溥,字鑑塘,号三山居士,闽中人。《竹柏山房十五种》

包世臣,字慎伯,泾人。《艺舟双楫》

俞正燮,字理初,黟人。《癸巳存稿》、《类稿》

黄式三,字薇香,号儆居,定海人。《周季编年》、《儆居集》

黄以周,式三子,字儆季,定海人。《儆季杂著》

沈家本,字子淳,号枕碧楼,归安人。《史记汉书琐言》、《刑法总考》、《分考》、《赦考》

吴裕垂,字以燕,泾县人。《史案》

吴熙载,字让之,仪征人。《资治通鉴地理今释》

李兆洛,字申耆,武进人。《历代地理韵编》

张惕愉,仪征人。《史记功比说》

成孺,宝应人。《史汉骈枝》

丁晏,字俭卿,山阳人。《史记毛本正讹》

曾国藩,字伯涵,号涤笙,湘乡人。《求阙斋读书录》

俞鸿渐,号印雪轩,德清人。《印雪轩文钞》

俞樾,字荫甫,号曲园,德清人。《湖海笔谈》

徐鸿钧,字圭盦,吴县人。《读汉书日记》

崔适,字甫,归安人。《史记探源》

李笠,瑞安人。《史记订补》

梁启超,字任公,新会人。《史传今义》

附录三^①

《史记评林姓氏》

晋

葛洪,字容父,东阳人。

南北朝

沈约,字休文,吴兴人;刘勰,东莞人;李萧远。

唐

韩愈,字退之,南阳人;白居易,字乐天,华洲人;柳宗元,字子厚,河东人;权德与,字载之,洛阳人;李德裕,字文饶,赞皇人;高参,南阳人;元稹,字微之,河南人;陈越石;皮日休,字袭美,襄阳人;李观,字元宾,赵州人;李翱;刘知几,字子玄,彭城人。

宋

王禹偁,字元之,巨野人;欧阳修,字永叔,庐陵人;范仲淹,字希文,姑苏

① 《史记评林姓氏》,《史记评林引用书目》(明)凌稚隆辑校,李光缙增补《史记评林》,天津古籍出版社1998年,第127—144页。

人;孙复,字明复,平阳人;司马光,字君实,夏县人;刘敞,字原父,新喻人;苏洵,字明允,眉山人;王安石,字介甫,临川人;林之奇,字少颖,侯官人;刘攽,字贡父,新喻人;苏轼,字子瞻,眉山人;苏辙,字子由,眉山人;秦观,字少游,高邮人;鲍彪,缙云人;晁无咎;刘子翚,字彦中,崇安人;郑樵,字渔仲,莆田人;倪思,字正甫,归安人;罗大经,字景纶,庐陵人;陈傅良,字君举,瑞安人;朱翯;舒雅,字坚甫,庐州人;刘辰翁,庐陵人;吕本中,字居仁,河南人;费衮,无锡人;吕祖谦,字伯恭,金华人;吴师道,东阳人;杨时,字中立,将乐人;李塗,字性学;胡一桂,字庭芳,婺源人;朱翌;蔡沈,字仲默,建阳人;陈仁子;黄震,字东发,慈溪人;洪迈,字景庐,鄱阳人;真德秀,字景元,蒲城人;楼昉,鄞县人;张耒,字文潜,淮阴人;宋无,字子虚;王应麟,字伯厚,庆元人;唐庚,字子西,丹陵人;陈棽,字子棽,奉化人;黄履翁,字吉父,三山人;谢枋得,字君直,弋阳人;林骃,字德颂;陈祥道。

元

金履祥,兰溪人;吴澄,字幻清,荣仁人。

国朝

朱濂,字景濂,浦江人;王祎,字子克,义乌人;方孝孺,字希直,宁海人;杨维祯,字廉夫,会稽人;胡广,字光大,吉水人;王直,字行俭,泰和人;杨士奇,字以行,泰和人;胡俨,字若思,南昌人;王懋,字敬勉,钱塘人;夏寅,字正夫,华亭人;周洪谟,字尧佐,长宁人;杨守陈,字维新,鄞县人;王鏊,字济之,吴县人;吴宽,字原博,长洲人;谢铎,字鸣治,太平人;丘濬,字仲深,琼山人;程敏政,字克勤,休宁人;邵宝,字国贤,无锡人;钱福,字与谦,华亭人;李应祯,字祯伯,长洲人;李东阳,字宾之,茶陵人;陆釴,字鼎仪,昆山人;杨循吉,字君谦,吴县人;吴柟,字仲木,高陵人;李梦阳,字献吉,庆阳人;何孟春,字子元,郴州人;王九思,字敬夫,鄠杜人;王守仁,字伯安,余姚人;康海,字德涵,武功人;何景明,字仲默,信阳人;董圯,字文玉,会稽人;崔铣,字子锺,安阳人;陆深,字子渊,上海人;张邦奇,字常甫,鄞县人;徐祯卿,字昌谷,太仓人;王韦,字钦佩,江浦人;邵锐,字思抑,仁和人;胡缵宗,字孝思,泰安人;杨

慎,字用修,新都人;邹守益,字谦之,安福人;霍韬,字渭先,南海人;王廷陈,
字雅钦,南岗人;陈霆,字声伯,德清人;陈沂,字睿南,鄞县人;许相卿,字台
仲,海宁人;廖道南,字鸣吾,蒲圻人;黄佐,字才伯,香山人;马汝骥,字仲房,
绥德人;顾璘,字华王,吴县人;朱应登,字升之,宝应人;邵经邦,字仲德,仁
和人;林希元,字茂贞,同安人;敖英,字子发,清江人;陆粲,字子余,长洲人;
田汝成,字叔禾,钱塘人;袁表,字永之,吴县人;罗洪先,字达夫,吉水人;唐
顺之,字应德,武进人;许应元,字子春,钱塘人;黄省曾,字勉之,吴县人;柯
维骐,字奇纯,莆田人;王慎中,字道思,晋江人;王维桢,字允宁,华州人;闵
如霖,字师望,乌程人;凌约言,字季默,乌程人;茅瓒,字邦献,钱塘人;董份,
字用均,乌程人;高仪,字子象,仁和人;蔡汝楠,字子木,德清人;汪道昆,字
伯玉,歙县人;茅坤,字顺甫,归安人;余有丁,字丙仲,鄞县人;薛应旂,字仲
常,武进人;张之象,字玄超,华亭人;王世贞,字元美,太仓人;归有光,字熙
甫,昆山人;何良俊,字玄朗,华亭人;宗臣,字子相,兴化人;吴鼎,钱塘人;尤
瑛,字汝白,无锡人;高岱,字伯宗,京山人;叶盛,字与中,昆山人;李攀龙,字
于鳞,济南人;陈文烛,字伯玉,沔阳人;刘凤,字子威,长州人。

以上诸名家字里无考者阙,犹有不及载姓氏者,以所评仅得一二节,故
不敢节录于此云。

增补:

吴国伦,字明卿,武昌人;徐中行,字子与,长兴人;黄洪宪,字懋忠,嘉兴
人;卢舜治,字恭甫,乌程人;屠隆,字长卿,东海人;袁黄,字仪卿,嘉兴人;李
廷机,字尔张,晋江人;焦竑,字弱侯,北海人;陈懿典,字孟常,秀水人。

《史记评林引用书目》

史评

《史记题评》杨慎;《史记考要》柯维骐;《史记选要》唐顺之;《监本史记》
余有丁;王守溪《史记评抄》鏊;陈石亭《史记评抄》沂;何燕泉《史记评抄》孟
春;王钦佩《史记评抄》韦;茅见沧《史记评抄》瓒;董浔阳《史记评抄》份;凌

藻泉《史记评抄》约言；王槐野史《史记评抄》维桢；茅鹿门《史记评抄》坤；张王屋《史记发微抄》之象；王遵岩《史记评抄》慎中；《史要》卫飒；《史通》刘知几；《古史》苏辙；《十七史详节》吕祖谦；《史汉异同》倪思；《史钺》杨维桢；《史义拾遗》杨维桢；《世史正纲》丘濬；《日格子学史》邵宝；《史纲辨疑》；《三史文类》；《文翰大成》；《文苑英华》；《文章辨体》；《文章正宗》；《文编》；《褉编抄》；《崇古文诀》；《文章精义》；《文髓》；《古文类抄》；《文章关键》；《绝妙古今》；《唐文粹》；《唐宋名贤确》；《韩昌黎集》愈；《柳柳州集》宗元；《欧阳文忠公集》修；《白乐天集》居易；《皮日休集》；《宋文鉴》；《苏老泉集》洵；《王临川集》安石；《苏文忠公集》轼；《栾城集》苏辙；《西京褉记》葛洪；《张文潜集》耒；《秦淮海集》观；《刘屏山集》子翚；《吕东莱读书褉记》祖谦；《黄氏日抄》震；《鹤林玉露》罗大经；《容斋随笔》洪迈；《宋景文公笔记》祁；《困学纪闻》王应麟；《梁溪漫志》费衮；《皇明文衡》；《皇明文范》；《皇明文则》；《宋潜溪集》濂；《逊志斋集》方孝孺；《野客丛书》王楙；《震泽长语》王鏊；《吴匏菴集》宽；《程篁墩集》敏政；《何大复集》景明；《李空同集》梦阳；《董中峰集》玘；《邹东廓集》守益；《怀麓堂稿》李东阳；《康对山集》海；《王文成公全书》守仁；《朱凌溪集》应登；《陆俨山集》深；《罗念菴集》洪先；《黄五岳集》省曾；《王氏存笥稿》维桢；《副墨》汪道昆；《玩芳堂稿》王慎中；《许茗山集》应元；《宗子相集》臣；《田叔禾稿》汝成；《归震川集》有光。

史按

《尚书》；《礼记》；《左传》；《谷梁传》；《公羊传》；《国语》；《战国策》；《晏子春秋》；《吴越春秋》；《吕氏春秋》；《尔雅》；《世本》；《孔子家语》；《老子》；《庄子》；《列子》；《淮南子》；《荀子》；《抱朴子》；《孔丛子》；《大事记》；《越绝书》；《前汉书》；《汉纪》；《论衡》；《说苑》；《新序》；《白虎通》；《风俗通》；《盐铁论》；《帝王世纪》；《竹书纪年》；《山海经》；《列士传》；《列女传》；《古史考》；《通志书》；《文献通考》；《朱子纲目》；杜氏《通典》；刘氏《外纪》；《博物志》；许氏《说文》；《两汉精华》；《一统志》；《地理志》；《通鉴纂要》；《人代

纪要》;《两汉博闻》;《丹铅总续余闰四录》;《芥隐笔记》;《摄山记》;《襍事篇》。

右史评书目先列《史记》诸书,名家诸抄,次及文翰大成而下,以所重在评史者,书之先后弗计也。

增补

王凤洲《四部稿》;《李沧溟集》;《焦氏类林》;《焦氏笔乘》。

参考文献

（汉）司马迁撰,（宋）裴骃集解,（唐）司马贞索隐、张守节正义《史记》,中华书局 1982 年版;2013 年修订版。

（汉）孔安国传,（唐）孔颖达正义《尚书正义》,中华书局 1980 年。

（汉）毛亨传、郑玄笺,（唐）孔颖达等正义《毛诗正义》,中华书局 1980 年。

（汉）刘向编,高诱注《战国策》,《丛书集成初编》本,商务印书馆 1937 年。

（汉）郑玄注,（唐）孔颖达等正义《礼记正义》,中华书局 1980 年。

（汉）班固撰,（唐）颜师古注《汉书》,中华书局 1962 年。

（汉）荀悦《汉纪》,台湾商务印书馆 1973 年。

（汉）王充《论衡》,上海人民出版社 1974 年。

（汉）何休注,（唐）徐彦疏《春秋公羊传注疏》,中华书局 1980 年。

（魏）王弼、韩康伯注,（唐）孔颖达等正义《周易正义》,中华书局 1980 年。

（吴）韦昭注《国语（附校刊札记）》,《丛书集成初编》本,商务印书馆 1937 年。

（晋）陈寿撰,（宋）裴松之注《三国志》,中华书局 1959 年。

（晋）杜预《春秋经传集解》,上海古籍出版社 1988 年。

（南朝宋）范晔撰,（唐）李贤等注《后汉书》,中华书局 1965 年。

（梁）萧统编,（唐）李善注《文选》,中华书局 1977 年。

（唐）房玄龄等撰《晋书》,中华书局 1974 年。

（唐）李冗《独异志》,《丛书集成初编》本,商务印书馆 1937 年。

（唐）瞿昙悉达撰,常秉义点校《开元占经》,中央编译出版社 2006 年。

（唐）魏征等撰《隋书》,中华书局 1973 年。

（唐）刘知几撰,（清）浦起龙释《史通通释》,上海古籍出版社 1978 年。

（后晋）刘昫等撰《旧唐书》,中华书局 1975 年。

（金）王若虚《滹南遗老集》,《丛书集成初编》本,商务印书馆 1935 年。

（宋）苏轼《东坡志林》,《丛书集成初编》本,商务印书馆 1939 年。

（宋）洪迈著,孔凡礼点校《容斋随笔》,中华书局 2005 年。

（宋）郑樵《通志》,中华书局 1987 年。

（宋）罗泌《路史》,中华书局 1912 年。

（宋）程大昌著,黄永年点校《雍录》,中华书局 2002 年。

（宋）程大昌《演繁露》,《丛书集成初编》本,中华书局 1991 年。

（宋）蔡元定《律吕新书》,海南出版社 2000 年。

（宋）陆游撰,李剑雄、刘德权点校《老学庵笔记》,中华书局 1979 年。

（元）马端临《文献通考》,浙江古籍出版社 2000 年。

（元）脱脱等撰《宋史》,中华书局 1977 年。

（明）凌稚隆辑校,李光缙增补《史记评林》,天津古籍出版社 1998 年。

（明）焦竑《焦氏笔乘·正续》,《丛书集成初编》本,商务印书馆 1935 年。

（明）王世贞撰,罗仲鼎校注《艺苑卮言校注》,齐鲁书社 1992 年。

（明）谢肇淛《文海披沙》,大达图书供应社 1935 年。

（明）陈仁锡《陈太史评史记》,明崇祯元年（1628）刊本。

（明）陈子龙、徐孚远《史记测议》,明崇祯十三年（1640）刊本。

（明）茅坤编纂,王晓红整理《史记钞》,商务印书馆 2016 年。

（清）顾炎武著,黄汝成集释《日知录集释》,上海古籍出版社 2006 年。

（清）金圣叹评，傅开沛、袁玉琪校点《第六才子书西厢记》，中州古籍出版社
　　1987 年。

（清）张廷玉等撰《明史》，中华书局 1974 年。

（清）姚振宗《隋书经籍志考证》，《续修四库全书》史部 915 册，上海古籍出
　　版社 2002 年。

（清）王鸣盛著，黄曙辉点校《十七史商榷》，上海书店出版社 2005 年。

（清）沈钦韩《汉书疏证（外二种）》，上海古籍出版社 2006 年。

（清）梁玉绳《史记志疑》，中华书局 1981 年。

（清）张文虎《校刊史记集解索隐正义札记》，中华书局 1977 年。

（清）张文虎《舒艺室随笔》，辽宁教育出版社 2003 年。

（清）崔适《史记探源》，《〈史记〉订补文献汇编》，北京图书馆出版社 2004 年。

（清）赵翼著，王树民校证《廿二史札记校证》，中华书局 1984 年。

（清）赵翼《陔余丛考》，世界书局 1970 年。

（清）钱大昕《廿二史考异》，上海古籍出版社 2004 年。

（清）钱大昕《十驾斋养新录》，上海书店 1983 年影印。

（清）惠栋《九经古义·礼记古义》，《丛书集成初编》本，商务印书馆 1937 年。

（清）王念孙《读书杂志》，中国书店 1985 年。

（清）王念孙《广雅疏证》，《丛书集成初编》本，商务印书馆 1939 年。

（清）朱骏声《说文通训定声》，中华书局 1984 年。

（清）王先谦《诗三家义集疏》，中华书局 1987 年。

（清）王先谦《庄子集解》，三秦出版社 2005 年。

（清）王先谦《汉书补注》，上海古籍出版社 1993 年

（清）王先慎撰，钟哲点校《韩非子集解》，中华书局 1998 年。

（清）李慈铭《越缦堂读史札记》，北京图书馆出版社 2003 年。

（清）何焯《义门读书记》，上海古籍出版社 1992 年。

（清）朱彝尊《曝书亭集》，《万有文库》本，商务印书馆 1935 年。

（清）朱彝尊撰，许维萍、冯晓庭、江永川点校《点校补正经义考》，台湾中研院

1997 年。

（清）方苞《望溪先生文集》，《四部备要》本，中华书局 1989 年。

（清）王元启《史记正讹》，《史记订补文献汇编》，北京图书馆出版社 2004 年。

（清）吴见思《史记论文》，广益书局 1936 年。

（清）洪亮吉撰，李解民点校《春秋左传诂》，中华书局 1987 年。

（清）牛运震著，崔凡芝校释《空山堂史记评注校释》附《史记纠谬》，中华书局 2012 年。

（清）章学诚撰，冯惠民点校《丙辰札记》，中华书局 1986 年。

（清）李晚芳撰，凌朝栋、赵前明整理《读史管见》，商务印书馆 2016 年。

（清）林纾撰，范先渊点校《春觉斋论文》，人民文学出版社 1959 年。

（清）钱泰吉《甘泉乡人稿》，清同治十年（1871）刊本。

（清）刘大櫆《论文偶记》，人民文学出版社 1959 年。

梁启超《要籍解题及其读法》，清华周刊丛书社 1925 年。

孙德谦《太史公书义法》，1925 年四益宦刊本。

陈懋德《史学方法大纲》，《民国丛书》第三编，上海书店影印独立出版社 1945 年。

郑鹤声《司马迁年谱》，商务印书馆 1956 年。

贺次君《史记书录》，商务印书馆 1958 年。

陈奇猷《韩非子集释》，上海人民出版社 1974 年。

银雀山汉墓竹简整理小组编《孙子兵法》，文物出版社 1976 年。

施之勉《史记会注考证订补》，台湾华岗出版有限公司 1976 年。

王桂《日本教育史》，吉林教育出版社 1978 年。

钱锺书《管锥编》，中华书局 1979 年。

杨伯峻《论语译注》，中华书局 1980 年。

袁珂《山海经校注》，上海古籍出版社 1980 年。

刘咸炘《太史公书知意》，台北鼎文出版社 1981 年。

傅增湘《藏园群书经眼录》,中华书局1983年。

李长之《司马迁之人格与风格》,三联书店1984年。

程金造《史记管窥》,陕西人民出版社1985年。

张衍田《史记正义佚文辑校》,北京大学出版社1985年。

许维遹《吕氏春秋集释》,北京市中国书店1985年。

鲁实先《史记会注考证驳议》,岳麓书社1986年。

覃启勋《〈史记〉与日本文化》,武汉大学出版社1989年。

张新科、俞樟华《史记研究史略》,三秦出版社1990年。

李零《孙子兵法注译》,巴蜀书社1991年。

严绍璗《汉籍在日本的流布研究》,江苏古籍出版社1992年。

王勇主编《中日汉籍交流史论》,杭州大学出版社1992年。

黄怀信《逸周书校补注译》,西北大学出版社1996年。

张玉春《史记版本研究》,商务印书馆2001年。

王国维著,彭林整理《观堂集林》,河北教育出版社2001年。

可永雪《史记文学成就论说》,内蒙古教育出版社2001年。

章培恒、王靖宇主编《中国文学评点研究论集》,上海古籍出版社2002年。

韩兆琦《史记笺证》,江西人民出版社2004年。

俞樟华、虞黎明、应朝华《唐宋史记接受史》,吉林人民出版社2004年。

李笠《史记订补》,《史记订补文献汇编》,北京图书馆出版社2004年。

安平秋、张大可等主编《史记研究集成》,华文出版社2005年。

张兴吉《元刻〈史记〉彭寅翁本研究》,凤凰出版社2006年。

王叔岷《史记斠证》,中华书局2007年。

应三玉《〈史记〉三家注研究》,凤凰出版社2008年。

廖育群《扶桑汉方的春晖秋色:日本传统医学与文化》,上海交通大学出版社
　　2013年。

李庆《日本汉学史(修订本)》,上海人民出版社2016年。

〔日〕太宰春台《紫芝园漫笔》,《崇文丛书》第一辑之四十四至四十八,日本东京崇文院昭和二年(1927)。

〔日〕吉田篁墩《活版经籍考》,日本书志学会昭和八年(1933)。

〔日〕重野成斋《关于日本汉学》,《重野博士史学论文集》,雄山阁出版社昭和十三、十四年刊(1939—1940)。

〔日〕水泽利忠《史记古本考》,《诸桥博士古稀纪念论文集》,日本大修馆书店昭和二十八年(1953)。

〔日〕水泽利忠《史记会注考证校补》,日本史记会注考证校补刊行会1957—1970年。

〔日〕竹林贯一编《汉学者传记集成》,日本名著刊行会昭和四十四年(1969)。

〔日〕荻生徂徕《荻生徂徕全集》,日本东京みすず书房昭和四十九年(1974)。

〔日〕藤原時平等撰《日本三代实录》,日本吉川弘文馆昭和四十九年(1974)。

《日本汉学年表》,日本斯文会编,日本大修馆书店昭和五十二年(1977)。

〔日〕小川贯道编《汉学者传记及著述集览》,日本名著刊行会昭和五十二年(1977)。

〔日〕服部敏良《江户时代医学史の研究》,日本吉川弘文馆昭和五十三年(1978)。

〔日〕唐泽富太郎《教科书之历史》,日本创文社昭和五十五年(1980)。

〔日〕池田四郎次郎、池田英雄《前编"史记解题"·后编"史记研究解题书目稿本"新编》,日本长年堂昭和五十六年(1981)。

〔日〕阿部隆一《增订中国访书志》,日本汲古书院昭和五十八年(1983)。

〔日〕尾崎康《正史宋元板の研究》,日本汲古书院昭和六十四年(1989)。

〔日〕水泽利忠《史记正义の研究》,日本汲古书院1995年。

〔日〕冈田正之《日本汉文学史》,日本吉川弘文馆平成八年(1996)。

〔日〕池田英雄《史记学50年—日中"史记"研究的动向》,日本明德印刷出版社平成八年(1996)。

〔日〕藤田胜久《日本的史记研究》,《爱媛大学法文学部论集》第 7 集,日本
　　爱媛大学法文学部 1999 年。

〔日〕藤田胜久《明治以降的史记研究》,《爱媛大学法文学部论集》第 11 集,
　　日本爱媛大学法文学部 2001 年。

〔日〕大庭修《漂着船物语:江户时代的日中交流》,日本岩波书店平成十三年
　　(2001)。

〔日〕小秋元段《嵯峨本〈史记〉の书志的考察》,《法政大学文学部纪要》第 49
　　号 2003 年。

〔日〕大庭修《日中交流史话:解读江户时代的日中关系》,日本大阪燃烧社平
　　成十五年(2003)。

《江户汉学书目》,日本二松学舍大学 21 世纪 COEプログェラム 2006 年 3 月。

〔日〕内藤湖南撰,马彪译《中国史学史》,上海古籍出版社 2008 年。

〔日〕竹添光鸿《左氏会笺》,巴蜀书社 2008 年。

〔日〕仓石武四郎讲述、杜轶文译《日本中国学之发展》,北京大学出版社
　　2013 年。

〔日〕涩江全善、森立之等撰,杜泽逊、班龙门点校《经籍访古志》,上海古籍出
　　版社 2014 年。

(汉)司马迁撰,〔日〕泷川资言考证,杨海峥整理《史记会注考证》,上海古籍
　　出版社 2015 年。

后　记

　　2006 年,在整理日本学者泷川资言《史记会注考证》的过程中,我开始关注日本学者的《史记》研究成果。2013 年 9 月至 2014 年 2 月,我到日本早稻田大学作访问学者,利用这段时间,对日本学者的《史记》研究成果做了较全面的调查。我走访了日本宫内厅书陵部、国立国会图书馆、静嘉堂文库、足利学校遗迹图书馆、庆应大学斯道文库、庆应大学图书馆、东京大学东洋文化研究所、东京大学图书馆、无穷会专门图书馆等藏书机构,而去的最多的地方则是位于埼玉县北越谷的日本文教大学。因日本著名的《史记》研究专家水泽利忠先生曾在文教大学任教,1993 年春,在水泽利忠先生引荐下,日本汉学家池田英雄将其父亲池田芦洲的全部藏书交予文教大学图书馆收藏,文教大学成立了专门的池田文库收藏这些珍贵的文献。池田文库藏有400 余种《史记》研究资料,包括日本各个时期《史记》研究的代表性成果,其中有很多珍贵的稿本和抄本,水泽利忠先生的一些藏书也收藏在这里。在很长一段时间里,我每天早上从早稻田大学的住处出发,在池田文库度过整个白天,检索、查考、拍照,晚上再坐地铁回家整理和分类。安静的文库里自始至终只有我一个人和一架架尘封已久没人触碰的书。现在想来那真是一段充实而快乐的时光。2013 年 12 月 29 日，水泽利忠先生以 96 岁高龄在其位于群马县的家中去世，我参加了水泽先生的遗体告别仪式，有幸亲睹水泽先生遗容，此后再读水泽先生的著作便更多了一份崇敬和亲切。

自 1985 年考入北京大学中文系，我在这个园子里已经学习、工作、生活了三十余年。每当回忆起过去的点点滴滴，内心便充满了感动和感激。感谢我的老师安平秋先生，先生对我的教诲、鼓励和鞭策始终是我前行的动力；感谢中文系和古文献研究中心一直关心我、帮助我的各位师长和朋友，你们的人品和学识滋养并温暖了我；感谢日本早稻田大学的稻畑耕一郎先生、日本山梨县立大学的名和敏光先生、日本文教大学的渡边大先生为我提供的各种帮助；感谢海南师范大学张兴吉教授为我审定书稿，并提出宝贵的修改意见；感谢责任编辑王勇师弟细致勤勉的工作。言有尽而意无穷，感恩的同时会倍加珍惜。

又是一年春来早，满目新绿，沁人心脾。春光转瞬即逝，而盎然的生机却能长驻心间。

杨海峥

2017 年 2 月 28 日

于北京大学人文学苑